동화 힐링

동화 힐링

초판 1쇄 찍은날 2015년 2월 5일
펴낸날 2015년 2월 10일

지은이 이성훈
펴낸이 송희영
펴낸곳 건국대학교출판부
등록 / 제4-3호(1971. 6. 21)
주소 / 143-701, 서울시 광진구 능동로 120
전화 / (02)450-3891~3 팩스 / (02)457-7202
홈페이지 / http://press.konkuk.ac.kr
e-mail / press@konkuk.ac.kr
책임편집 임경희
찍은곳 (주)동화인쇄공사

ISBN 978-89-7107-582-1 03180

이 도서의 국립중앙도서관 출판예정도서목록(CIP)은 서지정보유통지원시스템 홈페이지(http://seoji.nl.go.kr)와 국가자료공동목록시스템(http://www.nl.go.kr/kolisnet)에서 이용하실 수 있습니다.(CIP제어번호: CIP2015001406)

이성훈 저

동화 힐링

건국대학교출판부

머리말

『동화치료』(2014)란 책을 펴낸 후에, 많은 관심과 격려에 보답하고자 그 후속편으로 『동화 힐링』이라는 저서를 쓰게 되었다. 『동화치료』에서도 사례를 들어 한국 전래동화를 바탕으로 동화 힐링을 시도한 것을 기술하기도 했지만, 주로 이론적인 측면에서 동화 힐링이 이루어졌기에, 이 책에서는 『동화 힐링』이라는 제목에 알맞게 주로 그림 동화를 바탕으로 내방자들의 마음의 안정과 평화를 가질 수 있도록 실제로 실습한 내용을 책으로 엮은 것이다.

21세기 모든 것이 풍요롭고, 첨단과학의 발달로 인해 스마트한 시대에 살고 있으면서도 사람들은 여전히 불안한 마음으로 안절부절못하면서 생활한다. 남과 더불어 살아야만 하는 인간인데, 오직 자기자신의 안일을 위해 살아가고, 남을 배려하기보다는 자신의 유익을 위해 심지어 남을 해치는 사회생활을 하고 있는 실정이다.

주말마다 교외로 빠져나가는 자동차의 행렬이나, 연휴 때 해외로 나가기 위해 공항이 인산인해(人山人海)를 이루는 것은 무엇 때문인가? 더욱이 모든 것이 넉넉하고 풍요롭다는데 살인과 강간, 사기와 방화, 체제전복(體制顚覆)과 집단소요 등의 일탈적인 모습들이 뉴스를 도배하는 것은 왜일까?

그 이유는 진정한 마음의 평화가 없기 때문이고, 내가 소중한 만큼 남도 소중하다는 인식이 결여되어 있기 때문이며, 궁극적으로는 인간의 근본 척도인 양심이 무너졌기 때문이라고 생각한다. 인간성의 회복과 마음의 안정을 위해서라도 '세 살 버릇 여든까지 간다.'라는 속담에 알맞게 어린 시절 읽었던 동화를 눈앞에 떠올리고, 사람들 마음 깊숙이 자리 잡은 무의식에서 도덕적 에너지가 되는 '초자아(슈퍼에고)'를 일깨워서 정서의 최상의 것을 끄집어내야 한다. 바로 그 정서의 최상의 것이 동화이며, 특히 어려서부터 읽던 전래동화 속에 마음의 치유가 숨어 있는 것이다.

이미 『동화치료』라는 책을 통해 동화 힐링의 핵심이 되는 내용이 동화를 바탕으로 프로이트의 정신분석학과 융의 분석심리학을 적용하여 심신의 병든 자를 치료하는 것이라는 점을 알고 있다. 따라서 이 책에서도 세계적으로 통용되는 그림 동화를 바탕으로 프로이트와 융의 심리이론을 적용하여, 내방자에게 직접 치료할 수 있는 방법을 제시하는 점과 실습을 통한 결과를 밝혀내는 데에 저술의 목표를 둔다.

끝으로 2003년 『동화의 이해』를 필두로 2014년 『동화 창작』에 이르기까지 수편의 동화 관련 전문서적을 지속적으로 출판하는 데 도움을 주신 건국대학교출판부 관계자 여러분께 심심한 감사의 마음을 전한다.

2015년 2월

이성훈

차 례

Ⅰ.

동화 힐링 방법

동화를 통해 몸과 마음의 상처를 치료하는 일을 동화 힐링이라고 한다면, 동화 힐링 방법이란 그 동화치료를 실제로 행하는 방법을 말한다. 다시 말해, 심신에 병이 걸려 허우적거리는 뭇 사람들을 어떻게 동화로 힐링할 것인가 하는 방법을 실습하는 일이라고 할 수 있다.

여기에는 크게 네 가지 치료 방법이 있다. 첫째, 동화 제목 연상기법 둘째, 동화 주제에 따른 분류법 셋째, 심리이론 적용법 넷째, 커뮤니케이션과 다이얼로그 기법 등이다.

1. 동화 제목 연상기법

동화 제목 연상기법이란 심신에 병이든 내방자를 동화를 통해 몸과 마음의 상처를 치료하는 방법을 말하며, 특히 유명한 동화의 제목을 순서적으로 나열하여 보여줌으로써 내방자의 기억에 남아 있는 가장 인상적인 동화를 끄집어내어 힐링을 위해 연상시키는 일이다. 쉽게 말해, 제목만 보아도 그 줄거리가 생각나는 유명한 동화 50편을 4절지

도화지(또는 A4용지) 1장에 제목을 작성하여 모두 50장의 동화 제목 리스트를 만들고, 그것을 한 장 한 장 내방자에게 보여줘서 가장 오랫동안 멈춰서 동화 제목 리스트를 바라보는 그 동화를 선택하여 동화 힐링을 시도하는 방법을 말한다. 물론 스마트 시대에 도화지 대신에 컴퓨터를 활용하여 50편의 동화 제목을 순서대로 모니터에 띄우든가 아니면 빔 프로젝터를 활용하여 치료사와 내방자가 함께 보면서 가장 알맞은 동화를 선택하여 동화 힐링을 시작해도 좋다.

사실 심신이 병든 자는 타인에게 자신의 속마음을 이야기하기가 쉽지 않다. 하지만 동화 제목을 보고 자신의 잠재의식 속에 남아 있는 동화를 떠올리면, 자연스럽게 동화 줄거리를 이야기하게 되며, 동화치료사와 동화 힐링을 위한 소통과 대화를 시작하게 된다.

그러면 어떤 동화를 선택하여 동화 제목 리스트를 작성해야 하는가? 누구나 동화 제목만 봐도 그 내용이 저절로 기억나는 동화를 선택해야 한다. 이미 『동화치료』(2014)에서 다룬 한국 전래동화들과 이 책에서 다루게 될 그림 동화들이 좋은 예(例)가 된다. 즉 한국 전래동화에서는 ① 해와 달이 된 오누이 ② 호랑이와 곶감 ③ 풋배 따기 모험 ④ 머리 아홉 달린 도둑 ⑤ 세 공주와 젊은 무사 ⑥ 견우와 직녀 ⑦ 슬기로운 판서의 손자 ⑧ 어린 사또의 지혜 ⑨ 혹부리 영감 ⑩ 도깨비감투 ⑪ 어부와 잉어 아내 ⑫ 욕심쟁이 할머니 ⑬ 우렁이 각시 ⑭ 임금님 귀는 당나귀 귀 ⑮ 토끼와 자라 ⑯ 아버지의 유물 ⑰ 빨간 부채 파란 부채 ⑱ 백일홍 이야기 ⑲ 진짜 어머니를 찾은 원님의 지혜 ⑳ 황금 구슬과 개와 고양이 ㉑ 은혜 갚은 두꺼비 등이고, 그 밖에 유명한 한국 전래동화에서는 ㉒ 선녀와 나무꾼 ㉓ 은혜 갚은 까치 ㉔ 의좋은 형제 ㉕ 콩쥐 팥쥐 등을 선택하며, 그림 동화에서는 ㉖ 라푼첼 ㉗ 헨젤과 그레텔 ㉘ 용감한 꼬마재단사 ㉙ 홀레 부인 ㉚ 빨간 모자 ㉛ 브레멘 음악대

㉜ 향나무 ㉝ 여섯 마리 백조 ㉞ 룸펠슈텔츠헨 ㉟ 사랑하는 롤란트 ㊱ 털북숭이 ㊲ 거위치기 소녀 ㊳ 영리한 농부의 딸 ㊴ 신데렐라 ㊵ 가시장미 공주 ㊶ 백설 공주 ㊷ 마리아의 아이 ㊸ 늑대와 일곱 마리 새끼 양 ㊹ 일곱 마리 까마귀 ㊺ 개구리 왕자 ㊻ 충신 요한네스 ㊼ 어부와 그의 아내 등이고, 안데르센 동화에서는 ㊽ 인어 공주 ㊾ 미운 오리 새끼 ㊿ 눈의 여왕 등이다.

여기에서는 위와 같은 50편의 동화를 선택하여 동화 제목 연상기법의 자료로 만들었지만, 치료사의 취향에 따라 더 많은 동화나 다른 동화를 선택해도 무방하다. 단지 필자가 선택한 동화들이 남녀노소, 동양과 서양에서 모든 이들에게 잘 알려진 명작동화로서 동화 힐링에 적합한 동화이기에 그 동화 제목을 나열한 것이다. 더욱이 동화 제목 리스트를 만들 때 앞에서 나열한 대로 그대로 리스트를 만들기보다는 내방자의 성별과 나이 그리고 병적 상태 등을 고려해서 순서를 정할 필요가 있다. 예를 들면, 나이가 50대 이상의 내방자에게는 한국 전래동화를 전면에 배치하고, 나이가 30~40대이면 한국 전래동화와 그림 동화를 섞어서 리스트를 만들며, 20대 이하의 내방자를 위해서는 서양 동화를 전면에 배치하는 게 좋다. 또한 치료의 대상이 여자이면 여성이 주인공인 동화들을 전면에 내세우는 게 바람직하고, 내방자가 남자이면 남성이 주인공인 동화들을 우선 배치하는 게 좋다. 심지어 치료의 대상이 유아·아동이면 그림책을 활용하는 방법도 효과적이라고 생각한다.

그럼, 동화 제목 연상기법에 대해 좀 더 구체적으로 알아보자. '연상기법(Association Method)'이란, 하나의 관념이나 인식을 통해 연속해서 다른 관념이나 인식을 불러일으키는 작용방법을 말한다. 따라서 동화 제목 연상기법이란 동화 제목을 보고 떠오르는 스토리를 자연스럽게 연속해서 이야기하도록 유도하는 방법이라고 말할 수 있다. 즉, 처음에 내방자에게 제시되는 동화 제목이 자극제가 되어 마음속에서 저절로 반응하는 효과가 나타나고, 그 가운데 가장 자극적인 동화 줄거리를 선택하게 되며, 자기도 모르게 자신의 병적 상태와 혼합되어 동화 속으로 몰입하게 되는 것이다. 다시 말해, 내방자의 병적 상태가 다른 이들에게는 지극히 이상한 모습인 데도 자신은 그렇지 않다고 생각하기에 내방자의 무의식 속에 남아 있는 긍정적인 에너지의 소산인 동화를 의식의 상태로 끄집어내어 심리치료를 유도하는 관념연상기법을 의미하는 것이다. 이때 주의할 점은 내방자가 끄집어낸 동화 줄거리가 끊어지지 않도록 치료사는 지속적으로 그에게 말을 걸거나 또는 이야기의 다음 장면을 연상에 방해가 되지 않을 정도로 들려주거나 또는 철저하게 내방자의 입장에서 그의 이야기를 계속할 수 있도록 도와주어야 한다. 바로 동화를 통해 내방자를 테라피하는 가장 좋은 방법이 내방자와 치료사의 교감(交感)이기 때문이다.

물론 내방자의 상태에 따라 치료사가 적합한 동화를 선택해서 힐링하는 방법도 가능하다. 이 경우에는 내방자가 동화를 선택하는 데 어려움이 있는 경우로 한하며, 치료사가 소통과 대화를 위해 동화를 선택하여 내방자에게 자연스럽게 동화 줄거리를 구연함으로써 내방자의 무의식에 자리 잡은 콤플렉스나 병적 요소를 표출할 수 있도록 유도해야 한다는 뜻이다. 아무튼 동화 제목을 통해 연상되는 동화내용을 가지고 내방자를 힐링하는 일이 동화 제목 연상기법의 핵심이라고 할 수 있다.

2. 동화 주제에 따른 분류법

동화 힐링 실습을 위해 동화를 주제에 따라 분류하는 일이 필요하다. 내방자의 병적 상태에 따라 동화를 선택해야 하며, 그 동화를 다양한 주제에 따라 분류해서 동화 힐링을 해야 한다는 말이다. 동화의 주제는 독자에게 보여주려는 작가의 중심사상이며, 작가의 의지에 따라 다양하게 묘사된다. 즉 사랑, 가난, 인내, 이별, 보상, 우정, 효, 의리, 신뢰, 은혜 갚음, 형제애, 복수, 부, 욕심, 질투, 충성, 게으름, 선, 악, 죄, 벌, 죽음, 축복, 권선징악, 소원성취, 결혼, 재혼, 금의환향, 용맹, 지혜, 즉위, 행복, 희망 등의 개념이 동화의 주제일 수 있다. 이 중에서 크게 동화 힐링을 위한 동화 주제의 분류를 다섯 가지로 규정하면 다음과 같다. 첫째, 사랑 둘째, 효 셋째, 은혜 갚음 넷째, 권선징악 다섯째, 소원성취 등이다.

1) 사 랑

사랑은 청춘남녀가 주인공인 동화에서 가장 빈번하게 언급되는 동화 주제이다. 앞에서 언급한 50편의 동화 중에 여기에 해당되는 동화는 ④ 머리 아홉 달린 도둑 ⑤ 세 공주와 젊은 무사 ⑥ 견우와 직녀 ⑪ 어부와 잉어 아내 ⑬ 우렁이 각시 ⑱ 백일홍 이야기 ㉒ 선녀와 나무꾼 ㉕ 콩쥐 팥쥐 ㉖ 라푼첼 ㉟ 사랑하는 롤란트 ㊱ 털북숭이 ㊲ 거위치기 소녀 ㊳ 영리한 농부의 딸 ㊴ 신데렐라 ㊵ 가시장미 공주 ㊶ 백설 공주 ㊷ 마리아의 아이 ㊺ 개구리 왕자 ㊻ 충신 요한네스 ㊽ 인어 공주 ㊿ 눈의 여왕 등이다.

사랑 때문에 심신의 병든 자들을 동화로 힐링하기 위해 이와 같은 사랑을 주제로 한 동화를 선택하여 보다 세밀하고 심도 있게 동화 힐링에 임해야 한다. 물론 사랑이라는 주제 안에는 이별 또는 이루어질 수 없는 사랑, 그리움 등도 포함되기 때문에 내방자의 병적 상태에 따라 적합한 동화를 선택하여 동화 테라피를 시도해야 한다. 예를 들면, 「선녀와 나무꾼」에서 "아이 넷을 날 때까지 날개옷을 선녀에게 보여주지 말라는 조력자 사슴의 말에 나무꾼은 설마 3명의 자식을 낳은 선녀가 날개옷을 입고 자기 곁을 떠나겠는가?" 하는 안일한 생각에 날개옷을 내줬다가 선녀와 아이 셋을 하늘나라로 보내지 않았는가? 다시금 사슴의 도움으로 하늘나라로 두레박을 타고 올라가서 선녀와 아이들과 재회하지마는 결국 용마를 타고 어머니를 만나기 위해 땅으로 내려왔다가 뜨거운 팥죽을 흘려 용마에서 떨어져서 영원히 하늘나라로 돌아가지 못하는 불행한 결말을 야기하지 않았는가? 부인과 자식이 있는 하늘나라로는 못 갔지만 홀어머니와 여생을 살면서 지붕 위에 올라가 하늘만 쳐다보았으니 사랑을 잃고 효는 지킨 동화라고 설명할 수도 있다.

그러나 동화의 근본 주제인 사랑의 관점에서 보면 이루어질 수 없는 사랑 또는 그리움의 표현이라고 말할 수 있다. 아무튼 청춘남녀의 연애 또는 결혼해서 살다가 이별하여 사랑 병에 걸려 힘들어하거나 비틀거리거나 방황하거나 심지어 자살까지도 시도해 본 자에게 적합한 동화로서 동화 테라피에 유용한 주제라고 하겠다.

2) 효

동서고금을 통해 효는 인류의 삶에 근간이 되는 주제라고 할 수 있다. 그래서 효를 천륜(天倫)이라고까지 말하지 않는가? 앞에서 언급한 50편의 동화 중에 여기에 해당되는 동화는 ③ 풋배 따기 모험 ⑦ 슬기로운 판서의 손자 ⑯ 아버지의 유물 ㉔ 의좋은 형제 ㉙ 홀레 부인 ㉚ 빨간 모자 ㉝ 여섯 마리 백조 ㉞ 룸펠슈텔츠헨 ㊷ 마리아의 아이 ㊸ 늑대와 일곱 마리 새끼 양 ㊹ 일곱 마리 까마귀 ㊾ 미운 오리 새끼 등이다. 물론 효에는 부모 자식 간의 사랑과 동기간의 사랑이 포함되기 때문에 여기에 해당하는 동화들을 함께 언급한 것이다.

예를 들면, 「의좋은 형제」에서 부모가 돌아가시자 형제는 의좋게 유산을 절반으로 똑같이 나누고 농사를 지으며 살아간다. 추수 때가 되어 형은 동생을 위해 동생은 형을 위해 볏짐을 지고 서로의 집으로 배달한다. 이상한 것은 볏짐을 지어다가 날랐는데도 두 형제의 벼 수확량은 변함이 없다는 것이다. 서로 의아해 하면서 어느 날 밤에 형과 동생은 볏짐을 나르다가 중간지점에서 만난다. 형제는 동기간의 사랑을 헤아리면서 달빛 아래서 감동의 눈물을 흘리는 해피엔딩을 독자들에게 맛보게 한다. 이러한 동기간의 사랑이 효라는 주제에 알맞으며, 부모 자식 간에 뿐만 아니라 동기간에도 서로를 배려하는 효심이 있어야 행복할 수 있다는 것이다. 오늘날 얼마나 많은 사람들이 동기간의 사랑을 잃고 서로 못 잡아먹어 안달이며, 그로 인해 심한 마음의 병에 걸려 고생하는가? 그러한 병적 상태에 있는 내방자에게 효라는 동화 주제에 알맞은 동화를 선택하여 동화 힐링을 시도한다면 어떤 다른 매체보다도 훌륭한 치료제가 되리라 확신한다.

3) 은혜 갚음

보은담(報恩譚)에 해당하는 동화에서 특히 은혜 갚음의 동화 주제가 두드러진다. 여기에 해당되는 동화로는 ⑳ 황금 구슬과 개와 고양이 ㉑ 은혜 갚은 두꺼비 ㉓ 은혜 갚은 까치 ㊻ 충신 요한네스 ㊼ 어부와 그의 부인 등이다. 예를 들면, 「은혜 갚은 까치」에서 과거를 보러가던 선비가 뱀의 위협에 처한 까치 새끼들을 뱀에게 활을 쏴 죽여서 구해준다. 날이 어두워져서 선비는 죽은 뱀의 부인이 인간으로 변신한 집에서 하룻밤을 머물게 되는데, 한밤중에 목이 조이는 아픔을 느낀 선비가 잠에서 깨어난다. 죽은 남편의 복수를 위해 선비를 죽일 수밖에 없었는데, 선비의 자초지종을 들은 뱀의 부인은 자정까지 절에 있는 종이 3번 울린다면 살려주겠다는 약속을 한다. 죽을 시간이 다가오자 선비는 높은 곳에 매달린 종을 울릴 수 없는 자포자기 상황에 빠져 뱀에게 목숨을 내놓을 찰나에 갑자기 3번 종이 울린다. 날이 새자 뱀은 사라지고 선비는 목숨을 보장받게 되었다. 정신을 차린 선비가 종 아래로 가보니 두 마리 까치가 머리에 피를 흘리고 죽어 있었다. 새끼를 살려준 은혜에 보답하고자 부모 까치가 목숨을 던져 은혜를 갚은 것이다.

아무리 각박한 세상살이이지만 사람들이 이런저런 일에 얽혀 남을 도와주거나 심지어 미물일지언정 동물이나 식물에게조차 목숨의 소중함을 알아 은혜를 베푼다면, 그 선행은 당연히 보상받아야 한다. 더욱이 목숨까지 구해준 선행이라면 그 은혜에 보답하는 일은 당연한 것 아닌가? 그래서 은혜 갚음이라는 동화 주제가 내방자에게 커다란 위로와 마음의 평화를 가져다주리라 확신한다.

4) 권선징악

사실 권선징악이라는 동화 주제야말로 모든 동화의 근본사상이라고 해도 과언은 아니다. 그만큼 대부분의 동화에서는 권선징악이 교훈적으로 나타난다. 일상생활에서도 마찬가지다. 사람이 사회생활을 할 때 착한 일을 도모하거나 행하고, 나쁜 일을 멀리하거나 행하지 말아야 하는 것은 당연한 일이다. 그럼에도 실제로 악을 행하고 선을 멀리하는 인간들이 얼마나 많은가? 여기에 해당하는 동화를 살펴보면, ① 해와 달이 된 오누이 ② 호랑이와 곶감 ④ 머리 아홉 달린 도둑 ⑦ 슬기로운 판서의 손자 ⑧ 어린 사또의 지혜 ⑨ 혹부리 영감 ⑩ 도깨비감투 ⑭ 임금님 귀는 당나귀 귀 ⑮ 토끼와 자라 ⑰ 빨간 부채 파란 부채 ⑲ 진짜 어머니를 찾은 원님의 지혜 ㉕ 콩쥐 팥쥐 ㉗ 헨젤과 그레텔 ㉘ 용감한 꼬마재단사 ㉙ 홀레 부인 ㉚ 빨간 모자 ㉛ 브레멘 음악대 ㉜ 향나무 ㉝ 여섯 마리 백조 ㉞ 룸펠슈텔츠헨 ㊱ 털북숭이 ㊲ 거위치기 소녀 ㊳ 영리한 농부의 딸 ㊷ 마리아의 아이 ㊸ 늑대와 일곱 마리 새끼 양 ㊹ 일곱 마리 까마귀 ㊿ 눈의 여왕 등이 있다.

예를 들면, 「헨젤과 그레텔」에서 착한 오누이인 헨젤과 그레텔이 악한 계모에 의해 숲 속에 버려진다. 계모의 도펠갱어인 마녀가 아이를 유혹해서 잡아먹기 위해 숲 속에 과자로 만든 집을 짓고 헨젤과 그레텔을 유혹한다. 배가 고팠던 오누이는 마녀의 집에서 포식을 하고 잘 지내지만 얼마 지나지 않아 마녀에게 잡아먹힐 위기에 처한다. 그때 지혜로운 그레텔이 마녀를 빵 굽는 가마로 밀어 넣어 죽이고는 헨젤과 함께 마녀의 보물을 가지고 집으로 돌아온다. 마치 세상의 모든 계모가 악한 존재로 간주될 수 있는 오해를 불러일으킬 수도 있겠지만, 계모는 동서고금을 막론하고 악한 존재로서 상대적으로 선한 존재인 전처의 자식들을 가해하는 역할을 한다고 말할 수 있다. 혹 내방자가 계모로서 가정문제가 생겨 동화 힐링을 원한다면, 흔하진 않지만 계모가 착한 일을 하여 복을 받는 내용의 동화를 준비해야 한다.

5) 소원 성취

소원성취 또한 권선징악 못지않게 많은 동화에서 주제로 삼는 근본개념이다. 여기에 해당하는 동화는 ① 해와 달이 된 오누이 ⑨ 혹부리 영감 ⑩ 도깨비감투 ⑫ 욕심쟁이 할머니 ⑬ 우렁이 각시 ㉘ 용감한 꼬마재단사 ㉛ 브레멘 음악대 ㉜ 향나무 ㉝ 여섯 마리 백조 ㉞ 룸펠슈텔츠헨 ㊱ 털북숭이 ㊲ 거위치기 소녀 ㊳ 영리한 농부의 딸 ㊼ 어부와 그의 부인 ㊾ 미운 오리 새끼 등이다.

예를 들면, 「욕심쟁이 할머니」에서 평생 어부의 아내로서 가난하게 살던 할머니의 소원은 오두막이 아닌 기와집에서 편안하게 사는 것이다. 다행인지 불행인지 어느 날 남편인 어부가 잉어 한 마리를 잡았고, 살려달라는 잉어의 부탁에 다시 바다에 놓아주었다. 빈손으로 돌아온 할아버지에게 욕심쟁이 할머니는 잉어를 그냥 살려줬으니 기와집을 한 채 달라고 자기의 소원을 전하라고 한다.

다음날 할아버지는 다시 바다로 가서 잉어에게 소원을 전한다. 그 소원은 바로 이루어진다. 늙은 어부가 집으로 돌아오니 오두막은 온데간데없어졌고 그 자리에 기와집이 놓여 있으니 말이다. 자신의 소원을 이룬 할머니는 며칠은 싱글벙글 좋아했지만, 기와집에 어울리는 세간을 갖고 싶은 소원을 다시금 할아버지에게 말한다. 우유부단한 할아버지는 다시 바닷가로 가서 잉어에게 소원을 전하고, 그 소원도 즉시 이루어진다. 여기서 본인의 소원이 이루어진 것에 만족하고 살았으면 노부부는 행복한 여생을 보냈겠지만, 세 번째 소원으로 살림을 할 하인과 하녀를 보내달라는 말을 남편으로 하여금 잉어에게 전달케 한다. '과유불급(過猶不及)'의 소원성취가 되니 어찌 잉어인들 그의 소원을 들어줄 수 있겠는가? 그래서 세 번째 소원을 전달한 후 집으로 돌아온 할아버지는 이전의 오두막에서 할머니가 울고 있는 모습을 볼 수밖에 없었다. '공수래공수거(空手來空手去)'의 삶이라고 긍정적인 관점으로 이 동화를 해석할 수도 있지만, 동화는 소원성취의 산물이기 때문에 욕심이 지나치면 화가 되는 소원성취의 부정적 결말을 맛보는 것이다.

현실에서도 마찬가지이다. 세상살이가 얼마나 힘들고 고되면 많은 사람들이 한 번만이라도 기와등 같은 집에서 살고 진수성찬의 음식을 먹으며 하인과 하녀를 부리면서 살기를 소원하는가? 그렇게 살지 못해 소원이 원망이 되어 병적 상태에서 헐떡거리는 내방자에게 소원성취가 주제인 동화를 가지고 힐링을 시도하는 일이 필요하다.

3. 심리이론 적용법

정신이 병들면 몸은 따라서 아프기 일쑤다. 그래서 만병의 근원인 마음을 다스리는 일이 매우 중요하다. 이미 『동화치료』(2014)에서 심층 심리학의 대가인 프로이트와 융을 다루었지만, 여기서도 간략하게 심리이론 적용법의 핵심을 정리하면 다음과 같다.

첫째, 프로이트의 정신분석학에 나타난 심리이론 적용법에 해당하는 용어는 ① 이드(id) - 본능적 에너지 - 무의식 ② 에고(ego) - 이성적 에너지 - 의식 ③ 슈퍼에고(super-ego) - 도덕적 에너지 - 전의식 등이다.

프로이트의 정신(심리, 마음)의 구조에 대해 이미 『동화치료』에서 자세하게 다루었기 때문에, 여기에서는 그림 도식만을 다음과 같이 재인용한다.[1]

---

1) 이성훈, 『동화치료』, 건국대학교출판부, 2014, 22쪽 참조.

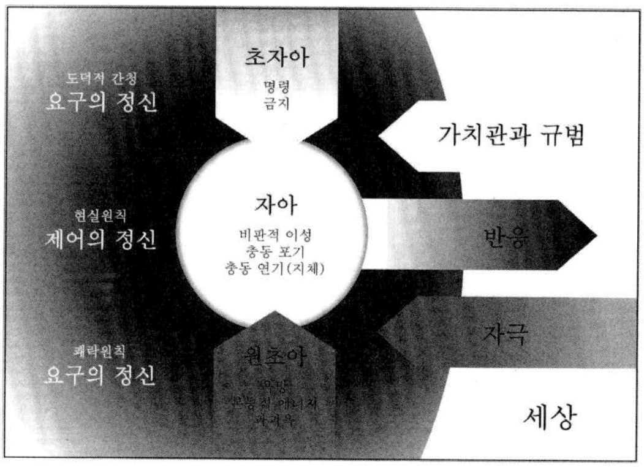

그림 1. 프로이트의 정신(심리, 마음)의 구조

둘째, 융의 분석심리학에 나타난 심리이론 적용법에 해당하는 용어는 ① 자아, 나(Ich, ego) ② 의식(das Bewußte, the consciousness) ③ 페르조나(Persona; 외적 인격) ④ 콤플렉스(Komplex, complex) ⑤ 그림자(Schatten, Shadow) ⑥ 무의식(das Unbewußte, the unconsciousness) - 개인적 무의식(das persönliche Unbewußte) - 집단적 무의식(das kollektive Unbewußte) ⑦ 아니마(Anima: 남성의 마음속에 있는 여성상) ⑧ 아니무스(Animus: 여성의 마음속에 있는 남성상) ⑨ 원형(Archetypus) ⑩ 자기(Selbst, Self) ⑪ 자기실현(Selbstverwirklichung) 등이다.

융의 정신(심리, 마음)구조에 대해 이미 『동화치료』에서 자세하게 다루었기 때문에, 여기에서는 그림 도식(22쪽)만을 다음과 같이 재인용한다.[2)]

프로이트와 융의 심층심리학을 근간으로 심리이론에 해당하는 용어를 동화치료에 적용하는 일이 중요한 동화 힐링 방법 중의 하나이다. 그 이유는 이미 많은 정신과 의사들이 그들의 이론을 바탕으로 환자들을 치료하고 있으며, 특히 동화를 가지고 내방자를 치료하는 사례가 많기 때문이다. 하지만 동화치료사는 정신과 의사와는 차별된 방법으로 내방자를 치료해야 한다. 다시 말해, 동화 전공자인 동화치료사는

2) 이성훈, 위의 책, 31쪽, 참조.

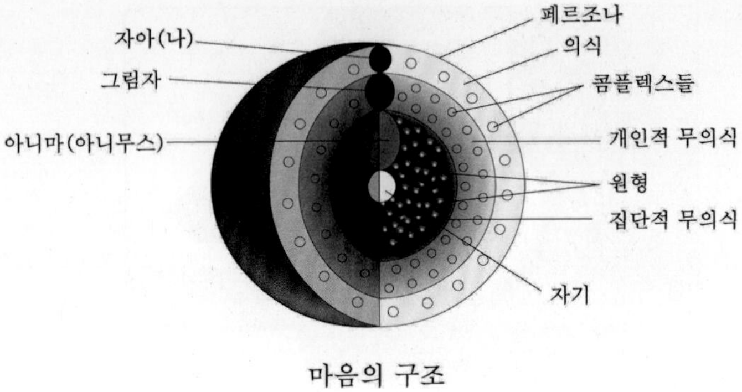

그림 2. 융의 인간 정신(마음, 심리)의 구조

심리이론보다는 동화를 중심으로 내방자의 심리치료에 집중해야 한다. 즉 동화전문가로서 동화치료사는 정신과 의사보다는 동화 부분에서 더 많은 지식과 분석능력으로 차별화된 심리치료를 해야 된다는 말이다. 따라서 동화치료사는 동화와 함께 프로이트와 융의 심리이론을 활용하여 내방자를 소통과 대화기법을 통해 심신의 고통에서 벗어나게 하는 동화 테라피를 실행해야 한다.

4. 커뮤니케이션과 다이얼로그 기법

동화 힐링 방법 중에서 동화치료사와 내방자가 1 대 1로 대면하면서 동화 테라피를 행하는 경우를 커뮤니케이션(communication)과 다이얼로그(dialogue) 기법이라고 한다. 쉽게 소통과 대화기법이라고 말할 수도 있지만, 동화 힐링 방법으로서 커뮤니케이션이란 동화에 나오는 단어나 그림, 등장인물들의 대사나 표시 또는 기호 등을 수단으로 해서 치료사와 내방자가 서로의 의사나 감정 또는 생각이나 고민 등을 주고받는 일을 말하며, 다이얼로그란 치료사와 내방자가 동화 힐링을 위해 주고받는 이야기, 곧 두 사람 사이의 대화를 말한다.

동화 힐링를 위한 커뮤니케이션과 다이얼로그 기법에는 두 가지 보조방법이 있는데, 그것은 스토리텔링(Storytelling)과 페인팅(painting)이다. 즉 스토리텔링은 이야기하기를 의미하고, 페인팅은 그림 그리기를 말한다.

1) 스토리텔링

스토리텔링, 곧 이야기하기는 동화 힐링을 위한 커뮤니케이션과 다이얼로그 기법의 기본이 되는 방법이다. 동화치료사는 내방자로 하여금 소통과 대화를 위해 스스로 스토리텔링을 할 수 있도록 유도해야 한다. 치료사는 내방자가 마음속에 담고 있는 병적 응어리를 동화를 읽거나 상기시키면서 풀어낼 수 있도록 도와줘야 한다. 다시 말해, 치료사는 내방자에게 동화 제목 연상기법으로 상기되는 동화를 다시 읽게 하거나 들려줌으로써 내방자로 하여금 자신의 마음상태를 편안하게 이야기하도록 유도해야 한다.

물론 스토리텔링은 이야기 전개에 있어서 단어나 이미지 또는 소리를 통해 사건이나 이야기를 전달하는 것을 의미한다. 또한 스토리텔링에서는 줄거리나 캐릭터 또는 시점이 포함되어야 한다. 따라서 치료사는 내방자에게 동화를 소리 내어 읽게 하여 무의식에 잠재되어 있는 동화 줄거리를 수면 위로 끄집어내어 다시 이야기할 수 있도록 지도해야 한다. 반면에 내방자가 스스로 읽는 것에 부담을 느낀다면 동화치료사는 직접 구연하여 내방자로 하여금 가장 인상 깊었던 동화 줄거리를 상기시켜서 역시 다시 이야기할 수 있도록 유도해야 하는 것이다.

때로는 그냥 말로 이야기하는 것보다 글로 쓰도록 유도하는 것이 더 효과적일 수 있다. 이때도 내방자가 마음속에 떠오르는 내용을 스스로 글로 쓰도록 하는 것이 바람직하지만, 글을 쓰는 데 주저하거나 어려워하면 치료사가 받아쓰기를 하여 내방자의 생각을 대신 써주고, 다시 읽어줌으로써 커뮤니케이션과 다이얼로그 기법에 의한 동화 힐링을 완성하면 된다.

예를 들면, 사랑 때문에 상처를 입은 내방자에게 사랑을 주제로 한 동화, 곧 「라푼첼」이나 「백설 공주」나 「신데렐라」 또는 「사랑하는 롤란트」나 「인어 공주」 등을 제시한 뒤, 내방자의 마음의 상태에 맞는 동화를 선택하게 해서 동화 줄거리와 자신의 러브스토리를 연상기법으로 이야기하도록 유도하며, 그 스토리를 스스로 글로 쓰게 함으로써 더욱 효과적인 힐링이 되도록 지도하면 된다.

2) 페인팅

동화 힐링을 위한 커뮤니케이션과 다이얼로그 기법을 위한 보조방법으로 스토리텔링 못지않게 페인팅, 곧 그림 그리기도 중요하다. 페인팅의 사전적 의미가 '다양한 기법을 이용하여 사람이나 사물, 풍경 또는 이미지를 표현한 것'이기에, 내방자에게 단순하게 연필이나 펜으로 스케치하게 하거나, 다양한 그림물감이나 유화로 채색하게 하거나, 크레파스나 파스텔로 색칠하게 하여 동화에 등장하는 인물과 자신이 겪은 현실의 인물, 또는 동화 속의 풍경이나 이미지와 실제로 겪은 환경과 이미지를 관념 연상하여 그리게끔 유도하면 된다. 이때 주의할 점은 스토리텔링과는 달리 내방자가 직접 페인팅을 하는 게 중요하다.

내방자가 이야기하는 것을 치료사가 대신 글로 써주는 일은 가능하지만 내방자가 그리려는 것을 치료사가 대신 그려주는 것은 의미가 없기 때문이다. 즉, 내방자가 잘 그리던 잘못 그리던 스스로 그림을 그려야 그의 심리 상태를 엿볼 수 있다는 말이다.

동화는 꿈의 세계의 묘사이기도 하기 때문에 내방자가 병적 상태에서 꾸었던 꿈을 스토리텔링하거나 페인팅 하도록 지도하는 것도 매우 좋은 소통과 대화기법이라고 할 수 있다. 사실 꿈은 무의식을 엿볼 수 있는 매우 중요한 정신세계이다. 흔히 똑바로 누워서 자면 현실세계에서 경험했던 내용을 꿈꾼다고 하고, 옆으로 누워서 자면 현실에서 경험해보지 못한 무의식세계를 꿈꾼다고 한다. 따라서 내방자의 병적 상태가 종종 꿈으로 표현되는 경우도 있기 때문에, 그 순간을 놓치지 말고 글로 쓰게 하거나, 그림을 그리도록 유도해야 한다. 그러므로 스토리텔링과 페인팅은 동화치료를 위한 커뮤니케이션과 다이얼로그 기법의 핵심요소라고 말할 수 있다.

Ⅱ.

동화 힐링 실습

1. 「라푼첼」

옛날에 오랫동안 아이를 원했지만 아이가 없던 어느 부부가 살고 있었습니다. 마침내 아내에게 희망이 생겼고, 하나님이 부부의 소원을 들어 주어 아내가 임신을 했습니다. 부부가 사는 집에는 조그만 창이 하나 있었고, 창문 너머로는 세상에서 가장 아름다운 꽃과 식물들이 무성하게 우거진 멋진 정원이 보였습니다.

그러나 정원에는 높은 담이 둘러싸고 있어서 아무도 들어갈 엄두를 내지 못했습니다. 초능력을 가지고 있는 정원의 주인은 세상 사람들이 두려워하는 여자 마법사였답니다. 어느 날 아내는 창가에 서서 정원을 내려다보다 정말 싱싱하고 푸른 상추(라푼첼)가 심어져 있는 상추밭을 발견했습니다. 그녀의 입에는 군침이 돌았고 상추를 먹고 싶어 미칠 지경이었습니다. 하루하루 지날수록 상추를 먹고 싶은 마음이 더욱 간절해졌기 때문에 아내의 몸은 삐쩍 말랐고 얼굴은 창백하고 수척해졌습니다. 그러자 깜짝 놀란 남편은 "여보, 어디 아픈 거 아니오?" 라고 물었습니다. 아내는 "아, 우리 집 뒤의 정원에 있는 상추를 먹지 못하면 나는 죽고 말거예요."라고 대답했습니다. 그녀를 사랑하는 남편은 '아내가 죽도록 놔둘 순 없잖아. 무슨 짓을 해서라도 상추를 가져와야 돼.'라고 생각했습니다. 남편은 땅거미가 질 무렵 담을 넘어 마법사의 정원으로 몰래 들어갔고, 황급히 상추를 한 움큼 뽑아 아내에게 가져다주었습니다. 아내는 얼른 상추로 샐러드를 만들어 눈 깜짝할 사이에 먹어치웠습니다. 그런데 그녀는 상추 맛이 얼마나 좋았던지 다음날이 되자 전날보다 상추를 세 곱절은 더 먹고 싶어졌습니다. 아내의 소원을 들어주기 위해 남편은 한 번 더 마법사의 정원에 들어가야 했습니다. 그래서 그는 다시 어스름을 틈타 담을 넘었고, 땅에 발을 내딛는 순간 소스라치게 놀라고 말았답니다. 바로 눈앞에 여자 마법사가 떡 버티고 서 있었기 때문입니다. 그녀는 매서운 눈초리로 "여기가 어디라고 감히 내 정원에 도둑처럼 들어와 상추를 훔쳐갈 생각을 하느냐? 그 대가를 치르게 될 것이야."라고 말했습니다. "아, 제발 저에게 자비를 베풀어 주세요. 정말 어쩔 수 없이 상추를 훔치게 됐답니다. 제 아내가 창문으로 당신의 상추밭을 본 후로 상추를 먹지 못하면 죽을 것 같다고 했어요. 그녀가 간절히 원했기 때문에 어쩔 수 없었어요."라고 남편이 대답했습니다. 그러자 여자 마법사는 화를 누그러뜨리면서 그에게 "네 말이 사실이라면 원하는 만큼 상추를 따 가도 좋아. 하지만 조건이 하나 있지. 네 아내가 아이를 낳으면 그 아이를 내게 주어야 해. 아이는 잘 자랄 거야. 내가 엄마처럼 돌봐줄 테니까."라고 말했습니다. 남편은 겁에 질려 마법사의 요구를 그대로 받아들였습니다. 마침내 아내가 아이를 낳자 바로 마법사가 나타나 아이에게 라푼첼이라는 이름을 지어주고는 아이를 데리고 가버렸습니다.

라푼첼은 세상에서 가장 예쁜 아이로 자랐답니다. 라푼첼이 열두 살이 되었을 때 여자 마법사는 그 아이를 계단도 문도 없는 숲 속의 탑에 가두어버렸습니다. 탑의 꼭대기에는 조그만 창이 하나 있을 뿐이었고, 마법사가 탑 안으로 들어가고 싶으면 탑 아래에서 이렇게 외쳤습니다.

"라푼첼, 라푼첼,
너의 머리카락을 아래로 늘어뜨리렴."

라푼첼은 황금실로 짠 듯이 길고 화려한 머리카락을 가지고 있었습니다. 여자 마법사의 목소리가 들리면 라푼첼은 땋아 틀어 올린 머리를 풀어 창문 고리에 동여맨 후 머리카락을 20엘레 밑으로 늘어뜨렸고,

그러면 마법사는 그것을 잡고 탑으로 올라왔습니다.

몇 년이 흐른 어느 날, 한 왕자가 말을 타고 숲 속에 들어왔다가 탑 옆을 지나게 되었습니다. 그때 왕자의 귀에 아름다운 노랫소리가 들렸고, 그는 가던 길을 멈추고 귀를 기울였습니다. 바로 라푼첼의 노래였습니다. 라푼첼은 달콤한 목소리로 노래를 부르면서 외롭게 시간을 보내고 있었습니다. 왕자는 라푼첼에게 올라가고자 했지만 탑으로 올라가는 문을 어디에서도 찾을 수 없었답니다. 그래서 그는 궁전으로 돌아갔지만 라푼첼의 노랫소리가 마음에서 떠나지 않아 날마다 숲을 찾아가 그 소리에 귀를 기울였습니다. 그러던 어느 날 왕자는 나무 뒤에 서 있다가 여자 마법사가 와서 탑을 향해 소리치는 모습을 보았습니다.

"라푼첼, 라푼첼,
너의 머리카락을 아래로 늘어뜨리렴."

그러자 라푼첼은 머리카락을 아래로 늘어뜨렸고 마법사는 그것을 타고 올라갔습니다. '저 머리카락이 탑으로 올라가는 사다리였구나. 나도 한번 내 행운을 시험해 봐야지.' 다음날 날이 어두워졌을 때 왕자는 탑으로 와서 외쳤습니다.

"라푼첼, 라푼첼,
너의 머리카락을 아래로 늘어뜨리렴."

곧 머리카락이 아래로 내려오자 왕자는 그것을 잡고 탑 위로 올라갔습니다.

지금까지 남자라고는 본 적이 없는 라푼첼은 처음에는 까무러치게 놀랐지만, 왕자가 매우 다정하게 말을 걸면서 그녀의 노래가 자신의 마음을 뒤흔들어 도저히 참을 수가 없었으며, 누가 노래를 부르는지 직접 보고 싶었다고 이야기하자 라푼첼은 왕자를 더 이상 두려워하지

앉았습니다. 그리고 왕자가 그녀에게 자기를 남편으로 받아들일 생각이 있는지 물었을 때 라푼첼은 젊고 잘 생긴 왕자를 보면서 '이 사람은 늙은 고텔 부인보다 나를 더 사랑해줄 거야.'라고 생각했고 '네'라고 대답했습니다. 그렇게 라푼첼은 왕자를 받아들이고는 자신의 손을 왕자의 손에 맡기면서 "당신과 함께 가고 싶지만 어떻게 아래로 내려가야 할지 모르겠어요. 왕자님이 여기 올 때마다 비단실을 한 타래씩 갖다 주세요. 그걸 엮어 사다리를 만들려고 해요. 사다리가 완성되면 탑 아래로 내려갈 수 있을 거예요. 그러면 저를 말에 태워 데려가세요."라고 말했습니다. 비단실로 사다리를 만들 때까지 왕자가 매일 저녁 라푼첼을 찾아오기로 약속했습니다. 왜냐하면 낮에는 늙은 여자 마법사가 오기 때문입니다. 마법사는 라푼첼에게 무슨 일이 있는지 전혀 눈치채지 못했습니다.

그러던 어느 날, 라푼첼은 무심코 "고텔 부인, 젊은 왕자님보다 당신을 끌어 올리는 게 더 힘들어요. 왜 그렇죠? 왕자님은 눈 깜짝할 사이에 올라오는데 말이에요."라고 말했습니다. 그러자 마법사는 "이런 망할 계집애! 대체 무슨 소리냐? 너를 세상에서 완전히 떼어 놓았다고 생각했는데 네가 나를 속여!"라고 소리쳤습니다. 잔뜩 화가 난 마법사는 라푼첼의 아름다운 머리카락을 움켜잡고 왼손에 두어 번 감은 다음 오른손에 가위를 들고 싹둑싹둑 잘라버렸습니다. 라푼첼의 땋은 아름다운 머리가 바닥에 떨어졌습니다. 그러고 나서 마법사는 가련한 라푼첼을 잔인하게도 황야로 내쫓아 버렸답니다. 라푼첼은 그 곳에서 비참하고 끔찍하게 살아가야만 했습니다.

라푼첼을 쫓아낸 바로 그날 저녁, 여자 마법사는 잘라낸 라푼첼의 땋은 머리를 창문 고리에 꽁꽁 묶어 왕자가 탑 아래 와서

"라푼첼, 라푼첼,
너의 머리카락을 아래로 늘어뜨리렴."

이라고 외쳤을 때 머리카락을 아래로 늘어뜨렸습니다. 왕자가 탑 위로 올라왔을 때 거기에는 그의 사랑, 라푼첼은 온데간데없고 여자 마법사가 있었습니다. 그녀는 독기 어린 사악한 눈초리로 왕자를 쏘아보면서 비아냥거리며 "아하, 왕자님께서 사랑하는 애인을 데리러오셨군. 하지만 너의 아름다운 새는 이제 둥지에 없는 걸. 더 이상 노래하지도 않을 거야. 고양이가 물어 갔거든. 고양이는 네 눈알도 파낼 거다. 이제 너의 라푼첼은 없어. 넌 다시는 그 계집애를 보지 못할 거야."라고 소리쳤습니다.

왕자는 라푼첼을 잃은 슬픔으로 너무 고통스러워 제 정신이 아니었고, 절망에 빠져 탑에서 뛰어내리고 말았습니다. 다행히 목숨은 건졌지만 가시밭 위로 떨어지는 바람에 두 눈이 가시에 찔려 장님이 되었답니다. 왕자는 장님이 된 채 온 숲을 헤매 다녔고, 식물뿌리와 산딸기 외에는 먹지도 못했으며, 사랑하는 여인을 잃은 슬픔으로 비탄에 잠겨 눈물만 흘렸답니다. 왕자는 그렇게 몇 년 동안 비참하게 떠돌아다녔습니다.

그러던 중 마침내 라푼첼이 아들과 딸 쌍둥이와 함께 궁핍하게 살고 있는 황야에 도달했습니다. 왕자의 귀에 낯익은 목소리가 들려왔고, 그는 소리가 나는 쪽으로 걸어갔습니다. 왕자가 다가가자 라푼첼은 왕자를 한눈에 알아보고 목을 얼싸안고 엉엉 울었습니다. 라푼첼의 눈물 두 방울이 왕자의 두 눈을 적시자 왕자의 눈이 다시 보이기 시작했습니다. 그는 예전처럼 모든 것을 볼 수 있게 되었습니다. 왕자는 라푼첼과 아이들을 자기 나라로 데려갔고 열렬한 환영을 받았습니다. 그 후 그들은 오래오래 행복하고 만족스럽게 살았답니다.[1)]

---

1) Brüder Grimm, *Kinder- und Hausmärchen*, Wissenschaftliche Buchgesellschaft Darmstadt, 1978, pp. 104-107.

동화 힐링 실습

그림 동화 「라푼젤」은 선남선녀의 사랑이야기이다. 즉 젊은 남녀를 주인공으로 한 사랑이 주제인 동화이다. 특히 2010년에 미국 월트 디즈니 애니메이션 스튜디오(Walt Disney Animation Studios)에서 애니메이션 영화로 제작하여 국내에서는 2011년 2월에 개봉되어서 많은 영화팬에게 감동을 준 동화이기도 하다. 물론 동화의 줄거리는 원작과 차이는 있지만 남·여 주인공의 사랑이야기로 행복한 결말로 끝나는 점은 일치한다.

어느 날 한 쌍의 커플이 내방자로서 찾아왔다. 여성은 25살, 남성은 28살이라고 한다. 그런데 이상한 점은 여성이 남성을 앞에서 손을 잡고 인도하듯이 들어왔다. 순간 이상했지만 내색하지 않고 따듯하게 맞아주었다. 이유야 어떻든 어렵게 찾아온 내방자를 동화치료사는 최대한 친절하고 따듯한 마음으로 맞이해야 한다.

1 동화 제목 연상기법

동화치료사는 우선 찾아온 내방자에게 다정한 미소와 차분한 어조로 진솔한 대화와 소통을 유도해야 한다. 어느 정도 분위기가 안정되면 본격적인 치료를 위한 힐링 방법을 적용하여 테라피를 시도해야 한다. 치료를 위해 제일 먼저 시도할 일이 동화 제목을 통한 연상기법이다.

동화 힐링을 위해 찾아온 내방자에게 치료사는 앞에서 제시한 50편의 동화 제목을 순서를 정해 하나씩 보여줌으로써 내방자로 하여금 스스로 동화를 선택하도록 유도하는 게 바람직하다. 오늘 찾아온 내방자가 20대의 커플이기 때문에 치료사는 한국 전래동화보다는 외국 명작동화의 제목을 먼저 보여주는 게 좋다. 즉, ① 라푼첼 ② 헨젤과 그레텔 ③ 용감한 꼬마재단사 ④ 홀레 부인 ⑤ 빨간 모자 ⑥ 브레멘 음악대 ⑦ 향나무 ⑧ 여섯 마리 백조 ⑨ 룸펠슈텔츠헨 ⑩ 사랑하는 롤란트 ⑪ 털북숭이 ⑫ 거위치기 소녀 ⑬ 영리한 농부의 딸 ⑭ 신데렐라 ⑮ 가시장미 공주 ⑯ 백설 공주 ⑰ 마리아의 아이 ⑱ 늑대와 일곱 마리 새끼 양 ⑲ 일곱 마리 까마귀 ⑳ 개구리 왕자 ㉑ 충신 요한네스 ㉒ 어부와 그의 부인 ㉓ 인어 공주 ㉔ 미운 오리 새끼 ㉕ 눈의 여왕 ㉖ 해와 달이 된 오누이 ㉗ 호랑이와 곶감 ㉘ 풋배 따기 모험 ㉙ 머리 아홉 달린 도둑 ㉚ 세 공주와 젊은 무사 ㉛ 견우와 직녀 ㉜ 슬기로운 판서의 손자 ㉝ 어린 사또의 지혜 ㉞ 혹부리 영감 ㉟ 도깨비감투 ㊱ 어부와 잉어 아내 ㊲ 욕심쟁이 할머니 ㊳ 우렁이 각시 ㊴ 임금님 귀는 당나귀 귀 ㊵ 토끼와 자라 ㊶ 아버지의 유물 ㊷ 빨간 부채 파란 부채 ㊸ 백일홍 이야기 ㊹ 진짜 어머니를 찾은 원님의 지혜 ㊺ 황금 구슬과 개와 고양이 ㊻ 은혜 갚은 두꺼비 ㊼ 선녀와 나무꾼 ㊽ 은혜 갚은 까치 ㊾ 의좋은 형제 ㊿ 콩쥐 팥쥐 등의 순서대로 치료사는 내방자에게 보여주는 게 효과적이다.

이미 『동화치료』라는 책에서 한국 전래동화(㉖~㊻)를 이용하여 치료방법에 대해 설명했기 때문에, 여기서는 외국 전래동화(①~㉒)를 활용하여 동화 힐링 실습방법을 소개하고자 한다.

25살의 여성과 28살의 남성인 내방자는 약 2년 전에 모 기업에 입사한 동기생으로서 입사 때부터 서로 호감을 갖고 교제해온 커플이다. 그런데 약 2개월 전부터 남자가 눈이 잘 안 보이게 되었다고 한다.

처음에는 과도한 회사일과 그 일로 인한 스트레스 때문에 피곤해서 눈이 침침해졌다고 생각하고는 근처 안과병원에서 검사를 받고 약물치료를 했으나, 별 효과가 없었다고 한다. 이상한 생각이 들어 큰 병원의 안과전문의에게 가서 검사를 받고 약물치료를 받았지만 역시 커다란 진전이 없었다고 한다. 의학적으로 눈이 안 보이게 되는 경우는 백내장이나, 녹내장 또는 황반변성이나, 각막손상 등이 원인이라고 하는데 이 남성인 경우에는 뚜렷한 원인이 무엇인지? 정확히 원인을 밝히지 못한 채 약물치료를 계속해왔다고 한다. 그러나 나아지는 기미가 보이지 않자 당황한 남자는 여자에게 이 사실을 고백했고, 함께 동화치료사를 찾아온 것이다.

아무튼 20대의 내방자 커플에게 50편의 동화 제목을 보여줬더니, 망설이지 않고 첫 번째 동화인 「라푼첼」 동화를 선택했다. 치료사가 판단하기에도 20대의 내방자 커플에게 가장 적합한 동화라고 판단되어 이 동화로 동화 테라피를 시도하기로 했다.

2 동화 주제에 따른 분류법

그림 동화 「라푼첼」은 청춘남녀의 사랑을 주제로 한 아름다운 이야기이다. 우선 내방자 커플에게 「라푼첼」을 읽도록 동화책을 보여줬고, 여자에게 남자가 들을 수 있도록 책을 낭독하라고 권면했다. 약 15분 정도 걸려서 동화책을 읽고 들은 두 사람은 어느새 눈가에 두 줄기 눈물이 흐르고 있었고, 여성은 어깨를 들썩이며 약간 흐느껴 울기도 했다. "왜, 눈물을 흘리느냐?"는 치료사의 질문에 내방자 커플은 동화 여주인공 라푼첼이 황야에서 노래를 부르고, 그 노랫소리에 눈먼 왕자가 다가오자, 그를 한눈에 알아보고 목을 얼싸안고 엉엉 울 때, 라푼첼의 눈물방울이 왕자의 두 눈에 떨어지자 왕자의 눈이 다시 보이기 시작했다는 동화 내용이 너무 감동적이어서 저절로 눈물이 났다고 한다. 내방자 커플에게 가장 심적 고통이 되고 있는 점이 남자의 눈이었기 때문에 당연히 그러한 동화 줄거리가 가장 감동적이었으리라 생각되었다. 라푼첼이 흘린 눈물이 왕자의 두 눈을 적시자 눈먼 장님에서 눈뜬 왕자로 변했다는 점이 동화 줄거리의 하이라이트이다.

설혹 눈에 문제가 없는 일반 독자들도 그러한 행복한 결말에 이르면 탄성을 지르고 주인공의 이야기가 내 이야기인 양 동화되지 않겠는가? 더욱이 사랑하는 연인 사이에서는 그 감동이 배나 더하지 않겠는가? '동화는 사랑이다.'라는 말이 저절로 생각나게 하는 동화 내용이기에 치료사는 특히 눈에 문제가 있는 내방자 커플에게 「라푼첼」 동화로 동화 테라피를 시도하는 것이다.

3 심리이론 적용법

대학을 졸업하고 사회에 첫발을 내디딘 남자와 여자가 운명처럼 입사동기생이 되어 첫눈에 호감이 가서 2년 동안을 연인으로 지냈는데, 어느 날 갑자기 남자의 눈이 안 보이기 시작했다면 어떤 생각이 들겠는가? 여자는 눈먼 남자와의 인연이 평생으로 가는 부부 인연은 아닌 것 같으니, 이제라도 더 늦기 전에 헤어져야 하는 건가? 아니면 남자가 오히려 사랑하는 여인을 위해 자신을 자책하며 헤어지자고 스스로 물러서야 하는가? 내방자 커플은 그러한 고심을 안 한 것은 아니지만, 이리저리 생각해봐도 헤어질 수 없다는 결심하에 동화치료사를 찾아온 것이다.

그림 동화 「라푼첼」에서는 프로이트와 융의 심층심리학에 따른 다양한 심리이론들이 나타난다. 먼저 동화 시작 부분에서 서술된 아기를 갖고 싶은 부부의 열망과 이웃집 상추밭을 보고 상추를 먹고 싶은 욕망은 프로이트가 말한 '본능적인 욕구, 욕망'으로서 '리비도(Libido, 본능적 에너지, 성욕, 성충동)'와 '데스트루도(Destrudo, 파괴욕, 파멸충동)'와 일치한다고 말할 수 있다. 남편이 상추밭 주인인 여자 마법사에게 "상추를 먹지 못하면 죽을 것 같다"고 이야기하는 장면에서 식욕에 대한 본능적 에너지가 극대화되고 있음을 알 수 있으며, 여자 마법사 또한 상추 좀 훔쳐 먹었다고 낳은 아이를 빼앗아버리는 가정파괴의 극단적인 데스트루도를 표출했다고 말할 수 있다. 더욱이 황금머리카락을 가진 너무나 예쁜 라푼첼을 12년 동안 키운 뒤에는 자기만 보고 남에게는 보여주지 않으려는 욕망으로 높은 탑에 가두질 않는가? 즉, 동화 등장인물들 중 가해자로서 여자 마법사는 주인공을 가해하고 탑이라는 새장에 가둬놓는 것이다. 뿐만 아니라, 여자 마법사는 라푼첼의 머리를 잘라버리고 황야로 내쫓고, 동시에 왕자를 탑 아래로 떨어뜨려서 눈멀게 하는 극단적인 파괴본능을 에너지로 작용시키는 것이다. 다시 말해, 여자 마법사는 동화의 전형적인 가해자로서 두 주인공을 가해하고 줄거리 선상에서 사라지는 것이다. 물론 디즈니사의 애니메이션 영화에서는 가해자인 마녀가 죽음으로 벌 받게 하는 장면이 나오지만 원작에서는 동화 줄거리가 끝날 때까지 더 이상 여자 마법사는 나타나지 않는다. 동화 등장인물은 필요한 순간에 나타났다가 말없이 사라지는 꼭두각시이기 때문에, 마음 같아서는 응징하고 싶지만 그렇게 줄거리 전개의 정확성을 위해 필요한 순간에 나타났다가 사라지는 것이다.

선남선녀가 주인공인 동화에서는 늘 융이 말한 아니마와 아니무스의 심리현상이 나타나듯이, 그림 동화 「라푼첼」에서도 라푼첼의 아니무스로 왕자가, 왕자의 아니마로 라푼첼이 등장하는 것이다.

지금까지 남자라고는 본 적이 없는 라푼첼은 처음에는 까무러치게 놀랐지만, 왕자가 매우 다정하게 말을 걸면서 그녀의 노래가 자신의 마음을 뒤흔들어 도저히 참을 수가 없었으며, 누가 노래를 부르는지 직접 보고 싶었다고 이야기하자 라푼첼은 왕자를 더 이상 두려워하지 않았습니다. 그리고 왕자가 그녀에게 자기를 남편으로 받아들일 생각이 있는지 물었을 때 라푼첼은 젊고 잘 생긴 왕자를 보면서 '이 사람은 늙은 고텔 부인보다 나를 더 사랑해줄 거야.'라고 생각했고 '네'라고 대답했습니다. 그렇게 라푼첼은 왕자를 받아들이고는 자신의 손을 왕자의 손에 맡기면서 [……]

위의 인용문처럼 라푼첼과 왕자는 첫눈에 반한다. 무의식세계 속에 자리 잡았던 라푼첼의 아니무스와 왕자의 아니마가 의식세계로 표출되어 두 사람의 사랑으로 급속히 발전하는 것이다. 사랑은 두 개체들 간의 상호작용에 의한 한 생산물이기에 라푼첼과 왕자는 서로 처음 보는 첫 만남에서 남편과 아내로서의 각오를 다지며 바로 한 몸이 되는 사랑의 결실을 맺는다.

이 장면에서 내방자 커플은 입가에 뜻 모를 미소를 띠며 행복한 표정을 지었다. 치료사가 물어보니 그들은 바로 자신들의 사랑의 시작도 그와 비슷했다고 말하며, 눈이 안 보임에도 불구하고 서로를 다정하게 쳐다보았다. 이 얼마나 놀라운 우연의 일치인가! 19세기 동화 속의 주인공이 21세기 현실의 주인공으로 탄생한 양, 두 사람은 서로의 손을 잡고 흐뭇한 표정을 지었다. 다시 말해 내방자 커플도 서로의 아니무스와 아니마의 결합으로 천생연분의 사랑을 하고 있다는 자부심을 일깨웠다고 할 수 있다.

4 커뮤니케이션과 다이얼로그 기법

그림 동화 「라푼첼」을 통해 치료사와 내방자 커플이 대화를 주고받음으로써 어느 정도 분위기가 무르익었다면, 커뮤니케이션과 다이얼로그 기법에 따라 스토리텔링이나 페인팅을 시도해야 한다. 동화치료사가 내방자 "커플에게 그림을 그려보겠습니까?" 혹은 "글을 써보겠습니까?"라고 물으니, 그들은 글을 쓰겠다고 했다. 그래서 치료사는 그림 동화 「라푼첼」을 읽고 자신들에게 연상되는 내용을 글로 쓰도록 유도했다. 다음은 그들이 쓴 스토리텔링이다.

우리는 2년 전에 같은 회사에 입사하면서 알게 되었고, 신입회원 환영식에서 급속히 가까워져서 그날 밤 만리장성을 쌓았습니다. 같은 회사 동기생이기 때문에, 남의 눈에 띌까봐 조심스럽기도 했지만, 특별한 일이 없으면 거의 매일 만나서 서로의 사랑을 키웠습니다.

시간이 지날수록 더욱 가까워져서 헤어지기 싫을 때가 많았고, 그래도 아직 결혼 준비가 안 되어서 결혼이라는 단어는 묵시적으로 뇌 속에 자리 잡고 있었지만 서로의 눈을 보면서 밖으로 꺼내진 않았으며 부인할 수 없는 개념인 것은 틀림없었습니다. 그렇게 약 2년 가까운 시간이 지나갔을 때 K(남자 이니셜)가 갑자기 눈이 침침해지고 잘 안 보인다고 했습니다. L(여자 이니셜)은 깜짝 놀랐지만, K는 별일 아닐 거라며 컴퓨터를 많이 해서 그럴 거라고 L을 오히려 위로했습니다.

그러나 상황은 점점 악화되었고, K는 사회생활을 못할 정도로 두 눈이 나빠졌으며, 병원에 다녔지만 근본원인은 모른다는 진단과, 마음을 편안하게 갖고 약물치료를 계속하자고 했습니다. 아닌 밤중에 홍두깨라고 갑작스럽게 찾아온 눈먼 현상이 우리를 끝없이 괴롭혔고, 심지어 같이 죽거나 헤어져야 한다는 생각이 들기도 했습니다.

그런데 마침 동화 힐링을 받아보면 어떻겠냐고 친구가 권해서 동화치료사를 찾아왔고, 이렇게 그림 동화 「라푼첼」을 읽으면서 정말 그러한 기적이 우리에게도 일어날 수도 있다는 희망의 메시지를 발견했습니다.

희망의 메시지! 이것이 동화의 힘이다. 치료사는 그림 동화 「라푼첼」

을 가지고 내방자 커플과 대화를 통해 소통함으로써 그들 스스로 해결책을 찾는 놀라운 치료 결실을 맺는 것이다. 약 한 달 동안 진행된 동화 힐링을 통해 마음의 위로와 진실한 사랑을 눈물로 확인한 내방자 커플은 아직 완전하진 않지만 점점 눈의 상태가 호전되었음을 느꼈다.

그들은 그림 동화「라푼첼」의 마지막 장면처럼 의학으로 치료할 수 없는 부분을 동화로서 치료할 수 있다는 믿음을 갖고 문을 나설 수가 있었다.

> 왕자가 다가가자 라푼첼은 왕자를 한눈에 알아보고 목을 얼싸안고 엉엉 울었습니다. 라푼첼의 눈물 두 방울이 왕자의 두 눈을 적시자 왕자의 눈이 다시 보이기 시작했습니다. 그는 예전처럼 모든 것을 볼 수 있게 되었습니다.

예전처럼 모든 것을 다시 볼 수 있게 된 왕자처럼 내방자 K도 사랑하는 L의 지극한 정성으로 차츰 눈이 좋아지는 놀라운 체험을 하게 된 것이다. 여기에 인간의 무의식에 숨어 있는 놀라운 능력인 동화의 힘이 내방자 커플에게 강력한 희망이 되어 실제로 고칠 수 없었던 병을 마음으로 다스리는 놀라운 기적을 현실에서 체험하는 것이다.

2. 헨젤과 그레텔

커다란 숲 앞에 가난한 나무꾼이 아내와 두 명의 자식들과 함께 살고 있었습니다. 사내애는 헨젤이라고 불렸고, 계집애는 그레텔이라고 불렸습니다. 나무꾼은 먹을 것과 땔감을 조금밖에 가지고 있지 않았습니다. 한번은 그 나라에 커다란 기근이 닥쳤을 때, 나무꾼은 일용할 양식이 더 이상 없었습니다.

나무꾼은 저녁에 침대에서 근심과 걱정 때문에 이리저리 뒤척였고 한숨을 내쉬면서 아내에게 "우리는 장차 어떻게 살까? 우리 자신이 먹을 것도 없는데, 무엇으로 우리의 불쌍한 아이들을 먹일 수 있을까?"라고 말했습니다. 아내는 "여보, 우리 내일 아침 일찍 아이들을 울창한 숲 속으로 데려가죠. 거기서 애들에게 불을 피워주고, 각자에게 빵 한 조각씩을 주는 거예요. 그러고 나서 우리는 일을 시작하고, 아이들은 홀로 남겠죠. 그 애들은 다시 집으로 돌아오는 길을 발견하지 못할 거고, 우리는 애들에게서 벗어나는 거예요."라고 대답했습니다. "안 돼요, 부인, 그 짓을 나는 할 수 없소. 어떻게 내가 아이들을 숲 속에 홀로 남겨둔단 말이오. 야생짐승이 곧 와서 그들을 잡아먹을 거요."라고 남편이 말했습니다. 아내는 "오, 이 바보 같은 사람, 그러면 우리 네 명 모두는 굶어죽어야만 해요. 당신은 단지 관을 짜기 위해 널빤지를 대패질할 수 있겠군요."라고 말했습니다. 그리고 나무꾼이 동의할 때까지, 끊임없이 그를 괴롭혔습니다. 결국 남편은 동의했고 "그러나 불쌍한 아이들이 너무 딱하오."라고 말했습니다.

아이들은 배고픔 때문에 잠을 이룰 수 없었고, 계모가 아버지에게 말했던 것을 들었습니다. 그레텔은 몹시 울면서 헨젤에게 "이제 우리는 끝장이야."라고 말했습니다. 헨젤은 "진정해라, 그레텔, 슬퍼하지 마. 내가 그냥 있지 않을 테니."라고 말했습니다. 그리고 부모님들이 잠들었을 때, 헨젤은 일어나서 상의를 입고, 아랫문을 열고는 밖으로 기어나갔습니다. 달은 휘영청 밝았고 집 앞에 있는 하얀 자갈들은 마치 진짜 은화처럼 빛나고 있었습니다. 헨젤은 몸을 숙여 자갈을 주어 주머니에 가득 넣었습니다. 다시 방으로 돌아온 헨젤은 그레텔에게 "사랑하는 동생아, 걱정하지 말고 편하게 자도록 해. 하나님은 우리를 버리지 않으실 거야."라고 말했습니다. 그리고 헨젤도 자기 침대에 가서 누웠습니다.

다음날이 되었고, 아직 태양이 뜨지 않았는데도 계모는 벌써 두 아이를 깨웠습니다. "일어나, 이 게으름뱅이 녀석들아! 숲에 가서 나무를 해야 된단 말이야." 계모는 아이들에게 빵을 하나씩 안겨주며 "점심이란다. 이 빵 말고는 먹을 것이 더 없으니까 점심 전에는 먹지 마라."라고 말했습니다. 헨젤의 주머니에는 돌이 들어 있었기 때문에 그레텔은 빵을 자기 앞치마에 쌌습니다. 그 후 나무꾼 가족은 숲으로 갔습니다. 얼마 가다가 헨젤은 걸음을 멈추고 집 쪽을 돌아다보았습니다. 헨젤이 계속 집 쪽을 돌아보자 아버지가 "헨젤, 뭘 보고 있는 거니? 왜 자꾸 멈추는 거야? 조심해서 부지런히 걷도록 해라!"라고 말씀하셨습니다. 헨젤은 "아, 아버지, 우리 집 지붕 위에 앉아 저한테 작별인사를 하려고 하는 하얀 새끼 고양이를 보고 있는 거예요."라고 대답했습니다. 그러자 계모가 "바보 같은 녀석, 그건 네 고양이가 아니라 굴뚝 위에서 빛나는 아침 해잖아."라고 말했습니다. 사실 헨젤은 고양이를 본 것이 아니라 주머니에서 반짝이는 하얀 자갈을 꺼내 한 개씩 일정하게 떨어뜨리고 있었습니다.

그들이 숲 한가운데 이르렀을 때 아버지가 "얘들아, 땔나무를 모아 오너라. 불을 피워주마. 그러면 너희들은 춥지 않을 거다."라고 말씀하셨습니다. 헨젤과 그레텔은 마른가지를 모아 작은 산만큼 쌓았고, 마른 가지에 불이 붙자 불길이 활활 살아났습니다. 계모는 "얘들아, 불 옆에서 쉬고 있어라. 우리는 숲으로 가서 나무를 할 거란다. 일이 끝나면 다시 와서 너희들을 데려가마."라고 말했습니다.

헨젤과 그레텔은 불 옆에 앉아 있었습니다. 그리고 점심때가 되자 빵을 먹었습니다. 도끼질 소리가 계속 들렸기 때문에 헨젤과 그레텔은 아버지가 가까이 있다고 믿었습니다. 하지만 그건 나무패는 소리가 아니고 아버지가 죽은 나무에 매달아 놓은 나뭇가지가 바람에 이리 저리 흔들리며 나무에 부딪히는 소리였답니다. 남매는 오랫동안 그렇게 앉아 있다가 그만 피곤한 나머지 눈꺼풀이 풀려 푹 잠이 들고 말았습니다. 잠에서 깨어났을 때는 이미 칠흑 같은 밤이었습니다. 그레텔은 울면서 "이제 우리가 어떻게 숲에서 빠져 나가지?"라고 말했습니다. 헨젤은 동생을 다독이며 "달이 뜰 때까지 잠깐 기다려보자. 그러면 길을 찾을 수 있을 거야."라고 말했습니다. 보름달이 뜨자 헨젤은 누이동생의 손을 잡고, 새 은화처럼 빛을 내며 집으로 가는 길을 보여주는 자갈을 따라 걸어갔습니다. 그 아이들은 밤새도록 걸어 동이 틀 무렵 아버지의 집에 도착했습니다. 헨젤과 그레텔이 문을 두드리자 계모가 문을 열었습니다. 헨젤과 그레텔이 문 앞에 서 있는 것을 본 계모는 "이 못된 것들 같으니, 왜 그렇게 오랫동안 숲에서 잠을 자는 거니? 너희들이 다시는 집에 오지 않으려는 줄 알았다."라고 소리쳤습니다. 하지만 아버지는 아이들을 숲 속에 그렇게 두고 와서 마음이 아팠기 때문에 아이들이 돌아온 것을 기뻐했습니다.

그 후 얼마 지나지 않아 온 나라에 기근이 다시 닥쳤습니다. 아이들은 밤에 계모가 잠자리에서 아버지에게 하는 말을 들었습니다. "또 다시 먹을 게 떨어졌어요. 겨우 빵 반 덩어리 밖에 없는데 그나마 그것도 떨어지면 끝장이에요. 그러니 아이들을 버려야 해요. 아이들이 다시는 집으로 돌아오지 못하도록 더 깊은 숲 속으로 데려가도록 해요. 그것만이 우리가 살 길이에요." 아내의 말을 듣고 마음이 무거워진 아버지는 '마지막 한 입까지 아이들과 빵을 함께 나눠 먹는 게 훨씬 더 좋을 텐데'라고 생각했습니다. 하지만 아내는 나무꾼의 말에는 전혀 귀를 기울이지 않고 그를 욕하며 비난했습니다. 일단 무슨 일인가를 한 번 시작한 사람은 다음 번에도 그렇게 해야 하는 법이니까요. 이미 계모의 말대로 아이들을 숲에 버린 적이 있던 나무꾼은 이번에도 계모의 말대로 해야만 했습니다.

아이들은 이날 밤에도 깨어서 계모와 아버지의 말을 들었습니다. 계모와 아버지가 잠이 들었을 때 헨젤은 다시 일어나 전처럼 밖으로 나가 자갈을 모으려고 했습니다. 그런데 계모가 문을 잠가 놓았기 때문에 밖으로 나갈 수가 없었습니다. 그래도 헨젤은 그레텔을 달래며 "울지 마, 그레텔, 편히 자렴. 하나님이 우리를 도와주실 거야."라고 말했습니다.

다음날 새벽, 계모가 와서 아이들을 깨웠습니다. 헨젤과 그레텔은 전보다 더 작은 빵을 한 조각씩 받았습니다. 헨젤은 숲으로 가는 길에 주머니 속에서 빵을 조각냈고 자주 걸음을 멈추고 땅바닥에 하나씩 떨어뜨렸습니다. 아버지는 "헨젤, 왜 그렇게 서서 두리번거리는 거냐? 앞만 보고 걸어가렴."이라고 말씀하셨습니다. 헨젤은 "우리 집 지붕 위에 앉아 저에게 작별인사를 하려고 하는 새끼 비둘기를 보고 있는 거예요."라고 말했습니다. 그러자 계모가 "바보 같은 녀석! 그건 비둘기가 아니라 굴뚝 위에서 반짝이는 아침 해란 말이야."라고 말했습니다. 그러나 헨젤은 계속해서 길 위에 빵조각을 남김없이 떨어뜨렸습니다.

계모는 아이들이 생전 처음 와보는 더 깊은 숲 속으로 아이들을 데리고 갔습니다. 다시 모닥불을 크게 피운 후 계모는 "얘들아, 너희들은 여기 그대로 앉아 있어라. 피곤하면 잠 좀 자고. 우리는 숲으로 가 나무를 하고 저녁에 일이 끝나면 너희들을 데리러 오마."라고 말했습니다. 점심때가 되자 그레텔은 자기 빵을 헨젤과 나눠 먹었습니다. 헨젤이 빵을 길에다 모두 뿌렸기 때문입니다. 그러고 나서 남매는 잠이 들었습니다. 밤이 되었지만 아무도 불쌍한 아이들에게 오지 않았습니다. 아이들은 깊은 어둠이 내렸을 때 비로소 잠에서 깨어났습니다. 헨젤은 누이동생을 달래며 "그레텔, 달이 뜰 때까지만 기다려. 그러면 내가 뿌려 놓은 빵조각들을 볼 수 있을 거고 우리는 그걸 따라 집으로 갈 수 있어."라고 말했습니다. 달이 뜨자 헨젤과 그레텔은 길을 재촉했지만 빵조각은 어디에서도 보이지 않았습니다. 숲과 벌판 사방을 날아다니는 수천마리의 새들이 빵조각을 모두 쪼아 먹었기 때문입니다. 헨젤은 그레텔에게 "걱정하지 마. 길을 찾을 수 있을 거야."라고 말했지만 오누이는 길을 찾을 수 없었답니다. 헨젤과 그레텔은 밤새 걸었고 그 다음날에도 아침부터 밤까지 꼬박 걸었습니다. 그래도 그 아이들은 숲에서 빠져 나가지 못했습니다. 아이들은 땅바닥에서 자라는 산딸기 몇 알 외에는 아무 것도 먹지 못했기 때문에 배가 몹시 고팠고, 결국 더 이상 걸을 수가 없을 정도로 지쳐서 어느 나무 밑에 쓰러져 잠이 들었습니다.

이제 헨젤과 그레텔이 아버지의 집을 떠난 지 삼 일째 되는 아침이 되었습니다. 헨젤과 그레텔은 다시 걷기 시작했지만 점점 더 숲 속 깊숙이 들어가고 있었습니다. 여기서 도움의 손길을 만나지 못한다면 아이들은 굶어 죽을 것 같았습니다. 그날 점심 때 아이들은 눈처럼 하얀 예쁜 새 한 마리가 나뭇가지에 앉아 있는 것을 보았습니다. 새가 고운 목소리로 노래 불렀기 때문에 오누이는 그 자리에 그대로 서서 새소리를 듣고 있었습니다. 노래를 다 부른 새는 날개를 파닥이며 헨젤과 그레텔 쪽으로 날아왔습니다. 헨젤과 그레텔이 새를 따라가자 조그만 집이 나타났고 새는 그 집의 지붕 위에 앉았습니다. 집 가까이 다가갔을 때 남매는 그 집이 빵으로 지어졌고 지붕은 케이크로 덮여 있고 창문은 사탕으로 만들어져 있다는 것을 알았습니다. 헨젤은 "우리 시작해보자. 맛있게 먹어. 난 지붕을 한 조각 먹어볼 거야. 그레텔, 너는 창문부터 먹어봐. 달콤할 거야."라고 소리쳤습니다. 헨젤은 손을 위로 뻗어 지붕을 한 입 떼어 맛을 보았습니다. 그리고 그레텔은 창문 옆에 서서 창유리를 갉아 먹었습니다. 그때 집안에서 맑은 목소리가 외쳤습니다.

"바삭, 바삭, 갉아먹는 소리,
누가 내 집을 갉아먹지?"

아이들이 대답했습니다.

"바람, 바람이,
하늘의 아이가."

아이들은 어디에도 신경 쓰지 않고 오로지 정신없이 먹기만 했습니다. 지붕이 너무 맛있었던 헨젤은 지붕을 크게 한 조각을 떼어냈고 그레텔은 둥근 창문을 떼어내 바닥에 주저앉아 맛있게 먹었습니다. 그때 갑자기 문이 열리더니 늙은 할머니가 목발에 몸을 의지한 채 기어 나왔습니다. 헨젤과 그레텔은 그들이 손에 들고 있는 것을 떨어트릴 정도로 소스라치게 놀랐습니다. 할머니는 머리채를 흔들며 "아이고, 예쁜 아이들아, 누가 너희들을 이리로 데려왔니? 안으로 들어가서 나랑 같이 살자꾸나. 나쁜 일은 없을 거란다."라고 말했습니다. 할머니는 두 아이의 손을 잡고 집안으로 들어가서 헨젤과 그레텔에게 설탕, 사과, 호두로 만든 팬케이크와 우유 등 맛있는 음식을 차려 주었습니다. 그리고 두 개의 예쁜 침대에 하얀 침대보를 깔아 주었습니다. 헨젤과 그레텔은 침대에 누우면서 여기가 바로 천국이라고 생각했습니다.

그런데 그 노파는 친절한 체했지만 사실은 아이들을 몰래 기다리고 있던 못된 마녀였습니다. 마녀는 아이들을 유혹하기 위해 빵으로 집을 지었던 거였습니다. 마녀는 아이들이 자신의 수중에 들어오면 아이들을 죽인 뒤 요리해서 먹어 치웠습니다. 그런 날은 마녀의 잔칫날이었습니다. 마녀들은 눈이 빨갛고 멀리 볼 수 없었지만 동물처럼 예민한 후각을 가지고 있어 사람들이 접근하면 냄새로 금방 알아차렸습니다. 헨젤과 그레텔이 마녀 가까이 왔을 때 마녀는 사악하게 웃으며 조롱하듯이 "이제 너희들은 내 밥이야! 절대로 도망가지 못하지!"라고 말했습니다.

이른 아침, 아이들이 깨기 전에 마녀는 벌써 일어나 아이들의 침대로 갔습니다. 마녀는 사랑스럽게 자고 있는 불그레한 뺨을 가진 두 아이를 보고 "정말 맛있는 한입거리가 되겠군!"이라고 중얼거렸습니다. 마녀는 말라빠진 손으로 헨젤을 움켜쥐고 조그만 우리로 데리고 가서 가두고 격자문을 잠가 버렸습니다. 헨젤은 있는 힘껏 큰 소리로 비명을 질렀지만 아무 소용이 없었답니다. 이제 마녀는 그레텔에게로 가서 그 아이를 흔들어 깨웠습니다. 마녀는 "일어나라, 게으름뱅이 같은 년아! 어서 물을 길어 와. 저 밖에 우리에 갇혀 있는 네 오빠에게 요리를 해 줘라. 피둥피둥 살찌게 말이야. 네 오빠가 살이 찌면 내가 잡아먹을 테다."라고 소리쳤습니다. 그레텔은 격렬하게 울기 시작했지만 어쩔 도리 없이 못된 마녀가 시키는 대로 해야 했습니다.

이제 불쌍한 헨젤은 아주 맛있는 요리를 먹었습니다. 하지만 그레텔은 고작 게 껍데기만 먹었답니다. 매일 아침마다 늙은 마녀는 조그만 우리로 슬그머니 다가가서 "헨젤, 네 손가락을 내밀어 봐. 얼마나 살쪘는지 보자."라고 외쳤습니다. 헨젤은 그때마다 작은 뼈다귀 하나를 내밀었고 눈이 나쁜 마녀는 그것이 헨젤의 손가락이라고 생각했습니다. 마녀는 헨젤이 살이 찌지 않자 놀랐습니다. 4주가 지나도 헨젤이 여전히 깡마른 채 있자 초조해진 마녀는 더 이상 기다리지 않기로 했습니다.

마녀는 그레텔에게 "얘, 그레텔, 재빨리 물 좀 길어 오너라! 네 오빠가 살이 쪘든 말든 내일 죽여서 요리를 해먹을 테다."라고 소리쳤습니다. 아, 가련한 누이동생이 물을 길어오지 않을 수 없었을 때 얼마나 슬펐을까요. 그녀의 두 뺨으로 눈물이 얼마나 흘렀을까요? 그레텔은 "하나님, 우리를 도와주세요! 숲 속에서 맹수들한테 잡혀 먹혔더라면 오빠와 같이 죽을 수 있었을 텐데요!"라고 외쳤습니다. 마녀는 "그만 울고불고 해라. 아무도 너희들을 도와주지 않을 거니까."라고 말했습니다.

다음날 새벽 그레텔은 밖으로 나가 물을 가득 채운 솥을 걸고 불을 피워야 했습니다. 늙은 마녀가 "우선, 빵을 굽자. 오븐에도 불을 지펴놨고 밀가루 반죽도 해 놓았다."라고 말했습니다. 마녀는 불쌍한 그레텔을 불길이 뻗어 나오는 오븐 앞으로 밀면서 "오븐 안으로 기어 들어가서 빵을 구울 정도로 온도가 적당한지 살펴 보거라."라고 말했습니다. 마녀는 그레텔이 오븐에 들어가면 문을 닫고 그레텔도 구워 먹을 작정이었습니다.

그러나 그레텔은 마녀의 속셈을 알아차리고 "어떻게 오븐으로 들어가야 하는지 잘 모르겠어요. 어떻게 해야 하죠?"라고 말했습니다. 마녀는 "멍청한 년, 오븐 입구는 충분히 넓어서 넌 얼마든지 들어갈 수 있어. 내가 직접 들어가 볼 테니 잘 봐라."라고 말했습니다. 마녀는 오븐 앞으로 느릿느릿 걸어와 오븐의 속에 머리를 밀어 넣었습니다. 그때 그레텔은 마녀를 오븐 깊숙이 밀어 넣고 쇠문을 닫고 빗장을 질러 버렸습니다. 아이쿠! 마녀는 미친 듯이 비명을 지르기 시작했고 정말 끔찍했습니다. 그러나 그레텔은 달아나 버렸고 못된 마녀는 오븐 속에서 처참하게 타 죽고 말았습니다.

한편 그레텔은 곧장 헨젤에게 달려가 우리의 문을 열고 "오빠, 우린 살았어. 마녀가 죽었어!"라고 외쳤습니다. 축사의 문이 열리자 헨젤은 새장 속에서 풀려 나온 새처럼 우리를 빠져 나왔습니다. 헨젤과 그레텔은 얼마나 기뻤는지 몰라요. 아이들은 목을 얼싸 안고 이리저리 뛰면서 입맞춤을 했습니다. 헨젤과 그레텔은 이제 마녀를 더 이상 두려워할 필요가 없었기 때문에 마녀의 집으로 들어갔습니다. 집안 구석구석에 진주와 보석이 가득 든 상자가 있었습니다. 헨젤은 "자갈보다 진주와 보석이 훨씬 더 좋아."라고 말하며 주머니 속에 진주와 보석들을 마음껏 채웠습니다. 그레텔은 "나도 보석을 집에 가져갈 테야."라고 말하며 진주와 보석들을 앞치마에 가득 담았습니다.

헨젤은 그레텔에게 "우리가 마녀의 숲에서 빠져 나가려면 지금 이곳을 떠나야 해."라고 말했습니다. 헨젤과 그레텔이 몇 시간을 걷자 큰 강이 나타났습니다. "강을 건널 수가 없어. 어떤 다리도 찾을 수가 없어."라고 헨젤이 말하자 그레텔은 "여기에는 우리가 타고 갈 배도 없는 걸. 하지만 저기 하얀 오리 한 마리가 헤엄치고 있으니까 내가 도와달라고 부탁해 볼게."라고 대답했습니다. 그레텔은 오리에게 소리쳤습니다.

"오리야, 오리야,
여기 헨젤과 그레텔이 있어.
우리가 건너갈 수 있는 다리가 없어.
우리를 등에 태워 건네주렴."

오리는 헨젤과 그레텔 쪽으로 헤엄쳐 왔습니다. 헨젤은 오리의 등에 올라타면서 그레텔에게도 타라고 말했습니다. 그러자 그레텔이 "안 돼, 오빠, 한 번에 우리 두 사람이 다 타면 오리가 너무 힘들어. 한 번에 한 사람씩 건너가야 해."라고 대답했습니다. 착한 오리는 헨젤과 그레텔을 차례차례 건네주었습니다.

오리를 타고 무사히 강을 건넌 오누이는 잠시 더 발걸음을 재촉했습니다. 걷다보니 점점 낯익은 숲이 나타났습니다. 마침내 저 멀리 아버지의 집이 보였습니다. 헨젤과 그레텔은 아버지의 집을 보고 달리기 시작했습니다. 아이들은 집안으로 뛰어 들어가 아버지의 목에 매달렸습니다. 아버지는 헨젤과 그레텔을 숲 속에 버려두고 온 날부터 한시도 행복한 적이 없었습니다. 계모는 이미 죽고 없었습니다. 그레텔이 앞치마를 펼치자 진주와 보석이 방안 이곳저곳으로 튕겼습니다. 헨젤도 주머니 속에서 진주와 보석을 한 손 가득 계속 끄집어냈습니다.

이제 걱정은 사라졌습니다. 나무꾼과 헨젤과 그레텔은 정말 행복하게 살았답니다. 내 동화는 이걸로 끝입니다. 저기 쥐 한 마리가 달려가고 있네요. 저 놈을 잡는 사람이 그 털로 큼직한 털모자를 만들 수 있을 겁니다.[2)]

2) Brüder Grimm, *Ibid.*, pp. 116-125.

동화 힐링 실습

그림 동화 「헨젤과 그레텔」은 동기간의 사랑을 잘 표현한 아름다운 이야기이다. 하지만 이 동화를 원작으로 미국에서 「헨젤과 그레텔: 마녀사냥꾼」(Hansel and Gretel: Witch Hunters)이라는 제목으로 만든 영화가 2013년 2월에 우리나라에서 청소년 관람 불가로 개봉되었다. 영화의 처음 시작은 원작의 줄거리와 비슷하게 진행되지만, 헨젤과 그레텔이 마녀를 죽이고 많은 보물을 갖고 집으로 돌아오는 해피엔딩으로 끝나는 동화의 결말에 이어서 15년 후의 이야기가 메인 줄거리로 진행된다. 즉 성인이 된 헨젤과 그레텔이 11명의 마을 어린아이를 납치해간 마녀와 싸우는 일과 계략에 의해 벌어지는 터프한 액션과 섹시한 카리스마를 통해 어른들만을 위한 3D 오락영화로 변질되어 진행되는 것이다. 어린이를 위한 동화가 영화화되면서 상업화되어 정작 어린이들은 볼 수 없고, 어른들의 말초신경을 자극하는 성인영화로 변질된 것이다.

또한 2007년 12월에는 그림 동화 「헨젤과 그레텔」을 소재로 한국 영화 「헨젤과 그레텔」이 개봉되었다. 이 한국 영화에서는 원작의 내용을 잔혹동화로 패러디했고, 헨젤과 그레텔이 숲 속에서 벗어나지 못한 채 일어날 수 있는 해프닝을 가정하여 돌아갈 집이 없는 아이들이 스스로 집을 만들고 부모를 직접 찾기로 하거나, 아이들밖에 길을 모르는 미로 같은 숲 속에서 어른들을 꼼짝 못하게 묶어 놓고 지켜보게 하는 등 아이들을 이해하고 사랑하려는 따뜻한 심성의 소유자를 찾는 일에 초점을 맞춰 줄거리가 진행되는 영화이다. 이밖에도 여러 편의

「헨젤과 그레텔」의 영화나 연극이 세계 곳곳에서 상영되거나 공연될 정도로 인기 있는 동화이다.

어느 날 남매라고 소개하는 10대 청소년 한 쌍이 치료사를 찾아왔다. 소년이 고 2이고 소녀는 중 3이라고 한다. 무슨 일로 찾아왔냐고 물으니, 가정문제로 심각한 고민이 생겨 동화 힐링을 받기 위해 왔다고 한다. 물론 동화치료사는 내방자에게 따듯한 말과 차분한 어조로 편안하게 상담할 수 있는 분위기를 만들어야 하는 것은 기본이며, 특히 어린 청소년들에게는 각별한 관심과 보살핌이 필요하다.

1 동화 제목 연상기법

동화치료사가 남매 내방자에게 어떤 가정문제로 찾아왔냐고 물으니, 오빠인 소년이 새엄마 때문에 가정생활이 너무 힘들어 왔다고 한다. 옆에 있던 여동생인 소녀는 벌써 눈물을 글썽이며 새엄마가 들어온 후 모든 생활이 엉망이 되었다고 덧붙인다.

자세한 이야기를 나누기 위해 우선 동화를 선택하게 했는데, 남매 내방자는 이미 동화치료사를 만나기 전에 그림 동화 「헨젤과 그레텔」이 자신들의 처지와 비슷하여 읽고 왔다고 한다. 이럴 경우에는 동화 제목을 굳이 나열할 필요 없이 바로 내방자가 선택한 동화를 가지고 동화 힐링을 시작하면 된다. 무엇보다도 내방자가 자신의 처지와 유사한 동화를 이미 읽고 왔다면 의외로 동화 힐링은 그렇지 않는 경우보다 훨씬 수월하다고 할 수 있다.

아무튼 치료사는 그림 동화 「헨젤과 그레텔」을 가지고 남매 내방자를 동화 힐링을 하기로 하고 다음 단계로 넘어갔다.

2 동화 주제에 따른 분류법

그림 동화 「헨젤과 그레텔」의 주제는 동기간의 사랑이다. 다행히 남매 내방자는 헨젤과 그레텔처럼 오누이 간의 사랑이 남다를 정도로 돈독하다고 한다. 동화 속에서 헨젤과 그레텔의 친엄마가 언제 돌아가시고 새엄마가 언제 들어왔는지에 대한 자세한 설명이 없는 반면에, 남매 내방자의 친엄마는 3년 전에, 곧 소년이 중 3이고 소녀가 중 1일 때 교통사고로 돌아가셨고, 3개월 뒤 아빠가 새엄마를 맞이했다고 한다. 치료사가 남매 내방자에게 어떻게 그렇게 아빠가 일찍 새엄마를 맞아들였냐고 물으니, 남매는 두 사람이 이미 알고 지냈던 사이였다고 말한다.

부모의 러브스토리를 다 알 필요는 없지만, 남매 내방자의 힐링을 위해 어느 정도는 알아야겠기에 계속해서 친엄마와 아빠 사이는 어땠는지 물어보았다. 남매는 이구동성으로 아빠와 엄마 사이는 보통 가정처럼 별 문제가 없었다고 한다.

그럼에도 불구하고 새엄마가 일찍 들어온 것을 보니 아빠에게 이미 다른 여자가 있었다는 것이다. 이런 현상은 소위 카사노바 기질을 가진 남자에게 흔히 나타나는 현상이며, 정상적인 가정생활을 하면서도 밖에서 다른 여인과 놀아나는 뭇 남성들의 모습과 일치한다고 본다. 어쨌든 엄마의 갑작스런 죽음과 그로 인한 새엄마의 등장이 어린 남매에게 커다란 부담이 되었고, 동화 속의 계모처럼 아빠를 쪼아서 아이들을 괴롭히는 전형적인 가해자로서 역할을 남매에게 행한 것이다.

3 심리이론 적용법

왜 동화에는 유독 계모가 많이 등장하는 걸까? 또한 무엇 때문에 동화 속의 계모는 그렇게 일률적으로 아이들을 괴롭히는 악녀로 등장하는가? 그림 동화「헨젤과 그레텔」,「백설 공주」,「신데렐라」,「오빠와 누이」,「향나무」,「홀레 부인」, 한국 전래동화「콩쥐 팥쥐」,「심청전」 등에서 계모는 주인공을 가해하거나 괴롭히거나 심지어 죽이는 역할을 한다. 이러한 계모의 악행을 어린 시절부터 동화로 읽고 자란 다수의 청소년들은 당연히 계모에 대한 반감을 가질 수밖에 없으며, 계모 또한 그런 악한 모습으로 가정생활을 한다고 말할 수 있다. 동서고금(東西古今)을 통해 계모가 악녀일 수밖에 없는 이유는 융이 말한 집단적 무의식의 원형이기 때문이다.

다시 말해, 오랫동안 계모는 인간의 삶 속에서 착한 존재로 살기보다는 악한 존재로 살았기 때문에 집단적 무의식층에 확고한 원형으로 자리매김한 것이라고 할 수 있다. 그래서 계모로서 정말 전처의 자식들을 친엄마처럼 잘 돌보고 양육해야지 결심하고 새살림을 시작해도, 결국 얼마 못 가서 본연의 모습으로 돌아와서 아이들을 학대하거나 버리거나 심지어 죽이기까지 하는 것이다.

그림 동화「헨젤과 그레텔」에서도 계모는 전형적인 가해자 역할을 하며, 아이들을 숲 속에 버리는 일에 앞장서는 것이다.

> 아이들은 밤에 계모가 잠자리에서 아버지에게 하는 말을 들었습니다. "또 다시 먹을 게 떨어졌어요. 겨우 빵 반 덩어리밖에 없는데 그나마 그것도 떨어지면 끝장이에요. 그러니 아이들을 버려야 해요. 아이들이 다시는 집으로 돌아오지 못하도록 더 깊은 숲 속으로 데려가도록 해요. 그것만이 우리가 살 길이에요."

사실 동화 모티브인 '가난'과 '아이를 내버림'도 계모처럼 융이 말한 집단적 무의식에 자리 잡은 원형 중의 하나이다. 오늘날 먹는 문제가 어느 정도 해결되었기 때문에, 더 이상 '가난'이 가정생활의 문제는 아니라고 주장할지 모르지만, 아직도 '가난'은 많은 가정에서 문제가 되고 있으며, 더욱이 '웰빙(Well-being)'이 화두가 되는 21세기에는 삶의 질에 따라 '가난'의 문제가 가정생활의 척도가 되고 있다.

뿐만 아니라 그림 동화「헨젤과 그레텔」에서 아이를 숲 속에 내버린 계모는 스스로 숲 속에 과자와 사탕으로 만든 집을 만들어 놓고 헨젤과 그레텔을 유혹해서 잡아먹으려는 마녀의 역할을 하는 것이다. 즉, 계모와 마녀가 '도펠갱어(Doppelgänger)'로서 동일시되며 아이를 내버리는 것에 그치지 않고 아이를 죽이려는 악한 계모의 전형적인 가해자의 모습을 보여주는 것이다.

> 마녀는 아이들을 유혹하기 위해 빵으로 집을 지었던 거였습니다. 마녀는 아이들이 자신의 수중에 들어오면 아이들을 죽인 뒤 요리해서 먹어 치웠습니다. 그런 날은 마녀의 잔칫날이었습니다.

물론 남매 내방자는 이러한 동화 내용에 따라서 일방적으로 새엄마를 싫어하거나 무서워하는 것은 아니다. 동화를 통한 남매의 무의식 속에 자리 잡은 '계모 콤플렉스'가 실생활에서 일어나리라고는 생각하지 않았지만, 새엄마가 들어온 후 2년 동안 하루도 편안한 생활을 하지 못했기에 그러한 콤플렉스가 더욱 심화되었고 병적인 상태로 전이되는 심각한 상황에 처한 것이다.

4 커뮤니케이션과 다이얼로그 기법

동화치료사는 남매 내방자에게 커뮤니케이션과 다이얼로그 기법의 활용을 위한 보조요소인 스토리텔링과 페인팅 방법 중에 어느 것을 선택하겠냐고 물으니, 스토리텔링 방법을 선택하겠다고 했다. 그림 동화 「헨젤과 그레텔」을 바탕으로 치료사와 남매 내방자와의 소통과 대화를 위한 스토리텔링은 다음과 같다.

헨젤(오빠의 도펠갱어)과 그레텔(여동생의 도펠갱어)은 중 3과 중 1 때에 엄마가 갑자기 교통사고로 돌아가셨고, 3개월 후에 새엄마가 들어왔다. 처음 몇 개월 동안은 새엄마가 친엄마 못지않게 헨젤과 그레텔을 잘 돌봐주었다.

그러나 어느 날부터인가 돈이 없다며 다니던 학원을 끊었고, 용돈도 안 주고 책상에 앉아 공부를 하려고 하면 집안일을 하라든가 청소를 하라든가 설거지를 하라든가 심지어 밥도 해먹으라는 등 남매를 가해하기 시작했다.

때로는 참기 어려워 아빠에게 새엄마의 괴롭힘을 얘기했지만, 아빠는 오히려 새엄마의 역성을 들며 헨젤과 그레텔을 나무랐다. 아빠 왈(曰), "너희들이 잘하면 왜 그러겠니?"라는 식이었다. 그렇게 2년이란 세월이 지나자, 헨젤과 그레텔은 몸과 마음이 점점 피폐해졌고 학교도 가기 싫어지고 집에도 있고 싶지 않아 여러 번 가출을 시도했지만, 그때마다 아빠가 경찰에 신고해서 울며 겨자 먹기로 다시 집으로 돌아올 수밖에 없었다.

헨젤과 그레텔은 삶의 의욕도 잃고 공부도 하기 싫고 동반자살을 생각할 정도로 '계모 콤플렉스'가 극에 달했을 때, 다행이도 학교 담임 선생님이 동화치료사를 한번 찾아가 보라고 했다. 약 1개월 동안 헨젤과 그레텔이 동화치료사와 대화와 소통을 하니 동화 주인공인 양 행복한 결말에 대한 희망을 갖게 되었고, 지금의 고생은 나중에 더 커다란 행복으로 보상받을 거라는 믿음으로 삶에 대한 긍정적인 마인드를 갖게 되었다. 그래서 계모의 괴롭힘도 가해도 소귀에 경 읽기처럼 눈과 귀를 지그시 감고 이겨내며 남매간의 사랑으로 더욱 똘똘 뭉쳐서 서로를 위로하고 도와주는 헨젤과 그레텔이 되기로 다짐했다.

새엄마로 인해 '계모콤플렉스'에 사로잡혀 심신의 병이 든 어린 청소년 남매에게 동화치료사가 1개월 동안 그림 동화 「헨젤과 그레텔」

을 가지고 대화와 소통을 함으로써 미래에 대한 희망과 비전을 갖게 했으며, 어려운 현재 상황을 긍정적으로 변화시키는 놀라운 능력을 갖게 한 것이다. 따라서 남매 내방자는 「헨젤과 그레텔」의 마지막 장면처럼 더 이상 새엄마의 학대와 괴롭힘에 휘둘리지 않고 오히려 반전의 계기로 삼아 자신들의 힘으로 행복한 가정을 만들 수 있을 때까지 인내하며 주어진 환경에 최선을 다하기로 결심했다.

> 헨젤과 그레텔은 아버지의 집을 보고 달리기 시작했습니다. 아이들은 집안으로 뛰어 들어가 아버지의 목에 매달렸습니다. 아버지는 헨젤과 그레텔을 숲 속에 버려두고 온 날부터 한시도 행복한 적이 없었습니다. 계모는 이미 죽고 없었습니다. 그레텔이 앞치마를 펼치자 진주와 보석이 방안 이곳저곳으로 튕겼습니다. 헨젤도 주머니 속에서 진주와 보석을 한 손 가득 계속 끄집어냈습니다. 이제 걱정은 사라졌습니다. 나무꾼과 헨젤과 그레텔은 정말 행복하게 살았답니다.

동화 속의 아버지처럼 남매 내방자의 아버지도 새 아내의 치마폭에서 벗어나서 아이들에게 더욱 신경 쓰고 사랑으로 감싸는 모습을 기대하는 것은 무리일까? 헨젤과 그레텔이 진주와 보석을 잔뜩 가져와서 아빠에게 안긴 것처럼 남매 아빠도 아이들이 로또 1등이라도 당첨되어 돈을 안겨야 남매를 반길 것인가? 남매 내방자가 아니라, 새엄마와 아빠가 동화 힐링을 받아야 할 텐데 라는 아쉬움이 남는다. 어쨌든 새엄마의 괴롭힘과 가해 때문에 삶마저 포기하려던 청소년 남매에게 그림 동화 「헨젤과 그레텔」은 희망의 메시지로 작용했고 현실의 어려움을 인내와 지혜로 극복할 수 있는 능력을 심어준 것이다. 이것이 동화 힐링의 마력이자 매력인 것이다.

3. 용감한 꼬마재단사

어느 여름날 아침에 꼬마재단사가 창가의 책상 위에 앉아 있었습니다. 재단사는 기분 좋게 정신을 집중해서 바느질을 하고 있었습니다. 그때 한 시골 아낙네가 거리를 내려오면서 "맛있는 과일 잼 사세요! 맛좋은 잼이에요!"라고 외쳤습니다. 재단사의 귀를 유혹하는 소리였기에, 꼬마재단사는 가냘픈 머리를 창밖으로 내밀고는 아낙네에게 "아줌마, 올라오세요. 물건 좀 보여주세요.'라고 소리쳤습니다. 아낙네는 무거운 광주리를 들고 세 개의 계단을 올라와서 재단사 앞에 잼 단지를 풀어 놓았습니다.

그는 잼이 든 단지를 하나하나 살펴보았고, 높이 들어 보기도 하고 냄새를 맡아보기도 하다가 마침내 "좋아 보이네요, 아줌마. 4로트(40그램) 주세요. 사 분의 일 파운드(100그램)도 괜찮겠어요.'라고 말했습니다. 많이 팔 수 있을 거라고 생각했던 아낙네는 재단사에게 잼을 주고는 잔뜩 화가 나서 투덜거리며 가버렸습니다.

꼬마재단사는 큰 소리로 "하나님께서 내 잼에 축복을 내려주시길! 나에게 건강과 힘을 내려주소서!"라고 기도했습니다. 꼬마재단사는 찬장에서 빵 한 덩어리를 꺼내 큼직하게 한 조각 잘라 그 위에 잼을 발랐습니다. 재단사는 "맛이 나쁘지 않을 거야. 하지만 빵을 먹기 전에 우선 양복 윗도리의 재단을 끝내야지."라고 말했습니다. 그는 빵을 옆에 내려놓고 바느질을 계속했습니다. 재단사는 기분이 좋은 나머지 갈수록 바느질을 듬성듬성했습니다.

한편 달콤한 잼 냄새는 파리가 떼거지로 앉아 있는 벽을 타고 올라가 파리들을 유혹했습니다. 잼 냄새를 맡은 파리가 우르르 잼 위에 앉았습니다. 꼬마재단사는 "야, 누가 너희를 초대했어?"라고 말하면서 불청객들을 쫓아버렸습니다. 하지만 파리들은 독일어를 알아듣지 못하잖아요. 파리들은 도망가기는커녕 점점 더 많이 무리지어 다시 날아왔습니다. 참다못한 꼬마재단사는 화가 머리끝까지 치밀어 천 조각을 움켜쥐고는 "기다려. 내가 본때를 보여주지!"라고 말하면서 천 조각으로 파리들을 후려쳤습니다. 천 조각을 들고 세어보니 일곱 마리도 더 되는 파리들이 다리를 쭉 뻗고 죽어 있었습니다.

꼬마재단사는 "넌 진짜 남자야!"라고 말하면서 자신이 얼마나 용감한지 스스로 놀라지 않을 수 없었습니다. 꼬마재단사는 "이 사실을 도시의 모든 사람들이 알아야 해!"라고 말하면서 급히 천을 잘라 허리띠를 만들었고, 그 위에다 큼직한 글씨로 '한 방에 일곱을 처치하다!'라고 수놓았습니다. 그는 계속해서 "아이 참, 왜 이 도시 사람만이야. 전 세계 사람이 알아야 해!"라고 말했습니다. 너무 기쁜 나머지 그의 마음은 귀여운 어린 양 꼬리처럼 살랑거렸습니다.

꼬마재단사는 다시 허리띠를 맸고 세상으로 나가야겠다고 생각했습니다. 왜냐하면 그처럼 용감한 사람에게는 이런 작업장이 너무 작게 느껴졌기 때문입니다. 떠나기 전에 재단사는 가지고 갈 만한 것이 있는지 집안을 둘러보았습니다. 하지만 그가 챙겨야 할 것이라곤 오래된 치즈밖에 없었습니다. 꼬마재단사는 도시의 성문 앞에서 덤불에 갇힌 새 한 마리를 발견했습니다. 그는 새를 치즈와 같이 주머니에 집어넣었습니다. 재단사는 씩씩하게 발을 쭉쭉 내뻗으며 걸었고, 가벼운 걸음걸이로 날렵하게 걸어갔습니다. 조금도 피곤하지 않았기 때문에 그는 산 쪽으로 걸음을 재촉했습니다.

산꼭대기에는 힘센 거인이 느긋하게 앉아 주위를 둘러보고 있었습니다. 꼬마재단사는 겁도 없이 거인에게 "안녕하시오, 친구. 거기 앉아 넓은 세상을 구경하고 계시는군. 안 그렇소? 난 나를 시험하고자 방금 길을 떠나온 몸이라오. 당신도 나랑 같이 가지 않겠소?"라고 말을 걸었습니다. 거인은 꼬마재단사를 어이없이 쳐다보며 "부랑아 같은 놈! 이 불쌍한 자식이!"라고 말했습니다. "아, 그러셔?"라고 재단사는 대꾸하고는 외투의 단추를 풀고 허리띠를 거인한테 보여주면서 "자, 내가 어떤 인간인지 이 허리띠를 읽어보라고."라고 말했습니다. 거인은 '한 방에 일곱을 처치하다!'라는 글귀를 읽고 재단사가 한방에 일곱 사람을 처치했다고 생각했습니다.

거인은 작은 사내에게 약간의 존경심을 표했지만 우선 꼬마재단사를 시험해보고 싶었습니다. 거인은 돌을 손에 들고 물이 나올 때까지 돌을 쥐어짰습니다. 거인은 "힘이 세다면 너도 나처럼 해봐"라고 말했습니다. 그러자 재단사는 "겨우 그 정도야? 나 같은 사람에게는 어린애 장난인 걸."라고 대답했습니다. 재단사가 주머니에서 부드러운 치즈를 꺼내 손에 쥐자 물이 흘러내렸습니다. 재단사는 "너보다 낫지. 그렇지 않냐?"라고 말했습니다. 거인은 할 말을 잊었지만 이 꼬마를 도대체 믿을 수가 없었습니다. 거인은 다시 돌 한 개를 집어 들고 눈에 보이지 않을 정도로 높이 던지면서 재단사에게 "너도 나처럼 해봐, 이 땅꼬마야!"라고 말했습니다. 재단사는 "제법 잘 던지는데. 하지만 네가 던진 돌은 결국 땅에 떨어졌잖아. 내가 던지는 돌을 잘 봐. 절대 땅에 떨어지지 않을 테니까."라고 말하면서 주머니 속에서 새를 꺼내 공중으로 던졌습니다. 다시 자유를 찾아 즐거운 새는 하늘 높이 날아 올라가 다시는 돌아오지 않았습니다. 재단사가 "마음에 드나, 친구?"라고 물었을 때 거인이 "진짜 잘 던지는 군. 자 그럼 이번에는 무거운 것을 날라 보도록 할까?"라고 말했습니다. 거인은 땅바닥에 쓰러져 있는 거대한 참나무 쪽으로 재단사를 데려가며 "네가 정말 힘이 세다면 나와 함께 이 나무를 숲 밖으로 나르자."라고 말했습니다. 꼬마재단사는 "좋아, 너는 어깨에 나무줄기를 메고 난 잔가지가 많은 큰 가지 쪽을 멜게. 그 쪽이 제일 무겁거든."라고 대답했습니다. 거인은 나무줄기를 어깨에 걸쳐 멨고 꼬마재단사는 나무의 가지에 걸터앉았습니다. 뒤를 돌아 볼 수 없었던 거인은 혼자서 나무는 물론 재단사까지 날라야 했습니다. 재단사는 이까짓 일은 아이들 장난이라는 듯이 "세 명의 재단사가 말 타고 성문으로 나간다."라는 노래를 휘파람으로 불렀습니다. 재단사는 정말 유쾌하고 행복했습니다. 무거운 짐을 질질 끌고 가던 거인은 더 이상 갈 수 없어 "야. 나무를 내려놓아야겠어."라고 소리쳤습니다. 재단사는 재빨리 나뭇가지에서 뛰어 내렸고 마치 지금까지 나무를 지고 온 양 두 팔로 나무를 붙잡으며 거인에게 "덩치는 산만한 녀석이, 이 나무 하나 제대로 나르지 못하냐!"라고 외쳤습니다.

계속해서 거인과 재단사는 같이 걸어가다가 잘 익은 열매가 달린 벚나무를 보았습니다. 거인은 벚나무가지 끝을 잡아 당겨 재단사의 손에 쥐어 주며 열매를 따먹으라고 했습니다. 하지만 꼬마재단사는 나무를 붙잡고 있기에는 너무 허약했습니다. 거인이 벚나무가지에서 손을 떼자 그 가지는 그만 높이 올라가고 말았고 재단사도 공중으로 튕겨 올라갔습니다. 재단사가 다시 무사히 땅으로 내려오자 거인이 "무슨 일이야? 넌 저 여린 가지를 붙잡고 있을 힘도 없다는 말이야!"라고 말했습니다. 재단사는 "힘은 넘치지. 한방에 일곱을 처치한 내가 그 정도에 힘들어 한다고 생각하는 거니? 저 아래 사냥꾼들이 덤불에다 총을 쏘고 있기에 구경 좀 하려고 나무 위로 뛰어 올라갔던 거야. 너도 할 수 있으면 한번 나무 위로 뛰어 올라가봐."라고 대답했습니다. 거인도 나무를 펄쩍 넘어보려고 했지만 나뭇가지에 걸리고 말았습니다. 그러니까 이번에도 꼬마재단사가 이긴 겁니다.

거인은 "네가 그렇게 용감한 사나이라면 우리 동굴로 가서 함께 밤을 보내자."라고 말했습니다. 꼬마재단사는 그러기로 하고 거인을 따라나섰습니다. 거인과 재단사가 동굴에 도착했을 때 다른 거인들은 불가에 앉아서 구운 양 한 마리씩을 손에 들고 뜯고 있었습니다. 꼬마재단사는 주위를 둘러보고 '내 작업장보다 여기가 훨씬 넓군.'이라고 생각했습니다. 거인은 그에게 침대 하나를 내주고 "편히 누워 푹 자."라고 말했습니다. 그러나 침대가 꼬마재단사에게는 너무 커서 침대에 눕지 않고 한쪽 구석으로 기어갔습니다. 한밤중이 되자 거인은 재단사가 깊은 잠에 빠졌을 거라고 생각했습니다. 거인은 일어나 큰 쇠몽둥이를 들어서 꼬마재단사의 침대를 단번에 내리쳐 두 동강 내버렸고 '이제 메뚜기 같은 놈이 쭉 뻗었겠지.'라고 생각했습니다. 거인들은 꼭두새벽에 숲으로 들어갔고 꼬마재단사를 까맣게 잊고 있었습니다. 그런데 갑자기 꼬마재단사가 아주 신나고 당당하게 그들 쪽으로 걸어오고 있었습니다. 거인들은 경악했고 꼬마재단사가 그들 모두를 죽일까봐 두려움에 떨며 후닥닥 도망쳤습니다.

꼬마재단사는 계속해서 앞만 보며 걸어갔습니다. 그렇게 오랫동안 돌아다니다가 하루는 어느 왕궁의 뜰에 도착했습니다. 꼬마재단사는 피곤에 지쳐 풀밭에 누워 잠이 들었습니다. 그가 잠자고 있을 때 사람들이 와서 그를 이리저리 살펴보다가 허리띠에 쓰여 있는 '한방에 일곱을 처지하다.'라는 글씨를 읽었습니다. 그들은 "와, 이토록 평화로운 때에 위대한 전쟁영웅이 여기서 무얼 하고 있지? 힘센 사람임에 틀림없어."라고 말했고 왕에게 가서 그들이 본 것을 알렸습니다. 그리고 전쟁이 일어나면 이 남자가 중요한 역할을 할 것이고 유용한 사람이 될 것이라고 말했습니다.

왕은 사람들의 충고를 받아들여 꼬마재단사에게 신하 한명 보내 재단사가 깨어나면 그에게 전쟁이 일어날 경우 자신의 나라를 위해 싸워 달라고 전하라고 했습니다. 파견된 신하는 잠자는 재단사 곁에 서있었고 그가 기지개를 쭉 켜고 눈을 뜨자 왕의 제안을 전했습니다. 꼬마재단사는 "내가 바로 여기에 온 이유입니다. 왕의 제안을 기꺼이 받아들이겠소."라고 대답했습니다. 이렇게 그는 칙사 대접을 받았고 그가 머물 특별한 집도 받았습니다.

꼬마재단사에게 감쪽같이 속아 넘어간 다른 군인들은 그를 멀리 쫓아 버리고 싶어 했고 자기들끼리 "무슨 일이 일어날까? 그와 싸움이라도 하면 그는 단칼에 일곱 명을 처치해 버릴 거야. 우리는 한 사람도 살아남을 수 없을 거라고."라며 수군거렸습니다. 그들은 의견을 모아 왕에게 가서 왕의 곁을 떠나고 싶다며 "우리는 단칼에 일곱 명을 죽이는 사람과 같이 있을 수 없습니다."라고 말했습니다. 왕은 한 사람 때문에 충성스런 신하들을 잃고 싶지 않았습니다. 그리고 왕도 꼬마재단사가 싫었고 꼬마재단사를 다시 내쫓고 싶었지만 감히 그에게 나가라는 말을 하지 못하고 있었습니다. 꼬마재단사가 자기와 국민들을 모두 죽이고 왕위에 오를까 봐 무서워하고 있었던 겁니다.

왕은 한참동안 이런저런 궁리를 한 끝에 한 가지 방법을 찾아냈습니다. 왕은 꼬마재단사에게 신하를 보내 위대한 전쟁영웅인 재단사에게 한 가지 부탁이 있다고 말하도록 했습니다. 그의 나라의 숲 속에는 두 명의 거인이 살고 있는데 그들은 도둑질과 살인, 약탈과 방화로 온 나라에 심각한 피해를 끼치고 있지만, 아무도 목숨을 내놓고 거인들에게 접근할 사람이 없으니 만약에 꼬마재단사가 거인들을 처치해준다면, 그는 왕의 외동딸이신 공주님을 부인으로 맞아들일 수 있고 이 나라의 반을 결혼지참금으로 받을 것이며, 거인을 해치우러 갈 때 그를 도울 백 명의 기사를 딸려 보내겠다는 왕의 말을 전했습니다. 꼬마재단사는 '이 일이야말로 나 같은 사람이 할 일이지. 공주와 나라의 절반을 주겠다는 제안은 아무 때나 들어오는 게 아니잖아.'라고 생각하고는 "그래요, 좋소. 내가 거인들을 해치우리다. 하지만 백 명의 기사들의 도움은 필요 없소. 한방에 일곱을 해치우는 사람이 겨우 두 사람 앞에서 떨어서야 되겠소.'라고 말했습니다.

꼬마재단사는 숲으로 갔고 백 명의 기사들도 그의 뒤를 따라갔습니다. 숲가에 이르자 꼬마재단사는 기사들에게 "여러분들은 여기 그대로 있으세요. 나 혼자 거인을 처지하고 오겠소.'라고 말했습니다. 재단사는 숲으로 뛰어 들어 좌우를 살펴보았습니다. 잠시 후 나무 밑에는 자고 있는 두 명의 거인을 찾았습니다. 그들은 나뭇가지가 위아래로 흔들릴 정도로 코를 골고 있었습니다. 꼬마재단사는 양쪽 주머니에 돌을 가득 채워 나무 위로 올라가 나무 중간에서 거인의 바로 위에 있는 나뭇가지 위로 미끄러져 내려와서는 한 거인의 가슴에 돌을 계속해서 던졌습니다. 그 거인은 한동안 꼼짝도 하지 않았지만 마침내 잠에서 깨어나서는 친구를 밀치며 "왜 날 때리는 거야?"라고 말했습니다. 다른 거인은 "꿈을 꿨나보군, 그런 적 없어."라고 대답했고, 그들은 다시 잠이 들었습니다. 이번에 재단사는 두 번째 거인에게 돌을 던지자 그는 "무슨 짓이야? 왜 나에게 돌을 던지는 거야?"라고 말했습니다. 첫 번째 거인은 "너한테 돌을 던지지 않았어."라고 으르렁거리며 말했습니다. 그들은 잠시 동안 말다툼을 했지만 피곤했던 탓에 좋게 넘어갔습니다. 그들이 다시 눈을 감자 꼬마재단사는 또다시 돌을 던지기 시작했습니다. 아주 큰 돌을 찾아가지고는 첫 번째 거인의 가슴을 향해 있는 힘껏 던졌습니다. 그 거인은 "너무 심하잖아!"라고 소리 지르며 미친 사람처럼 벌떡 일어나 친구인 다른 거인을 나무쪽으로 밀어붙이는 바람에 나무가 부르르 떨릴 정도였습니다. 그러자 다른 거인도 그를 똑같이 밀어붙였답니다. 두 거인은 화가 잔뜩 치밀어 올라 나무를 뿌리째 뽑아들고 마구 휘둘렀고, 결국 둘 다 바닥에 쓰러져 죽고 말았답니다.

이제 꼬마재단사는 나무에서 뛰어 내렸고, "거인들이 내가 앉아 있는 나무를 뽑지 않은 건 천만다행이야. 내가 앉아 있는 나무를 뽑았다면 나는 다람쥐처럼 이리저리 뛰어 다녀야 했을 거야. 어쨌든 우리 재단사들은 날쌔지만 말이야!"라고 말했습니다. 그는 칼을 뽑아들고 거인의 가슴을 몇 차례 힘껏 찌른 후 기사들에게 가서 "거인들을 해치웠어. 둘 다 끝장을 내버렸지. 격렬한 싸움이었어. 그놈들은 곤경에 처하자 나무를 뿌리째 뽑아 들고 저항했지만 소용이 없었지. 한방에 일곱을 처치하는 나 같은 몸에게는 어쩔 도리가 없거든."이라고 말했습니다. 기사들이 "다치신 데는 없으세요?"라고 묻자 그는 "걱정하지 마시오. 놈들은 내 털끝 하나 건드리지 못했으니까."라고 대답했습니다. 기사들은 재단사의 말을 믿을 수가 없어서 말을 타고 숲으로 들어갔고, 그곳에서 피를 철철 흘리고 쓰러져 있는 거인들을 발견했으며, 나무들은 뿌리가 완전히 뽑힌 채 너부러져 있었습니다.

꼬마재단사는 왕에게 약속을 지키라고 요구했습니다. 그러나 자신의 약속을 후회하고 있던 왕은 이 영웅 놈을 죽일 새로운 방법을 생각해냈고, "그대가 내 딸과 결혼하고 나라의 반을 가지려면, 다시 한 번 영웅의 면모를 보여줘야 하오. 유니콘 한 마리가 숲을 돌아다니며 막대한 손해를 끼치고 있소. 그대가 이 짐승을 잡아오길 바라오."라고 말했습니다. 재단사는 "거인들도 처치한 저인데 유니콘 한 마리를 두려워하겠어요. 한방에 일곱을 처치하는 것이 제 일인데요."라고 말하고는 밧줄과 도끼를 들고 숲으로 갔습니다. 그리고 자신을 따라오던 기사들에게 다시 숲 바깥에서 기다리라고 명령했습니다. 오래 기다릴 필요도 없이 유니콘은 곧 나타났고 꼬마재단사를 한방에 뚫어버리겠다는 기세로 그에게 돌진했습니다. 꼬마재단사는 "천천히 하자고. 천천히 해. 서두르면 일이 안 되는 법이지."라고 말하며 그 자리에 그대로 서서 유니콘이 아주 가까이 올 때까지 기다렸다가 번개처럼 나무 뒤로 피했습니다. 전력을 다해 달려오던 유니콘은 나무기둥에 뿔을 단단히 박고 말았습니다. 뿔을 빼 낼 힘이 거의 남지 않을 정도로 발버둥을 쳐봤지만 유니콘은 그렇게 사로잡히고 말았답니다. 재단사는 "날짐승 한 마리 잡았군."이라고 말하면서 나무 뒤에서 나와 유니콘의 목에 밧줄을 걸고 도끼로 나무를 찍어 나무에서 뿔을 뽑아냈습니다. 그리고 모든 일이 다 끝나자 재단사는 그 짐승을 끌고 왕에게 갔습니다.

하지만 왕은 재단사에게 약속한 상을 주려 하지 않고 또 다른 요구를 했습니다. 재단사는 결혼식 전에 야생 멧돼지를 생포해야 했습니다. 그 짐승은 숲에 살면서 어마어마한 피해를 주고 있었습니다. 사냥꾼들이 재단사를 도와주기로 했을 때 재단사는 "기꺼이 하지요. 그 정도는 장난인 걸요."라고 말했습니다. 그는 사냥꾼들을 숲으로 데려가지 않았고 사냥꾼들도 그것을 좋아했습니다. 그들은 이미 멧돼지한테 여러 차례 당했기 때문에 다시는 그 짐승을 쫓을 마음이 없었습니다. 멧돼지는 재단사를 발견하자 입에 거품을 물고 이빨을 갈면서 그에게 달려들어 그를 땅바닥에 내동댕이치려고 했습니다. 날쌘 재단사는 얼른 근처에 있던 예배당으로 뛰어 들어갔다가 얼른 위에 있는 창문으로 다시 빠져나왔습니다. 멧돼지가 그를 따라 들어왔고 밖으로 나간 재단사는 재빨리 몸을 휙 날려 문을 닫아 버렸습니다. 너무 무겁고 둔한 탓에 창문으로 뛰어 나갈 수 없었던 멧돼지는 이렇게 잡혔습니다. 재단사는 사냥꾼들을 불러 그들의 눈으로 직접 생포된 멧돼지를 보게 했습니다. 꼬마영웅은 왕에게 갔고 왕은 이번에는 싫든 좋든 약속을 지키지 않을 수 없었습니다. 왕은 꼬마재단사에게 딸과 나라의 반을 주었습니다. 그의 사위가 전쟁영웅이 아니라 한낱 재단사라는 것을 알았다면 왕은 훨씬 상심했을 겁니다. 결혼식은 정말 화려했지만 축제 분위기는 거의 없었습니다. 재단사 출신의 왕이 탄생하는 순간이었습니다.

결혼식 후 얼마 지나 젊은 왕비는 남편인 꼬마재단사가 밤에 "꼬마야,

양복 윗도리를 끝내고 바지를 기워놔. 안 그러면 이 자로 따귀를 맞을 각오를 해."라고 잠꼬대하는 소리를 들었습니다. 왕비는 그 순간 이 젊은 양반이 어디 출신인지 눈치챘습니다. 다음날 아침에 아버지에게 가서 기가 막힌 사정을 한탄하면서 재단사에 불과한 남편에게 벗어나게 해달라고 청했습니다. 왕은 딸을 위로하며 "오늘 저녁 네 침실 문을 열어 두어라. 나의 신하가 문 밖에 서 있다가 네 남편이 잠이 들면 들어가 그를 꽁꽁 묶어 배에 태워 세상 멀리 보내버릴 테니까.'라고 말했습니다. 왕비는 아버지의 계획이 만족스러웠습니다.

하지만 왕의 무기를 들고 다니는 신하가 이 모든 계획을 들었습니다. 젊은 왕에게 친밀감을 느꼈던 신하는 그에게 이 모든 이야기를 낱낱이 알렸습니다. 재단사는 "어림없는 계획이지."라고 말했고, 저녁에 그는 평소와 같은 시각에 아내와 함께 잠자리에 들었습니다. 남편이 잠이 들었다고 믿은 왕비는 일어나 문을 열고 다시 누웠습니다. 잠자는 척 누워 있던 재단사는 또렷한 목소리로 "꼬마야. 양복 윗도리를 만들고 내 바지를 기워놔. 안 그러면 이 자로 따귀 맞을 각오를 해. 나는 한방에 일곱을 처치했고 두 명의 거인을 죽였으며 유니콘을 끌고 왔고 야생 멧돼지를 사로잡은 몸이신데 방문 밖에 서 있는 놈을 두려워하겠니?"라고 외쳤습니다.

문밖에 있던 사람들은 재단사의 말을 듣는 순간 큰 두려움을 느껴 맹수들이 뒤에서 쫓아오는 양 꽁지를 빼고 달아났습니다. 그 후 아무도 감히 재단사를 건드리지 못했습니다. 그리하여 꼬마재단사는 평생 동안 왕으로 살았답니다.[3)]

3) Brüder Grimm, *Ibid.*, pp. 142-154.

동화 힐링 실습

그림 동화 「용감한 꼬마재단사」는 재치와 지혜로 난관을 이겨내고 공주와 왕국의 절반을 차지하게 된 해학적이고 모험적인 이야기이다. 동화 제목에서 알 수 있듯이 주인공은 재단사라는 직업을 가진 작은 사람이다. 물론 그림 형제가 동화 모음집의 출판 당시 어린 독자를 위해 의도적으로 축소형 어미를 붙여 작거나 어리게 만들었지만, 동화 내용을 통해 주인공 재단사는 작은 존재임이 틀림없다고 말할 수 있다. 더욱이 재단사라는 직업은 동서고금을 통해 나무꾼, 이발사, 어부, 농부 등과 더불어 인간의 행동 견본이 되는 하층민의 직업이다. 그러니 동화 주인공이 재단사라는 보잘 것 없는 직업인 데다가 신체 또한 왜소한 꼬마재단사였는데, 재치와 지혜를 발휘하여 왕의 부마가 되고 왕국의 절반을 차지하는 행복한 결말을 맛보게 되었으니, 이 동화가 독자에게 주는 통쾌함이 남달랐으리라 생각된다.

어느 날 30대 후반의 노총각이 동화치료사를 찾아왔다. 내방자는 나이에 비해 어려 보였고 키가 유달리 작았으며 체격도 왜소한 청년이었다. P(노총각의 이니셜)는 변두리 조그만 양복점을 운영하는 양복쟁이였고 결혼할 나이가 지났음에도 혼처가 나타나지 않아 고민하고 있는 젊은이였다.

1 동화 제목 연상기법

동화치료사는 내방자 P에게 동화 제목을 보여주면서 자신의 환경과 직업이 유사한 그림 동화「용감한 꼬마재단사」를 선택하는 게 좋을 것 같다고 추천했다. P도 그 동화를 어려서부터 좋아했다고 말하며 지금의 양복쟁이 직업에 많은 영향을 준 이야기라고 했다. 즉, 내방자가 어린 시절 감명 깊게 읽었던 동화의 영향으로 평생 직업을 갖게 되었고, 동화스토리대로 현실에서도 그렇게 해피엔딩을 가져올 거라고 기대했는데 그렇지 못했다는 것이다. 그래서 내방자는 언젠가는 동화 속의 공주를 만나게 될 것이라는 기대하에 하루하루를 보내다 보니 어느새 30대 후반이 되었고, 운영하던 양복점도 대형업체의 기성복에 밀려 문을 닫을 어려움에 처해있다고 한다. P는 이래저래 그러한 상황이 스트레스가 되어 매사에 의욕이 없어지고 밥맛도 없고 '차라리 죽어버릴까?' 하는 생각마저 들 정도로 심각한 공황상태에 빠져 있다고 한다.

2 동화 주제에 따른 분류법

그림 동화「용감한 꼬마재단사」의 주제는 재치와 지혜이다. 사과나무 밑에 누워 사과가 익어서 떨어질 때까지 입을 벌리고 누워 있다면 누군가 사다리를 놓고 올라가서 익은 사과를 골라서 따가지 않겠는가? 동화 주인공 꼬마재단사는 우연한 기회에 천 조각을 휘둘러서 한 번에 일곱 마리 파리를 잡게 되었고 그 결과에 고무되어 재단사라는 직업에 머물지 않고 세상으로 나아가게 된다.

> 파리들은 도망가기는커녕 점점 더 많이 무리지어 다시 날아왔습니다. 참다못한 꼬마재단사는 화가 머리끝까지 치밀어 천 조각을 움켜쥐고는 "기다려. 내가 본때를 보여주지!"라고 말하면서 천 조각으로 파리들을 후려쳤습니다. 천 조각을 들고 세어보니 일곱 마리도 더 되는 파리들이 다리를 쭉 뻗고 죽어 있었습니다. 꼬마재단사는 "넌 진짜 남자야!"라고

말하면서 자신이 얼마나 용감한지 스스로 놀라지 않을 수 없었습니다. 꼬마재단사는 "이 사실을 도시의 모든 사람들이 알아야 해!"라고 말하면서 급히 천을 잘라 허리띠를 만들었고, 그 위에다 큼직한 글씨로 '한 방에 일곱을 처지하다!'라고 수놓았습니다. 그는 계속해서 "아이 참, 왜 이 도시 사람만이야. 전 세계 사람이 알아야 해!"라고 말했습니다. 너무 기쁜 나머지 그의 마음은 귀여운 어린 양 꼬리처럼 살랑거렸습니다. 꼬마재단사는 다시 허리띠를 맸고 세상으로 나가야겠다고 생각했습니다. 왜냐하면 그처럼 용감한 사람에게는 이런 작업장이 너무 작게 느껴졌기 때문입니다.

위의 인용문에서 동화 힐링의 첫 번째 힌트가 숨어 있다. 즉, 양복쟁이 P도 사향사업인 양복점이라는 작은 공간에 머물게 아니라 동화 주인공처럼 새로운 도전을 위해 넓은 세상으로 나갔어야 했다는 점이다. 혹자는 무슨 얘기냐? 양복쟁이는 전문직인데, 왜 굳이 장소를 바꿔야 해? 라고 반문할는지 모른다. 치료사 이야기는 양복쟁이를 버리고 다른 직업을 찾으라는 게 아니라, 그 좋은 기술로 더 나은 조건과 위치에서 더욱 발전된 삶을 추구해야 한다는 뜻이다. 내방자 P도 이 말에 공감하는 듯이 고개를 끄덕끄덕거리며, 생각해보니 그럴 기회가 있었는데 멈칫거렸고 새로운 변화에 도전할 의지가 그때는 없었음을 고백했다. 사실 인생에서 기회는 자주 찾아오는 게 아니다. 기회가 왔을 때 도전하는 적극적인 자세가 필요하며, 그림 동화「용감한 꼬마재단사」에서도 그러한 모험적인 도전정신에서 신분상승과 행복한 삶에 대한 기회가 주어지는 것이다. 곧 변화(change)가 기회(chance)이다.

3 심리이론 적용법

그림 동화「용감한 꼬마재단사」에서 나타나는 심리이론 적용법은 강력한 페르조나가 두드러지는 도전정신이라고 말할 수 있다. 융이 말하는 페르조나는 외적 인격으로서 개체가 바깥세상에서 하는 역할들, 곧 집단이 개인에게 준 사명·역할·의무·약속, 그 밖의 여러 가지 행동양식을 말한다. 페르조나에는 사회적 요구에 부응하여 다른 사람들에게 보이는 역할, 태도, 행동이 포함된다. 따라서 동화 주인공 꼬마재단사는 자신의 페르조나인 재단사라는 직업을 십분 발휘하여 천 조각을 재단하여 허리띠를 만들었고, '한 방에 일곱을 처지하다!'라는 글자를 수놓고는 왕이 요구하는 3번의 과제를 보란 듯이 해결하는 것이다. 그 첫 번째 과제가 '두 명의 거인을 처치하라'는 것이다.

> 왕은 꼬마재단사에게 신하를 보내 위대한 전쟁영웅인 재단사에게 한 가지 부탁이 있다고 말하도록 했습니다. 그의 나라의 숲 속에는 두 명의 거인이 살고 있는데 그들은 도둑질과 살인, 약탈과 방화로 온 나라에 심각한 피해를 끼치고 있지만, 아무도 목숨을 내놓고 거인들에게 접근할 사람이 없으니 만약에 꼬마재단사가 거인들을 처치해준다면, 그는 왕의 외동딸이신 공주님을 부인으로 맞아들일 수 있고 이 나라의 반을 결혼지참금으로 받을 것이며, 거인을 해치우러 갈 때 그를 도울 백 명의 기사를 딸려 보내겠다는 왕의 말을 전했습니다.

왕이 꼬마재단사에게 준 사명이 사회적 요구가 되었고, 그 과제를 해결할 때 따르는 보상이 주인공의 도전정신을 자극하여 행동으로 옮기는 페르조나의 극대화를 가져오는 것이다. 사실 페르조나가 성격발달에 방해가 될 정도로 강조되면, 심리적 스트레스가 따르게 마련인데 꼬마재단사는 아랑곳하지 않고 담대하게 과제해결을 위해 전진하는 것이다. 그래서 동화 주인공은 잠들어 있는 두 거인의 나무 위로 올라가 돌을 던져서 거인끼리 서로 싸우게 하여 결국 피 터지게 싸우다 죽게 함으로써 첫 번째 과제를 해결한다. 여기에 동화 힐링의 두 번째 힌트가 숨어 있다. 즉, 작고 왜소한 체격으로 무겁고 힘든 일을 하게 될 때는 지혜와 재치를 발휘하여 육체적 노동이 아니라 정신적인 승리를 가져오라는 뜻이다.

이제 첫 번째 과제를 해결한 꼬마재단사가 왕의 보상을 기대하지만, 왕은 다음과 같은 또 다른 요구로 두 번째 과제를 부여한다.

> 왕은 이 영웅 놈을 죽일 새로운 방법을 생각해냈고, "그대가 내 딸과 결혼하고 나라의 반을 가지려면, 다시 한 번 영웅의 면모를 보여줘야 하오. 유니콘 한 마리가 숲을 돌아다니며 막대한 손해를 끼치고 있소. 그대가 이 짐승을 잡아오길 바라오."라고 말했습니다. 재단사는 "거인들도 처치한 저인데 유니콘 한 마리를 두려워하겠어요. 한방에 일곱을 처치하는 것이 제 일인데요."라고 말하고는 밧줄과 도끼를 들고 숲으로 갔습니다.

유니콘은 이마에 뿔이 하나 달린 말과 같은 짐승이다. 꼬마재단사가 첫 번째 과제해결에서 '돌'을 던져서 두 거인끼리의 싸움을 유도해서 처치할 수 있었다면, 두 번째 과제해결을 위해서는 '밧줄'과 '도끼'를 이용한다. '돌', '밧줄', '도끼' 등은 동화의 가베(Gabe: 주어진 물건, 하사품, 선물)이며, 동화 주인공은 과제해결을 위해 그 가베를 자유자재로 활용하는 것이다. 꼬마재단사는 외향적인 인간으로서 외적 인격인 페르소나를 극대화시켜 다시 한 번, 덤벼드는 유니콘을 나무로 유인하여 뿔이 박히게 만들고, 도끼로 뿔을 자르고 밧줄을 목에 걸고는 왕에게 끌고 옴으로써 두 번째 과제를 해결하며, 왕이 약속한 보상을 기다린다. 하지만 동화는 3이라는 숫자를 좋아하기 때문에 3번째 과제가 한 번 더 부여되고 또 해결되어야 한다.

4 커뮤니케이션과 다이얼로그 기법

이미 동화치료사가 내방자와 그림 동화 「용감한 꼬마재단사」를 가지고 대화와 소통을 시작했으므로 커뮤니케이션과 다이얼로그 기법은 활용되고 있다고 말할 수 있다. 내방자 P가 두 번째 과제 부여와 과제해결을 들은 후, 세 번째 과제 부여와 과제해결을 궁금해 하기에 다음과 같이 왕이 꼬마재단사에게 부여한 과제를 소개했다.

> 왕은 재단사에게 약속한 상을 주려하지 않고 또 다른 요구를 했습니다. 재단사는 결혼식 전에 야생 멧돼지를 생포해야 했습니다.

'야생 멧돼지를 생포하라'는 세 번째 과제가 주인공에게 부여되자 꼬마재단사는 지체 없이 멧돼지에게 다가갔고, 공격하는 멧돼지를 지혜와 재치로 예배당 건물로 유인하여 별 어려움 없이 생포하여 왕에게 바친다. 왕은 울며 겨자 먹기로 세 가지 과제를 해결한 꼬마재단사에게 공주를 시집보내고 재산의 반을 나누어주며 성대한 결혼식을 베풀 수밖에 없었다. 이 부분을 이야기할 때 내방자 P는 눈이 유난히 빛났고 많은 관심을 보였다. 그 이유를 물으니 마치 꼬마재단사와 자기가 동일시되는 기분이 들었고, 꿈에서나마 그리던 공주와의 결혼식을 마치 자기가 올리는 것 같은 착각이 들었다는 것이다. 그도 그럴 것이 이미 결혼할 나이가 넘은 P로서는 비록 동화 속의 결혼식일지라도 자신의 결혼식인 양 대리만족의 쾌감을 맛본 것이라고 말할 수 있다.

이제 공주와 결혼하고 왕국의 절반을 차지한 꼬마재단사는 다음과 같은 꿈을 꾸면서 잠꼬대를 함으로써 외적 인격인 페르조나가 극대화되어 표출되는 장면을 연출한다.

> 결혼식 후 얼마 지나 젊은 왕비는 남편인 꼬마재단사가 밤에 "꼬마야, 양복 윗도리를 끝내고 바지를 기워놔. 안 그러면 이 자로 따귀를 맞을 각오를 해."라고 잠꼬대하는 소리를 들었습니다. 왕비는 그 순간 이 젊은 양반이 어디 출신인지 눈치 챘습니다.

꿈은 무의식세계를 의식세계에서 알 수 있는 유일한 수단이다. 실제로 페르조나가 성격 발달에 방해가 될 정도로 강조될 때, 심리적 스트레스가 따르게 되며, 자아와 페르조나와의 동일시가 심해져서 자아는 정신세계와의 관계를 상실하게 되듯이, 꼬마재단사는 외적 인격인 페르조나에 너무 지나치게 몰입하여 꿈속에서조차 자기 직업에서 벗어나지 못하는 것이다. 다시 말해, 사회에 적응하기 위해서는 어느 정도 페르조나가 발달하는 것이 필요하지만, 맹목적인 페르조나와 자아의 동일시는 진정한 개성화를 제약하는 결과를 낳아 자칫 위기에 빠지는 결과를 초래할 수 있는 것이다.

하층민 출신의 부마를 어찌 공주가 용납할 수 있겠는가? 공주는 즉시 아버지 왕에게 알렸고, 꼬마재단사를 죽일 계획을 수립한다. 즉, 밤에 침실을 열어놓아 왕의 부하들이 들어가서 잠자고 있는 꼬마재단사를 밖으로 끌어낸다는 계획이다. 그러나 이 위기의 순간에 주인공을 도와주는 조력자가 있었고, 그가 왕과 공주의 계획을 꼬마재단사에게 일러주니, 주인공은 다음과 같이 대비할 수 있었다.

> 잠자는 척 누워 있던 재단사는 또렷한 목소리로 "꼬마야. 양복 윗도리를 만들고 내 바지를 기워놔. 안 그러면 이 자로 따귀 맞을 각오를 해. 나는 한방에 일곱을 처치했고 두 명의 거인을 죽였으며 유니콘을 끌고 왔고 야생 멧돼지를 사로잡은 몸이신데 방문 밖에 서 있는 놈을 두려워하겠니?"라고 외쳤습니다. 문밖에 있던 사람들은 재단사의 말을

듣는 순간 큰 두려움을 느껴 맹수들이 뒤에서 쫓아오는 양 꽁지를 빼고 달아났습니다. 그 후 아무도 감히 재단사를 건드리지 못했습니다.

동화의 종결문에서 다시금 동화 줄거리가 함축되어 반복되며, 잠자는 척 연기하는 꼬마재단사의 재치 있는 잠꼬대가 그를 해치려는 가해자들을 손쉽게 물리치는 것이다. 일반적으로 자신의 직업이 오직 하나의 삶의 목표인 줄 알고 살다가 어느 날 갑자기 심한 우울증이나 각종 심성 신체장애에 빠지는 경우가 허다한데, 꼬마재단사는 오직 재단사로서의 페르조나를 끝까지 삶의 목표로 알고 살면서도 오히려 각종 심성 신체장애나 우울증에 빠지지 않고 승리한 인생을 살아가는 것이다.

동화치료사가 내방자에게 이러한 동화 스토리텔링을 대화로 제시하자, P는 특히 마지막 부분에서 하염없는 눈물을 흘렸다. 지금까지 양복쟁이라는 직업을 평생 직업으로 알고 살아온 P에게 처음에 막연하게만 여겨졌던 직업과 결혼에 대한 자신감이 마음 깊은 곳에서 용솟음치는 것을 느꼈다고 한다. 자신의 외모가 아무리 작고 왜소할지라도, 기성복 때문에 변두리 양복점이 밥 먹고 살기 어려운 일이 되었을지라도, 순간의 재치와 지혜로 위기를 모면하고 당당하게 부마로서 살아가는 꼬마재단사처럼 P도 위기를 기회라고 생각하고, 변화를 위해 좀 더 넓은 곳으로 자리를 옮길 것과, 양복쟁이로서 성공한 자가 되어 당당히 공주 같은 여자와 결혼할 수 있다는 자신감으로 치료사의 손을 덥석 잡고 감동의 악수를 하고는 문 밖으로 나갔다.

4. 홀레 부인

어느 과부에게 딸이 둘이 있었습니다. 한 딸은 아름답고 부지런했지만 또 다른 딸은 못생기고 게을렀습니다. 과부는 못생기고 게으른 친딸만 예뻐했기 때문에, 아름답고 부지런한 의붓딸은 부엌데기로 혼자 집안일을 도맡아해야 했습니다. 불쌍한 소녀는 큰길가의 우물 옆에 앉아서 손가락에 피가 나도록 실을 자아야 했습니다. 그러던 어느 날 실패가 피에 흠뻑 젖었고, 소녀는 실패를 씻으려고 우물 안으로 몸을 숙였습니다. 그런데 그만 실패를 놓쳐 실패가 우물에 빠지고 말았습니다.

소녀는 울면서 계모에게 달려가서 이 불행한 사실을 이야기를 했습니다. 그러자 계모는 소녀를 심하게 혼내며 "실패를 우물에 빠뜨렸으면 다시 건져와야지."라고 모진 말을 했습니다. 소녀는 우물로 다시 왔지만 어떻게 실패를 찾아야 할지 알 수 없었습니다. 어찌할 바를 몰라 불안해진 소녀는 실패를 건지기 위해 우물 속으로 뛰어 들었고, 그 순간 정신을 잃고 말았습니다.

얼마 후 깨어나 정신이 든 소녀는 아름다운 풀밭에 자신이 누워 있다는 것을 알았습니다. 그 곳에는 태양이 밝게 빛났고 수천 가지의 꽃들이 피어 있었습니다. 소녀는 초원을 따라 걸어가다 빵이 가득 찬 오븐을 만났는데 빵들이 소녀에게 "아이고, 나를 꺼내주세요! 나를 꺼내 달라고요. 그렇지 않으면 타 버릴 거예요. 나는 벌써 다 익었어요."라고 소리쳤습니다. 소녀는 오븐으로 다가가 나무주걱으로 빵을 하나하나 모두 꺼냈습니다. 그러고 나서 소녀는 계속 걸어가다 사과가 주렁주렁 열린 사과나무와 마주쳤습니다. 그때 사과나무가 "아이고, 날 흔들어줘요. 날 흔들어주란 말이에요! 우리는 익을 만큼 익었다고요!"라고 외쳤습니다. 소녀가 사과나무를 흔들자 사과가 비 오듯 떨어졌습니다. 소녀는 사과가 한 알도 남아 있지 않을 때까지 사과나무를 계속 흔들었습니다. 소녀는 사과들을 한 곳에 모아 쌓아둔 후 가던 길을 계속 갔습니다.

마침내 소녀는 조그만 오두막집에 이르렀습니다. 거기서 한 할머니가 밖을 내다보고 있었습니다. 할머니의 이빨이 어찌나 크던지 소녀는 겁이 더럭 나서 도망치려고 했습니다. 그러자 할머니가 소녀에게 "얘야. 왜 날 두려워하니? 우리 집에서 같이 살자. 네가 집안일을 잘 한다면 넌 여기서 잘 지낼 수 있을 거야. 넌 내 침대를 정돈하고 이불을 깃털이 날릴 정도로 부지런히 털기만 하면 된단다. 네가 턴 깃털은 눈이 되어 세상에 펑펑 내릴 거야. 난 홀레 부인이란다."라고 소리쳤습니다. 부인이 다정하게 말을 건넸기 때문에 소녀는 마음을 잡고 부인 집에서 일하기로 했습니다. 소녀는 부인의 마음에 쏙 들게 집안일을 잘했고, 깃털이 눈송이처럼 휘날리도록 이불을 탁탁 잘 털었습니다. 소녀도 부인 집에서 편하게 잘 지냈습니다. 부인은 소녀에게 나쁜 말도 하지 않았고, 소녀는 날마다 구운 고기와 삶은 고기를 먹었습니다.

소녀는 오랫동안 홀레 부인 집에서 지내자 마음이 울적해졌습니다. 소녀는 자신도 무엇 때문에 그런지 연유를 알지 못하다가 결국 향수병에 걸렸다는 것을 깨닫게 되었습니다. 집보다 홀레 부인과 지내는 것이 수천 배는 나았지만 정말 집으로 돌아가고 싶었습니다. 소녀는 홀레 부인에게 "집으로 가고 싶어 죽겠어요. 이곳이 지상(地上)보다 훨씬 좋기는 하지만 집으로 돌아가고 싶어요."라고 말했습니다. 그러자 홀레 부인은 "네가 집으로 돌아가고 싶다니 기특하구나. 네가 그동안 나를 위해 충실하게 일했으니 너를 집으로 다시 돌려 보내주마."라고 말했습니다.

부인은 소녀의 손을 잡고 큰 문 앞으로 데리고 갔습니다. 문이 열리고 소녀가 바로 그 아래 서는 순간 황금비가 후드득 쏟아졌습니다. 황금은 모두 소녀의 몸에 달라붙어 소녀의 몸은 황금으로 빈틈없이 덮였습니다. 홀레 부인은 "네가 부지런히 일한 대가이니 가져가거라."라고 말했고, 우물 속에 빠뜨렸던 실패도 돌려주었습니다. 문이 닫히는 순간 소녀는 어느새 지상에 있었고, 집에서 그리 멀지 않은 곳이었습니다. 소녀가 마당에 들어서자 우물 위에 앉아 있던 수탉이 외쳤습니다.

"꼬끼오!
우리의 황금 옷을 입은 소녀가 다시 돌아왔어요."

소녀는 계모에게로 갔고, 소녀의 몸이 엄청난 금으로 덮여 있었기 때문에 계모와 의붓자매는 소녀를 반갑게 맞았습니다. 소녀는 자신에게 무슨 일이 일어났는지 낱낱이 이야기해주었습니다. 계모는 의붓딸이 그렇게 많은 금을 가지게 된 이유를 알자 자기의 못생기고 게으른 친딸에게도 그런 행운이 일어나기를 바랐습니다.

계모는 친딸을 우물가에 앉히고 물레를 돌리게 했고, 계모의 딸은 실패에 피를 묻히려고 손가락을 일부러 찌르며 가시덤불에 손을 집어넣어 찔리기도 했습니다. 실패를 우물 속에 빠뜨린 후 자신도 우물 속으로 뛰어들었습니다. 그녀도 다른 자매처럼 아름다운 풀밭에 도착했고 같은 길을 따라 걸어갔습니다. 이윽고 오븐 앞에 이르자 빵들이 또다시 "아이고, 나를 꺼내주세요! 나를 꺼내 달라고요. 그렇지 않으면 타 버릴 거예요. 나는 벌써 다 익었어요."라고 외쳤습니다. 하지만 게으른 소녀는 "손을 더럽히기 싫단 말이야."라고 대답하고는 계속 걸어갔습니다. 곧 사과나무와 마주쳤고, 사과나무는 "아이고, 날 흔들어줘요. 날 흔들어주란 말이에요! 우리는 익을 만큼 익었다고요!"라고 소리를 질렀습니다. 하지만 게으른 소녀는 "무슨 말하는 거야? 괜히 사과에 머리통이나 맞으라고?"라고 대답했습니다. 게으른 소녀는 홀레 부인의 집에 도착했고, 부인의 이빨이 무지 크다는 말을 이미 들었기 때문에 부인을 무서워하지 않았습니다. 소녀는 곧장 부인의 집에서 일을 시작했습니다. 첫날 게으른 소녀는 꾹 참고 열심히 일했습니다. 홀레 부인이 시키는 대로 착실히 일을 했답니다. 부인이 그녀에게 선물할 금이 눈앞에 어른거렸기 때문입니다. 그러나 바로 다음 날부터 소녀는 빈둥거리기 시작했고, 셋째 날이 되자 더 늘어져서 소녀는 아침이 되도 일어날 생각도 하지 않았습니다. 홀레 부인의 침대도 정리하지 않았고, 깃털이 휘날릴 정도로 이불을 털지도 않았습니다.

소녀에게 질려 버린 홀레 부인은 그녀를 집에 두고 싶지 않았습니다. 게으른 소녀는 잘됐다고 생각하며 황금비가 쏟아지길 기다렸습니다. 홀레 부인은 소녀를 큰 문 앞으로 데리고 갔습니다. 그러나 소녀가 문에 들어서는 순간 황금 대신에 커다란 솥에서 시커먼 역청이 쏟아져 내렸습니다. "네가 일한 대가다."라고 홀레 부인은 말하면서 문을 닫아 버렸습니다. 게으른 소녀는 시커먼 역청을 홀딱 뒤집어쓰고 집으로 돌아왔습니다. 마침 우물 위에 앉아 있던 수탉이 소녀를 보고는 소리쳤습니다.

"꼬끼오,
우리의 지저분한 소녀가 다시 돌아왔네요."

그러나 시커먼 역청은 게으른 소녀의 몸에 딱 달라붙어 죽을 때까지 벗겨지지 않았답니다.[4)]

4) Brüder Grimm, *Ibid.*, pp. 169-171.

동화 힐링 실습

그림 동화 「홀레 부인」은 진짜와 가짜의 양면성의 문제를 착하고 부지런한 진짜 주인공과 못되고 게으른 가짜 주인공을 대립시켜 표현한 교훈적인 이야기이다. 물론 이 동화에서도 계모가 등장하며 친딸과 의붓딸을 편애하는 '계모 콤플렉스' 문제도 나타난다. 더욱이 동화 제목에서 언급된 홀레 부인은 신적 존재로서 진짜와 가짜를 가려내는 판관(判官)의 역할을 한다. 특히 홀레 부인의 거위베개를 털면 지상에 눈이 내린다는 오래된 북유럽의 신화를 동화로 승화시켜 이승 존재와 저승 존재가 하나의 공간에서 자유롭게 교제하는 일차원성이 나타난다.

어느 날 15살 먹은 소녀가 동화치료사를 찾아왔다. 치료사가 어떻게 찾아왔냐고 물으니, 소녀 내방자는 새엄마의 괴롭힘과 의붓동생에 대한 편애 때문에 너무 힘들어서 찾아왔다고 한다.

1 동화 제목 연상기법

소녀 내방자는 한국 전래동화 「콩쥐 팥쥐」를 수십 번이나 읽었고, 그 줄거리를 줄줄 외울 정도라 자신이 콩쥐이고 새엄마는 팥쥐 엄마이며 의붓동생은 팥쥐 같다고 말했다. 치료사는 '「콩쥐 팥쥐」를 가지고 내방자와 동화 힐링을 할까?' 생각하다가, 너무 잘 알고 있는 동화를 기반으로 유사한 내용의 새로운 동화를 선택하여 치료하고자 그림 동화 「홀레 부인」을 선택했다. 일반적으로 한국 전래동화 「콩쥐 팥쥐」와 유사한 동화로 그림 동화 「신데렐라」를 꼽지만, 소녀 내방자의 경우에는

「홀레 부인」이 더 적합할 것 같아 이 동화를 선택해서 동화 테라피를 시도하려고 한다.

물론 내방자에게 동화 제목을 보여주고 연상되는 이미지나 생각 또는 강박관념을 마음속에서 끄집어내어 동화 힐링을 하는 게 동화 제목 연상기법이다. 하지만 내방자의 상태에 따라 치료사가 동화 제목을 정하여 그 줄거리를 이야기해주거나 스스로 읽게 하는 맞춤형 연상기법도 올바른 동화 힐링 방법이라고 생각한다.

2 동화 주제에 따른 분류법

그림 동화 「홀레 부인」의 주제는 진짜와 가짜, 게으름과 부지런함, 아름다움과 추함, 효와 동기 사랑 등 다양하다. 이 동화의 서두문에서 이미 진짜와 가짜, 게으름과 부지런함, 아름다움과 추함 등의 주제가 나타난다.

> 어느 과부에게 딸이 둘이 있었습니다. 한 딸은 아름답고 부지런했지만 또 다른 딸은 못생기고 게을렀습니다. 과부는 못생기고 게으른 친딸만 예뻐했기 때문에, 아름답고 부지런한 의붓딸은 부엌데기로 혼자 집안일을 도맡아 해야 했습니다.

계모가 등장하는 대부분의 동화에서는 아버지가 새엄마를 동화 줄거리로 끌어들이는 역할을 하는데 반해, 이 동화에서는 아버지의 부재(不在)로 줄거리가 시작되고 끝날 때까지 아버지는 등장하지 않는다. 즉, 동화 주인공은 아버지 없이 계모와 의붓자매와 함께 살고 있는 가정환경에서 정해진 동화 줄거리를 진행하는 것이다. 동화치료사가 이 부분을 읽는 중에 바로 소녀 내방자는 자신의 처지도 이 동화의 가정환경과 일치한다고 소리쳤다. 깜짝 놀랐지만, 치료사는 항상 차분히 들어줄 평상심을 유지하는 게 중요하기 때문에, 내방자의 순간적인 외침에 더불어 흥분하지 않고 더 많은 이야기를 끄집어내도록 유도하는 테크닉(technic)을 발휘해야 한다.

15살의 소녀내방자는 10살 때 어머니가 갑자기 병으로 돌아가셨고, 이듬해 아버지가 애 딸린 과부인 새엄마를 맞이했는데, 약 1년 같이 살다가 아버지마저 병에 걸려 돌아가셨다고 한다. 그래서 3년 전부터 소녀 내방자와 계모와 의붓자매는 그림 동화 「홀레 부인」의 줄거리처럼 그렇게 셋이서 살고 있다고 한다.

3 심리이론 적용법

그림 동화 「홀레 부인」에서 계모의 지시대로 부엌데기 노릇과 실을 잣는 일 등 전형적인 신데렐라형(型) 여주인공의 역할을 하던 예쁘고 부지런한 소녀는 피가 묻어 더러워진 실패를 우물에서 씻으려다가 빠뜨리고 만다.

> 어느 날 실패가 피에 흠뻑 젖었고, 소녀는 실패를 씻으려고 우물 안으로 몸을 숙였습니다. 그런데 그만 실패를 놓쳐 실패가 우물에 빠지고 말았습니다. 소녀는 울면서 계모에게 달려가서 이 불행한 사실을 이야기를 했습니다. 그러자 계모는 소녀를 심하게 혼내며 "실패를 우물에 빠뜨렸으면 다시 건져와야지."라고 모진 말을 했습니다. 소녀는 우물로 다시 왔지만 어떻게 실패를 찾아야할 지 알 수 없었습니다. 어찌할 바를 몰라 불안해진 소녀는 실패를 건지기 위해 우물 속으로 뛰어 들었고, 그 순간 정신을 잃고 말았습니다.

동화에서 '우물'이나 '샘'은 지하세계, 곧 무의식세계로 들어가는 입구를 상징한다. 동화 주인공인 소녀가 우물 속으로 빠졌다는 사실은 그녀의 무의식세계로 침잠했다는 것을 의미하며, 이승세계에서 저승세계로의 여행을 암시하는 것이다. 현실에서의 삶이 얼마나 힘들고 괴로우면 또 다른 세계로 도망치고 싶겠는가? 이것은 비단 동화 주인공만의 이야기가 아니다. 동서고금을 막론하고 인간에게는 현실도피와 인생무상의 허무한 삶이 집단적 무의식의 원형으로 자리 잡고 있다. 예를 들면, 무더운 여름에 짜증나는 일상에서 벗어나 순간적인 안락을 추구하고자 얼마나 많은 사람들이 바캉스(vacance)를 떠나는가? 다시 돌아오면 제자리인데도 떠나는 자체에 의미를 두니 말이다.

소녀 내방자는 동화 속의 계모가 여주인공에게 한 "실패를 우물에 빠뜨렸으면 다시 건져와야지."라는 말에 크게 공감했다고 한다. 우물 속으로의 여행이 자칫 즐거운 일인 것처럼 느낄 수도 있겠지만, 여주인공에게는 목숨을 담보로 한 죽음의 여행이다. 이와 같이 소녀 내방자도 새엄마의 요구와 명령에 목숨을 건 일을 한 게 한두 번이 아니라고 한다. 예를 들면, 밥하고 청소하고 빨래하는 부엌데기일은 기본이고, 1년 전부터는 "너도 이제 중학생이 되었으니 돈을 벌어 오너라!"라고 새엄마는 학교에서 돌아온 소녀 내방자의 가방을 문 앞에서 빼앗고는 그 길로 아르바이트를 하러 내보냈다고 한다. 소녀 내방자는 아직 미성년자였기 때문에 제대로 된 일자리가 없어서 주방에 숨어서 식기 닦는 일, 지하철에서 껌 파는 일, 심지어 룸살롱에서 술 따르는 일 등 어린 소녀가 감당하기에는 너무나 버거운 일들을 했다고 한다. 순간 '측은지심(惻隱之心)'의 감동이 밀려와서 치료사도 눈물을 흘릴 수밖에 없었지만, 잠시 심호흡을 하고는 소녀 내방자의 상처받은 마음을 힐링하는 데 온힘을 쏟았다.

4 커뮤니케이션과 다이얼로그 기법

그림 동화 「홀레 부인」을 가지고 자연스럽게 대화와 소통을 이어간 동화치료사와 소녀 내방자는 커뮤니케이션과 다이얼로그 기법을 활용하기 위해 스토리텔링이나 페인팅 방법을 제안했다. 다음은 소녀 내방자의 룸살롱 아르바이트 페인팅이다.

실제로 어린 중학생을 룸살롱에서 접대부로 고용한 악덕업자가 뉴스거리가 되곤 했지만 소녀 내방자가 그런 일을 했으리라고는 믿기 어려웠다. 내방자가 페인팅 한 그림을 보니 늙은 손님과 어린 집대부가 대조적으로 그려졌고, 붉은 색깔로 선정적인 곳을 표현했으며, 황금색깔 소파로 돈 많은 손님이 돈 자랑을 하도록 꾸며놓은 곳이 룸살롱임을 알 수 있었다. 더욱이 식탁 위에 고급 양주가 보이고, 늙은 손님은 뿔 달린 악마로 그려진 점이 눈에 띄었다.

소녀 내방자는 자신의 모습을 정면으로 그릴 수 없었던지 가발을 쓴 뒷모습으로 자신을 감추었다. 가뜩이나 어린 중학생이니, 조금이라도 성숙해 보이게끔 악덕업자는 가발을 쓰게 한 것이라고 생각되었다.

경직된 표정의 접대부 여성과는 대조적으로 늙은 손님은 일자로 미소를 지으며 음흉한 눈웃음을 치고 있다. 특히 그가 맨 붉은 색 넥타이는 남성의 심벌을 상징하며 색정적인 욕망을 표출하고 있다. 동화 주인공이 계모의 요구와 재촉으로 우물 속으로 투신하듯이, 소녀 내방자도 새엄마의 재촉과 요구로 룸살롱에서 접대부 역할을 한 것이다.

동화치료사는 참기 어려운 울분을 삼키면서 내방자와 대화와 소통을 계속하여 동화 힐링을 해야만 했다.

그림 동화 「홀레 부인」의 주인공은 다행이도 지하세계에서 깨어나자 지옥이 아닌 천국에 도착한 것 같았다. 상식적으로는 우물에 빠졌으니 지하세계인 지옥으로 가는 게 맞는데, 동화는 상상력의 유희이자 초현실의 세계이기 때문에 지하로 내려갔는데 천상에 올라간 것으로 묘사되는 것이다.

> 얼마 후 깨어나 정신이 든 소녀는 아름다운 풀밭에 자신이 누워 있다는 것을 알았습니다. 그 곳에는 태양이 밝게 빛났고 수천 가지의 꽃들이 피어 있었습니다.

풀밭 위에서 깨어났고, 태양이 빛나고 온갖 꽃들이 피어 있는 곳, 그곳이 파라다이스가 아니고 어디겠는가? 아름답고 부지런한 소녀가 꿈꾸던 곳, 현실의 도피처, 빵이 구워지고 사과가 익어서 풍성한 먹을거리가 널려있는 곳, 그곳이 바로 소녀의 무의식세계이자 유토피아(Utopia)이다. 소녀내방자도 룸살롱이 지옥이 아니라 천국이었으면 얼마나 좋았겠는가? 짧은 시간에 많은 돈을 벌 수 있는 방법으로 룸살롱에서 일할 수도 있겠지만, 어린 소녀는 자신의 의지가 아니라 새엄마의 명령으로 어쩔 수 없이 지옥 같은 룸살롱에서 일하는 것이다.

그럼, 동화치료사는 이러한 소녀 내방자를 어떻게 치료하여 구원할 수 있을까? 그림 동화 「홀레 부인」의 진짜 주인공이 구워진 빵을 꺼내주고 익은 사과를 따주고 홀레 부인의 집에서 성실하게 일해서 황금비를 맞고 집으로 돌아가듯이, 착하고 부지런한 성품을 소유한 내방자도 주어진 환경에서 벗어날 수 없다면 역설적으로 더욱 열심히 집안일과 공부하는 일 그리고 돈 버는 일에 최선을 다하며, 신적 존재인 홀레 부인을 현실에서 만날 수 있다는 소망을 간직한 채 새엄마에게 감동을 주는 삶을 살아야 하지 않겠는가?

> 소녀는 날마다 구운 고기와 삶은 고기를 먹었습니다. 소녀는 오랫동안 홀레 부인 집에서 지내자 마음이 울적해졌습니다. 소녀는 자신도 무엇 때문에 그런지 연유를 알지 못하다가 결국 향수병에 걸렸다는 것을 깨닫게 되었습니다. 집보다 홀레 부인과 지내는 것이 수천 배는 나았지만 정말 집으로 돌아가고 싶었습니다. 소녀는 홀레 부인에게 "집으로 가고 싶어 죽겠어요. 이곳이 지상(地上)보다 훨씬 좋기는 하지만 집으로 돌아가고 싶어요."라고 말했습니다.

왜 그림 동화의 여주인공은 의식주(衣食住)가 풍족한 홀레 부인 곁에 머물지 않고 계모와 의붓자매가 살고 있는 집으로 돌아가려고 하는가? '개똥밭에 굴러도 이승이 저승보다 낫다'는 말이 실감나지 않는가? 다행이도 착하고 부지런한 딸이 황금을 잔뜩 뒤집어쓰고 오자 계모와 의붓자매는 언제 그랬냐는 듯이 소녀를 반갑게 맞이해주지 않는가? 이 점이 소녀 내방자에게도 희망적인 메시지가 될 수 있다. 사회보장제도가 발전하여 나라에서 운영하는 청소년복지시설이 곳곳에서 운영되고 있지만, 그곳에 있다고 안전하거나 마음 편히 지낼 공간이 아니라는 점은 익히 알려진 사실이다. 아니면 삼삼오오 짝을 이뤄 집단가출 소녀들이 모여 살면서 잠시 가정폭력이나 학대에서 벗어날 수 있다고 할지라도 그 이상의 위험이 산재하고 있는 실정이 아닌가?

좋든 싫든 간에 모녀의 인연으로 시작된 운명적인 가족관계라면 소녀 내방자도 동화의 여주인공처럼 집에서 나오기보다는 집안에서 그 해답을 찾는 지혜와 인내를 배워야 한다. 그 가능성을 동화의 가짜 주인공이 진짜 주인공처럼 같은 코스로 지하세계 여행을 할지라도 게으르고 못된 천성 때문에 황금이 아니라 역청을 뒤집어쓰고 오는 스토리에서 발견할 수 있지 않겠는가? 천성이 착하고 부지런한 소녀 내방자이기에 반드시 언젠가는 진심을 알아주는 새엄마의 깨달음과 회개를 기대하며 조금은 가벼운 발걸음으로 치료사의 연구실에서 나갈 수 있었다.

5. 빨간 모자

옛날에 작고 귀여운 소녀가 있었는데, 소녀를 본 사람은 누구나 그 애를 사랑했습니다. 그러나 소녀를 가장 사랑하는 사람은 소녀의 할머니였습니다. 할머니는 소녀에게 늘 무엇인가를 주고 싶어 했습니다. 그러던 어느 날 할머니는 소녀에게 빨간 우단으로 만든 작은 모자를 선물했습니다. 모자는 소녀에게 아주 잘 어울렸고 소녀는 늘 모자를 쓰고 다녔습니다. 그래서 사람들은 소녀를 빨간 모자라고 불렀습니다. 어느 날 소녀의 어머니는 "이리 온, 빨간 모자야. 케이크와 포도주를 할머니께 가져다 드리렴. 할머니는 병이 드셔서 몸이 허약하시니까 그걸 드시면 건강해지실 거야. 날이 뜨거워지기 전에 얼른 출발해라. 밖으로 나가면 얌전하게 할머니 댁으로 가야 한다. 샛길로 새지도 말고. 잘못하다 넘어져서 포도주 병이 깨지면 할머니가 드실 것이 없잖니? 할머니 방에 들어갈 때 잊지 말고 안녕하세요라고 인사해야 한단다. 그리고 여기저기 기웃거리지 말고."라고 말했습니다. 빨간 모자는 "네, 잘 알겠습니다."라고 대답하고는 어머니 말씀대로 하겠다고 약속했습니다. 할머니는 마을에서 30분 정도 떨어진 숲 속에 살고 있었습니다. 빨간 모자는 숲 속에 들어서자마자 늑대를 만났습니다. 빨간 모자는 늑대가 얼마나 못된 짐승인지 몰랐기 때문에 늑대를 무서워하지 않았습니다. "안녕, 빨간 모자."라고 늑대가 말했습니다. "안녕, 늑대아저씨." "빨간 모자야, 이렇게 일찍 어디로 가니?" "할머니 댁에요." "앞치마 속에 무엇을 싼 거야?" "케이크와 포도주요. 어제 케이크를 구웠어요. 우리 할머니가 병이 나셔서 몸이 허약하세요. 이걸 드시면 기운 차리실 거예요." "빨간 모자야, 할머니는 어디 사시니?"

"여기서 15분쯤 더 가면 세 그루의 큰 참나무가 있는데 그곳에 할머니 집이 있어요. 개암나무 울타리가 쳐져 있는데, 아저씨도 아실 거예요."라고 빨간 모자가 말했습니다. 늑대는 속으로 "요 어린 것은 연하고 맛있겠는 걸. 할망구보다 훨씬 맛있겠지. 할망구와 꼬마를 같이 잡아먹으려면 머리를 써야 해.'라고 생각했습니다. 늑대는 빨간 모자와 잠시 나란히 걷다가 "빨간 모자야, 네 주위에 있는 아름다운 꽃들을 보렴. 왜 너는 아무데도 둘러보지 않니? 새들이 얼마나 사랑스럽게 지저귀는지 넌 듣지도 않는 것 같구나. 마치 학교 가는 아이처럼 앞만 보고 걷고 있구나. 숲 속에는 모든 일들이 즐겁단다."라고 말했습니다.

빨간 모자는 눈을 크게 뜨고는 나무들 사이로 햇살이 춤추듯이 스며 나오는 광경과, 꽃들이 지천에 아름답게 피어 있는 풍경을 보았습니다. 그때 소녀는 '할머니께 신선한 꽃 한 다발을 꺾어다 드리면 좋아하시겠지. 아직 이른 아침이니까 할머니 집에 제시간에 도착할 수 있을 거야.'라고 생각했습니다. 소녀는 할머니 댁으로 가던 길을 멈추고 숲 속으로 뛰어 들어가 꽃들을 찾았고, 꽃 한 송이를 꺾고 또 더 예쁜 꽃들을 찾아 숲 속으로 깊이 들어갔으며, 그렇게 숲 속으로 점점 깊이 들어갔습니다. 한편 늑대는 곧장 할머니 집으로 가 문을 두드렸습니다. "밖에 누구요?" "빨간 모자예요. 할머니께 드리려고 케이크와 포도주를 가져 왔어요. 문 좀 열어주세요." "손잡이를 누르기만 하면 된단다. 난 기운이 없어서 일어날 수 없단다.'라고 할머니가 큰 소리로 말했습니다. 늑대가 손잡이를 누르자 문이 열렸습니다. 늑대는 한마디 말도 하지 않고 할머니의 침대로 가 할머니를 꿀꺽 삼켜 버렸습니다. 그러고 나서 늑대는 할머니의 옷을 입고 할머니의 두건을 쓴 후 침대에 누웠고 커튼도 쳤습니다.

한편 빨간 모자는 꽃을 찾아 숲을 헤매고 다녔고, 더 이상 들 수 없을 정도로 꽃을 모았을 때 비로소 할머니가 생각났습니다. 빨간 모자는 다시 할머니 댁을 향해 걸어갔습니다. 이상하게도 할머니의 집 문이 열려있었습니다. 집안으로 들어섰을 때 빨간 모자는 이상한 기분이 들었습니다. 빨간 모자는 '아이, 오늘 이상하게 무서운 걸. 보통 때는 할머니 집에 도착하면 좋았는데.'라고 생각했습니다. 소녀는 "안녕하세요!"라고 크게 외쳤지만 아무 대답이 없었습니다. 빨간 모자는 침대로 가 커튼을 열어젖혔습니다. 할머니는 두건을 얼굴 깊숙이 눌러 쓰고 침대에 누워 있었는데 이상한 모습이었습니다. "아이, 할머니 귀가 왜 이렇게 커요?" "귀가 커야 네 말을 더 잘 들을 수 있지." "아이, 할머니 눈은 왜 이렇게 커요?" "너를 더 잘 보기 위해서란다." "할머니 손은 왜 이렇게 커요?" "너를 더 잘 잡을 수 있기 위해서지." "그런데 할머니, 할머니 입은 왜 이렇게 커요?" "너를 더 잘 잡아먹을 수 있기 위해서지!" 늑대는 그 말을 하자마자 침대에서 벌떡 일어나 가엾은 빨간 모자를 한 입에 꿀꺽 삼켜버렸습니다.

늑대는 배가 잔뜩 부르자 다시 침대에 누웠고 잠이 들었습니다. 늑대는 드르렁드르렁 코를 골기 시작했습니다. 그때 사냥꾼이 할머니의 집 옆을 지나가다가 코고는 소리를 듣고는 이상한 생각이 들었습니다. '할머니가 왜 저렇게 코를 골까? 아프신 데가 없는지 살펴봐야겠군.' 사냥꾼은 할머니의 집안으로 들어가 침대로 갔습니다. 그런데 늑대가 침대에 누워 있었습니다. 사냥꾼은 "여기서 너를 찾다니, 나쁜 이 늙은 늑대야. 오랫동안 널 찾아 다녔어."라고 말했습니다. 사냥꾼은 늑대에게 총을 겨누다가 늑대가 할머니를 삼켜버렸다면 어쩌면 할머니를 살려낼 수 있을지도 모른다는 생각이 들었습니다. 그는 총을 쏘지 않고 대신 가위를 찾아내 잠들어 있는 늑대의 배를 가르기 시작했습니다. 두어 번 가위질을 하자 늑대 뱃속에서 빨간 모자가 힐끗 보였습니다. 몇 번 가위질을 더 하자 빨간 모자가 밖으로 뛰쳐나오며 "아이고. 얼마나 무서웠는지 몰라요!

늑대의 뱃속은 정말 캄캄했어요."라고 소리쳤습니다. 이어서 할머니도 살아서 밖으로 나왔지만 제대로 숨을 쉬지 못했어요. 빨간 모자는 얼른 커다란 돌을 주워 다가 늑대의 뱃속에 쑤셔 넣었습니다. 잠에서 깨어난 늑대는 서둘러 달아나려고 했지만 돌멩이가 너무 무거워 그 자리에서 고꾸라져 죽고 말았답니다.

세 사람은 모두 만족했습니다. 사냥꾼은 늑대의 털가죽을 벗겨 집으로 가져갔고, 할머니는 빨간 모자가 가지고 온 케이크와 포도주를 마시고 기운을 차렸습니다. 빨간 모자는 '엄마가 하지 말하고 하는 일은 하지 말아야 해. 앞으로 다시는 길에서 벗어나 숲 속으로 들어가지 않을 거야.' 라고 생각했습니다.

또 다른 이야기가 시작됩니다. 한번은 빨간 모자가 할머니에게 빵을 가지고 가다가 다른 늑대를 만났습니다. 늑대는 빨간 모자에게 말을 걸어 소녀를 유혹해 길에서 벗어나게 하려 했습니다. 하지만 빨간 모자는 이번에는 조심했고 곧장 할머니 집으로 가 늑대와 만난 이야기를 했습니다. 늑대가 자기에게 인사를 했지만 늑대의 눈에서 나쁜 마음을 읽었고 "내가 큰 길에서 있지 않았다면 늑대는 나를 잡아먹었을 거예요."라고 말했습니다. 그러자 할머니는 "들어오렴. 그 녀석이 들어오지 못하게 문을 잠그도록 하자구나."라고 말했습니다. 잠시 후 늑대가 문을 두드리며 "문 좀 열어주세요, 할머니. 빨간 모자예요. 할머니께 드릴 빵을 가져왔어요."라고 소리쳤습니다. 할머니와 빨간 소녀는 아무 대꾸도 하지 않고 문도 열지 않았습니다. 그러자 회색 늑대는 집 주변을 몇 번 살금살금 기어 다니다가 지붕으로 뛰어 올라가 빨간 모자가 저녁에 집으로 돌아갈 때까지 기다리기로 했습니다. 그리고 빨간 모자가 나오면 살금살금 쫓아가 어둠 속에서 잡아먹을 속셈이었습니다. 하지만 할머니는 늑대의 꿍꿍이속을 알아챘습니다. 할머니의 집 앞에는 돌구유가 있었습니다.

할머니는 빨간 모자에게 "빨간 모자야, 양동이를 가져오렴. 어제 내가 소시지를 끓였거든. 소시지를 끓인 물을 구유에 부으렴."이라고 말했습니다. 빨간 모자는 큰 구유를 가득 채울 때까지 물을 가져다 부었습니다. 그때 소시지 냄새가 늑대의 코를 자극했습니다. 늑대는 코를 벌름거리며 아래를 쳐다봤습니다. 결국 늑대는 목을 너무 길게 빼고 내려다보는 바람에 균형을 잃고 지붕에서 미끄러져 큰 구유에 빠져 죽고 말았습니다. 이제 빨간 모자는 즐겁게 집으로 갔고 아무도 소녀에게 해코지를 하지 않았답니다.[5]

5) Brüder Grimm, *Ibid.*, pp. 174-180.

동화 힐링 실습

그림 동화 「빨간 모자」는 권선징악의 주제가 두드러진 재미있는 이야기이다. 하지만 그 안에는 심오한 내용이 숨겨져 있다. 즉, 자연현상에서 동화가 생성되었는데, 「빨간 모자」 동화에서 빨간 모자의 붉은 색깔은 아침노을의 붉은색이고, 빨간 모자 자체는 아침노을이며, 늑대는 다 먹어치우는 태양의 비유이고, 할머니는 오래된 아침노을의 의인화라는 점이다. 다시 말해, 동화 줄거리에서 가해자 늑대가 빨간 모자와 할머니를 꿀꺽 삼켜 잡아먹기 때문에, 아침 해뜨기 전의 붉은 노을을 태양이 뜸으로써 없어지게 하니, 아침노을을 먹어치운다는 표현을 쓴 것이다. 더욱이 터키 사람들은 붉은 색 원통모양의 모자를 즐겨 쓰고 다니는데, 그 이유는 붉은 색이 악귀나 악한 짐승으로부터 보호해 주는 색이라는 믿음에서 그런 모자를 쓰고 다닌다고 한다. 또한 구약성경에 나오는 문설주에 붉은 피를 발라서 죽음을 피해간다거나, 우리나라에서 동짓날 붉은 팥죽을 먹으면 재앙을 예방한다는 등의 민속적인 풍습에서 빨간 색이 보호색이고 빨간 모자를 쓰고 다니면 보호받는다는 믿음이 생긴 것이라고 할 수 있다.

최근에 그림 동화 「빨간 모자」를 원작으로 미국에서 애니메이션 영화로 두 편이 제작되었는데, 첫째가 2006년 4월에 개봉된 「빨간 모자의 진실(Hoodwinked)」(2005) 이고, 두 번째 영화가 2011년 7월에 개봉된 「빨간 모자의 진실 2(Hoodwinked Too! Hood VS. Evil)」(2011)이다. 이 두 편의 애니메이션영화는 원작과는 많은 차이가 있지만, 동화를 콘테츠화(化)해서 성공한 사례라는 점에 의의가 있다. 물론 '빨간 모자'를 '빨간 망토'로 번역할 수도 있고, 빨간 모자를 쓰고 다니는 소녀가 주인공이니 '빨간 모자소녀'라고도 제목을 붙일 수도 있다.

어느 날 21살 먹은 처녀가 동화치료사를 찾아왔다. 수심이 가득한 채 모기만한 목소리로 동화 힐링을 받고 싶어서 왔다고 한다. 치료사는 따듯한 미소와 맑은 목소리로 수줍어하는 내방자를 편안하게 자리에 앉게 했고 마음속에 있는 이야기를 자연스럽게 하도록 유도했다.

1 동화 제목 연상기법

우선 동화치료사는 처녀 내방자에게 50편의 동화 제목을 보여주면서 힐링에 적합한 동화를 선택하도록 안내했다. 그러자 내방자는 그림 동화 「빨간 모자」에서 오랫동안 머물렀고, 무엇인가 깊이 생각에 몰두하는 표정을 지었다. 그래서 치료사는 그림 동화 「빨간 모자」를 선택하여 내방자를 힐링하기로 했다.

치료사는 내방자에게 「빨간 모자」라는 동화 제목에서 오랫동안 머무른 이유를 물었다. 내방자는 왠지 모르지만 어렸을 때 읽었던 많은 동화 중에 「빨간 모자」 동화내용이 가장 많이 생각났고, 지금의 내 모습이 동화 주인공의 모습과 아이덴티티(identity)된다고 말했다.

2 동화 주제에 따른 분류법

그림 동화 「빨간 모자」의 주제는 권선징악이다. 상징적인 의미에서 동화여주인공 빨간 모자는 숫처녀를, 가해자이자 적수인 늑대는 나쁜 남자를, 파견자 엄마는 도덕률을, 찾았던 인물 할머니는 외로운 과부를, 조력자 사냥꾼은 판사를 상징한다고 말할 수 있다. 치료사는 이런 관점을 내방자에게 설명하면서 「빨간 모자」 동화를 다시 낭독하면서 읽도록 권했다. 처녀 내방자는 그림 동화 「빨간 모자」를 조그만 목소리로 읽기 시작했고, 다음의 내용을 읽을 때 멈칫거렸다.

> 빨간 모자는 숲 속에 들어서자마자 늑대를 만났습니다. 빨간 모자는 늑대가 얼마나 못된 짐승인지 몰랐기 때문에 늑대를 무서워하지 않았습니다.

내방자는 '빨간 모자는 늑대가 얼마나 못된 짐승인지 몰랐기 때문에 늑대를 무서워하지 않았습니다.'라는 글을 낭독하는 중에 멈칫거리더니 얼굴을 약간 붉히며 치료사에게 "왜 빨간 모자는 늑대를 무서워하지 않았을까요?"라고 물었다. 늑대는 나쁜 남자를 상징하는데, 빨간 모자는 어째서 늑대를 두려워하지 않고 늑대의 말을 곧이곧대로 듣느냐는 것이다. 그러면서 내방자는 20살 때 첫 경험에 대해 조심스럽게 말했다. 처녀 내방자는 재수를 하고 대학에 입학했는데, 학과 M. T.때 늑대 같은 선배를 만났다고 한다. 처녀는 동화 주인공처럼 정말 몰랐기 때문에 그를 무서워하지 않았고, 그가 권하는 대로 술을 받아 마시고는 인사불성(人事不省)이 되어 침대에 쓰러졌는데, 아침에 눈을 뜨니 그가 옆에서 코를 골면서 자고 있더라는 것이다.

3 심리이론 적용법

늑대 같은 인간은 프로이트가 말한 무의식 속의 성적 에너지인 리비도가 의식으로 표출되어 슈퍼에고에서 제어할 수 있는 도덕적 에너지를 능가한 경우를 말한다. 그래서 그림 동화 「빨간 모자」에서도 늑대는 본성에 따라 어린 소녀와 늙은 할머니를 가리지 않고 잡아먹는 장면을 연출한다.

늑대는 한마디 말도 하지 않고 할머니의 침대로 가 할머니를 꿀꺽 삼켜 버렸습니다. 그러고 나서 늑대는 할머니의 옷을 입고 할머니의 두건을 쓴 후 침대에 누웠고, 커튼도 쳤습니다.

한편 빨간 모자는 꽃을 찾아 숲을 헤매고 다녔고, 더 이상 들 수 없을 정도로 꽃을 모았을 때 비로소 할머니가 생각났습니다. 빨간 모자는 다시 할머니 댁을 향해 걸어갔습니다. 이상하게도 할머니의 집 문이 열려있었습니다. 집안으로 들어섰을 때 빨간 모자는 이상한 기분이 들었습니다. 빨간 모자는 '아이, 오늘 이상하게 무서운걸. 보통 때는 할머니 집에 도착하면 좋았는데.'라고 생각했습니다. 소녀는 "안녕하세요!"라고 크게 외쳤지만 아무 대답이 없었습니다. 빨간 모자는 침대로 가 커튼을 열어젖혔습니다. 할머니는 두건을 얼굴 깊숙이 눌러 쓰고 침대에 누워 있었는데 이상한 모습이었습니다. "아이, 할머니 귀가 왜 이렇게 커요?" "귀가 커야 네 말을 더 잘 들을 수 있지." "아이, 할머니 눈은 왜 이렇게 커요?" "너를 더 잘 보기 위해서란다." "할머니 손은 왜 이렇게 커요?" "너를 더 잘 잡을 수 있기 위해서지." "그런데 할머니, 할머니 입은 왜 이렇게 커요?" "너를 더 잘 잡아먹을 수 있기 위해서지!" 늑대는 그 말을 하자마자 침대에서 벌떡 일어나 가엾은 빨간 모자를 한 입에 꿀꺽 삼켜버렸습니다.

늑대가 할머니를 꿀꺽 삼켜버렸다는 표현은 리비도가 과도하게 표출된 치한(癡漢)이 늙은 과부를 겁탈했다는 것을 의미한다. 인간의 마음에는 이드와 에고 그리고 슈퍼에고가 공존하기 때문에 이드의 성욕에만 몰입된 늑대 같은 인간은 이성적인 에고나 도덕적인 슈퍼에고의 통제를 무시한 채 오직 성적 욕망만을 표출하여 성범죄를 저지르는 것이다. 심지어 한 번의 성적 욕망을 충족시킨 늑대는 더욱 심화된 성적 욕망에 사로잡혀 어린 빨간 모자도 꿀꺽 삼켜버린다. 욕망이란 달리는 기관차와 같아서 한번 불이 붙어 달리기 시작하면 쉽게 멈추게 하기 어려운 것이다. 더욱이 늙은 할머니를 잡아먹은 늑대는 약간의 포만감으로 할머니로 변장한 채 빨간 모자와 해학적인 문답식 대화를 한다. 즉, 빨간 모자가 "할머니 귀가 왜 이렇게 크냐?"고 물으니, 늑대는 "귀가 커야 네 말을 더 잘 들을 수 있지."라고 대답하고, 빨간 모자가 "할머니 눈은 왜 그렇게 크냐?"고 물으니, 늑대는 "너를 더 잘 보기 위해서란다."라고 대답하며, 빨간 모자가 "할머니 손은 왜 이렇게 크냐?"고 물으니, 늑대는 "너를 더 잘 잡을 수 있기 위해서지."라고 대답하고, 빨간 모자가 "할머니 입은 왜 이렇게 크냐?"고 물으니, 늑대는 "너를 더 잘 잡아먹을 수 있기 위해서지!"라고 대답하고는 잡아먹는 것이다. 빨간 모자가 할머니의 모습을 몰라서가 아니라, 소녀가 알고 있는 할머니의 모습이 아님에도 불구하고 늑대의 속성을 모르는 순진한 소녀이기에 새로운 물건에 대한 호기심을 나타내는 것이다. 이러한 문답식 대화를 통한 성범죄는 한마디 말도 하지 않고 할머니의 침대로 가 할머니를 꿀꺽 삼켜 버린 경우와는 사뭇 다르다. 늙은 과부는 이미 성경험이 있는 존재이기 때문에, 그냥 들이대는 늑대에게 별다른 저항 없이 당하고 말지만, 어린 소녀는 첫 경험이기 때문에 달콤한 사탕발림으로 저항을 최소화하자는 수작이라고 말할 수 있다.

4 커뮤니케이션과 다이얼로그 기법

처녀 내방자는 빨간 소녀가 늑대에게 잡아먹히는 장면을 이야기할 때, 눈물을 글썽이며 자신의 첫 경험과 유사하다는 듯한 표정으로 커뮤니케이션과 다이얼로그 기법을 위한 스토리텔링을 글로 써내려갔다.

대학 1학년 때 J(내방자 이니셜)는 학과 M. T.에 참석했다. J는 재수를 하고 대학에 입학했지만 그동안 공부에만 몰두해서 음주가무나 남자에 대해 전혀 문외한(門外漢)이었다. 첫날밤에 복학생 K(가해자 이니셜)의 집요한 권주(勸酒)에 주량을 몰랐던 J는 실신할 정도로 마셨고, 이후 필름이 끊겼다. 그리고 아침 여명에 부스스 눈을 떴을 때, 옷이 벗겨져 있었고, 옆에 K가 코를 드르렁 골면서 자고 있었다. 급히 옷을 추슬러 입고는 아무도 모르게 첫차를 타고 집으로 갔다. 가족에게 내색도 못하고 방안에서 침대에 누워 그 장면을 거꾸로 되새겨보았다. 이후 1년 동안 아무 일 없었다는 듯이 대학을 다니고 있지만, K를 만날 때마다 음흉한 미소를 띄우며 아는 척을 할 때는 두렵고 떨려서 어찌할 바를 몰랐다. 이미 K곁에는 선배 여학생이 붙어 다녔다. 대학을 휴학할까도 생각해봤지만, 재수했기 때문에 부모 허락을 받기 어려웠다. 이런 어정쩡한 상황에서 J는 혼자 끙끙 앓다가 치료사를 찾아왔다.

그림 동화 「빨간 모자」의 종결문에서 늑대에 잡아먹힌 빨간 모자와 할머니를 사냥꾼이 구해주듯이, 내방자에게도 사냥꾼 같은 새로운 남자친구가 필요하다고 생각한다. 내방자의 아픔을 감싸주고 사랑으로 치유해주는 그런 남자친구를 만나야 한다. 어찌 보면 먼 인생의 출발점에 있는 아직 풋풋한 나이의 내방자가 한 번의 실수로 평생굴레가 되어 힘들고 피곤한 삶을 살아서는 안 되지 않는가?

> 사냥꾼은 할머니의 집안으로 들어가 침대로 갔습니다. 그런데 늑대가 침대에 누워 있었습니다. 사냥꾼은 "여기서 너를 찾다니, 나쁜 이 늙은 늑대야. 오랫동안 널 찾아 다녔어."라고 말했습니다. 사냥꾼은 늑대에게 총을 겨누다가 늑대가 할머니를 삼켜버렸다면 어쩌면 할머니를 살려낼 수 있을지도 모른다는 생각이 들었습니다. 그는 총을 쏘지 않고 대신 가위를 찾아내 잠들어 있는 늑대의 배를 가르기 시작했습니다. 두어 번 가위질을 하자 늑대 뱃속에서 빨간 모자가 힐끗 보였습니다. 몇 번 가위질을 더 하자 빨간 모자가 밖으로 뛰쳐나오며 "아이고, 얼마나 무서웠는지 몰라요! 늑대의 뱃속은 정말 캄캄했어요."라고 소리쳤습니다. 이어

서 할머니도 살아서 밖으로 나왔지만 제대로 숨을 쉬지 못했어요. 빨간 모자는 얼른 커다란 돌을 주워 다가 늑대의 뱃속에 쑤셔 넣었습니다. 잠에서 깨어난 늑대는 서둘러 달아나려고 했지만 돌멩이가 너무 무거워 그 자리에서 고꾸라져 죽고 말았답니다.

빨간 모자가 악귀나 무서운 동물로부터 보호해 줄 거라는 민속적인 믿음 가운데 할머니가 소녀에게 선물한 가베인데, 미친 늑대에게는 효과가 없었다. 오늘날에도 이러한 미친 늑대 같은 성학대증, 성도착증, 성관음증 환자가 주변에 얼마나 많은가? 지극히 정상적으로 보이는 자도 순식간에 치한으로 돌변하는 세상이 아닌가? 더욱이 대학이라는 상아탑에서 그런 일이 자행된다면, 이걸 어떻게 설명할 수 있을까? 동화를 읽어야 한다. 동화를 통해 리비도와 데스트루도에 몰입되어 있는 뭇 사람들을 이성적이고 도덕적인 정상인으로 교육해야 한다. 인간이 아무리 악하고 교활할지라도 양심이라는 도덕률이 마음 한구석에 자리 잡고 있기 때문에, 동화를 통해 잠자고 있는 도덕적 에너지를 깨워야 한다. 빨간 모자가 늑대의 뱃속에서 밖으로 뛰쳐나오며 "아이고, 얼마나 무서웠는지 몰라요! 늑대의 뱃속은 정말 캄캄했어요."라고 소리친 말이 내방자에게 카타르시스가 되어 속히 첫 경험의 암울한 터널을 벗어나야 한다.

현재의 상황을 내방자 혼자서 감당하기 어렵다면, 분위기를 바꿔볼 시도를 해야 한다. 그래서 동화치료사는 처녀 내방자에게 '교환학생'이나 '어학연수' 등의 대학프로그램에 참여하여 외국에 나가서 더 넓은 세상을 경험하고, 자기 자신을 정리하며, 새로운 비전과 희망을 갖고 돌아오면 좋겠다는 권면을 했다. 순간의 도피처가 아니라, 진정으로 마음을 힐링하고 회복하는 계기를 내방자 스스로가 만들고 이겨내야 한다. 그 일에 도움을 줄 수 있는 자가 동화치료사 같이 따듯한 마음과 차분한 성품을 지닌 새로운 남자친구였으면 좋겠다는 말이다.

6. 브레멘 음악대

어떤 남자에게 당나귀 한 마리가 있었습니다. 당나귀는 오랜 세월 동안 쉬지 않고 곡식 자루를 방앗간으로 날랐습니다. 하지만 힘이 없어진 당나귀는 점점 쓸모가 없어졌습니다. 주인은 사료를 아끼기 위해 당나귀를 어떻게 처리해야 할지 생각했습니다. 그러나 당나귀는 상황이 심상치 않음을 눈치채고 주인집을 도망쳐 브레멘으로 떠났습니다. 당나귀는 브레멘을 가면 시립음악대원이 될 수 있을 거라고 생각했습니다.

당나귀는 얼마쯤 가다가 길에 누워 있는 사냥개 한 마리를 만났습니다. 지치도록 달린 개처럼 헐떡거리고 있었을 때, 당나귀가 "왜 그렇게 헐떡이고 있어. 덩치 큰 친구?"라고 물었습니다. 사냥개는 "난 늙어빠진 사냥개야. 하루하루 약해지고 있고 더 이상 사냥을 할 수도 없어. 주인이 나를 때려죽이려고 해서 줄행랑을 쳤지만 어떻게 먹고 살아야할지 막막해."라고 대답했습니다. 그러자 당나귀는 "난 지금 브레멘으로 가는 중이야. 그 곳에서 시립음악대원이 될 거야. 나랑 같이 가서 음악대원이 되자. 나는 현악기를 연주할 테니 넌 북을 쳐."라고 말했습니다. 개는 흔쾌히 받아들였고 그들은 함께 길을 떠났습니다. 얼마 가지 않아 길가에 앉아 있는 고양이를 만났습니다. 고양이는 3일 동안 쉬지 않고 비가 내린 날씨처럼 찌푸린 얼굴을 하고 있었습니다. 당나귀가 고양이에게 "안 좋은 일이라도 있어, 늙은 야옹아?"라고 물었습니다. 고양이는 "곧 죽을 판인데 뭐가 즐겁겠어? 이제 나도 늙어서 이빨도 무뎌지고 쥐를 잡으러 쫓아다니기보다는 난로 뒤에 앉아 그르렁거리는 게 더 좋아. 그래서 나의 여주인은 나를 물에 빠뜨려 죽이려고 했어. 아무튼 집에서 도망쳐

나오긴 했는데 어디로 가야 할지 뾰족한 방법이 없어.'라고 대답했습니다. 그러자 당나귀가 "우리랑 함께 브레멘으로 가자. 너는 세레나데를 잘 아니까 시립음악대원이 될 수 있어.'라고 말했습니다. 고양이는 그 제안이 좋아 당나귀와 사냥개를 따라 나섰습니다.

이윽고 세 마리의 도망자들은 어느 농가를 지나게 되었습니다. 수탉이 대문 위에 앉아 죽어라고 소리치고 있었습니다. 당나귀가 "네 소리가 뼛골에 사무치는구나. 무슨 일이야?"라고 말했습니다. 수탉이 "오늘 날씨가 좋을 거라고 알려주는 거야. 주인 마나님이 아기 예수의 속옷을 빨아 말리는 날이야. 자비심이라고는 없는 우리 마나님이 요리사에게 말씀하셨어. 내일 일요일에 손님들이 오시는데 날 잡아 닭고기스프를 끓일 테니 오늘 내 목을 치라고 했어. 그래서 내가 할 수 있는 한 목청껏 소리치고 있는 거지."라고 말했습니다. 당나귀는 "뭐라고! 빨간 머리, 차라리 우리와 함께 브레멘으로 가자. 그냥 죽는 것보다 우리와 같이 가는 게 더 낫지 않겠니? 어딘들 여기서 죽는 것보다 낫겠지. 너는 좋은 목소리를 가지고 있으니 우리와 함께 음악을 하면 독특할 거야."라고 말했습니다. 수탉은 당나귀의 제안을 받아들였고 네 마리의 짐승은 함께 여행을 떠났습니다.

그런데 브레멘은 하루에 도착할 수 있는 도시는 아니었습니다. 네 마리 동물은 저녁 무렵 숲에 도착했고 그 곳에서 하룻밤을 보내기로 했습니다. 당나귀와 개는 큰 나무 밑에 누웠고 고양이와 수탉은 나뭇가지 사이에 자리를 잡았습니다. 하지만 수탉은 제일 안전한 곳을 찾아 나무꼭대기로 올라갔습니다. 수탉은 잠들기 전에 다시 한 번 사방을 둘러보았습니다. 멀리서 작은 불빛이 깜박이는 게 보이는 것 같았습니다. 수탉은 동료들에게 불빛이 반짝이는 걸로 보아 멀지 않은 곳에 집이 있는 것 같다고 말했습니다. 그러자 당나귀가 "이 곳은 잠자기에는 편한 곳이 못 되니 지금 그쪽으로 가자."라고 대꾸했습니다. 개 역시 그 곳에서 뼈다귀 몇 개와 고기를 먹을 수 있을지도 모른다고 생각했습니다. 네 마리 동물은 그 불빛을 향해 걸어갔습니다. 불빛은 점점 밝아지고 더 커졌습니다.

마침내 그들은 불이 환하게 켜진 도둑들의 소굴 앞에 이르렀습니다. 네 마리 동물 중 가장 큰 당나귀가 창가로 가 안을 들여다보았습니다. 수탉이 "늙은 당나귀야, 뭐가 보이니?"라고 물었습니다. 당나귀는 "뭐가 보이냐고? 좋은 음식과 마실 것이 가득 차려진 식탁이 보여. 도둑들이 식탁 주위에 앉아 신나게 먹고 있어!"라고 대답했습니다. 수탉이 "우리가 먹을 수 있으면 좋을 텐데."라고 말했습니다. 당나귀가 "아이고. 우리가 저기에 앉아 있으면 얼마나 좋을까!"라고 대답했습니다. 네 마리의 동물들은 도둑들을 쫓아버릴 방법을 궁리한 끝에 마침내 한 가지 방법을 찾아냈습니다. 당나귀가 앞발을 창턱에 올려놓고 다음에 사냥개가 당나귀의 등에 올라타고 이어서 고양이가 개의 등위로 기어 올라가고 마지막으로 닭이 푸드덕 날아올라 고양이의 머리 위에 앉는다는 계획이었습니다. 그렇게 대열을 갖추고 네 마리 동물은 신호에 맞춰 모두 함께 음악을 연주하기 시작했습니다. 당나귀는 휘이잉 큰 소리로 외쳤고 개는 멍멍 짖었고 고양이는 야옹야옹 울었고 수탉은 꼬끼오 악을 썼습니다. 그러고 나서 그들은 창문을 와장창 깨고 창을 통해 방안으로 뛰어 들었습니다. 도둑들은 무시무시한 소리에 놀라 펄쩍 뛰어올랐고 유령이 나타났다고 생각하고는 혼비백산해 숲으로 도망쳐버렸습니다. 이제 네 친구들은 식탁에 둘러 앉아 도둑들이 먹다 남긴 음식들을 즐겁게 먹기 시작했답니다. 그들은 마치 한 달은 굶은 것처럼 먹어댔습니다.

식사를 마친 네 음악가들은 불을 끄고 습관에 따라 각자 편한 잠자리를 찾았습니다. 당나귀는 거름더미 위에, 개는 문 뒤에, 고양이는 난로 옆의 따뜻한 재가 있는 화덕 위에, 수탉은 횃대 위에 각각 자리를 잡았습니다. 먼 길을 와서 피곤했던 탓에 그들은 곧 잠이 들었습니다. 한밤중이 지나자 멀리 도망간 도둑들은 집에 불이 꺼진 것을 보았습니다. 더 이상 아무 소리도 나지 않는 것 같아서 두목은 "우리가 괜히 겁먹었어."라고 말했습니다. 두목은 부하 한 명에게 집을 살펴보고 오라고 명령했습니다. 부하는 집안이 조용하다고 생각하고 부엌으로 가 촛불을 켜려고 했습니다. 그런데 고양이의 반짝반짝 이글거리는 두 눈을 타고 있는 석탄으로 착각한 도둑은 불을 붙이기 위해 고양이 눈에 성냥을 갖다 댔습니다. 그런데 불장난을 받아들이지 못하는 고양이는 도둑의 얼굴로 달려들어 침을 뱉고 할퀴었습니다. 도둑은 기겁해서 뒷문으로 달아나려 했으나 그 곳에 누워 있던 개가 벌떡 일어나 그의 다리를 물었습니다. 도둑은 다시 마당을 가로질러 거름더미 옆을 지나 달려갔습니다. 그때 당나귀가 뒷발로 그에게 정확하게 일격을 가했습니다. 북새통에 잠에서 깨어난 닭은 정신을 차리고 "꼬끼오!"라고 소리쳤습니다. 도둑은 두 발이 할 수 있는 한 죽어라 도망쳐 두목에게 가서 "그 집에는 소름끼치는 마녀가 살고 있어요! 마녀는 나를 호되게 다루었어요. 얼굴로 달려들어 침을 뱉고 손톱으로 할퀴었어요. 그리고 문 앞에 칼을 든 사내가 서 있다가 제 다리를 찔렀어요. 마당에는 시커먼 괴물이 누워 있었어요. 그 괴물이 몽둥이로 저를 공격했어요. 그리고 지붕 위에 앉아 있던 재판관은 '저 악당을 나에게 데려오너라!' 라고 소리쳤어요. 그래서 저는 도망쳐 버렸어요."라고 말했습니다.

그리하여 도둑들은 다시는 그 집으로 돌아갈 생각을 하지 않았답니다. 네 마리의 브레멘 음악대들은 그 집이 마음에 들었으므로 그 후 쭉 그 집에서 살았답니다. 그리고 그것을 마지막으로 이야기해 준 입술은 아직도 따뜻하답니다.[6)]

---

6) Brüder Grimm, *Ibid.*, pp. 180-189.

동화 힐링 실습

그림 동화 「브레멘 음악대」는 동물을 의인화한 풍자적인 이야기이다. 일반적으로 동물담은 우화에서 비롯되었는데, 동화에서도 종종 동물을 의인화하여 어리석은 인간사회를 풍자하고 패러디하여 독자에게 웃음을 선사한다. 「브레멘 음악대」 동화에 등장하는 주인공은 네 마리 짐승이다. 당나귀, 개, 고양이 그리고 닭이다. 이들의 공통점은 늙어서 더 이상 쓸모가 없어 집주인에게 버림받았다는 점이다. 요즘 반려동물이라 하여 집집마다 개와 고양이를 키우는 일이 유행이지만, 몇몇 가정에서는 늙거나 병든 반려동물을 아무런 꺼림 없이 남몰래 버리는 일이 잦다. 양심을 버리는 일이다. 반려동물을 키우려면 거기에 걸맞은 에티켓(etiquette)을 지녀야 한다. 물론 다수의 정직한 사람들은 반려동물을 자식처럼 여기고 끝까지 케어(care)하는 데 물질과 정성을 아끼지 않는 것도 사실이다. 어떤 때는 그 정성이 너무 지나쳐서 주위 사람들의 눈살을 찌푸리기도 하지만, 말이다.

어느 날 70대 노인이 동화치료사를 찾아왔다. 실버세대가 화제가 되고 있는 시대에 연세 지긋한 어르신이 내방자로 왔기에, 동화치료사는 예의를 다해 자리를 안내하고는 정중하게 찾아오신 이유를 물었다. 노인 내방자는 3년 전에 상처(喪妻)하고는 홀아비로 살고 있다고 한다. 아내가 살아 있을 때는 자식들과 따로 떨어져서 생활했지만, 상처하고 혼자사니 먹고사는 문제, 외로움과 그리움 등 여러 가지 어려움이 많다고 한다. 슬하에 삼남매를 두어 자식들과 같이 살고도 싶지만,

어느 누구하나 함께 살자는 말도 안 해서 그냥 혼자 지내자니 그 쓸쓸함이 이만저만하지 않다는 것이다.

1 동화 제목 연상기법

동화치료사는 내방자에게 "동화를 잘 알고계시죠?"라고 물으니, "알다마다. 손자손녀들이 어렸을 때는 내가 구수한 이야기를 들려줬는데"라며 어깨를 으쓱했다. 치료사는 내방자에게 준비한 동화 제목을 보여주니 다 아는 이야기라며, 그 중에서도 그림 동화「브레멘 음악대」를 선택했다. 그 이유는 동화 주인공들이 왠지 자신의 처지와 비슷하게 여겨졌다는 것이다. 순간 약간은 놀랐지만 내색하지 않고 치료사는 그림 동화「브레멘 음악대」를 선택하여 내방자를 힐링하기로 했다.

2 동화 주제에 따른 분류법

그림 동화「브레멘 음악대」의 주제는 관록(貫祿)과 지혜와 재치라고 말할 수 있다. 삶의 연륜을 무시할 수 없으며, 나이는 숫자에 불과하다는 실버세대의 주장과 일치하는 주제라고 하겠다. 더 나아가 세상에는 아무 쓸모없는 존재는 없다는 말로 뒷방 늙은이라고 해서 무시하지 말라는 메시지가 담긴 동화라고 말할 수 있다.

그림 동화「브레멘 음악대」의 주인공들은 네 마리 동물들이지만 그 중심에 당나귀가 있다. 당나귀는 늙어서 주인에게 버려졌지만, 죽임을 당하기 전에 자구책을 간구하는 지혜와 재치와 관록으로 브레멘으로 도망가서 음악대원이 되려고 한다.

> 어떤 남자에게 당나귀 한 마리가 있었습니다. 당나귀는 오랜 세월 동안 쉬지 않고 곡식 자루를 방앗간으로 날랐습니다. 하지만 힘이 없어진

당나귀는 점점 쓸모가 없어졌습니다. 주인은 사료를 아끼기 위해 당나귀를 어떻게 처리해야 할지 생각했습니다. 그러나 당나귀는 상황이 심상치 않음을 눈치채고 주인집을 도망쳐 브레멘으로 떠났습니다. 당나귀는 브레멘을 가면 시립음악대원이 될 수 있을 거라고 생각했습니다.

독일 브레멘은 13세기 한자동맹(Hanseatic League) 당시 중심도시로 지금도 물류를 트랜스포트(Transport)하는 중요한 항구도시이다. 독일 대부분의 도시에는 시립음악대가 운영되기 때문에, 유독 브레멘 음악대가 유명하고 뛰어난 음악대라고 볼 수는 없다. 그러니 동화 제목에 언급된 브레멘 음악대는 네 마리 동물들의 유토피아를 상징한다고 말할 수 있다. 결국 동화 주인공들은 브레멘에 가지 않고 숲 속의 도둑 집에서 남은 생을 보내지 않는가!

3 심리이론 적용법

"인간은 사회적 동물"이라는 아리스토텔레스의 말처럼 사람은 더불어 사는 존재이다. 당나귀가 혼자서 브레멘으로 가는 길에 개와 고양이와 닭을 만나서 동행하고 숲 속 도둑의 집으로 돌진한다는 동화 줄거리의 핵심은 더불어 사는 사회적 인간관계를 암시하는 것이다. 특히 덩치 순으로 당나귀가 맨 아래서 중심을 잡고, 그 위에 개가 올라탔고, 그 위에 고양이가 올라갔고, 그 위에 닭이 날아올라가서 하나의 거대한 동물 탑을 만든다.

네 마리의 동물들은 도둑들을 쫓아버릴 방법을 궁리한 끝에 마침내 한 가지 방법을 찾아냈습니다. 당나귀가 앞발을 창턱에 올려놓고 다음에 사냥개가 당나귀의 등에 올라타고 이어서 고양이가 개의 등위로 기어올라가고 마지막으로 닭이 푸드덕 날아올라 고양이의 머리 위에 앉는다는 계획이었습니다. 그렇게 대열을 갖추고 네 마리 동물은 신호에 맞춰 모두 함께 음악을 연주하기 시작했습니다. 당나귀는 휘이잉 큰 소리로 외쳤고 개는 멍멍 짖었고 고양이는 야옹야옹 울었고 수탉은 꼬끼오 악을 썼습니다. 그러고 나서 그들은 창문을 와장창 깨고 창을 통해 방안으로 뛰어 들었습니다. 도둑들은 무시무시한 소리에 놀라 펄쩍 뛰어올랐고 유령이 나타났다고 생각하고는 혼비백산해 숲으로 도망쳐버렸습니다.

만약 당나귀가 길에서 만난 친구들과 동행하지 않고 혼자서 브레멘으로 가는 길에 도둑의 집에 도착했다면, 어찌 그러한 거대한 동물 탑을 만들어서 도둑들을 쫓아낼 수 있겠는가? 더욱이 각자의 특성에 따라 큰 목소리로 소리를 지르니, 무서운 도둑들인들 혼비백산해서 도망칠 수밖에 없지 않은가? 네 마리 동물들이 늙어서 더 이상 쓸모가 없는 폐물일지라도, 마음만 먹으면 한마음과 한 몸이 되어 적수를 물리칠 수 있는 것이다. 물론 네 마리 동물들이 있는 힘을 다해 소리를 지르면서 창문을 깨고 방안으로 돌진했다는 사실이 프로이트가 말하는 데스트루도의 표출이라고 말할 수 있다. 그러나 그들의 공격성은 무의식에 내재된 파괴욕망의 표출로 끝나는 게 아니라, 융이 말하는 무의식 속에 있는 건설적이고 창의적인 에너지로 승화된 경우라고 말할 수 있다. 그만큼 삶의 관록에서 우러난 지혜와 재치의 동물들을 의인화시켜 못된 인간들의 어리석음을 풍자한 것이다.

네 마리 동물들에게 어이 없이 당해 숲 속으로 도망친 도둑 두목이 정신을 가다듬고 제법 똑똑하다는 부하 한 명을 다시 자기 아지트로 파견한다. 하지만 네 마리 동물들의 특성에 따라 당나귀는 거름더미 위에, 개는 문 뒤에, 고양이는 난로 옆의 따뜻한 재가 있는 화덕 위에, 수탉은 횃대 위에 각각 자리를 잡고 자고 있었는데, 도둑의 속성대로 몰래 접근한 도둑을 먼저 고양이가 도둑의 얼굴로 달려들어 침을 뱉고 할퀴었고, 개는 벌떡 일어나 도둑의 다리를 물었으며, 당나귀가 뒷발로 도둑에게 정확하게 일격을 가했고, 닭은 정신을 차리고 도둑에게 "꼬끼오!"라고 소리쳤다. 혼비백산하여 달아나는 도둑의 모습이 읽는 독자에게 웃음을 유발하며, 지혜와 재치로 위기를 모면하는 늙은 동물들에게 박수를 치지 않겠는가! 더욱이 도망친 도둑이 두목에게 보고하는 내용이 어리석은 인간들의 무지함을 적나라하게 풍자한다.

> 도둑은 두 발이 할 수 있는 한 죽어라 도망쳐 두목에게 가서 "그 집에는 소름끼치는 마녀가 살고 있어요! 마녀는 나를 호되게 다루었어요. 얼굴로 달려들어 침을 뱉고 손톱으로 할퀴었어요. 그리고 문 앞에 칼을 든 사내가 서 있다가 제 다리를 찔렀어요. 마당에는 시커먼 괴물이 누워 있었어요. 그 괴물이 몽둥이로 저를 공격했어요. 그리고 지붕 위에 앉아 있던 재판관은 '저 악당을 나에게 데려오너라!'라고 소리쳤어요. 그래서 저는 도망쳐 버렸어요."라고 말했습니다. 그리하여 도둑들은 다시는 그 집으로 돌아갈 생각을 하지 않았답니다. 네 마리의 브레멘 음악대들은 그 집이 마음에 들었으므로 그 후 쭉 그 집에서 살았답니다.

고양이를 '마녀'로, 개를 '칼을 든 사내'로, 당나귀를 '괴물'로, 닭을 '재판관'으로 간주하는 도둑의 보고가 더욱 커다란 웃음을 유발하며, 인간이 동물에게 유린당하는 씁쓸한 뒷맛을 느끼게 한다. 이유야 어떻든 네 마리 브레멘 음악대는 브레멘으로 갈 필요 없이 도둑의 아지트에서 남은 생애 동안 편안히 살게 되었다는 해피엔딩으로 이 동화는 마무리된다. 따라서 네 마리 늙은 동물들은 세상에서 뒷방늙은이로 취급받는 노인네를 상징하며, 어리석은 도둑들은 그러한 노인네를 무시하는 젊은 세대를 상징한다고 말할 수 있다.

4 커뮤니케이션과 다이얼로그 기법

동화치료사가 노인 내방자에게 그림 동화「브레멘 음악대」을 가지고 커뮤니케이션과 다이얼로그 기법으로 대화와 소통을 나눈 결과, 다음과 같은 스토리텔링을 남겼다.

동화 주인공들의 개성이 조화를 이뤄 악한 존재의 상징인 도둑들을 몰아낸 것 같습니다. 네 마리 동물들이 각자의 특성에 따라 말이 '히히힝' 거리고, 개가 '멍멍' 짖고, 고양이가 '야옹' 거리고, 닭이 '꼬끼오' 울면서 거대한 동물 탑을 만들어 돌진했기 때문에, 도둑들이 도망친 거지, 만약 어떤 동물이든지 혼자서 소리를 지르고 돌진했다면, 성공하지 못했을 겁니다. 네 마리 동물들 모두 나이가 들어 더 이상 쓸모가 없어지자 주인에게 버림을 당하거나 죽임을 당하는 처지라는 점이 늙고 힘없는 내 모습과 동일시되는군요. 아내를 먼저 보내고 혼자서 쓸쓸히 보낸 날이 많았는데, 이 동화를 다시 읽고 삶의 희망을 봤습니다. 즉, 혼자서 아내를 그리워하며 갈 날을 기다리는 것보다는 노인정이라도 나가서 친구들을 만나 외로움을 달래고, 마음에 맞는 좋은 할망구가 있으면 아내 대신 가까이 지내려고 합니다. 하하하…….

동화치료사는 노인 내방자의 이러한 스토리텔링에 다소 놀라면서 역시 인생의 연륜과 관록이 스스로 자신의 고민과 괴로움을 해결하는 방법을 찾았다는 결론에 다다랐다. 물론 노인 내방자가 동화치료사를 찾아오지 않았다면, 그러한 결론을 얻지 못하고 희망 없는 하루하루를 보내다가 생을 마감했을지도 모른다.

100세 시대에 노인 문제가 사회의 핫이슈(hot issue)로 떠오른 시점에서 늙고 지친 외로운 실버세대에게 동화 힐링은 여생을 밝고 희망차게 보내는 제2의 인생목표를 갖게 한다. 그렇게 동화는 어린 아이들뿐만 아니라 실버세대에게도 반드시 읽어야 할 유익한 삶의 양식인 것이다.

7. 향나무

아주 옛날 오래 전, 2000년 전의 일이었습니다. 한 부자가 살았는데 그에게는 아름답고 신앙심이 깊은 아내가 있었습니다. 두 사람은 서로 깊이 사랑했지만 아쉽게도 자식이 없었습니다. 부부는 자식을 간절히 바랐고 아내는 밤낮으로 아이를 갖게 해달라고 기도했지만 아이는 생기지 않았습니다. 부부의 집 앞 마당에 향나무 한 그루가 있었습니다. 어느 겨울날 나무 밑에서 사과를 깎다 아내는 손가락을 베었고, 피가 흰 눈 위에 뚝뚝 떨어졌습니다. 아내는 "아!"라고 한숨을 쉬며 눈에 떨어진 피를 바라보았고, 몹시 기분이 울적했지만 "피처럼 빨갛고 눈처럼 하얀 아기를 가졌으면 좋겠어!"라고 말을 하고 나니 기분이 좋아졌습니다. 정말 그렇게 될 것 같아서 그녀는 다시 집으로 들어갔습니다.

한 달이 지나자 눈은 녹았고 두 달이 지나자 푸른 싹이 돋았으며 세 달이 지나자 꽃들이 피기 시작했습니다. 네 달이 지나자 숲 속의 나무들이 울창하게 자랐고 푸른 나뭇가지들이 빽빽하게 휘감겼습니다. 새의 노래 소리가 숲 속을 울렸고 나무에서 꽃이 지기 시작했으며 다섯 달이 지났습니다. 아내는 마음을 흥분시키는 좋은 향기가 나는 향나무 아래 서 있었습니다. 그녀는 무릎을 꿇고 기뻐서 미칠 지경이었습니다. 여섯 달이 지나자 열매들이 실해졌지만 아내는 말이 없어졌습니다. 아내는 일곱 달이 지나자 익은 향나무 열매를 낚아채 게걸스럽게 먹었습니다. 그러더니 아내는 우울해졌고 병이 났습니다. 여덟 달이 되었을 때 아내는 남편을 불러 울면서 "제가 죽거든 향나무 밑에 묻어주세요."라고 이야기했습니다. 그 말을 한 후 아내는 안정을 찾고 즐겁게 지냈습니다. 그렇게 아홉 달이 지나가자 그녀는 눈처럼 하얗고 피처럼 빨간 아이를 낳았습니다. 하지만 아이를 보고 너무 기쁜 나머지 아내는 세상을 뜨고 말았습니다.

남편은 아내를 향나무 아래 묻고 매우 슬프게 울었습니다. 시간이 지난 후에도 여전히 눈물을 흘렸지만 슬픔이 많이 가라앉았습니다. 시간이 더 흐르자 남편은 새 아내를 맞았습니다.

두 번째 부인과의 사이에서 딸을 하나 낳았습니다. 전처 소생의 아들은 피처럼 빨갛고 눈처럼 하얀 아이였습니다. 새엄마는 딸을 볼 때마다 그렇게 사랑스러울 수 없었지만 사내아이는 볼 때마다 마음에 걸렸습니다. 사내아이가 그녀에게 걸림돌이 될 것 같은 생각이 들었습니다. 새엄마는 재산을 모두 딸에게 물려주어야겠다는 생각을 늘 하고 있었습니다. 악마가 그녀의 마음속에 들어왔습니다. 새엄마는 사내아이가 정말 싫어져서 그 아이를 이 구석 저 구석으로 몰아넣었고 팔꿈치로 밀치기도 하고 주먹으로 슬쩍 때리기도 했습니다. 불쌍한 아이는 항상 불안에 떨었고 학교에서 돌아오면 조용히 쉴만한 자리가 없었습니다.

하루는 엄마가 방으로 들어가는데 어린 딸도 따라 올라와 "엄마, 사과 한 개만 주세요!"라고 말했습니다. 엄마는 "물론이지, 귀여운 것."이라고 말하며 상자에서 예쁜 사과를 한 개 꺼내 주었습니다. 크고 무거운 상자의 뚜껑에는 날카롭고 큰 자물쇠가 달려 있었습니다. "엄마, 오빠도 사과를 주면 안 돼요?"라고 어린 딸이 물었습니다. 엄마는 그 말에 짜증이 났지만 "오빠가 학교에서 돌아오면 그렇게 하자."라고 말했습니다. 그때 창문으로 아들이 돌아오는 것이 보였고, 악마가 다시 그녀에게 들어온 것 같았습니다. 그녀는 사과를 딸에게서 다시 빼앗으며 "오빠보다 네가 먼저 먹으면 안 된단다."라고 말했습니다. 그렇게 말하고 사과를 상자에 던져 넣고 뚜껑을 닫았습니다. 그때 소년이 문을 열고 들어 왔습니다. 악마는 아이에게 친절하게 대하라고 새엄마에게 속삭였습니다. 새엄마는 "얘야. 사과 먹을래?"라고 말하면서 아이를 화난 눈으로 바라보았습니다. 소년은 "엄마, 왜 그렇게 무섭게 쳐다보세요! 네, 사과 한 개만 주세요!"라고 말했습니다. 새엄마는 상자 뚜껑을 열면서 친절한 척 "얘, 이리 와서 사과를 꺼내어라."라고 말했습니다. 소년이 상자 위로 몸을 숙이는 순간 악마가 다시 새엄마에게 속닥거렸고, '탕'하고 상자 뚜껑이 닫혔고 소년의 목이 '뚝'하고 사과 속으로 떨어졌습니다. 그 순간 공포감이 새엄마에게 덮쳤습니다. "이 일을 어쩌지." 새엄마는 자기 방으로 들어가서 옷장 맨 윗 서랍에서 하얀 천을 꺼냈습니다. 새엄마는 소년의 머리를 다시 목 위에 올려놓고 천으로 목을 감아 아무 일도 없는 것처럼 행동했고 아들을 문 앞에 있는 의자에 앉히고 손에 사과를 쥐어 주었습니다.

얼마 후 딸 마를렌이 부엌에 있는 엄마에게 왔습니다. 엄마는 불 옆에 서서 뜨거운 물이 끓는 솥을 계속 젓고 있었습니다. 마를렌은 "엄마, 오빠가 문 옆에 앉아 있는데 얼굴이 새하얘졌어요. 손에 사과를 들고 있어서 사과를 달라고 했더니 들은 척도 하지 않아요."라고 말했습니다. 엄마는 "오빠한테 다시 가봐. 이번에도 대답하지 않으면 따귀를 한 대 쳐봐라."라고 말했습니다. 마를렌은 오빠에게 가서 "오빠, 그 사과 나줘." 라고 말했습니다. 그러나 오빠는 아무 말도 하지 않았습니다. 마를렌은 오빠의 뺨을 한 대 때렸습니다. 그러자 오빠의 머리가 떨어졌고 마를렌은 공포에 질려 엉엉 울면서 울부짖기 시작했고, 엄마에게 달려가 "엄마, 내가 오빠의 머리를 잘라 버렸어요!"라고 말했습니다. 마를렌은 울고 또 울었지만 달랠 길이 없었습니다. 엄마는 "마를렌! 도대체 무슨 일을 한 거야! 너 입 꼭 다물고 있어. 이 일을 절대 입 밖에 내서는 안 된다. 이미 일어난 일이야. 어쩔 수 없어. 오빠를 수프로 만들어 먹자."라고 말했고, 소년을 가져다가 토막을 내서 솥에다 넣고 수프 요리를 만들었습니다. 그러나 마를렌은 옆에 서서 계속 울었고, 눈물이 모두 솥으로 떨어져 소금도 필요 없었습니다.

집으로 돌아온 아버지는 식탁에 앉아서 “우리 아들은 어디 있지?”라고 물었습니다. 엄마는 검은 수프를 큰 접시에 내놓았고 마를렌은 울음을 그치지 않았습니다. 아버지가 다시 “우리 아들 어디 있냐니까?”라고 물었습니다. “아, 시골 있는 외가에 갔어요. 한동안 거기에 있을 거예요.” “거긴 뭐 하러 갔지? 나한테는 인사도 하지 않고 말이야.” “많이 가고 싶었나 봐요. 6주일 정도 있고 싶다고 말했어요. 잘 지낼 거예요.” “기분이 안 좋군. 그러는 게 아니야. 나한테 인사는 하고 갔어야지.” 아버지는 식사를 시작하면서 ‘마를렌, 왜 우는 거니? 오빠는 다시 돌아올 거야.’라고 말했습니다. 그러면서 아내에게 “정말 맛있는데! 좀 더 주구려!”라고 말했습니다. 먹으면 먹을수록 더 맛있어져서 아버지는 “좀 더 주구려. 다른 사람은 손대면 안 돼. 모두 내가 먹어야할 것 같아.’라고 말했습니다. 아버지는 먹고 또 먹었고 뼈들을 식탁 밑에 던지면서 남김없이 다 먹어치웠습니다.

마를렌은 옷장으로 가서 맨 밑 서랍에서 자신이 가장 아끼는 비단 목도리를 꺼냈습니다. 그리고 식탁 밑에 있는 뼈를 모두 끄집어내 비단 목도리로 싸 문 앞으로 가서 피눈물을 흘렸습니다. 마를렌은 뼈들을 향나무 밑에 있는 푸른 풀밭에 놓았습니다. 그러자 갑자기 마음이 가벼워져 울음을 뚝 그쳤습니다.

그때 향나무가 움직이기 시작했고, 가지가 완전히 벌어졌다 다시 합쳐지는 게 마치 누군가가 정말 기뻐서 두 손을 벌리는 것 같았습니다. 그러는 동안 나무에서 안개가 피어오르더니 안개에서 불같은 것이 타올랐습니다. 그 불에서 예쁜 새 한 마리가 나와 천상의 노래를 부르면서 하늘 높이 날아올라가 사라졌습니다. 그리고 향나무는 예전과 다름없어 보였지만 뼈를 싼 목도리는 보이지 않았습니다. 하지만 마를렌은 정말 기분이 좋았고 즐거웠습니다. 마치 오빠가 아직도 살아 있는 느낌이었습니다. 마를렌은 즐겁게 다시 집안으로 돌아와 식탁에 앉아 식사를 했습니다.

한편 멀리 날아갔던 새는 금세공사의 집에 앉아 노래를 부르기 시작했습니다.

"우리 엄마는 나를 죽였고
우리 아빠는 나를 먹었네.
내 누이동생 마를렌은 내 뼈를 빠짐없이 찾아내서
비단 천에 싸서
향나무 아래에 두었다네.
짹짹, 짹짹, 나는 정말 예쁜 새라네."

작업장에서 금목걸이를 만들고 있던 금세공사는 지붕 위에 앉아 노래를 부르는 새소리를 들으며 새소리가 정말 아름답다고 생각했습니다. 금세공사는 자리에서 일어나 마루를 지나가다가 슬리퍼 한 짝을 잃어버렸습니다. 하지만 슬리퍼 한 짝과 양말 한쪽만 신은 채 곧장 길 한복판으로 나갔습니다. 그는 가죽앞치마를 두르고 있었고 한 손에는 금목걸이를 다른 손에는 부젓가락을 들고 있었습니다. 해는 거리를 밝게 비추고 있었고, 금세공사는 새를 잘 볼 수 있는 곳에서 걸음을 멈추었습니다. "새야. 어쩌면 그렇게 아름답게 노래 부르니? 한 번 더 들려주렴." "싫어요. 저는 공짜로 같은 노래를 두 번 부르지 않아요. 하지만 금목걸이를 주시면 한 번 더 불러 드리지요." "좋아. 금목걸이를 줄 테니 다시 한 번 불러봐라." 그러자 새는 금세공사에게 날아와서 오른쪽 발로 금목걸이를 낚아챈 다음 금세공사 앞에 앉아 노래를 불렀습니다.

"우리 엄마는 나를 죽였고

우리 아빠는 나를 먹었네.
내 누이동생 마를렌은 내 뼈를 빠짐없이 찾아내서
비단 천에 싸서
향나무 아래에 두었다네.
짹짹, 짹짹, 나는 정말 예쁜 새라네."

노래가 끝나자 새는 한 구두장이에게 날아가 그의 집 지붕에 앉아 노래를 불렀습니다.

"우리 엄마는 나를 죽였고
우리 아빠는 나를 먹었네.
내 누이동생 마를렌은 내 뼈를 빠짐없이 찾아내서
비단 천에 싸서
향나무 아래에 두었다네.
짹짹, 짹짹, 나는 정말 예쁜 새라네."

노래를 들은 구두장이는 셔츠 바람으로 문 앞으로 달려 나가 눈부신 햇살을 두 손으로 가린 채 지붕 위를 쳐다보면서 "새야, 어쩌면 그렇게 아름답게 노래 부르니?"라고 말하면서 집 쪽을 향해 "여보 이리 나와 봐. 저 새 좀 봐. 얼마나 아름답게 노래하는지 몰라."라고 소리쳤습니다. 이어 그는 딸과 제자들과 도제들과 하인과 하녀까지 불렀습니다. 그들은 모두 길거리로 나와 새가 얼마나 예쁜지 봤습니다. 새는 붉은 깃털과 초록 깃털을 가지고 있었고 목 주위는 순금처럼 빛났고 두 눈은 별처럼 반짝였습니다. 구두장이가 "새야, 다시 한 번 노래를 불러주렴."이라고 말했습니다. "싫어요. 저는 공짜로 같은 노래를 두 번 부르지 않아요. 하지만 선물을 주신다면 한 번 더 불러 드리지요." "여보, 다락방으로 가서 맨 위 선반에 있는 빨간 신 한 켤레 좀 가져오구려." 아내는 집안으로 들어가서 구두를 가져왔습니다. "자, 이제 노래를 다시 불러라."라고 구두장이가 말했습니다. 새는 구두장이에게 가서 왼쪽 발톱으로 구두를 낚아채고 다시 지붕 위로 올라가 노래를 불렀습니다.

"우리 엄마는 나를 죽였고
우리 아빠는 나를 먹었네.
내 누이동생 마를렌은 내 뼈를 빠짐없이 찾아내서
비단 천에 싸서
향나무 아래에 두었다네.
짹짹, 짹짹, 나는 정말 예쁜 새라네."

노래를 다 부른 새는 오른쪽 발톱으로 금 목걸이를 왼쪽 발톱으로는 구두를 잡고 멀리 방앗간으로 날아갔습니다. 물레방아가 '덜컹 덜커덕, 덜컹 덜커덕, 덜컹 덜커덕'하며 돌아가고 있었습니다. 그 곳에는 20명의 청년들이 앉아 일을 하고 있었는데 그들은 "뚝딱 뚝딱, 뚝딱 뚝딱, 뚝딱 뚝딱"하며 돌을 쪼개고 다듬고 있었습니다. 그리고 물레방아가 "덜컹 덜커덕, 덜컹 덜커덕, 덜컹 덜커덕"하며 돌아가고 있었습니다. 그때 새가 날아와 방앗간 앞 보리수에 앉아 노래를 불렀습니다.

"우리 엄마는 나를 죽였고

그러자 일꾼 하나가 일손을 멈추었습니다.

"우리 아빠는 나를 먹었네."

그러자 다른 일꾼 두 명이 다시 일손을 멈추고 귀를 기울였습니다.

"내 누이동생 마를렌은"

그러자 또 다른 일꾼 네 명이 일손을 멈추었습니다.

"내 뼈를 빠짐없이 찾아내어
비단 천에 싸서"

이제 돌을 쪼고 있는 일꾼 여덟 명만 일을 하고 있었습니다.

"향나무 아래에"

이제 다섯 사람만 일을 하고 있었습니다.

"두었네."

이제 한 명의 일꾼만 일을 하고 있었습니다.

"짹짹, 짹짹, 나는 정말 예쁜 새라네."

마지막 일꾼도 이제 일손을 멈추고 가만히 귀를 기울였습니다. 그가 "새야, 어쩌면 그렇게 아름답게 노래를 부르니? 다시 한 번 듣고 싶구나. 나에게 한번 만 더 들려주렴."라고 말했습니다. "싫어요. 저는 공짜로 같은 노래를 두 번 부르지 않아요. 맷돌을 주시면 다시 한 번 부를게요." 일꾼은 "그러고 싶지만 맷돌은 나 혼자만의 것이 아니어서 그럴 수 없어." 라고 말했습니다. 그러자 다른 일꾼들이 "노래를 다시 불러 준다면 맷돌을 줄 수 있지."라고 말했습니다. 그러자 새는 아래로 날아왔습니다. 일꾼들은 20명이 모두 달려들어 들보를 이용해 '영차 이영차, 영차 이영차, 영차 이영차'하며 맷돌을 들어 올려 주었습니다. 그러자 새는 맷돌구멍에 목을 집어넣고 맷돌을 옷의 칼라처럼 두르고는 다시 나무로 날아가 노래를 불렀습니다.

"우리 엄마는 나를 죽였고
우리 아빠는 나를 먹었네.
내 누이동생 마를렌은 내 뼈를 빠짐없이 찾아내서
비단 천에 싸서
향나무 아래에 두었다네.
짹짹, 짹짹, 나는 정말 예쁜 새라네."

새는 노래를 부른 후 날개를 활짝 펴고 오른쪽 발톱에 목걸이, 왼쪽 발톱에 구두, 목에 맷돌을 걸고는 멀리 있는 아버지의 집으로 날아갔습니다. 아버지, 엄마, 마를렌은 식탁에 앉아 있었습니다. 아버지가 "기분이 좋아. 기분이 만점이야!"라고 말했습니다. 그러자 엄마는 "난 달라요. 정말 불안해요. 큰 폭풍이 몰아칠 것 같아요."라고 말했습니다. 마를렌은 앉아서 울고 있었고, 그때 새가 날아와 지붕 위에 앉았습니다. 아버지가 "정말 기분이 좋아. 밖에서는 태양이 아름답게 빛나고 있고 옛 친구를 다시 만날 것 같은 느낌이야."라고 말했습니다. 새엄마는 속옷을 풀어 제치며 "난 그렇지 않아요. 정말 불안해요. 이가 덜덜 떨리고 혈관 속에서 불이 나는 것 같아요."라고 외쳤습니다. 마를렌은 구석에서 계속해서 울고 있었는데 눈앞에 접시를 대고 접시가 흠뻑 젖을 때까지 울었습니다. 그때 새는 향나무에 앉아 노래를 불렀습니다.

"우리 엄마는 나를 죽였고"

엄마는 귀를 막고 눈을 감고 보지도 들으려고도 하지 않았지만 새소리는 그녀의 귀 속에 강력한 폭풍이 되어 윙윙거렸습니다. 그리고 새엄마의 두 눈은 불탔고 번개 치는 것처럼 번쩍였습니다.

"우리 아빠는 나를 먹었네."

"여보, 아름다운 새가 앉아 있군. 천상의 노래 같아. 태양은 따사롭게 빛나고 있고 계피향이 나는 것 같아."

"나의 누이동생 마를렌은"

마를렌은 무릎에 머리를 얹어 놓고 계속 울고 있었습니다. 그때 아버지는 "난 밖에 나가겠소. 새를 가까이에서 봐야겠어."라고 말했습니다. 아내가 "가지 말아요! 온 집안이 요동치고 화염에 휩싸일 것 같아요!"라고 말했지만 아버지는 밖으로 나가서 새를 보았습니다.

"내 뼈를 빠짐없이 찾아내서
비단 천에 싸서
향나무 아래에 두었다네.
짹짹, 짹짹, 나는 정말 예쁜 새라네."

노래를 마친 새가 떨어트린 황금목걸이는 아버지의 목으로 제대로 떨어졌고 아주 잘 맞았답니다. 아버지는 집안으로 들어가 "이것 봐. 얼마나 멋진 새인지. 아름다운 금목걸이를 나에게 선물했어. 예뻐 보이지?"라고 말했습니다. 그러나 아내는 두려움에 떨며 방에 쓰러졌고, 그 바람에 모자가 벗겨졌습니다. 새는 다시 노래를 불렀습니다.

"우리 엄마는 나를 죽였고"
"아! 천길 땅 속으로 들어가 저 노래를 안 들을 수만 있다면!"
"우리 아빠는 나를 먹었네."

그러자 엄마는 죽은 듯이 다시 바닥에 쓰러졌습니다.

"나의 누이동생 마를렌은"

"아, 나도 밖으로 나가서 새가 나한테 무슨 선물을 줄지 볼 테야."

마를렌은 밖으로 나갔습니다.

"내 뼈를 빠짐없이 찾아내어 비단 천에 싸서"

여기까지 노래하던 새는 구두를 아래로 떨어뜨렸습니다.

"향나무 아래에 두었다네.
짹짹, 짹짹, 나는 정말 예쁜 새라네."

마를렌은 기분이 좋아졌고 기뻤습니다. 마를렌은 빨간 새 구두를 신고 춤을 추면서 집안으로 팔짝팔짝 뛰어 들어와서는 "아까 밖에 나갈 때만해도 그렇게 슬펐는데 지금은 기분이 좋아요. 정말 대단한 새에요. 나한테 구두 한 켤레를 선물로 주었어요."라고 말했습니다. 엄마는 "난 그렇지 않아."라고 말하며 벌떡 일어났고, 그녀의 머리털이 불꽃처럼 곤두섰습니다. 엄마가 "나는 세상이 끝장나는 것 같아. 나도 밖으로 나가면 기분이 좋아질지 몰라."라고 말하면서 문을 열고 나갔습니다. 새는 맷돌을 새엄마의 머리위로 쿵 내던졌고, 새엄마의 머리는 완전히 으깨어졌습니다. 아버지와 마를렌은 쿵 소리를 듣고 밖으로 나갔는데, 거기에 흰 연기와 불꽃과 불이 피어올랐습니다. 그것들이 사라지자 그 자리에 마를렌의 오빠가 서 있었습니다. 소년은 아버지와 마를렌의 손을 잡았고, 셋은 기뻐하며 집안으로 들어가 식탁에 앉아 식사를 했답니다.[7)]

7) Brüder Grimm, *Ibid.*, pp. 260-273.

동화 힐링 실습

그림 동화「향나무」는 계모의 악행에 대해 복수하는 교훈적이지만 잔혹한 이야기이다. 동화의 서두문에서 아이를 열망하는 부부와 향나무 그리고 미래 주인공이 알려진다.

> 아주 옛날 오래 전, 2000년 전의 일이었습니다. 한 부자가 살았는데 그에게는 아름답고 신앙심이 깊은 아내가 있었습니다. 두 사람은 서로 깊이 사랑했지만 아쉽게도 자식이 없었습니다. 부부는 자식을 간절히 바랬고 아내는 밤낮으로 아이를 갖게 해달고 기도했지만 아이는 생기지 않았습니다. 부부의 집 앞 마당에 향나무 한 그루가 있었습니다. 어느 겨울날 나무 밑에서 사과를 깎다 아내는 손가락을 베었고, 피가 흰 눈 위에 뚝뚝 떨어졌습니다. 아내는 "아!"라고 한숨을 쉬며 눈에 떨어진 피를 바라보았고, 몹시 기분이 울적했지만 "피처럼 빨갛고 눈처럼 하얀 아기를 가졌으면 좋겠어!"라고 말을 하고 나니 기분이 좋아졌습니다. [……] 아홉 달이 지나가자 그녀는 눈처럼 하얗고 피처럼 빨간 아이를 낳았습니다. 하지만 아이를 보고 너무 기쁜 나머지 아내는 세상을 뜨고 말았습니다.

'눈처럼 하얗고 피처럼 빨간 아이'가 동화 주인공인데, '눈처럼 하얗고 피처럼 빨갛고 숯처럼 검은' 백설 공주와는 달리 사내아이이다. 특히 신앙심이 깊은 아내의 아이를 소망하는 간절한 기도가 바로 이루어지진 않지만, 결국 기도의 응답으로 사내아이를 잉태한다. 2000년 전의 일인데, 신앙심 깊은 엄마와 기도에 대한 응답이 언급된 점은 그림형제가 동화를 수집하여 출판하던 당시의 시대적 분위기를 반영한 결과라고 말할 수 있다. 또한 백설 공주를 낳고 왕비가 죽는 것과 마찬가지로 사내아이를 낳고 엄마는 세상을 뜬다. 엄마의 부재가 동화 모티브로 나타나며, 대부분의 동화에서 그렇듯이 아버지는 새엄마와 재혼한다. 아무튼, 그림 동화 「향나무」는 「백설 공주」, 「신데렐라」, 「헨젤과 그레텔」, 「오빠와 누이」 등의 동화 서두문과 비슷하게 동화 줄거리를 시작한다고 할 수 있다.

1 동화 제목 연상기법

어느 날 빨간 구두를 신은 10대 소녀가 동화치료사를 찾아왔다. 약 한 달 동안 찾아올 때마다 빨간 구두를 신고 왔기 때문에 내방자를 그렇게 명명했다. 중학교 2학년에 재학 중인 예쁜 여학생인데, 얼굴표정은 매우 어두워보였다. 치료사가 "무슨 일로 찾아왔냐?"고 물으니, 내방자는 "집안문제, 특히 가족문제로 찾아왔다"고 대답했다. 동화치료사가 약 50편의 동화 제목을 하나하나 보여주면서 가장 기억에 남거나 읽고 싶은 동화를 선택하라고 하니, 내방자는 의외로 그림 동화 「향나무」를 선택했다. 그 이유를 묻자, 최근에 우연히 읽게 되었는데, 자신의 처지와 매우 닮은 내용의 동화라서 관심이 많이 갔다고 한다. 그래서 치료사는 그림 동화 「향나무」를 가지고 내방자를 힐링하기로 했다.

2 동화 주제에 따른 분류법

그림 동화 「향나무」의 주제는 효와 동기간의 사랑 또는 악행과 처벌, 곧 권선징악 등이다. 이 동화의 등장인물은 부유한 남자, 그의 아내,

사내아이, 새엄마, 딸 마를렌, 새 한 마리, 금세공사, 구두장이, 방앗간일꾼들 등이다. 이중에서 사내아이가 주인공의 역할을, 새엄마가 가해자의 역할을, 마를렌, 금세공사, 구두장이, 방앗간 일꾼들이 조력자의 역할을 한다.

또한 그림 동화 「향나무」에 등장하는 가베(주어진 물건, 하사품, 선물)는 향나무, 사과, 상자와 뚜껑, 하얀 천, 수프, 비단 목도리, 뼈, 노래, 황금목걸이, 빨간 구두, 맷돌 등이다. 이 중에서 향나무는 친엄마가 수목장된 엄마의 분신을 상징하고, 향나무 열매를 먹고 나서 사내아이를 잉태한 마법의 나무이기도 하다. 사과는 「백설 공주」에 나오는 죽음의 사과를 상징하지만, 백설 공주처럼 사내아이가 직접 사과를 베어 물어서 죽는 게 아니라, 사과상자로 몸을 기울이자 뚜껑에 목이 절단되어 죽는다. 죽은 사내아이의 살로 끓인 수프는 그로테스크하게 세상에서 가장 맛있는 음식이 되고, 사내아이의 뼈를 감싼 비단 목도리는 예쁜 새로 환생하는 놀라운 마법의 물건이 된다. 더욱이 예쁜 새로 환생한 동화 주인공이 노래를 불러 얻은 황금목걸이는 효의 징표로서 아버지에게 수여되고, 빨간 구두는 동기간의 사랑의 징표로서 마를렌에게 선사되며, 결정적으로 맷돌은 악한 계모를 처형하는 도구로 사용된다.

따라서 동화 등장인물들과 가베들은 동화 주제에 알맞게 등장하고 필요할 시기에 알맞게 사용된다. 일반적으로 등장인물과 등장인물 사이의 중개자로서 가베가 한 번 또는 세 번 또는 일곱 번 사용되는데, 이 동화에서는 특이하게 노래가 여덟 번 사용되었다.

> "우리 엄마는 나를 죽였고
> 우리 아빠는 나를 먹었네.

내 누이동생 마를렌은 내 뼈를 빠짐없이 찾아내서
비단 천에 싸서
향나무 아래에 두었다네.
짹짹, 짹짹, 나는 정말 예쁜 새라네."

동화 주인공이 변신한 예쁜 새가 꾀꼬리 같은 목소리로 부르는 노래에서 동화 줄거리에 따른 등장인물들의 행위가 함축적으로 묘사된다. 즉, 살인자 계모에 대한 알림과, 죽은 아들의 살로 끓인 수프를 맛있게 먹음으로써 아버지와 아들이 하나가 된다는 점, 조력자 마를렌의 선행과 친엄마의 상징인 향나무에 의해 죽은 사내아이가 예쁜 새로 변신되었다는 점을 알리니 말이다. 그렇게 똑같은 가사의 노래를 두 번은 금세공사에게, 두 번은 구두장이에게, 두 번은 방앗간 일꾼들에게, 그리고 마지막 두 번은 가족들에게 부름으로써 예쁜 새는 황금목걸이와 빨간 구두와 맷돌 등의 세 가지 선물을 획득하고는, 그 선물을 아버지와 누이동생 마를렌과 새엄마에게 수여하는 것이다.

3 심리이론 적용법

그림 동화「향나무」의 동화 제목에서 언급된 향나무는 노간주나무라고도 하며 생명의 나무를 상징한다. 에덴동산에 있던 생명의 나무의 열매를 이브가 따먹자 잉태하는 고통이 주어졌듯이, 향나무 열매를 먹은 부유한 남자의 아내도 사내아이를 잉태하게 된다. 더욱이 향나무는 죽은 사내아이의 뼈와 그것을 감싼 비단 목도리를 예쁜 새로 변신시키며, 결국 동화의 종결문에서 다시 사내아이로 환생시키는 마법의 나무이기도 하다. 다시 말해, 동화적 특성이 두드러진 제임스 카메론(James Cameron) 감독의「아바타(Avatar)」(2009)에 나오는 판도라(Pandora)

행성에 사는 나비(Na'vi)족의 생명의 근원인 생명의 나무처럼, 향나무는 어머니의 분신으로서 죽은 아들을 살려내는 마법의 나무를 의미하는 것이다. 실제로 향나무는 향기가 나는 심재를 잘게 쪼개서 곽란(癨亂) 또는 심복통(心腹痛) 치료에 쓰거나, 제사나 의식을 지낼 때 분향료(焚香料)로 사용했으니, 그림 동화 「향나무」에서 하얀 연기가 나고 불꽃이 피어오를 때에 뼈가 새로 변신하거나 새가 사내아이로 변신하는 장면이 연출되는 것이다.

> 마를렌은 뼈들을 향나무 밑에 있는 푸른 풀밭에 놓았습니다. 그러자 갑자기 마음이 가벼워져 울음을 뚝 그쳤습니다. 그때 향나무가 움직이기 시작했고, 가지가 완전히 벌어졌다 다시 합쳐지는 게 마치 누군가가 정말 기뻐서 두 손을 벌리는 것 같았습니다. 그러는 동안 나무에서 안개가 피어오르더니 안개에서 불같은 것이 타올랐습니다. 그 불에서 예쁜 새 한 마리가 나와 천상의 노래를 부르면서 하늘 높이 날아올라가 사라졌습니다. [……]
>
> 아버지와 마를렌은 쿵 소리를 듣고 밖으로 나갔는데, 거기에 흰 연기와 불꽃과 불이 피어올랐습니다. 그것들이 사라지자 그 자리에 마를렌의 오빠가 서 있었습니다.

이와 같이 생명의 근원으로서 향나무는 융이 말하는 무의식의 핵심인 자기에 해당되며, 개인적·집단적 무의식의 원형으로서 모든 것을 포괄하는 세계를 의미한다. 즉, 향나무는 영혼의 고향이고 생명의 근원이며 자기실현의 결정체를 상징하는 것이다. 그래서 부유한 상인의 아내는 어둠의 세계인 자기의 세계를 빛의 세계인 자아의 세계로 끌어올리려는 과정, 곧 깨달음의 과정과 자기실현의 과정을 거쳐 향나무에서 열매를 먹고 사내아이를 잉태하며, 죽은 후에는 향나무 뿌리에 묻혀 그 나무와 하나가 되어 죽은 아들을 새로 변신시키고 다시금 새를 사내아이로 환생시키는 역할을 해내는 것이다. 「신데렐라」 동화에서 신데렐라를 낳고 죽은 뒤 무덤위에 개암나무가지를 심어 그 나무를 통해 딸을 돌보고 지켜준 죽은 어머니의 힘이 「향나무」 동화에서도 그대로 재현된 것이라고 할 수 있다.

한편 계모가 등장하는 대부분의 동화에서는 아버지가 새장가를 갈 때 이미 자식이 있는 여자를 아내로 맞이하는 반면에, 그림 동화 「향나무」에서는 부유한 상인이 재혼한 두 번째 부인과의 사이에서 딸을 하나 낳는다는 점이 이채롭다. 즉, 죽은 전처의 소원대로 눈처럼 하얀 피부와 피처럼 빨간 입술을 가진 사내아이와 새 아내가 낳은 딸 마를렌은 아버지가 같은 핏줄의 의모남매라는 점이다. 그래서 그런지 계모의 딸이면서도 마를렌은 사내아이의 죽음에 매우 슬퍼하고 어떻게 해서라도 살릴 수 있도록 훌륭한 조력자의 역할을 다하는 것이다. 결국 여동생의 도움과 죽은 엄마의 분신인 향나무의 마법적 행위 덕분에 다시 살아난 동화 주인공은 빨간 구두를 그녀에게 선물하고는 동화의 종결문처럼 계모 없이 세 명의 친계가족을 이루면서 해피엔딩을 맛보는 것이다.

> 소녀은 아버지와 마를렌의 손을 잡았고, 셋은 기뻐하며 집안으로 들어가 식탁에 앉아 식사를 했답니다.

4 커뮤니케이션과 다이얼로그 기법

계모의 입장에서는 전처의 소생인 사내아이보다는 자기가 낳은 딸을 예뻐하고 무엇이든지 딸에게 주려는 것이 일반적인 현상이자 동화의 줄거리이다. 그래서 계모는 전처의 소생인 사내아이를 사과상자 뚜껑으로 단두살인(斷頭殺人)하지 않는가? 다시 말해, 계모와 전처의 소생은 피가 한 방울도 섞이지 않은 모자지간이기 때문에 자신의 핏줄인 딸에게 모든 것을 주려는 것이다.

> 새엄마는 딸을 볼 때마다 그렇게 사랑스러울 수 없었지만 사내아이는 볼 때마다 마음에 걸렸습니다. 사내아이가 그녀에게 걸림돌이 될 것 같은 생각이 들었습니다. 새엄마는 재산을 모두 딸에게 물려주어야겠다는 생각을 늘 하고 있었습니다. 악마가 그녀의 마음속에 들어왔습니다. 새엄마는 사내아이가 정말 싫어져서 그 아이를 이 구석 저 구석으로 몰아넣었고 팔꿈치로 밀치기도 하고 주먹으로 슬쩍 때리기도 했습니다. 불쌍한 아이는 항상 불안에 떨었고 학교에서 돌아오면 조용히 쉴 만한 자리가 없었습니다. [……]
>
> 새엄마는 상자 뚜껑을 열면서 친절한 척 "얘, 이리 와서 사과를 꺼내어라."라고 말했습니다. 소년이 상자 위로 몸을 숙이는 순간 악마가 다시 새엄마에게 속닥거렸고, '탕' 하고 상자 뚜껑이 닫혔고 소년의 목이 '뚝' 하고 사과 속으로 떨어졌습니다.

빨간 구두를 신은 10대 소녀 내방자는 특히 이 부분을 읽을 때 얼굴이 일그러지고 호흡이 거칠어지며 안절부절못했다. 동화치료사는 약간 놀랐으나 차분한 어조로 "왜 그러냐?"고 물었고, 내방자는 바로 그 사내아이가 자기 같다고 말했다. 계속해서 내방자의 마음속 이야기를 유도하자 다음과 같이 스토리텔링을 했다.

그림 동화 「향나무」의 동화 주인공 사내아이처럼 내가 태어나고 얼마 안 지나서 친엄마가 돌아가셨어요. 1년 뒤 아빠가 새엄마와 재혼을 했는데, 이듬해 아들을 낳았어요. 그 아들을 새엄마뿐만 아니라 아빠도 너무나 애지중지했고 나는 늘

뒷전이었어요. 온갖 궂은일은 내 몫이었고 새엄마의 학대는 아빠가 없을 때 더욱 심했지요. 하지만 내 동생은 나를 잘 따랐어요. 나도 그 애를 예뻐했고요. 그렇게 14년이 흘렀어요. 동생이 초등학교 6학년이고 나는 중 2가 되었어요.

그러나 여전히 새엄마는 변함없이 나만 학대하고 이제는 중학생이 되었으니, 살림은 물론이고 알바를 해서 돈을 벌어올 것을 요구하기 시작했어요. 우리 아빠가 좋은 직장에 다니고 있어 금전적으로는 부족함이 없는데도 말이지요. 새엄마 몰래 아빠에게 이런 사실을 얘기한 적도 있었는데, 아빠는 바쁘다는 이유로 "네가 더 잘해라!"라고 나를 나무랐어요. 동생에게는 이런 모습이 태어날 때부터 익숙한 터라 뭐라고 얘기할 수도 없었어요. 그런 상황이 계속되니 동화 속의 계모처럼 내 속에 악마가 들어와 '네 새엄마를 미워해라! 죽여 버려라!'라고 밤마다 속삭이는 것 같았어요. 그래서 무서웠고, 어찌할 바를 몰라 하루하루 고민하다가 동화치료사를 찾아왔어요.

그림 동화 「향나무」의 새엄마처럼 내방자의 계모가 극단적인 모습으로 전처소생의 딸을 죽이지는 않았지만, 13년 동안 얼마나 끊임없이 괴롭히고 부당한 일을 시키고 요구했는지 이해가 되는가? 믿었던 아빠마저 딸보다 새 아내 편을 들었을 테니 그 섭섭함과 친엄마에 대한 그리움이 얼마나 컸을지 짐작이 가는가? 그나마 다행인 것은 계모가 낳은 아들이 의모남매지만 그래도 자기 말을 잘 듣고 동기간의 사랑을 느끼게 한 점이다.

동화치료사가 내방자에게 빨간 구두를 항상 신고 다니는 이유를 물으니, 남동생이 내방자의 생일선물로 빨간 구두를 선물해서 그날이후 그 구두만을 신고 다닌다고 대답했다. 불행 중 다행이 아닌가? 동화치료사는 내방자에게 그림 동화 「향나무」에 등장하는 조력자 마를렌을 상기시키면서 남동생이 더 성장하면 더욱 든든한 조력자가 될 테니 희망을 갖고 지금의 힘든 상황을 이겨낼 것과, 마음속에 응어리진 계모 콤플렉스를 동화 결말의 해피엔딩을 생각하면서 대화와 소통으로 풀어버릴 것을 당부했다. 한 달간 지속된 치료사와의 동화 힐링을 통해 내방자는 훨씬 밝은 표정과 마음으로 악마에서 천사로 변한 모습을 보여주면서 집으로 돌아갔다.

8. 여섯 마리 백조

옛날에 커다란 숲에서 왕이 사냥을 하고 있었습니다. 왕은 너무 빨리 맹수를 쫓아가는 바람에 신하 중 누구도 왕을 쫓아오지 못했습니다. 저녁이 되자 왕은 발길을 멈추고 주위를 둘러보았습니다. 그때 왕은 자신이 길을 잃었음을 깨달았습니다. 왕은 숲에서 빠져 나오는 길을 찾았지만 찾을 수가 없었습니다. 그때 늙은 여자가 머리를 흔들며 그를 향해 걸어오는 것이 보였습니다. 하지만 그 여자는 마녀였고, 왕은 그녀에게 "부인, 나에게 숲에서 나가는 길을 가르쳐 주겠소?"라고 말했습니다. 마녀는 "물론이지요, 폐하. 그런데 한 가지 조건이 있답니다. 폐하가 그 조건을 받아들이시지 않는다면 숲에서 빠져 나가는 길을 절대 찾지 못하고 굶어 죽고 말겁니다."라고 대답했습니다. 왕이 "무슨 조건이지?"라고 묻자, 마녀는 "제게는 딸이 하나 있습니다. 이 세상 어떤 처녀 못지않게 아름답지요. 폐하의 아내가 될 만한 아이랍니다. 폐하께서 제 딸을 왕비로 맞으신다면 숲에서 나가는 길을 가르쳐 드리지요."라고 말했습니다. 왕은 마음속으로 고민하며 마녀의 조건을 받아들였습니다. 그러자 노파는 왕을 자신의 작은 오두막으로 데려갔습니다. 불 옆에 앉아 있던 노파의 딸은 마치 왕을 기다리고 있었다는 듯이 왕에게 인사를 했습니다. 왕은 노파의 딸이 아름답다고 생각했지만 마음에 들지는 않았고, 그녀를 보면 으스스한 두려움이 느껴졌습니다. 왕이 딸을 말에 태우자 노파는 숲을 나가는 길을 알려 주었고, 성에 도착한 왕은 결혼식을 올렸습니다.

왕은 한 번 결혼한 적이 있었고 전처와의 사이에 7명의 자식을 두고 있었는데 아들 여섯과 딸 하나였습니다. 왕은 7명의 자식을 세상에 둘도 없이 사랑했습니다. 새 왕비가 자식들을 잘 돌보지 않고 구박할까봐 걱정스러웠던 왕은 아이들을 숲 가운데에 외따로 떨어져 있는 성으로 데려갔습니다. 그 성은 깊이 감추어져 있었고, 요정이 왕에게 놀라운 능력이 있는 실꾸리를 주지 않았다면 왕도 그 성으로 가는 길을 찾기 어려웠을 겁니다. 왕이 실꾸리를 앞으로 쭉 던지자 실은 저절로 풀려 나가면서 왕에게 길을 가르쳐 주었습니다. 왕은 왕비가 눈치 챌 정도로 사랑하는 아이들을 자주 보러 다녔습니다. 왕비는 정말 궁금했고, 왕이 숲 속에서 혼자 무슨 일을 하는지 알고 싶었습니다. 왕비는 신하들에게 많은 돈을 주고 남편의 비밀을 알아냈습니다. 신하들은 숲 속의 성으로 가는 길을 알려주는 마법의 실꾸리에 대해서도 말했습니다. 왕비는 왕이 실꾸리를 어디에 보관하고 있는지 알아 낼 때까지 마음이 편치 않았습니다. 마법의 실꾸리를 발견한 왕비는 하얀 비단으로 작은 셔츠를 만들었습니다. 마녀인 엄마에게 마녀의 기술을 배운 왕비는 옷에 마법을 걸었답니다.

어느 날 왕이 말을 타고 사냥을 떠났을 때, 왕비는 작은 셔츠를 들고 숲으로 갔고 실꾸리가 그녀에게 길을 가르쳐 주었습니다. 멀리에서 누군가 오는 것을 본 왕의 자식들은 사랑하는 아버지가 그들을 보러 왔다고 생각하고 기쁨에 넘쳐 뛰어 나왔습니다. 왕비는 셔츠 하나하나를 왕의 자식들에게 던졌습니다. 셔츠가 아이들에게 닿자마자 아이들은 모두 백조로 변하여 숲 너머 저 멀리로 날아갔습니다. 왕비는 아주 만족스러워 하며 왕궁으로 돌아가 의붓자식들을 없앴다고 믿었습니다. 하지만 공주는 오빠들처럼 아버지를 맞으려 뛰어나가지 않고 성에 그대로 있었고, 새 왕비는 공주에 대해서는 아는 것이 없었습니다. 다음날 왕이 아이들을 보기 위해 성을 찾았지만 성에는 딸만 있었습니다. 왕은 공주에게 "오빠들은 모두 어디 있느냐?"라고 물었습니다. 공주는 "아버지, 오빠들은 나만 남겨 놓고 사라져 버렸어요."라고 아버지에게 오빠들이 백조로 변해 숲 저 너머로 날아가는 것을 작은 창을 통해 보았다고 이야기했습니다. 그리고는 오빠들이 성의 뜰에 떨어뜨린 깃털을 주워 와서 아버지에게 보여주었습니다. 왕은 슬픔에 잠겼지만 새 왕비가 이런 못된 짓을 했으리라고는 생각하지 않았습니다. 왕은 딸마저 빼앗기고 싶지 않아 딸을 왕궁으로 데려가려 했습니다. 하지만 왕비를 두려워하고 있던 공주는 아버지에게 이 날 밤만 숲 속의 성에 머물게 해달라고 부탁했습니다.

가련한 공주는 '더 이상 이곳에 있을 수 없어. 오빠를 찾아 나서야지.'라고 생각했습니다. 밤에 공주는 성을 빠져 나와 숲 속 깊이 들어갔습니다. 공주는 밤새도록 걸었고, 다음날도 계속 걷다가 피곤에 지쳐 더 이상 걸을 수 없을 정도가 되었습니다. 그때 공주는 숲 속에서 오두막 한 채를 발견했습니다. 공주는 안으로 들어갔고, 방안에는 여섯 개의 작은 침대가 있었습니다. 위험한 일이 일어날지 몰라 침대에 눕고 싶지 않았던 공주는 침대 밑으로 기어들어가 딱딱한 바닥에 누워 하룻밤을 보내기로 했습니다. 그런데 해가 지기 바로 전에 파드닥거리는 소리가 들렸습니다. 공주는 여섯 마리 백조가 창문으로 날아 들어오는 것을 보았습니다. 백조들이 바닥에 앉아 깃털을 입으로 불어서 남김없이 털어내자 백조의 모습은 셔츠 벗듯이 벗겨졌습니다. 이 모습을 지켜보던 공주는 백조들이 오빠임을 확인하고 기뻐하며 침대 밑에서 기어 나왔습니다. 오빠들도 누이동생을 보자 정말 기뻤으나 기쁨을 나눌 시간은 매우 짧았습니다. 오빠들은 동생에게 "너는 여기 있으면 안 돼. 여기는 도둑들의 소굴이야. 도둑들이 돌아와 너를 보면 너를 죽일 거야."라고 말했습니다. 여동생은 "오빠들이 나를 지켜 줄 수 없어?"라고 묻자, 오빠들은 "그럴 수 없단다. 우리가 백조의 모습을 벗고 사람으로 있을 수 있는 시간은 매일 15분에 불과해. 그 다음에 우리는 다시 백조가 되어야 한단다.'라고 대답했습니다. 누이동생은 울면서 "사람으로 돌아올 방법은 없어?"라고 말했고, 오빠들은 "그러기에는 조건이 너무 어려워. 너는 6년 동안 말을 해서도 웃어서도 안 돼. 그리고 우리를 위해 국화로 옷 여섯 벌을 만들어야 해. 네가 그동안 한마디라도 하면 모든 노력은 허사가 돼.'라고 대답했습니다. 오빠들이 말을 하는 동안 15분이 지나갔고 오빠들은 다시 백조가 되어 창문으로 날아갔습니다.

하지만 공주는 자기 목숨을 바쳐서라도 오빠들을 구해야겠다고 단단히 결심했습니다. 오두막을 떠난 공주는 숲 한가운데로 들어가 나무위에서 그날 밤을 보냈고, 다음날 아침 나무에서 내려온 공주는 국화를 모아 오빠들의 옷을 잣기 시작했습니다. 말할 사람도 없었고 웃을 일도 없었습니다. 공주는 앉아서 일에만 몰두했고, 그렇게 오랜 시간이 흘렀습니다.

그러던 어느 날 그 나라의 왕이 이 숲으로 사냥을 나왔습니다. 왕의 사냥꾼이 소녀가 앉아 있는 나무로 와서 공주에게 말을 걸었어요. "너는 누구냐?" 공주는 대답하지 않았습니다. "너를 해치지 않을 테니 아래로 내려오너라.'라고 사냥꾼들은 말했지만 공주는 머리를 가로 저을 뿐이었습니다. 그래도 그들이 계속 질문을 던지자 공주는 사냥꾼들에게 금목걸이를 던져 주었습니다. 공주는 그것으로 그들을 만족시킬 수 있다고 생각했어요. 하지만 사냥꾼들은 포기하지 않았고, 공주는 이번에는 허리띠를 풀어 아래로 던져 주었습니다. 하지만 그것도 역시 소용이 없자 공주는 다시 양말대님을 던져 주었습니다. 이렇게 공주는 자신이 가지고 있던 것을 하나하나 주다 마지막에는 속옷밖에 남지 않았습니다. 그런데도 사냥꾼들은 물러갈 생각을 하지 않았고, 나무 위로 올라와 공주를 데리고 내려갔습니다. 사냥꾼들은 공주를 왕 앞에 대령했습니다. 왕이

"너는 누구냐? 나무 위에서 무엇을 하고 있었느냐?"라고 물었지만 공주는 대답하지 않았습니다. 왕은 자신이 알고 있는 모든 언어로 공주에게 질문했지만 공주는 물고기처럼 입도 벙긋하지 않았습니다.

그러나 공주가 너무 아름다웠기 때문에 왕의 마음이 흔들렸고, 왕은 공주를 깊이 사랑하게 되었습니다. 왕은 자신의 외투로 공주를 감싸서 말에 태워 성으로 데려갔습니다. 왕은 공주에게 화려한 옷을 입도록 했고, 공주의 아름다운 얼굴은 밝은 대낮처럼 빛났습니다. 공주는 한마디도 하지 않았습니다. 식탁에서도 왕은 공주를 자신의 옆자리에 앉혔고, 그녀의 겸손한 몸가짐과 예절바른 행동이 왕의 마음을 사로잡았습니다. "내가 결혼하고 싶은 여자야. 이 여자 외에는 세상 어느 누구와도 결혼하고 싶지 않아." 며칠 뒤에 왕은 공주와 결혼식을 올렸습니다.

그러나 왕에게는 사악한 어머니가 있었고, 그녀는 아들의 결혼이 불만스러웠고 어린 왕비에 대해 "말도 하지 않는 저것은 어디에서 굴러 들어온 개뼈다귀야? 왕비가 될 자격이 없어."라고 험담을 했습니다. 그렇게 일 년이 지나고 왕비는 첫 아이를 낳았습니다. 시어머니는 며느리가 자고 있는 동안 아이를 데려 갔고, 며느리의 입가에 피를 발라 놓고 왕에게 가서 왕비가 식인귀라고 말했습니다. 왕은 어머니의 말을 믿지 않았고 왕비를 해치려고 하는 사람은 그냥두지 않았습니다. 왕비는 여전히 앉아서 뜨개질에만 열중했습니다. 왕비는 다시 예쁜 사내아이를 낳았습니다. 못된 시어머니는 같은 속임수를 썼지만 왕은 이번에도 어머니의 말을 믿지 않았고, "제 아내는 신앙심이 매우 깊고 착합니다. 결코 아이를 잡아먹을 여자가 아니에요. 그녀가 말을 할 수 있으면 자신을 변호할 것이고 그러면 그녀가 죄가 없다는 것이 분명히 들어날 수 있을 겁니다."라고 말했습니다. 그러나 왕의 어머니는 새로 태어난 셋째 아이도 훔쳤고 왕비를 비난했지만, 왕비는 자신을 한마디도 변호하지 않았습니다. 왕은 왕비를 재판정에 세우지 않을 수 없었고 왕비를 화형에 처한다는 판결이 내려졌습니다.

왕비의 사형집행일이 되었습니다. 그날은 바로 공주가 말해서도 웃어서도 안 되는 6년의 마지막 날이었습니다. 공주가 사랑하는 오빠들의 마법을 풀어 줄 날이었고, 마지막 한 벌의 왼쪽 소매 외에는 여섯 벌의 옷이 모두 완성되었습니다. 왕비는 화형대로 가면서 옷들을 팔에 걸치고 갔습니다. 왕비가 화형대에 올라 장작더미에 곧 불을 지피려는 순간 왕비는 주위를 둘러보았습니다. 그때 여섯 마리 백조가 하늘에서 날아오고 있었고, 왕비는 오빠들을 구할 시간이 되었음을 알았으며, 가슴은 기쁨으로 넘쳤습니다. 백조들은 퍼덕퍼덕 날갯짓하며 왕비 쪽으로 내려앉았습니다. 왕비는 오빠들에게 셔츠를 던져 주었습니다. 옷이 백조들에게 닿자마자 백조의 모습은 사라지고 살아 있는 오빠들이 왕비 앞에 서 있었습니다. 건강하고 훌륭한 모습이었는데 막내 오빠만 왼팔이 없고 그 대신 등에 백조의 날개가 달려 있었습니다. 오누이들은 얼싸 안으며 입맞춤을 했습니다.

왕비는 얼이 완전히 빠진 왕 앞으로 가서 "사랑하는 당신, 이제 저는 말할 수 있습니다. 제가 결백하고 고소가 잘못되었음을 분명히 밝힙니다." 라고 말했습니다. 왕비는 그녀의 세 아이를 빼앗아 숨겨놓은 시어머니의 배신에 대해 이야기했고, 아이들을 다시 보자 왕은 크게 기뻐했습니다.

못된 왕의 어머니는 장작더미에 묶여 불에 타 죽었습니다. 왕과 왕비는 여섯 오빠와 함께 오래오래 행복하고 평화롭게 살았답니다.[8)]

---

8) Brüder Grimm, *Ibid.*, pp. 275-281.

동화 힐링 실습

그림 동화 「여섯 마리 백조」는 동기간의 사랑을 주제로 일곱 남매 중 백조로 변한 여섯 명의 오빠들을 한 명의 공주가 구해내는 감동적인 이야기이다. 동화 줄거리는 크게 두 부분으로 나누어져 있는데, 전반부에서 왕과 마녀가 중심이 되어 이야기를 전개했다면, 후반부에서는 여섯 마리 백조와 동화 주인공인 공주에 의해 본 줄거리가 진행되었다고 할 수 있다. 그래서 이 동화는 두 가지 이야기를 하나로 합친 듯한 인상을 준다. 동화의 서두문을 일곱 남매의 아버지인 왕과 마녀가 시작한다.

> 옛날에 커다란 숲에서 왕이 사냥을 하고 있었습니다. 왕은 너무 빨리 맹수를 쫓아가는 바람에 신하 중 누구도 왕을 쫓아오지 못했습니다. 저녁이 되자 왕은 발길을 멈추고 주위를 둘러보았습니다. 그때 왕은 자신이 길을 잃었음을 깨달았습니다. 왕은 숲에서 빠져 나오는 길을 찾았지만 찾을 수가 없었습니다. 그때 늙은 여자가 머리를 흔들며 그를 향해 걸어오는 것이 보였습니다. 하지만 그 여자는 마녀였고, 왕은 그녀에게 "부인, 나에게 숲에서 나가는 길을 가르쳐 주겠소?"라고 말했습니다. 마녀는 "물론이지요, 폐하. 그런데 한 가지 조건이 있답니다. 폐하가 그 조건을 받아들이시지 않는다면 숲에서 빠져 나가는 길을 절대 찾지 못하고 굶어 죽고 말겁니다."라고 대답했습니다. 왕이 "무슨 조건인지?"라고 묻자, 마녀는 "제게는 딸이 하나 있습니다. 이 세상 어떤 처녀 못지않게 아름답지요. 폐하의 아내가 될 만한 아이랍니다. 폐하께서 제 딸을

왕비로 맞으신다면 숲에서 나가는 길을 가르쳐 드리지요."라고 말했습니다. 왕은 마음속으로 고민하며 마녀의 조건을 받아들였습니다.

일반적으로 동화 서두문에서 동화 주인공과 가족관계 또는 처지나 환경이 소개되는 반면에 이 동화에서는 마치 왕이 동화 주인공인 양 이야기를 시작한다. 그렇게 왕은 숲 속에서 사냥을 하다가 길을 잃고, 오직 마녀의 도움으로만 미로에서 나올 수 있다. 그러니 왕은 숲 속에서 개죽음을 당하느니, 마녀의 딸일지언정 새 왕비로 맞이하겠다는 약속을 할 수밖에 없었다.

여기서 중요한 점은 서두문이 좀 길게 느껴지지만, 일곱 남매의 아버지인 왕이 마녀의 도움으로 미로를 빠져나오는 조건으로 마녀의 딸과 결혼했고, 그 새 왕비에 의해 여섯 명의 왕자들이 백조로 변하며, 그 백조들을 구해내는 역할을 오직 공주만이 할 수 있다는 것이다. 물론 마녀의 딸 또한 마녀와 똑같은 능력을 지닌 악한 존재라는 점은 두말할 나위 없다.

1 동화 제목 연상기법

어느 날 30대 중반의 여성이 동화치료사를 찾아왔다. 그저 평범해 보이는 얼굴을 한 보통 키와 체구의 여자였다. 내방자는 사업을 하고 있다고 하고 아직 미혼이며, 다섯 남매 중 맏이이고 아래로 남동생만 네 명이 있다고 한다. 어머니는 일찍 돌아가셨고, 아버지는 새엄마와 결혼해서 따로 산 지 오래되었고, 다섯 남매끼리 산꼭대기 판잣집에서 지지고 볶고 산 지가 어느덧 20년이 넘었다고 한다. 많이 지쳐 보이는 내방자에게 치료사는 커피 한 잔을 따라 주면서 찾아온 이유에 대해 신중하게 물었다. 내방자는 고맙다고 말하고는 평생을 동생들을 위해 희생했는데, 최근 들어 그 희생이 의미가 없는 것 같아 우울증에 빠졌다고 한다. 사실 네 명의 남동생들을 제대로 교육시키기 위해 본인은 중학교를 중퇴하고는 동대문에 있는 재봉공장에 들어가서 공순이 노릇을 하며 동생들을 어떻게 해서든지 가르치려고 노력했다는 것이다. 이러한 설명을 하는 중에도 연신 눈물을 흘려서 미용티슈를 계속 뽑아서 건넸다.

이야기의 골자는 부모가 있어도 20년 동안 고아처럼 살아온 5남매 중 맏이는 어떻게 해서라도 먹고살고 가르치기 위해 희생하여 남동생들을 보란 듯이 키워냈는데, 각자 살기가 바쁜 것도 있겠지만, 어느 정도 사회에서 자리를 잡자 누나를 무시하거나 무식하다고 놀리는 등 마음의 상처를 줘서 더 이상 같이 살 수 없게 되었다는 것이다.

어느 정도 마음이 가라앉은 것 같아 동화치료사는 내방자에게 동화 제목을 보여주면서 "어떤 동화를 좋아합니까?"라고 물었다. Y(내방자 이니셜)는 눈을 반짝이면서 어린 나이였지만 남동생 네 명을 키우느라 엄마처럼 잘 때마다 동생들에게 동화를 읽어주었다고 한다. 특히 남매가 주인공인 동화를 많이 읽어주었다고 한다. 그 중에 가장 감명 깊게 읽은 동화가 무엇이냐고 물으니, 서슴없이 그림 동화 「여섯 마리 백조」라고 한다. 그래서 치료사는 이 동화를 가지고 Y에게 동화 힐링을 하기로 했다.

2 동화 주제에 따른 분류법

그림 동화 「여섯 마리 백조」의 주제는 동기간의 사랑과 권선징악이다. 신데렐라의 아버지, 백설 공주의 아버지, 헨젤과 그레텔의 아버지처럼 이 동화의 일곱 남매 아버지도 계모를 집안으로 불러들여 악한 새엄마로서 주인공을 가해하는 역할을 하게 한다. 계모의 가해와 악행으로 동화 주인공과 그 남매들이 마법에 걸려 위험과 결핍상황에 처하지만, 역설적으로 남매들은 더욱 사랑으로 똘똘 뭉치고 자구책을 간구하며, 결국 다른 조력자에 의해 구원받는 해피엔딩의 결말로 끝내는 게 일반적이다.

「여섯 마리 백조」 동화의 일곱 남매 아버지도 계모를 동화 줄거리로 불러들이는데, 그 새 왕비가 마녀의 딸이자 악한 존재라는 것을 감지하고는 전처의 소생인 일곱 남매를 새 왕비가 모르는 깊은 숲 속의 별장에 은폐시킨다.

> 왕은 한 번 결혼한 적이 있었고 전처와의 사이에 7명의 자식을 두고 있었는데 아들 여섯과 딸 하나였습니다. 왕은 7명의 자식을 세상에 둘도 없이 사랑했습니다. 새 왕비가 자식들을 잘 돌보지 않고 구박할까봐 걱정스러웠던 왕은 아이들을 숲 가운데에 외따로 떨어져 있는 성으로 데려갔습니다. 그 성은 깊이 감추어져 있었고, 요정이 왕에게 놀라운 능력이 있는 실꾸리를 주지 않았다면 왕도 그 성으로 가는 길을 찾기 어려웠을 겁니다.

동화의 시작에서 숲 속에서 길을 잃은 왕이 언급되듯이, 왕은 소위 '길치'였으며, 자기 자식들을 숨겨놓은 별장으로도 '실꾸리'가 없으면 찾아가거나 나올 수도 없다. 놀라운 능력을 행하는 '실꾸리'는 가베로서 동화 줄거리의 진행을 위해 중요한 역할을 하며, 특히 왕과 일곱 남매, 그리고 새 왕비와 일곱 남매를 만나게 하는 매개체 역할을 한다. 이 장면에서 Y는 자신의 가정환경과 유사하다고 말하며, 20년 전에 재혼한 아버지와 새엄마가 우리 다섯 남매와 같이 살기 싫다고 해서 그때부터 다섯 남매끼리 산꼭대기 판잣집에서 살게 되었다고 한다. 아무튼 동화 속의 아버지나 현실의 아버지 모두 우유부단한 성격으로 자식을 생각하면서도 새엄마의 치마폭에 휘둘리는 한심한 존재임이 강조되는 것이다.

그림 동화 「여섯 마리 백조」에서 사악한 새 왕비는 왕의 '실꾸리'를 훔쳐내어 일곱 남매가 있는 별장으로 가서 마녀의 능력으로 만든 셔츠를 여섯 명의 왕자에게 입혀서 하얀 백조로 만든다.

> 왕비는 셔츠 하나하나를 왕의 자식들에게 던졌습니다. 셔츠가 아이들에게 닿자마자 아이들은 모두 백조로 변하여 숲 너머 저 멀리로 날아갔습니다. 왕비는 아주 만족스러워하며 왕궁으로 돌아가 의붓자식들을 없앴다고 믿었습니다. 하지만 공주는 오빠들처럼 아버지를 맞으려 뛰어나가지 않고 성에 그대로 있었고, 새 왕비는 공주에 대해서는 아는 것이 없었습니다. 다음날 왕이 아이들을 보기 위해 성을 찾았지만 성에는 딸만 있었습니다.

하얀 비단으로 만든 셔츠에 마법을 불어넣었기에 하얀 백조가 되었지, 검은 비단으로 만든 셔츠였다면 동화 제목이 '검은 백조'로 바뀌었으리라 생각된다. 사실 검은 색이 죽음과 악을 상징한다면 하얀 색은 삶과 선을 상징하기 때문에, 마녀의 악한 마법으로 왕자들을 백조로 둔갑시켰다면 검은 백조가 더 잘 어울렸으리라 생각된다.

어쨌든 가해자로서 새 왕비의 역할은 여기서 끝나며 동화 줄거리에서 완전히 사라진다. 동화의 등장인물은 표면적인 관련을 가지고 있기 때문에 계모는 정해진 줄거리에 알맞게 주어진 역할을 하고는 줄거리 선상에서 사라지는 것이다. 다행인 것은 막내 공주가 별장 안에 있었기 때문에 화를 모면할 수 있었고, 백조로 변해 하늘로 사라진 오빠들을 구해내기 위한 대항 행동에 착수할 수 있는 것이다.

가련한 공주는 '더 이상 이곳에 있을 수 없어. 오빠를 찾아 나서야지.'라고 생각했습니다. 밤에 공주는 성을 빠져 나와 숲 속 깊이 들어갔습니다. [……] 그때 공주는 숲 속에서 오두막 한 채를 발견했습니다. 공주는 안으로 들어갔고, 방안에는 여섯 개의 작은 침대가 있었습니다. [……]

공주는 여섯 마리 백조가 창문으로 날아 들어오는 것을 보았습니다. 백조들이 바닥에 앉아 깃털을 입으로 불어서 남김없이 털어내자 백조의 모습은 셔츠 벗듯이 벗겨졌습니다. 이 모습을 지켜보던 공주는 백조들이 오빠임을 확인하고 기뻐하며 침대 밑에서 기어 나왔습니다. [……] 누이동생은 울면서 "사람으로 돌아올 방법은 없어?"라고 말했고, 오빠들은 "그러기에는 조건이 너무 어려워. 너는 6년 동안 말을 해서도 웃어서도 안 돼. 그리고 우리를 위해 국화로 옷 여섯 벌을 만들어야 해. 네가 그 동안 한마디라도 하면 모든 노력은 허사가 돼."라고 대답했습니다.

오빠들이 말을 하는 동안 15분이 지나갔고 오빠들은 다시 백조가 되어 창문으로 날아갔습니다. 하지만 공주는 자기 목숨을 바쳐서라도 오빠들을 구해야겠다고 단단히 결심했습니다.

그림 동화 「일곱 마리 까마귀」에서 아버지의 저주에 의해 까마귀로 변한 오빠들을 막내 여동생이 세상을 편력한 뒤 유리산에서 만나 다시 사람으로 구해낸 것과는 대조적으로 「여섯 마리 백조」 동화에서는 백조로 변한 오빠들의 과제 부여에 의해 동화 후반부가 진행되는 점이 이채롭다.

다시 말해, 「일곱 마리 까마귀」에서는 까마귀 오빠들과 막내 여동생이 만나자마자 까마귀가 사람으로 변신하지만, 이 동화에서는 백조오빠들과 막내 여동생이 만났다고 해서 변신이 일어나지 않으며 단지 15분 동안 왕자로 돌아와서 막내공주에게 "6년 동안 말을 해서도 웃어서도 안 되고 국화로 옷 여섯 벌을 만들어야 하는" 어려운 과제를 부여하는 것이다. 이 장면에서 특히 공주가 "자기 목숨을 바쳐서라도 오빠들을 구해야겠다."는 각오와 결심이 내방자 Y에게 깊이 각인되었다고 한다.

돌아보면 Y도 20년 전에 '오직 내 동생들을 가르치고 양육하기 위해 몸과 마음을 희생하리라'는 각오와 결심으로 지금까지 버틸 수 있었다는 것이다. 사실 우울증에 빠지면 남과 대화하거나 만나는 일조차 싫은 것이 일반적이다. 그러나 동화를 매개로 치료사와 내방자가 자연스럽게 동화 속으로 몰입하니 이야기가 진행될 때마다 Y는 심리적 변화를 일으키며 적극적인 자세로 대화와 소통에 임하였다.

3 심리이론 적용법

그림 동화「여섯 마리 백조」에서 나타난 심리적 현상은 동화 전반부에서 서술된 숲 속에서 벗어나지 못해서 죽을지도 모른다는 무의식적 강박관념과, 동화 후반부에서 '식인녀'로 낙인찍히면서도 끝까지 굳게 입을 닫고 웃지도 않은 의식적 제어의 정신이다.

카프카의『성』에서 주인공 K가 곧 도달할 수 있을 것 같은 성이 마치 미로처럼 끝내 도착할 수 없듯이, 꿈이라는 무의식 속에서 벌어지는 일련의 사건들은 그 종착지에 도달하기가 여간 어려운 일이 아니다. 꿈꾼 이야기를 해보자.

지하철을 타고 L(이니셜)은 어떤 목적지가 있는 것처럼 어디론가 가고 있다. 갑자기 선로가 좁아지기도 하고 넓어지기도 하며, 정거장에 멈출 때마다 누군지 모르는 사람들이 타고 내린다. L은 내리지도 못하고 다른 기차 칸으로 옮겨지며 계속 어디론가 가고 있다. 그 목적지가 어딘지도 모르는 채 그렇게 L은 좁은 기차 칸에서 신문을 보는 것 같기도 하고 아는 사람을 본 것 같기도 하며 또 다시 같은 장면 같으면서도 다른 장면의 모습으로 어디론가 가고 있다.

만약 L이 꿈에서 깨어나지 않으면 어떤 일이 벌어질까? 즉, 무의식세계에서 의식세계로 깨어나지 못하면 결국 미로에서 탈출하지 못한 채 방황하다 미쳐버리거나 탈진해서 죽어버리는 모습이 되지 않겠는가? 그만큼 무의식적 강박관념은 위험한 심리현상이기 때문에 반드시 올바른 탈출구를 만들어서 구해내야 한다. 그 올바른 탈출구가 동화이다.

동서고금을 통해 특히 집단적 무의식에 원형으로 자리 잡은 모든 강박관념들이 자연스럽게 이야기로 전이되어 수면 밖으로 나온 것이 동화라는 말이다. 그래서 누구나 다 아는 동화를 통해 심리적 콤플렉스나 온갖 마음의 병을 가진 자들을 치료해야 하는 당위성이 있는 것이다.

4 커뮤니케이션과 다이얼로그 기법

그림 동화 「여섯 마리 백조」의 후반부는 공주가 백조로 변한 오빠들을 구하기 위해 숲 속에서 말없이 국화로 옷을 만드는 일을 하고 있을 때, 그 나라의 왕이 사냥을 나왔다가 공주를 만나는 장면으로 시작된다. 무엇보다도 공주와 사냥꾼들이 주고받는 대화와 속옷 이외에는 다 벗어준다는 내용이 에로틱한 장면을 연상케 한다.

> 어느 날 그 나라의 왕이 이 숲으로 사냥을 나왔습니다. 왕의 사냥꾼이 소녀가 앉아 있는 나무로 와서 공주에게 말을 걸었어요. "너는 누구냐?" 공주는 대답하지 않았습니다. "너를 해치지 않을 테니 아래로 내려오너라."라고 사냥꾼들은 말했지만 공주는 머리를 가로 저을 뿐이었습니다. 그래도 그들이 계속 질문을 던지자 공주는 사냥꾼들에게 금목걸이를 던져 주었습니다. 공주는 그것으로 그들을 만족시킬 수 있다고 생각했어요. 하지만 사냥꾼들은 포기하지 않았고, 공주는 이번에는 허리띠를 풀어 아래로 던져 주었습니다. 하지만 그것도 역시 소용이 없자 공주는 다시 양말대님을 던져 주었습니다. 이렇게 공주는 자신이 가지고 있던

것을 하나하나 주다 마지막에는 속옷밖에 남지 않았습니다. 그런데도 사냥꾼들은 물러갈 생각을 하지 않았고, 나무 위로 올라와 공주를 데리고 내려갔습니다. 사냥꾼들은 공주를 왕 앞에 대령했습니다.

나무 위에서 오직 국화로 옷을 만드는 일에 매진하고 있는 공주에게 사냥꾼의 출현은 과제해결을 지체시키고 훼방하는 일임에 틀림없다. 더욱이 자신이 몸에 지닌 모든 귀중품을 던져주면 곧 물러가리라 기대했던 공주에게 사냥꾼들은 집요하게 나무에서 내려올 것을 요구한다. 속옷만 남기고 허리띠뿐만 아니라 양말대님까지 모두 던져주었는데도 사냥꾼들은 기어코 나무 위로 올라와서 공주를 끌어내린다. 어찌 보면 사냥꾼들이 아름다운 공주를 겁탈하려는 듯한 모습으로 비쳐질 수도 있지만, 사실은 그들의 왕에게 공주를 상납하기 위해서 그런 짓을 한 것이다. 왕과 공주의 만남이 사냥꾼들에 의해 성사되었으니 이유야 어떻든 사냥꾼들은 조력자로서 동화 주인공에게 공간을 중개하고 맞선을 주선했다고 할 수 있다.

왕이 "너는 누구냐? 나무 위에서 무엇을 하고 있었느냐?"라고 물었지만 공주는 대답하지 않았습니다. 왕은 자신이 알고 있는 모든 언어로 공주에게 질문했지만 공주는 물고기처럼 입도 벙긋하지 않았습니다.

그러나 공주가 너무 아름다웠기 때문에 왕의 마음이 흔들렸고, 왕은 공주를 깊이 사랑하게 되었습니다. 왕은 자신의 외투로 공주를 감싸서 말에 태워 성으로 데려갔습니다. 왕은 공주에게 화려한 옷을 입도록 했고, 공주의 아름다운 얼굴은 밝은 대낮처럼 빛났습니다.

그러나 공주는 한마디도 하지 않았습니다. 식탁에서도 왕은 공주를 자신의 옆자리에 앉혔고, 그녀의 겸손한 몸가짐과 예절바른 행동이 왕의 마음을 사로잡았습니다. "내가 결혼하고 싶은 여자야. 이 여자 외에는 세상 어느 누구와도 결혼하고 싶지 않아." 며칠 뒤에 왕은 공주와 결혼식을 올렸습니다.

"왕은 자신이 알고 있는 모든 언어로 공주에게 질문했지만 공주는 물고기처럼 입도 벙긋하지 않았습니다."라는 인용문에서 독자들은 입가에 미소를 머금게 되며 '과연 왕이 구사할 수 있는 언어가 몇 개나 될까?' 궁금해 하면서도 공주가 과제해결을 위해 벙어리 6년 무표정 6년을 보내야 하는데 안타깝다는 생각을 하게 된다. 어쨌든 너무나 아름다운 공주에게 반해서 그녀를 사랑하게 된 왕은 자기 나라로 데려가서 결혼식을 올린다.

대부분의 선남선녀가 나오는 동화의 결말을 결혼식으로 끝내는 게 일반적이다. 그러나 「여섯 마리 백조」 동화에서는 결혼식으로 동화 줄거리를 끝내지 않고, 백조로 변한 여섯 오빠들을 구해내야 하는 과제해결과, 악한 행위로 며느리를 식인녀로 낙인찍는 시어머니를 벌 받게 하는 권선징악의 결말로 끝내는 것이다.

아무튼 왕과 공주의 결혼식을 올리는 장면에서 내방자 Y는 깊은 한숨을 쉬며 자신도 4명의 남동생들만 아니었으면 지금쯤 결혼해서 아들딸 낳고 잘 살았을 거라고 아쉬워했다. 벙어리와 무표정으로 오빠들을 위해 6년 동안 고생하지만, 결혼해서 아이를 낳는 동화 주인공과, 20년 동안 남동생들을 위해 남자를 사귈 기회조차 포기했던 자신과는 너무 비교된다는 것이다.

왕과 결혼한 공주는 세 명의 아이를 낳지만 그때마다 사악한 시어머니가 아이를 빼어가고 심지어 왕비의 입가에 피를 발라놓는 치밀함을 보인다. 며느리를 미워하는 무의식적 데스트루도가 극에 달한 상태의 시어머니의 모습이며, 여섯 왕자를 백조로 둔갑시킨 마녀 왕비와 동일시되는 것이다. 내방자 Y는 이 시어머니가 자신의 계모 같다고 말하며 순간 치를 떨었다. 새엄마 때문에 다섯 남매의 자식을 버린 아버지도 예외는 아니라고 함께 저주의 말을 내뱉었다. 식인녀로 낙인찍혀 말을 하고 싶어도 6년이 안 돼서 말을 못하는 새 왕비는 결국 화형에 처해진다.

> 왕의 어머니는 새로 태어난 셋째 아이도 훔쳤고 왕비를 비난했지만, 왕비는 자신을 한마디도 변호하지 않았습니다. 왕은 왕비를 재판정에 세우지 않을 수 없었고 왕비를 화형에 처한다는 판결이 내려졌습니다. 왕비의 사형집행일이 되었습니다. 그날은 바로 공주가 말해서도 웃어서도 안 되는 6년의 마지막 날이었습니다. 공주가 사랑하는 오빠들의 마법을 풀어 줄 날이었고, 마지막 한 벌의 왼쪽 소매 외에는 여섯 벌의 옷이 모두 완성되었습니다.
>
> 왕비는 화형대로 가면서 옷들을 팔에 걸치고 갔습니다. 왕비가 화형대에 올라 장작더미에 곧 불을 지피려는 순간 왕비는 주위를 둘러보았습니다. 그때 여섯 마리 백조가 하늘에서 날아오고 있었고, 왕비는 오빠들을 구할 시간이 되었음을 알았으며, 가슴은 기쁨으로 넘쳤습니다. 백조들은 퍼덕퍼덕 날갯짓하며 왕비 쪽으로 내려앉았습니다.
>
> 왕비는 오빠들에게 셔츠를 던져 주었습니다. 옷이 백조들에게 닿자마자 백조의 모습은 사라지고 살아 있는 오빠들이 왕비 앞에 서 있었습니다. 건강하고 훌륭한 모습이었는데 막내 오빠만 왼팔이 없고 그 대신 등에 백조의 날개가 달려 있었습니다. 오누이들은 얼싸 안으며 입맞춤을 했습니다.

천만다행히도 화형식에 처해지는 날이 6년이 되는 마지막 날이다. 공주가 왕과 결혼한 후 이듬해부터 아이를 낳았고, 세 명의 연년생을 낳았다고 하면, 3년이 지났을 테니 숲 속에서 혼자 지내던 시간은 3년이라고 할 수 있다. 동화에서는 기간이 경과하는 일이 무의미하기 때문에 자세히 다룰 필요는 없지만 식인귀로 낙인찍힌 왕비가 화형식을 집행하는 당일까지도 오빠들의 국화로 만든 옷을 짜고 있었고, 5벌은 완전하게, 마지막 1벌은 팔 한쪽을 완성 못했지만 화형대에서 화형이 집행되는 순간에 여섯 마리 백조들이 그곳으로 날아왔고, 결국 왕비가 던져준 국화 옷을 입고 다시 사람으로 변신하는 놀라운 결과를 성취하는 것이다. 동화이면서도 한 팔이 완성 안 된 옷을 입은 막내 오빠의 왼팔 대신에 백조날개가 있다는 표현이 매우 사실적이라 놀랍고 해학적이라고 할 수 있다. 더욱이 구원된 오빠들이 왕비와 얼싸 안고 입맞춤으로 기쁨을 표하니, 왕은 얼마나 황당하고 어이없었겠는가?

하지만 이제 말을 할 수 있는 왕비는 차분한 어조로 6년 만에 처음으로 남편인 왕에게 자신의 결백과 시어머니의 사악함에 대해 보고한다.

> 왕비는 얼이 완전히 빠진 왕 앞으로 가서 "사랑하는 당신, 이제 저는 말할 수 있습니다. 제가 결백하고 고소가 잘못되었음을 분명히 밝힙니다."라고 말했습니다. 왕비는 그녀의 세 아이를 빼앗아 숨겨놓은 시어머니의 배신에 대해 이야기했고, 아이들을 다시 보자 왕은 크게 기뻐했습니다. 못된 왕의 어머니는 장작더미에 묶여 불에 타 죽었습니다.
>
> 왕과 왕비는 여섯 오빠와 함께 오래오래 행복하고 평화롭게 살았답니다.

결국 못된 시어머니는 며느리 대신에 화형식에 처해지고, 왕비는 왕과 세 명의 아이들과 여섯 명의 오빠들과 더불어 행복하고 평화롭게 잘 사는 해피엔딩을 맛보는 것이다.

마지막 동화내용을 들은 내방자 Y는 하염없는 눈물을 흘렸다. 동생들 때문에 우울증에 걸리고 부모 때문에 마음의 상처가 깊은 그녀에게 화형으로 목숨을 잃을 어려운 순간에도 마지막까지 오빠들과 아이를 위해 헌신한 왕비의 모습이 커다란 위로가 되었다고 한다. 35살의 Y는 "20년 동안의 희생적 사랑으로 네 명의 남동생들을 가르치고 양육했는데, 그 보람도 없고 왜 그렇게 살았나?" 하는 후회가 밀려와 살기 힘들었는데, 그림 동화 「여섯 마리 백조」를 읽고 동화치료사와 대화와 소통을 하니 마음속의 응어리가 풀어지며 왠지 미래에 대한 희망이 보였다는 것이다.

그렇게 동화치료사는 내방자에게 이 동화 줄거리가 진행되는 순간순간마다 이미 대화와 소통을 나누었기 때문에, 그것으로 동화 힐링을 위한 커뮤니케이션과 다이얼로그 기법은 성취된 것이라고 할 수 있다.

9. 룸펠슈틸츠헨

옛날에 예쁜 딸을 가진 가난한 방앗간 주인이 있었습니다. 어느 날 왕을 만나 이야기를 나누던 방앗간 주인은 왕에게 "제게는 짚으로 금실을 자을 수 있는 딸이 한 명 있습니다."라고 잘난 체했습니다. 그러자 왕이 방앗간 주인에게 "내 마음에 쏙 드는 훌륭한 재주구나. 그대 말대로 딸이 그렇게 신통한 솜씨를 지니고 있다면 내일 그대의 딸을 궁전으로 데려오너라. 재주를 한번 시험해봐야겠구나."라고 말했습니다. 다음 날 왕은 궁전에 온 방앗간 집 딸을 짚이 가득 쌓인 방으로 데려가 물레와 북을 주면서 "자, 일을 시작해라. 오늘 밤부터 내일 아침까지 여기 있는 짚을 모두 금실로 자아 내지 못하면 죽은 목숨인 줄 알아라."라고 말했습니다. 왕은 방을 나가면서 방문을 잠그고 방앗간 집 딸 혼자 남겨 두었습니다.

가련한 방앗간 집 딸은 어떻게 이 상황을 벗어나야 할지 몰랐습니다. 그녀는 짚을 금실로 자아내는 방법을 전혀 몰랐고, 점점 무서워진 방앗간 집 딸은 결국 울음을 터트리고 말았습니다. 그때 갑자기 방문이 열리더니 난쟁이가 들어와서 "안녕, 방앗간 집 아가씨, 왜 그렇게 펑펑 눈물을 쏟고 있지?"라고 말했습니다. 처녀는 "아, 짚을 금실로 자아야 하는데 난 어떻게 해야 하는지 모르거든."이라고 대답했습니다. 그러자 난쟁이가 "내가 너 대신 짚을 금실로 자아주면 넌 나에게 뭘 줄래?"라고 물었고, "내 목걸이를 줄게."라고 처녀는 대답했습니다. 난쟁이는 목걸이를 받은 다음 물레 앞에 앉아서 물레를 윙 윙 윙 세 번 돌리자 실패에 금실이 가득 감겼습니다. 난쟁이는 다른 실패를 넣고 윙 윙 윙 물레를 세 번 돌렸고, 두 번째 실패에도 금실이 촘촘하게 감겼습니다. 아침이 될 때까지 난쟁이는 계속 실을 자았습니다. 난쟁이는 방안 가득 쌓인 짚을 남김없이 금실로 자았고 실패마다 금실이 가득 감겼습니다.

날이 밝자 왕이 찾아왔고, 방안의 금실을 보고는 깜짝 놀랐습니다. 왕은 기뻐했지만 더 많은 금을 가지고 싶어 했습니다. 그는 방앗간 집 딸을 짚이 가득 쌓인 다른 방으로 데려갔는데 전보다 훨씬 큰 방이었습니다. 그리고 살고 싶으면 그날 밤 안에 짚을 금실로 지으라고 명령했습니다. 처녀는 어찌할 바를 몰라 엉엉 울었습니다. 그 때 다시 문이 열리더니 난쟁이가 나타나서 "내가 너 대신 금실을 만들어 주면 너는 내게 뭘 줄 거야?"라고 말했습니다. 처녀는 "손가락에 낀 이 반지를 줄게."라고 대답했습니다. 난쟁이는 반지를 받고 난후 아침이 될 때까지 윙 윙 윙 물레를 다시 돌리기 시작했습니다. 그러자 짚은 모두 반짝이는 금실이 되었습니다. 왕은 금실이 가득 쌓인 방을 보고 이루 말할 수 없이 기뻐했습니다.

그러나 왕의 욕심은 그것으로 끝나지 않았고, 왕은 방앗간 집 딸을 짚으로 가득 쌓인 더 큰 방으로 데려가 "오늘 밤에 여기 있는 짚을 모두 금실로 만들어라. 네가 이번에도 이 일을 해낸다면 너를 아내로 삼겠다."라고 말했습니다. 왕은 속으로 "방앗간 집 딸이기는 하지만 이 여자보다 부자인 여자는 이 세상에 없을 거야."라고 생각했습니다. 처녀가 혼자 남게 되자 난쟁이가 세 번째로 다시 찾아와 "내가 너 대신 이번에도 짚을 자아주면 나에게 뭘 줄래?"라고 물었고, 처녀는 "이젠 더 줄게 없는걸."이라고 대답했습니다. "그럼 네가 왕비가 되어 낳는 첫째 아이를 내게 주겠다고 약속할래?" 방앗간 집 딸은 '앞 일이 어떻게 될지 누가 알겠어?'라고 생각했고 곤경에 빠진 처녀에게 다른 방법도 없고 해서 난쟁이의 요구를 들어주기로 약속했습니다. 그 대신 난쟁이는 다시 한 번 짚으로 금실을 만들어 주었습니다. 다음날 아침에 방을 찾아온 왕은 자신이 바라던 대로 짚이 모두 금실로 바뀐 것을 보고 처녀를 아내로 맞았습니다. 이제 아름다운 방앗간 집 딸은 왕비가 되었답니다.

그 후 일 년이 지나자 왕비는 예쁜 아이를 낳았습니다. 왕비는 난쟁이와의 약속은 까맣게 잊고 있었습니다. 그러던 어느 날 난쟁이가 불쑥 왕비의 방문을 열고 나타났습니다. 그는 "약속한 대로 아기를 달라."고 말했습니다. 왕비는 경악했고 난쟁이가 아이만 데려가지 않는다면 나라의 모든 재산을 다 주겠다고 했습니다. 하지만 난쟁이는 "아니, 난 세상의 그 어떤 보물보다 살아 있는 아이가 더 좋아."라고 말했습니다. 그러자 왕비는 눈물을 뚝뚝 흘리며 애원했습니다. 난쟁이는 왕비가 불쌍해 졌고 "너에게 사흘의 시간을 줄 테니 그때까지 내 이름을 알아내봐. 그러면 아이를 데려가지 않을 테니."라고 말했습니다.

그리하여 왕비는 밤을 새워가며 지금까지 한번이라도 들은 이름은 모두 기억해내려고 애를 썼답니다. 그리고 멀리 심부름꾼을 보내 이름이란 이름은 다 알아 오도록 했습니다. 다음 날 난쟁이가 찾아오자 왕비는 카스파르(Kaspar), 멜히오르(Melchior), 발처(Balzer)로부터 시작해서 자기가 알고 있는 아름들은 모두 차례차례 말했습니다. 이름을 댈 때마다 난쟁이는 "그건 내 이름이 아냐."라고 말했습니다. 둘째 날, 왕비는 궁전 부근으로 심부름꾼을 보내 사람들의 이름을 알아 오라고 했습니다. 그렇게 해서 왕비는 다시 난쟁이에게는 들어 보지도 못한 이상야릇한 이름들을 말했습니다. "혹시 당신 이름은 리펜비스트(Rippenbiest)나 함멜스바데(Hammelswade) 아니면 쉬뉘르바인(Schnürbein)이 아닌가요?" 그러나 난쟁이는 여전히 "그건 내 이름이 아냐."라고 말했습니다. 이윽고 셋째 날에 심부름꾼이 돌아와 말했습니다. "새로운 이름은 단 하나도 알아내지 못했습니다. 그런데 여우와 토끼가 밤 인사를 나누는 숲의 가장자리를 돌아 높은 산으로 올라가는 길이었습니다. 그 곳에 조그만 오두막이 하나 있었고, 오두막

앞에는 모닥불이 활활 타고 있었는데 정말 우스꽝스럽게 생긴 난쟁이가 모닥불 주위를 한쪽 다리로 깡충깡충 뛰면서 소리치고 있었습니다."

'오늘은 빵을 굽고 내일은 술을 빚자,
모레는 왕비의 아이를 데려와야지.
내 이름이 룸펠슈틸츠헨(Rumpelstilzchen)이라는 걸
아무도 모르니 정말 좋구나!'

난쟁이의 이름을 듣고 왕비가 얼마나 좋아했는지는 여러분도 상상할 수 있을 겁니다. 얼마 안 있어 난쟁이가 다시 나타나 "자, 왕비님, 내 이름이 뭘까?"라고 물었습니다. 그러자 왕비는 일부러 다른 이름부터 댔었습니다. "혹시 쿤츠(Kunz)?" "아니야." "그렇다면 하인츠(Heinz)?" "그것도 아니지."

"그렇다면 룸펠슈틸츠헨이지?"

그러자 난쟁이는 "악마가 말해주었구나. 악마가 말해줬어!"라고 울부짖었고 분을 이기지 못해 오른발로 바닥을 쾅쾅 구르다가 난쟁이의 몸뚱이가 허리까지 땅속에 박혀 버렸습니다. 그러고 나서 난쟁이는 분통을 터트리며 이번엔 두 손으로 왼발을 마구 잡아 당겼습니다. 그 바람에 난쟁이의 몸뚱이는 두 동강이로 갈라지고 말았답니다.[9)]

---

9) Brüder Grimm, *Ibid.*, pp. 314-317.

동화 힐링 실습

그림 동화 「룸펠슈틸츠헨」은 이승 존재와 저승 존재가 이름 맞추기 내기를 하는 해학적인 이야기이다. 세상에 짚으로 금을 만들 수 있다면 얼마나 좋겠는가? 현실에서는 불가능한 일이 조건이 어떠하든지 동화에서는 항상 가능하기에 짚을 금실로 자아내는 과제가 이승 존재에게 부여될 때 저승 존재의 도움으로 해결되는 것이다.

어쨌든 동화 서두문에서 이승 존재 방앗간 주인이 딸을 왕에게 출가시키기 위한 꼼수로 잘난 체를 해서 짚을 금으로 만드는 일을 딸이 할 수 있다고 주장한다.

> 옛날에 예쁜 딸을 가진 가난한 방앗간 주인이 있었습니다. 어느 날 왕을 만나 이야기를 나누던 방앗간 주인은 왕에게 "제게는 짚으로 금실을 자을 수 있는 딸이 한 명 있습니다."라고 잘난 체했습니다. 그러자 왕이 방앗간 주인에게 "내 마음에 쏙 드는 훌륭한 재주구나. 그대 말대로 딸이 그렇게 신통한 솜씨를 지니고 있다면 내일 그대의 딸을 궁전으로 데려오너라. 재주를 한번 시험해봐야겠구나."라고 말했습니다.

딸바보 아버지의 지나친 욕심에 의해 눈에 넣어도 안 아플 딸을 왕비로 만들려는 프로젝트가 시작되지만 여주인공인 딸은 실제로 그만한 능력이 없다. 그래서 왕은 믿거나말거나 방앗간 집 딸을 불러서 짚을 금으로 만드는 재주를 테스트하려는 것이다. 모든 것을 가진 왕이 짚을 황금으로 만드는 일에 매우 커다란 관심을 가지며 왕비가 되기에는 신분이 어울리지 않는 방앗간 집 딸을 가까이 불러서 황금 만드는 재주를 시험하려는 것이다. 이것은 황금만능주의에 사로잡힌 가진 자의 지나친 욕심이다. 그러니 동화 서두문에 등장하는 두 남자, 방앗간 주인과 왕은 욕심쟁이로서 전형적인 이드에 몰입하는 자(者)라고 할 수 있다.

어느 날 50대 중반의 남자가 동화치료사를 찾아왔다. 키가 작은 편이고 체구는 뚱뚱한 편이었으며 잔뜩 이마를 찌푸린 표정을 하고 있는, 첫눈에 봐도 불만이 가득한 사람 같았다. 동화치료사가 무슨 일로 찾아왔냐고 물으니 내방자는 한숨을 '휴' 쉬면서 세상에 되는 일이 없다며 딸을 출가시켜야 하는데 사돈될 집이 너무 차이가 나는 부자라 걱정이라는 것이다. 더군다나 부잣집인데도 불구하고 거기에 걸맞은 예단과 혼수품들을 무리하게 요구해서 고민 고민하다가 치료사를 찾아왔다고 한다.

1 동화 제목 연상기법

내방자 N(이니셜)은 딸만큼은 애지중지해서 그런지, 24살 밖에 안 된 딸이 시집가는 게 무척이나 서운하다며 눈가에 눈물까지 보일 정도였다. 일반적으로 가정형편이 어려운 집 딸이 의외로 결혼을 일찍 하는 편이다. 이유야 다양하겠지만, 어려서부터 자기 방이 없어 부모나 동생과 방을 같이 써야 했던 게 의외로 커다란 원인이라고 한다. 내방자도 방이 2개밖에 없는 아파트에서 부부가 한 방을, 자식인 남매가 한 방을 썼으니, 빨리 결혼해서 독립된 방과 좋은 환경에서 살고 싶었으리라 생각되었다.

동화치료사는 동화 제목을 내방자에게 보여주면서 가장 읽고 싶거나 자신의 처지와 비슷하다고 생각되는 동화를 선택하라고 했다. 그러자 N은 한참을 망설이고 이것저것 동화 제목이 적힌 A4 용지를 들었다 놨다 하면서 마침내 그림 동화 「룸펠슈틸츠헨」을 선택했다. 다소 생소할 수도 있는 동화일 텐데 내방자가 선택했기에 그 이유를 물어보니, 어렸을 때 읽었는데 동화내용이 퀴즈를 푸는 것 같아 기억에 가장 남아 있는 동화라 선택했다고 한다.

또한 동화 시작부터 천한 자와 귀한 자의 대조적 관점에서 신데렐라 유형(類型)은 아니지만 방앗간 집 딸이 왕에게 시집가서 왕비가 되는 점이 왠지 자기 딸의 처지와 비슷해서 이 동화를 선택했다고 한다.

2 동화 주제에 따른 분류법

그림 동화 「룸펠슈틸츠헨」의 주제는 지혜와 재치 그리고 과유불급(過猶不及)이다. 여주인공의 지혜와 재치로 조력자이자 가해자인 난쟁이의 이름을 묻는 퀴즈를 해결하고 무사히 자기 아이를 지킬 수 있었기 때문이다. 물론 방앗간 주인의 딸 자랑과 왕의 3번에 걸친 과제 부여와 과제해결이 지나친 권력과 물질에 대한 욕심이라고 할 수 있지만, 이 동화에서는 여주인공과 난쟁이를 중심으로 동화 줄거리가 더 비중 있게 전개되기 때문에 지혜와 재치 그리고 과유불급을 주제로 정한 것이다. 그렇게 3번에 걸친 왕의 과제 부여를 여주인공은 난쟁이와의 거래를 통해 해결한다. 우선 첫 번째 과제를 왕이 방앗간 집 딸에게 부여하는데, 방안 가득히 쌓여 있는 짚을 금실로 자아내는 일이다.

> 다음 날 왕은 궁전에 온 방앗간 집 딸을 짚이 가득 쌓인 방으로 데려가 물레와 북을 주면서 "자, 일을 시작해라. 오늘 밤부터 내일 아침까지 여기 있는 짚을 모두 금실로 자아 내지 못하면 죽은 목숨인 줄 알아라."라

고 말했습니다. 왕은 방을 나가면서 방문을 잠그고 방앗간 집 딸 혼자 남겨 두었습니다.

여주인공이 짚을 금으로 만들지 못하면 죽이겠다고 협박하고, 심지어 달아날까봐 방문조차 잠그는 왕의 모습은 이미 왕의 체통과 권위를 저버린 그저 황금에 눈먼 치졸한 졸장부라고 할 수 있다. 그럼에도 불구하고 왕이라는 타이틀 때문에 방앗간 집 딸은 꼼짝없이 방안에 갇혀 그 과제를 동틀 때까지 해결해야 한다. 참으로 어이없게도 아버지의 지나친 딸 자랑 때문에 여주인공은 시집도 가보기 전에 죽어야 할 처지니 어찌 울음을 터트리지 않겠는가? 그러나 쥐구멍에도 볕들 날이 있다고, 위기의 순간에 조력자가 나타나 여주인공을 도와준다.

가련한 방앗간 집 딸은 어떻게 이 상황을 벗어나야 할 지 몰랐습니다. 그녀는 짚을 금실로 자아내는 방법을 전혀 몰랐고, 점점 무서워진 방앗간 집 딸은 결국 울음을 터트리고 말았습니다. 그때 갑자기 방문이 열리더니 난쟁이가 들어와서 "안녕, 방앗간 집 아가씨, 왜 그렇게 펑펑 눈물을 쏟고 있지?"라고 말했습니다. 처녀는 "아, 짚을 금실로 자아야 하는데 난 어떻게 해야 하는지 모르거든."이라고 대답했습니다. 그러자 난쟁이가 "내가 너 대신 짚을 금실로 자아주면 넌 나에게 뭘 줄래?"라고 물었고, "내 목걸이를 줄게."라고 처녀는 대답했습니다. 난쟁이는 목걸이를 받은 다음 물레 앞에 앉아서 물레를 윙 윙 윙 세 번 돌리자 실패에 금실이 가득 감겼습니다. 난쟁이는 다른 실패를 넣고 윙 윙 윙 물레를 세 번 돌렸고, 두 번째 실패에도 금실이 촘촘하게 감겼습니다. 아침이 될 때까지 난쟁이는 계속 실을 자았습니다. 난쟁이는 방안 가득 쌓인 짚을 남김없이 금실로 자았고 실패마다 금실이 가득 감겼습니다.

여자의 눈물은 남자를 약하게 한다고 울고 있는 여주인공에게 조력자 난쟁이가 나타나서 부여된 과제를 해결해 주면 보답으로 무엇을 줄 것인가를 묻는다. 일반적으로 동화 조력자는 주인공을 무조건 도와주기 마련인데 이 동화에서는 난쟁이가 거래를 통해 방앗간 집 딸을 도와주니, 진정한 조력자의 모습이라고 할 수 없다. 마치 그림 동화 「여섯 마리 백조」의 서두문에서 길을 잃은 왕에게 자기 딸과 결혼해야만 미로에서 구해준다는 마녀의 거래와 비슷하다고 할 수 있다. 그래서 난쟁이를 조력자이자 가해자라고 명명한 것이다.

어쨌든 난쟁이는 여주인공의 목걸이를 받고 짚을 금실로 만들어준다. 역시 저승 존재만이 할 수 있는 마법으로 짚이 금실로 변했다는 사건은 주어진 줄거리의 진행을 위해 앞으로도 두 번 더 행해져야 한다. 이때 내방자 N은 부럽다는 듯이 "나도 그런 난쟁이를 만나면 좋겠다."고 말한다. 어려운 처지에 딸을 시집보내야 하는 입장이니 그런 말을 무심코 내뱉었으리라 생각된다.

> 날이 밝자 왕이 찾아왔고, 방안의 금실을 보고는 깜짝 놀랐습니다. 왕은 기뻐했지만 더 많은 금을 가지고 싶어 했습니다. 그는 방앗간 집 딸을 짚이 가득 쌓인 다른 방으로 데려갔는데 전보다 훨씬 큰 방이었습니다. 그리고 살고 싶으면 그날 밤 안에 짚을 금실로 지으라고 명령했습니다.

방안에 짚 대신에 금실이 가득한 것을 본 왕은 입이 귀에 걸렸고 '이게 웬 떡이냐?'싶어 더 많은 금을 탐낸다. 어찌 보면 왕비가 되기 위한 프로젝트로 여주인공이 감당해야 할 과제이지만 왕의 지나친 욕심이 아무런 벌 받는 결과 없이 계속 진행된다는 스토리는 왠지 아쉬운 동화 줄거리라고 하겠다. 이제 두 번째 과제부여는 첫 번째보다

상승되어 더 큰 방에서 더 많은 짚을 금실로 만드는 과제이다. 동화의 특징인 반복과 상승이 잘 묘사된 것이라고 할 수 있으며, 세 번째에는 더 상승되리라 사료된다. 이번에도 여주인공은 울었고, 난쟁이가 다시 나타나서 거래를 통한 과제해결을 성취한다.

> 처녀는 어찌할 바를 몰라 엉엉 울었습니다. 그때 다시 문이 열리더니 난쟁이가 나타나서 "내가 너 대신 금실을 만들어 주면 너는 내게 뭘 줄 거야?"라고 말했습니다. 처녀는 "손가락에 낀 이 반지를 줄게."라고 대답했습니다. 난쟁이는 반지를 받고 난 후 아침이 될 때까지 윙 윙 윙 물레를 다시 돌리기 시작했습니다. 그러자 짚은 모두 반짝이는 금실이 되었습니다.

두 번째 과제해결을 위한 거래로 여주인공은 손가락에 낀 반지를 준다. 첫 번째에는 목걸이를 두 번째에는 반지를 줌으로써 여주인공이 지닌 보석은 바닥이 난다.

이성적으로 생각하면, 목걸이와 반지 정도는 방안 가득히 쌓인 금실로 수백 개는 살 수 있을 텐데도 난쟁이는 여주인공의 몸에 지녔던 귀중품을 거래 물건으로 요구하는 것이다. 이 목걸이와 반지는 동화의 가베로서 주인공과 조력자이자 가해자를 연결시키는 매개물이며, 궁극적으로는 여주인공이 낳게 될 아이를 거래 물건으로 요구하기 위해 밑지는 장사를 하는 것이다.

동화에서는 삼세 번을 좋아하기 때문에 짚을 황금으로 만드는 과제 부여와 과제해결도 3번 진행되어야 한다. 그래서 왕은 첫 번째보다 두 번째에서 더 많은 금실을 갖게 되어 극한의 기쁨을 표현하지만, 한 번 더 더욱 커다란 방으로 여주인공을 끌고 가서 더 많은 금실을 자아낼 것을 요구하며, 그 보상으로 아내로 맞이할 것을 제시한다.

> 왕은 금실이 가득 쌓인 방을 보고 이루 말할 수 없이 기뻐했습니다. 그러나 왕의 욕심은 그것으로 끝나지 않았고, 왕은 방앗간 집 딸을 짚으로 가득 쌓인 더 큰 방으로 데려가 "오늘 밤에 여기 있는 짚을 모두 금실로 만들어라. 네가 이번에도 이 일을 해낸다면 너를 아내로 삼겠다."라고 말했습니다. 왕은 속으로 "방앗간 집 딸이기는 하지만 이 여자보다 부자인 여자는 이 세상에 없을 거야."라고 생각했습니다.

사실 방앗간 집 딸은 왕하고 결혼할 마음이 없었을지도 모른다. 아버지의 반강제적인 왕비 만들기 프로젝트에 본의 아니게 동원되었다가 목숨을 담보로 여기까지 왔는지도 모른다. 더욱이 왕이 세상에서 가장 부자인 여자와 결혼한다는 고백이 사랑보다는 물질 때문에 결혼을 결심하는 금전결혼의 진수를 보여주는 것이 아니겠는가! 소위 '세기의 결혼'이라고 말하면서 언론을 통해 흘러나오는 왕실이나 대통령 또는 갑부의 정략결혼이 그러한 금전결혼이 아니겠는가!

그러나 동화 내용에서는 여주인공의 이러한 처지와 심리묘사는 읽을 수가 없다. 이게 동화다. 동화는 가벼운 상상력의 유희이기 때문에 복잡하게 얽히고설킨 줄거리보다는 가볍고 즐겁게 읽는 단순한 스토리를 좋아하는 것이다. 어쨌든 세 번째 과제해결을 위한 거래에서 여주인공은 난쟁이에게 줄 물건이 없다. 그러자 난쟁이는 본색을 드러내며 왕비가 되어 낳는 첫째 아이를 거래 물건으로 줄 것을 요구한다. 목걸이도 반지도 더 이상 줄 것이 없는 여주인공이 미래에 일어날 일을 담보로 과제해결을 위한 계약을 체결하는 것은 당연한 일인지도 모른다. 다른 선택이 없지 않는가?

처녀가 혼자 남게 되자 난쟁이가 세 번째로 다시 찾아와 "내가 너 대신 이번에도 짚을 자아주면 나에게 뭘 줄래?"라고 물었고, 처녀는 "이젠 더 줄게 없는걸." 이라고 대답했습니다. "그럼 네가 왕비가 되어 낳는 첫째 아이를 내게 주겠다고 약속할래?" 방앗간 집 딸은 '앞 일이 어떻게 될지 누가 알겠어?'라고 생각했고 곤경에 빠진 처녀에게 다른 방법도 없고 해서 난쟁이의 요구를 들어주기로 약속했습니다. 그 대신 난쟁이는 다시 한 번 짚으로 금실을 만들어 주었습니다.

다음날 아침에 방을 찾아온 왕은 자신이 바라던 대로 짚이 모두 금실로 바뀐 것을 보고 처녀를 아내로 맞았습니다. 이제 아름다운 방앗간 집 딸은 왕비가 되었답니다.

방앗간 집 딸에서 왕비로의 신분 상승은 신데렐라를 꿈꾸는 모든 여성들의 로망이지만 왠지 이 동화의 여주인공에게는 그렇게 기쁘거나 신나지만은 않은 것 같다. 내방자 N도 갑자기 심각한 표정을 지으면서 사랑이 아닌 돈으로 왕비가 된 여주인공이 자신의 딸이 아니어서 다행이라는 말을 한다.

다시 말해, 남녀가 결혼을 할 때 신분의 차이, 빈부의 차이가 문제가 아니라 사랑이 없는 결혼을 하는 게 더 문제라는 인식을 내방자가 동화를 통해 깨달았다는 것이다. 비록 N이 딸을 결혼시키는데 있어 빈부의 차이로 인해 딸의 시댁에서 요구하는 조건을 다 들어줄 형편이 안 될지라도, 딸과 사위의 진실한 사랑이 근간을 이룬다면 어떤 난관도 이겨내리라는 희망이 생겼다는 것이다.

N은 입가에 미소를 지으며 "어디 난쟁이 같은 해결사가 없나요?"라고 묻는다. 동화치료사는 "하지만 현실에시의 해결사는 사채업자나 고리대금업자일 텐데 괜찮겠습니까?"라고 말하면서 내방자와 눈을 마주보며 껄껄껄 웃었다.

3 심리이론 적용법

돈이나 물질이나 사람에 대한 욕망은 프로이트가 말하는 무의식적 욕망이요, 본능적인 욕망이며, 쾌락적 에너지이다. 성적 욕망이나 파괴적 욕망과 마찬가지로 인간에게는 물질에 대한 욕망이 본능적인 에너지로 자라잡고 있다. 그래서 왕의 물욕(物慾)을 채워줘서 왕비가 된 여주인공은 결혼 후 이듬해 아이를 낳는다. 허니문 베이비라고 할 수 있을 정도로 1년도 채 안 돼 아이를 낳은 것을 보면 사랑과 잉태는 별개의 문제인 것 같다. 아무튼 예쁜 아이를 낳자 난쟁이가 찾아와서 약속한 대로 아이를 데려가려고 한다.

> 어느 날 난쟁이가 불쑥 왕비의 방문을 열고 나타났습니다. 그는 "약속한 대로 아기를 달라."고 말했습니다. 왕비는 경악했고 난쟁이가 아이만 데려가지 않는다면 나라의 모든 재산을 다 주겠다고 했습니다.
>
> 하지만 난쟁이는 "아니, 난 세상의 그 어떤 보물보다 살아 있는 아이가 더 좋아."라고 말했습니다. 그러자 왕비는 눈물을 뚝뚝 흘리며 애원했습니다. 난쟁이는 왕비가 불쌍해졌고 "너에게 사흘의 시간을 줄 테니 그때까지 내 이름을 알아내봐. 그러면 아이를 데려가지 않을 테니."라고 말했습니다.

왜 난쟁이는 "세상의 그 어떤 보물보다 살아 있는 아이가 더 좋다"고 할까? 그것은 바로 무생물체인 보물보다 생명체인 아이가 저승 존재에게는 더 좋은 장난감이자 키우는 재미가 있기 때문이다. 동서고금을 통해 아이 유괴는 인류사회의 핫이슈가 되었고, 아이를 내버림과 마찬가지로 동화의 세속적인 모티브이기도 하다. 요즘 세태에도 아이 대신에 반려동물을 키우는 집이 느는 걸 보면 난쟁이의 욕심도 이해되지 않는가? 사람에게는 개나 고양이 등의 짐승이 반려동물이지만 난쟁이에게는 아이가 장난감일 수 있기 때문이다.

어쨌든 이번에도 왕비는 눈물을 흘리면서 애원을 하고 난쟁이는 동화의 하이라이트라고 할 수 있는 3일 안에 '난쟁이의 이름을 맞춰보라'는 수수께끼를 낸다. 수수께끼란 '어떤 사물을 빗대어 말하면서 그 뜻이나 이름을 알아맞히는 놀이'를 말한다. 이렇게 난쟁이를 빗대어 이름을 말하라고 하니, 난쟁이 말고는 그 이름을 누가 알겠는가? 결국 난쟁이 스스로가 아이를 데려올 거라는 흥에 겨워 춤을 추면서 자기 이름을 스스로 내뱉는 순간, 그 곁을 지나던 왕비의 부하가 그 이름을 듣고 알려주는 해프닝이 발생한다.

> '오늘은 빵을 굽고 내일은 술을 빚자,
> 모레는 왕비의 아이를 데려와야지.
> 내 이름이 룸펠슈틸츠헨(Rumpelstilzchen)이라는 걸
> 아무도 모르니 정말 좋구나!'

난쟁이 이름이 '룸펠슈틸츠헨'이란 걸 누가 알 수 있겠는가? 결국 자업자득(自業自得)이자 인과응보(因果應報)로서 난쟁이는 스스로 파멸의 길로 나아가는 것이다. '빵을 굽고, 술을 빚자'는 표현으로 볼 때 난쟁이는 왕비의 아이를 장난감으로 가지고 놀려고 한 게 아니라 잡아먹으려고 계획했다는 것을 알 수 있다. '다된 밥에 코 빠뜨리기'라고나 할까? 애석하게도 난쟁이는 수수께끼에 지고, 그 화를 이겨내지 못해 사지를 찢어죽는 능지처참 형(刑)을 스스로 행한다.

> 얼마 안 있어 난쟁이가 다시 나타나 "자, 왕비님, 내 이름이 뭘까?"라고 물었습니다. 그러자 왕비는 일부러 다른 이름부터 댔었습니다. "혹시

쿤츠(Kunz)?" "아니야." "그렇다면 하인츠(Heinz)?" "그것도 아니지." "그렇다면 룸펠슈틸츠헨이지?" 그러자 난쟁이는 "악마가 말해주었구나. 악마가 말해줬어!"라고 울부짖었고 분을 이기지 못해 오른발로 바닥을 쾅쾅 구르다가 난쟁이의 몸뚱이가 허리까지 땅속에 박혀 버렸습니다. 그러고 나서 난쟁이는 분통을 터트리며 이번엔 두 손으로 왼발을 마구 잡아 당겼습니다. 그 바람에 난쟁이의 몸뚱이는 두 동강이로 갈라지고 말았답니다.

왕비가 심부름꾼으로부터 들은 난쟁이의 이름을 바로 답하지 않고 다른 이름을 대면서 나중에야 '룸펠슈틸츠헨'이라고 한 재치와 지혜가 결국 그녀와 아이를 살리고 가해자이자 적수인 난쟁이를 물리칠 수 있었던 것이다.

난쟁이 자신도 저승 존재로서 악마 못지않은 능력의 소유자인데, 왕비가 악마의 도움으로 자기 이름을 맞췄다고 소리 지르며 오른발로 바닥을 굴러 땅속에 박히는 장면이 우스꽝스러우면서도 어이가 없다. 더욱이 난쟁이가 분통을 못 이겨내서 오른발은 땅속에 묻혀 있으니 두 손으로 왼발을 잡아당김으로써 마치 종이로 만든 인물처럼 반으로 두 동강이 나서 죽는다. 그렇게 이 동화는 난쟁이의 능지처참한 죽음으로 끝난다.

4 커뮤니케이션과 다이얼로그 기법

이미 앞부분에서 깨달음을 얻었던 내방자 N은 자신의 스토리텔링을 다음과 같이 글로 표현함으로써 치료사와의 대화와 소통을 마무리했다.

외모 면에서 키는 작고 체구가 뚱뚱한 편인 나 자신이 난쟁이 같은 느낌이 들었다. 방앗간 주인이 딸을 왕에게 시집보내기 위해 거짓말을 하고 무리를 한 일이 결국은 딸을 왕비로 만들었다는 점에 많은 자극과 공감이 되었으나, 송충이는 솔잎을 먹고 살아야 하듯이 동화 속의 난쟁이 같은 초능력이 없는 나이기에 딸 시집보내는 데 최선을 다하되 무리는 하지 않기로 했다. 가랑이가 찢어지면 안 되지 않겠는가? 하하하. '룸펠슈틸츠헨' 이름은 어렵지만 내 별명으로 삼아야겠다. 앞으로 물질보다는 사랑이 중요하다는 인식을 갖고 살아갈 것이다. 깨달음과 위로를 준 동화치료사님께 진심으로 감사드린다.

내방자 N은 처음 동화치료사를 만났을 때보다 훨씬 가볍고 편한 모습으로 집으로 돌아갔다. 동화치료사는 '이번처럼 일회성으로 사람의 마음이 힐링된다면 너무 좋겠구나!'라고 생각하며 동화의 힘이 새삼 대단하다는 것에 보람을 느꼈다.

10. 사랑하는 롤란트

옛날에 정말 못된 마녀가 살고 있었습니다. 마녀에게는 딸이 둘 있었는데 한 딸은 못생기고 마음씨도 나빴고 또 한 딸은 아름답고 착했습니다. 그런데 마녀는 못생기고 마음씨도 나쁜 딸을 사랑했습니다. 자신의 친딸이었기 때문이랍니다. 그리고 아름답고 마음씨도 고운 딸은 친딸이 아니라는 이유로 미워했습니다. 한번은 의붓딸이 친딸이 마음에 들어 하는 예쁜 앞치마를 두르고 있었습니다. 마녀의 친딸은 앞치마가 너무 탐나서 엄마에게 앞치마를 가지고 싶고 무조건 가져야 한다고 말했습니다. 늙은 마녀는 "얘야, 진정해라. 앞치마를 가지게 될 거야. 그 계집애는 이미 오래 전에 죽을 목숨이었어. 오늘 밤 그 계집애가 잠들면 내가 가서 머리를 잘라버릴 거야. 넌 반드시 침대 안쪽에 누워 있고 그 계집애를 오른쪽 바깥으로 밀어내야 한다. 알았지?"라고 말했습니다. 불쌍한 의붓딸이 구석에 서서 마녀의 이야기를 듣지 못했다면 그녀는 마녀의 손에 죽고 말았을 겁니다. 불쌍한 소녀는 하루 종일 집안에만 있어야 했습니다. 잠잘 시간이 되자 마녀의 딸이 먼저 침대로 올라가 침대 안쪽에 누워버렸답니다. 그러나 마녀의 딸이 잠이 들자 소녀는 마녀의 딸을 조심스럽게 바깥쪽으로 밀어내고 자신은 벽 쪽에 꼭 붙어 누웠습니다. 한밤중이 되자 마녀가 오른손에 도끼를 들고 살며시 방으로 들어왔습니다. 그리고는 왼손으로 침대 바깥쪽에 사람이 누워 있는지 더듬어본 후 두 손으로 도끼를 붙잡고 자신의 딸의 머리를 내리치고 내리쳤답니다.

마녀가 방을 나가자 소녀는 자리에서 일어나서 사랑하는 롤란트에게 갔고, 그의 방문을 두드리자 롤란트가 나왔습니다. 소녀는 "사랑하는 롤란트, 우리 빨리 도망가야 해. 계모가 나를 죽이려고 하다가 그만 친딸을 죽이고 말았어. 해가 뜨면 계모는 자기가 무슨 짓을 했는지 알게 될 거야. 그럼 우리는 죽어." 롤란트는 "네 말대로 하겠지만 우선 계모의 마술지팡이를 가져오자. 그러면 계모가 우리를 쫓아 오지 못할 거야."라고 대답했습니다. 소녀는 마술지팡이를 가져왔고, 마녀의 친딸의 머리를 가져오는데 세 방울의 피가 바닥에 떨어졌습니다. 한 방울은 침대 앞에 또 한 방울은 부엌에 나머지 한 방울은 계단에 떨어졌습니다. 이어서 소녀는 사랑하는 롤란트와 함께 서둘러 도망쳤습니다.

아침이 되었을 때 늙은 마녀는 자리에서 일어나 딸을 불러 의붓딸의 앞치마를 주려고 했지만 아무 대답이 없었습니다. 그녀는 큰 소리로 "얘야 어디 있니?"라고 불렀습니다. 핏방울 하나가 "여기 계단이에요. 청소하고 있어요!"라고 대답했습니다. 마녀는 밖으로 나가보았지만 계단 위에는 아무도 없었습니다. 그래서 다시 "얘야 어디 있니?"라고 소리를 쳤고, 두 번째 핏방울이 "여기 부엌에서 불을 쬐고 있어요."라고 대답했습니다. 마녀는 부엌으로 가 보았지만 역시 아무도 없었습니다. 그래서 다시 "얘야, 어디 있니?"라고 불렀고, 세 번째 핏방울이 "여기 침대에서 자는 중이에요!"라고 대답했습니다. 마녀는 방으로 들어가 침대 쪽으로 갔습니다. 마녀가 과연 무엇을 보았을까요? 자신의 친딸이 피범벅이 된 채 누워 있었습니다. 자신의 친딸이었고, 자기 손으로 직접 친딸의 머리를 잘랐던 겁니다.

마녀는 분노에 떨며 창 쪽으로 뛰어갔습니다. 마녀는 아주 멀리까지 내다 볼 수 있었기 때문에 사랑하는 롤란트와 함께 달아나는 의붓딸을 볼 수 있었습니다. 마녀는 "너희들이 도망쳐 봗자지. 아무리 멀리 도망가도 결국은 내 손바닥 안에 있어."라고 말하면서 한걸음으로 한 시간씩 갈 수 있는 신발을 신고 뒤쫓아 갔습니다. 마녀가 두 사람을 따라잡기까지는 오래 걸리지 않았습니다. 마녀가 따라온 것을 본 소녀는 마술지팡이로 사랑하는 롤란트를 호수로 바꾸고 자신은 호수 한가운데서 헤엄치는 오리로 변신했습니다. 마녀는 호숫가에 서서 빵부스러기를 던져주며 오리를 호숫가로 불러내려고 안간힘을 썼습니다. 하지만 오리는 마녀의 꾐에 빠지지 않았고, 마녀는 저녁이 되자 빈손으로 다시 집으로 돌아갈 수밖에 없었습니다. 마녀가 돌아가자 소녀와 사랑하는 롤란트는 원래의 모습으로 돌아왔고, 그들은 날이 밝을 때까지 밤새도록 걸었습니다. 아침이 되자 소녀는 장미울타리 한복판에 아름다운 꽃으로 변했고 남자는 바이올린 연주자로 변신했습니다. 얼마 안 있어 마녀가 다가와 남자에게 "악사양반, 저 예쁜 꽃을 꺾어도 되우?"라고 물었고, 롤란트는 "그럼요. 제가 음악을 연주해드리지요."라고 말했습니다. 꽃의 정체를 알고 있던 마녀는 서둘러 울타리로 기어들어가 꽃을 꺾으려고 했고, 롤란트는 바이올린을 켜기 시작했습니다. 그러자 마녀는 자기의지와는 상관없이 춤을 추어야만했습니다. 롤란트가 마법의 춤곡을 연주하고 있었으니까요. 롤란트의 연주가 빨라지면 마녀는 어쩔 수없이 더 격렬하게 껑충껑충 뛰었고, 장미가시에 옷이 찢겨져 나가고 가시에 찔려 피가 나고 상처가 났습니다. 그래도 롤란트는 바이올린 연주를 멈추지 않았고 마녀는 죽어 나자빠질 때까지 춤을 추어야 했습니다.

이렇게 소녀와 사랑하는 롤란트는 마녀의 손아귀에서 벗어났습니다. 롤란트가 "이제 나는 아버지에게 가서 결혼식을 준비하겠어."라고 말했고, 소녀는 "그동안 나는 여기서 너를 기다리고 있겠어. 다른 사람이 나를 알아보면 안 되니까 들판의 붉은 돌로 변해 있을게."라고 대답했습니다. 롤란트가 떠나고 소녀는 들판에서 붉은 돌로 변하여 연인을 기다렸습니다. 하지만 집으로 돌아간 롤란트는 다른 여자의 유혹에 넘어가 소녀를 잊고 말았답니다. 불쌍한 소녀는 오랜 시간 돌이 되어 서있었지만 롤란트는 결국 돌아오지 않았습니다. 슬픔에 빠진 소녀는 꽃으로 변했고 "누군가 와서 나를 짓밟을 거야."라고 생각했습니다.

어느 날 양치기가 소녀가 있는 들판에서 양을 치고 있다가 꽃을 발견했고, 꽃이 너무 아름다워서 꽃을 꺾어서는 집으로 가져가 상자 안에 넣어 두었습니다. 그때부터 양치기의 집에서는 놀라운 일들이 벌어졌습니다. 양치기가 아침에 일어나면 집안이 말끔하게 정돈되어 있었습니다. 방은 깨끗이 청소되어 있었고 식탁과 의자도 말끔히 닦여 있었으며, 누군가 화덕에 불을 피워놨고 물도 길어다 놓았습니다. 점심 때 양치기가 집으로 돌아와 보면 식탁에 맛있는 음식이 차려져 있었으며, 양치기는 어떻게 이런 일이 생기는지 도대체 알 수가 없었습니다. 양치기는 혼자 살고 있었고 이 작은 오두막에 다른 사람이 숨어 있을 리도 없었으니까요. 누군가가 이렇게 집안일을 훌륭히 해주는 것이 좋기는 했지만 아무래도 걱정스러워 양치기는 점쟁이를 찾아가 도움을 청했습니다. 점쟁이는 "마술의 힘 때문이지. 꼭두새벽에 일어나 방안에 움직이는 것이 있는지 살펴보게나. 움직이는 것이 보이면 그건 그대로 두고 재빨리 흰 천을 그리로 던지게. 그러면 마술의 힘은 더 이상 작용하지 않을 거야."라고 말했습니다. 양치기는 점쟁이가 시키는 대로 했습니다.

다음날 동이 트자 상자가 열리면서 꽃이 나오는 것이 보였습니다. 양치기는 재빨리 달려가 흰 천을 그 위에 던졌습니다. 그러자 꽃은 아름다운 소녀로 변신해서 양치기 앞에 서있었습니다. 소녀는 자신이 꽃이었고 양치기를 위해 지금까지 집안일을 했다고 털어놓았고 소녀 자신의 이야기도 들려주었습니다. 소녀가 마음에 든 양치기는 소녀에게 결혼 의사를 물었지만 소녀는 "안 됩니다."라고 대답했습니다. 비록 롤란트가 자신을 떠났지만 소녀는 사랑하는 롤란트에게 충실하고 싶었습니다. 그러나 소녀는 양치기의 집에 머물면서 집안일은 계속해주겠다고 약속했습니다.

드디어 롤란트의 결혼식 날이 되었습니다. 나라 안의 모든 처녀들이 결혼식에 참석해서 신랑신부에게 축하의 노래를 불러주는 나라의 오랜 전통이 있었습니다. 여전히 롤란트를 사랑하는 소녀는 이 소식을 듣고 가슴이 터질 정도로 슬펐습니다. 그녀는 결혼식에 가지 않으려고 했는데 다른 처녀들이 와서 그녀를 데려갔습니다. 처녀는 노래할 차례가 될 때마다 뒤로 물러났습니다. 마침내 다른 처녀들이 모두 노래를 불렀고 이제 그녀만 남았고, 더 이상 피할 수가 없었습니다. 소녀가 노래를 부르기 시작하자 그 노랫소리를 들은 롤란트는 벌떡 일어나 "내가 알고 있는 목소리야. 그 목소리의 주인공이 바로 나의 진짜 신부야. 그녀만이 나의 신부야."라고 외쳤습니다. 그가 잊었던 모든 것들, 그의 기억에서 희미해졌던 모든 것들이 갑자기 다시 롤란트의 마음을 가득 채웠습니다. 이렇게 하여 충실한 소녀는 사랑하는 롤란트와 결혼식을 올렸으며, 슬픈 시간은 다 지나갔고 행복한 시간만이 다가왔습니다.[10)]

10) Brüder Grimm, *Ibid.*, pp. 318-321.

동화 힐링 실습

그림 동화 「사랑하는 롤란트」는 동화 제목에서도 언급했듯이 사랑하는 남녀의 애틋한 러브스토리이다. 하지만 단순한 사랑이야기가 아니라 마술적이고 초현실적인 사건이 가미된 마법적 이야기이기도 하다. 특히 동화의 시작 부분에서 계모인 마녀의 사악함이 여주인공을 가해하고 친딸을 편애함으로써 전형적인 가해자의 역할을 한다.

> 옛날에 정말 못된 마녀가 살고 있었습니다. 마녀에게는 딸이 둘 있었는데 한 딸은 못생기고 마음씨도 나빴고 또 한 딸은 아름답고 착했습니다. 그런데 마녀는 못생기고 마음씨도 나쁜 딸을 사랑했습니다. 자신의 친딸이었기 때문이랍니다. 그리고 아름답고 마음씨도 고운 딸은 친딸이 아니라는 이유로 미워했습니다. 한번은 의붓딸이 친딸이 마음에 들어 하는 예쁜 앞치마를 두르고 있었습니다. 마녀의 친딸은 앞치마가 너무 탐나서 엄마에게 앞치마를 가지고 싶고 무조건 가져야 한다고 말했습니다.

동화는 극단적인 대조를 좋아하기 때문에 아름답고 착한 진짜 주인공과 못생기고 못된 가짜 주인공을 대조적으로 묘사한다. 그 딸의 그 어머니라고 마녀인 계모는 친딸이 갖고 싶어 하는 의붓딸의 앞치마를 빼앗아주기 위해 여주인공을 죽일 계획을 짠다. 의붓언니 것을 무조건 가져야한다는 가짜 주인공의 못된 욕심을 충족시키기 위해 마녀는 친딸에게 잠잘 때 침대 안쪽에서 자고 의붓딸을 바깥쪽에 자게 하여 도끼로 목을 칠 계획을 짠다. 그러나 이 계획을 우연히 알게 된 진짜 주인공은 침대의 안쪽에서 자고 있던 가짜 주인공을 바깥쪽으로 밀고는 안쪽에서 잤다.

> 한밤중이 되자 마녀가 오른손에 도끼를 들고 살며시 방으로 들어왔습니다. 그리고는 왼손으로 침대 바깥쪽에 사람이 누워 있는지 더듬어본 후 두 손으로 도끼를 붙잡고 자신의 딸의 머리를 내리치고 내리쳤답니다.

결국 가짜 주인공은 동화 줄거리의 초반부에 자기 엄마의 도끼질에 의해 죽임을 당한 채 세 방울의 핏방울만 남기고 줄거리 선상에서 사라지는 것이다. 대부분의 진짜와 가짜 주인공이 나오는 동화에서는 동화 끝부분까지 가짜 주인공이 나타나는데 이 동화에서는 유난히 짧게 등장하고는 사라지는 것이다.

한번은 40대 중반의 여성이 동화치료사를 찾아왔다. 체구도 작고 안경을 끼고 있었고 머리카락은 보라색으로 염색했으며 마른 편이었다. 동화치료사가 무슨 일로 찾아왔냐고 물으니, 내방자 S는 정신이 혼란스럽고 내가 과연 잘 살고 있는 것인지? 치료사와 이야기 좀 하고 싶어서 왔다고 한다. 또한 남편과 법적으로 이혼하고 나서도 남의 시선을 의식하여 주변에다가는 이혼한 게 아니라고 하면서도 직장 내에서 여러 남자와 어울리고 있다고 한다. 아이는 없다고 한다.

1 동화 제목 연상기법

동화치료사는 동화 제목을 하나씩 적은 파일을 프레젠테이션으로 화면에 띄우면서 내방자 S에게 가장 기억나거나 다시 읽고 싶은 동화를 선택하라고 했다. S는 한참을 고심하더니 그림 동화 「사랑하는 롤란트」를 선택했다. 그 이유는 마녀에게 쫓겨서 애인과 도망치다가 본의 아니게 헤어졌다가 우렁각시처럼 다른 남자의 살림을 해줬다가 결국은 롤란트가 다른 여자와 결혼식을 올릴 때 축가를 부르러 나온 여주인공을 알아보고 그녀와 결혼하는 동화 줄거리가 왠지 남의 이야기 같지 않다는 것이다.

무엇보다도 S는 대학시절 얼떨결에 남편을 만나 결혼하였고 수십 년을 애는 없었지만 그런대로 부부관계를 유지하고 살았는데, 남편의 사업실패로 인한 빚 때문에 이혼하게 되었다고 한다. 그런 사실을 작장동료는 대부분 몰랐지만, 유독 S를 쫓아다니는 H가 유부남임에도 술자리를 자주하면서 내용을 알게 되었고, 급속도로 친해졌으며, 술기운으로 넘지 말아야 할 선도 넘었다는 것이다. 한번 시작된 관계는 걷잡을 수 없게 되었고, 더욱 술을 많이 마시게 되었으며, 또 다른 젊은 직장동료 J와 어울려 필름이 끊길 정도로 취해 호텔로 가서 자는 등 정신없는 삶을 살았다고 한다. 이렇게 살 수는 없다고 결심하고 신앙생활을 시작했고, 그 덕에 술을 끊었지만 남자들과의 성적 관계는 집요할 정도로 이어져서 여전히 혼란스럽고 종잡을 수가 없어 동화치료사를 찾아왔다는 것이다.

2 동화 주제에 따른 분류법

그림 동화 「사랑하는 롤란트」의 주제는 사랑이다. 동화 초반에 계모가 의붓딸을 죽이려다가 친딸을 살해하는 사건이 일어나고 의붓딸을 추격하여 잡아 죽이려는 일이 벌어지지만, 근본적으로 이 동화의 주제는 청춘남녀의 사랑이라고 할 수 있다. 동화 주인공은 마녀의 가해와 추적에서 벗어나기 위해 사랑하는 롤란트와 함께 도망친다. 이때 롤란트는 지혜를 발휘하여 마녀의 마술지팡이를 훔쳐가지고 달아나자고 제안한다.

> 소녀는 "사랑하는 롤란트, 우리 빨리 도망가야 해. 계모가 나를 죽이려고 하다가 그만 친딸을 죽이고 말았어. 해가 뜨면 계모는 자기가 무슨 짓을 했는지 알게 될 거야. 그럼 우리는 죽어." 롤란트는 "네 말대로 하겠지만 우선 계모의 마술지팡이를 가져오자. 그러면 계모가 우리를 쫓아오지 못할 거야."라고 대답했습니다. 소녀는 마술지팡이를 가져왔고, [……] 이어서 소녀는 사랑하는 롤란트와 함께 서둘러 도망쳤습니다.

여주인공을 죽이려고 쫓아오는 마녀의 추격에 "우리는 죽어"라고 말하면서 당연히 남주인공과 함께 도망치려는 소녀의 모습에서 두 사람의 연인관계가 보통사이가 아니라는 점을 짐작할 수 있다. 더욱이 롤란트는 "네 말대로 하겠지만 우선 계모의 마술지팡이를 가져오자. 그러면 계모가 우리를 쫓아 오지 못할 거야."라고 침착하게 말하면서 당황하여 달려온 소녀를 안심시키고 마녀의 핵심무기인 마술지팡이를 훔쳐오게 한다. 이어서 주인공 커플은 마녀의 마술지팡이를 가지고 함께 도망친다.

그림 동화 「백설 공주」에서 계모가 소유하고 있는 '마법의 거울'은 그 주인인 사악한 왕비의 질문에 대답하고 백설 공주를 가해하는 데 도와주는 반면에, 이 동화에서는 마술지팡이가 마녀의 소유물이지만 소녀가 훔쳐내어 가지고 도망치니 주인공 커플을 위해 마법을 행한다. 다시 말해 동화에 등장하는 가베는 그 소유한 사람의 명령에 따라 마법을 행하는 게 일반적인데, 이 동화에서는 주인이 바뀠다고 해서 새 주인의 명령에 따라 그 능력을 행하는 것이다. 그래서 소녀는 추적하는 마녀의 눈을 속이기 위해 마술지팡이를 사용하여 본인은 오리로, 롤란트는 호수로 변신시킨다.

마녀가 따라온 것을 본 소녀는 마술지팡이로 사랑하는 롤란트를 호수로 바꾸고 자신은 호수 한가운데서 헤엄치는 오리로 변신했습니다. 마녀는 호숫가에 서서 빵부스러기를 던져주며 오리를 호숫가로 불러내려고 안간힘을 썼습니다. 하지만 오리는 마녀의 꾐에 빠지지 않았고, 마녀는 저녁이 되자 빈손으로 다시 집으로 돌아갈 수밖에 없었습니다.

변신과 기적이 동화의 추상적 문체의 특징이기 때문에 사람이 오리로 변신했다는 것은 어느 정도 이해가 가지만, 사람이 호수로 변신했다는 것은 엄청난 마법의 비약(飛躍)이다. 하지만 사랑하는 연인끼리 호수 같은 남자의 품안에 안긴 오리 같은 여자를 묘사한 것이라면 얼마나 멋진 표현이란 말인가! 그림 동화 「충신 요한네스」에서 젊은 왕이 황금머리의 공주의 그림을 본 뒤 공주를 향한 사랑에 사로잡혀서 "그녀를 향한 나의 사랑이 너무 크다오. 비록 나무에 매달린 모든 나뭇잎들이 혀라고 할지라도, 그 사랑을 다 표현할 수 없을 거요."라고 고백하듯이, 동화 속의 사랑고백은 상상을 초월한다.

이 대목에서 내방자 S는 이혼한 남편이 대학시절 선술집에 앉아 자기와 술을 마시면 그런 식의 표현을 자주했다고 한다. 예를 들어보라고 하니, 유치하지만 "그대 없는 내 인생은 앙꼬 없는 찐빵이요, 고무줄 없는 팬티요, 단무지 없는 김밥이요 ……."라고 약간 수줍어하며 말한다. 그래서 결혼한 사이인데 어떻게 이렇게 인생이 꼬였는지 모르겠다며, S는 갑자기 침울해졌다.

마녀가 오리로 변한 의붓딸을 알아채고는 비스킷을 던져주며 꼬시려고 했지만 그 일에 실패하고 소득 없이 집으로 돌아가게 된다. 다음날 마녀가 다시 주인공 커플을 추적하자, 소녀는 장미꽃으로, 롤란트는 바이올린 연주자로 변신한다. 이번에도 꽃으로 변한 의붓딸을 꺾어서

없애려고 접근하는 마녀를 롤란트가 바이올린을 연주하여 춤추면서 죽게 만든다.

> 마녀가 돌아가자 소녀와 사랑하는 롤란트는 원래의 모습으로 돌아왔고, 그들은 날이 밝을 때까지 밤새도록 걸었습니다. 아침이 되자 소녀는 장미울타리 한복판에 아름다운 꽃으로 변했고 남자는 바이올린 연주자로 변신했습니다. 얼마 안 있어 마녀가 다가와 남자에게 "악사양반, 저 예쁜 꽃을 꺾어도 되우?"라고 물었고, 롤란트는 "그럼요. 제가 음악을 연주해드리지요."라고 말했습니다. 꽃의 정체를 알고 있던 마녀는 서둘러 울타리로 기어들어가 꽃을 꺾으려고 했고, 롤란트는 바이올린을 켜기 시작했습니다. 그러자 마녀는 자기의지와는 상관없이 춤을 추어야 만했습니다. [……] 롤란트의 연주가 빨라지면 마녀는 어쩔 수없이 더 격렬하게 껑충껑충 뛰었고, 장미가시에 옷이 찢겨져나가고 가시에 찔려 피가 나고 상처가 났습니다. 그래도 롤란트는 바이올린 연주를 멈추지 않았고 마녀는 죽어 나자빠질 때까지 춤을 추어야 했습니다.

그림 동화 「백설 공주」의 마지막 장면에서 사악한 왕비가 붉게 달궈진 쇠구두를 신고 죽을 때까지 춤을 춰야 했듯이, 사악한 마녀도 바이올린 연주에 맞춰 죽을 때까지 춤을 추는 것이다. 춤추다 죽었으니 여한은 없겠지만, 웃다 죽는다든가 혹은 먹다가 죽는다든가 혹은 섹스하다 죽는다든가 하는 장면은 지옥(地獄)에서나 가능한 이야기라고 할 수 있다. 일반적으로 동화 종결문에서 적수나 가해자가 처벌받는 장면으로 끝나는데, 이 동화에서는 동화 줄거리의 중반부에서 마녀가 죽는 것이다.

3 심리이론 적용법

동화에서 선한 존재가 주인공이고 악한 존재가 가짜 주인공이듯이 현실에서도 사람들은 선(善)하거나 악(惡)하다. 이미 기원전 3세기경에 맹자(孟子)가 성선설(性善說)을 주장한 반면에, 순자(荀子)는 성악설(性惡說)을 주장했으니, 인간의 천성은 양면적으로 선하거나 악하다고 할 수 있다. 그러나 주변사람들을 둘러보면 겉은 선한데 속은 악한 사람, 반대로 겉은 악한데 속은 선한 사람, 겉과 속이 다 악한 사람, 반대로 겉과 속이 모두 선한 사람 등으로 나눌 수가 있다.

예를 들면, A타입(type)은 자기 가족에게는 한없이 착하고 다정한 존재인데, 밖에서는 신경질적이고 못된 존재로 생활한다. B타입은 반대의 경우이다. 집에서는 온갖 악한 말과 행동으로 가족을 공포의 분위기로 몰고 가는데, 직장이나 밖에서 만난 사람들에게는 한없는 따듯함과 부드러운 말로 선한 자로 간주된다. 또한 C타입은 집에서나 밖에서나 한결같이 선한 존재로 생활하는 반면에, D타입은 반대로 안이나 밖에서 모두 악한 존재로 생활한다. 동서고금을 통해 대부분의 인간들은 이러한 4가지 타입으로 나눠진다. 물론 D타입의 인간이 되기를 바라는 사람은 없을 것이다. 그러나 유감스럽게도 그런 타입이 엄연히 존재하며, 사건사고 뉴스의 일면(一面)을 장식하는 자들이라고 할 수 있다. 그런 자들은 애초 태어나지 않으면 좋을 자로 간주되지만, 그걸 누가 알겠는가? 한편 C타입의 인간들만 세상에 존재한다면 얼마나 좋을까? 누구보다도 동화치료사가 그런 타입의 존재여야 한다. 적어도 교육자나 사역자 등 남에게 본을 보여야 하는 직업은 천성이 착하고 선한 C타입의 인간이 맡으면 좋겠다는 말이다. A와 B타입은 교육과 치료 그리고 깨달음을 통해 고칠 수도 있다.

그림 동화 「사랑하는 롤란트」에서도 가해자 마녀와 가짜 주인공

친딸은 D타입이고, 주인공 소녀는 C타입이며, 롤란트는 A타입이라고 할 수 있다. 못된 마녀와 친딸이 D타입이라는 데는 이론(異論)의 여지가 없을 것이다. 주인공 소녀도 처음부터 끝까지 착한 천성을 유지하고 있으니 C타입임이 분명하고, 롤란트가 A타입이라는 것에 대해서는 약간의 증명이 필요하다. 우선 롤란트는 마녀가 죽어서 소녀와 결혼하는 데 아무런 장애가 없는데도 결혼식을 준비한다고 핑계 대면서 집으로 돌아간 뒤 다른 여자의 유혹에 넘어가 소녀를 잊어버린다.

> 롤란트가 "이제 나는 아버지에게 가서 결혼식을 준비하겠어."라고 말했고, 소녀는 "그동안 나는 여기서 너를 기다리고 있겠어. 다른 사람이 나를 알아보면 안 되니까 들판의 붉은 돌로 변해 있을게."라고 대답했습니다. 롤란트가 떠나고 소녀는 들판에서 붉은 돌로 변하여 연인을 기다렸습니다. 하지만 집으로 돌아간 롤란트는 다른 여자의 유혹에 넘어가 소녀를 잊고 말았답니다. 불쌍한 소녀는 오랜 시간 돌이 되어 서있었지만 롤란트는 결국 돌아오지 않았습니다.

천성이 착하고 선했던 롤란트가 사랑하는 소녀와 함께 마녀의 추적에서 벗어난 후 바로 결혼할 줄 알았는데, 결혼식을 준비하러 집으로 갔다가 다른 여자의 유혹에 넘어가서 소녀를 잊어버렸다고 하니 딱 A타입이라고 할 수 있다. 그러한 A타입이 동화 말미에서 깨달음에 의해 다시 선한 존재로 돌아오는 해피엔딩을 맛보게 된다.

> 소녀가 노래를 부르기 시작하자 그 노랫소리를 들은 롤란트는 벌떡 일어나 "내가 알고 있는 목소리야. 그 목소리의 주인공이 바로 나의 진짜 신부야. 그녀만이 나의 신부야."라고 외쳤습니다. 그가 잊었던 모든 것들, 그의 기억에서 희미해졌던 모든 것들이 갑자기 다시 롤란트의 마음을

가득 채웠습니다. 이렇게 하여 충실한 소녀는 사랑하는 롤란트와 결혼식을 올렸으며, 슬픈 시간은 다 지나갔고 행복한 시간만이 다가왔습니다.

'끝이 좋아야 모든 게 좋다!(Ende gut, alles gut!)'라는 독일 격언에 따라서 A타입의 롤란트는 결혼식 당일에 잊고 있던 소녀의 노랫소리를 깨닫고는 원래의 선한 존재로 돌아가 진짜 신부와 결혼하게 되는 것이다. 롤란트가 깨달은 것은 단순히 소녀의 목소리뿐만이 아니었고, '잊었던 모든 것들, 기억에서 희미해졌던 모든 것들'을 깨닫는 것이며, 이것이 융이 말하는 자기실현을 의미하는 것이다. 즉, 롤란트는 사랑하는 소녀에 대한 사랑을 잠재의식에서 의식으로 끌어올림으로써 본인의 진정한 아니마를 찾아냈고, 결혼을 통해 소녀의 아니무스와 하나가 되는 대극합일의 기쁨을 맛보는 것이다.

4 커뮤니케이션과 다이얼로그 기법

내방자 S는 그림 동화「사랑하는 롤란트」를 가지고 치료사와 커뮤니케이션과 다이얼로그 기법에 따라 상담한 결과를 다음과 같이 스토리텔링 했다.

대학시절 남편을 만나 철없이 결혼생활을 한 것 같아요. 그때 이 동화 주인공 커플처럼 진정한 사랑으로 맺어졌으면 어떤 난관도 이겨냈을 텐데 말이죠. 롤란트가 소녀를 떠났다가 다시 돌아온 것처럼 나도 이혼한 남편에게 돌아가는 게 맞는 것 같아요. 그러나 그동안 너무 많은 짓을 했어요. 지금 남몰래 만나는 직장동료를 정리하는 게 급선무에요. 그는 유부남이니 그냥 나를 놔줬으면 좋겠어요. 만약 안 놔주면…… 내가 뿌리치고 마음을 정화한 후 남편에게 갈래요. 그가 받아줄까요? 사실 나는 남자 없이는 못살겠어요. 내가 D타입인 것 같아요. 나쁜 년이죠. 양심도 없는 년이에요. 으흐흑…….

S는 이렇게 말하고는 말을 더 이상 잇지 못했다. 그래도 희망적인 것은 자신을 D타입이라고 스스로 고백하고, 나쁜 여자, 양심도 없는 여자라고 깨달은 점이다. 양심은 슈퍼에고에서 나온 도덕적 에너지를 말한다. 이드에 사로잡혀 온갖 부정을 저지른 자가 어찌 양심을 운운하겠느냐마는 그래도 양심도 없다고 고백한 점이 S에게는 희망적이라고 할 수 있다. 동화치료사는 이렇게 동화를 바탕으로 내방자를 힐링해야 하지만 결과는 내방자 스스로 깨닫는 데 있음을 확인할 수 있었다. 앞으로 S가 어떤 삶을 살지는 장담할 수 없지만 적어도 지금까지의 혼란스럽고 자기를 잃어버린 삶은 살지 않을 거라는 기대하에 내방자를 조금은 가벼운 마음으로 배웅할 수 있었다.

11. 털북숭이

옛날에 한 왕이 살았는데, 그의 아내는 금발이었고 이 세상 누구보다도 아름다웠습니다. 그런데 어느 날 왕비는 병에 걸렸고, 자신이 얼마 못 살 것 같아 왕을 불러 "제가 죽은 다음 당신이 다시 결혼하게 되면 저처럼 아름다운 여자와 하세요. 그리고 저와 같은 금발머리를 가진 여자와 하셔야 합니다. 그렇게 하겠다고 약속해주세요."라고 말했습니다. 왕의 약속을 받은 왕비는 편안히 숨을 거두었습니다.

왕은 오랫동안 슬픔에 빠져 있었고 새 아내를 맞을 생각은 하지도 않았습니다. 마침내 신하들은 "폐하, 이대로는 안 됩니다. 다시 결혼하셔야 합니다. 그래야 저희도 왕비님을 모시지요."라고 말했습니다. 그리하여 죽은 왕비의 미모에 버금가는 신부를 찾기 위해 사신들이 곳곳을 뒤졌지만 이 세상 어디에도 그런 여자는 없었습니다. 죽은 왕비와 같은 여자를 찾았다 싶으면 금발이 아니었습니다. 그래서 사신들은 아무 성과 없이 돌아올 수밖에 없었습니다.

그런데 왕에게는 죽은 왕비 못지않게 아름답고 머리도 금발인 딸이 한 명 있었습니다. 딸은 무럭무럭 성장했습니다. 어느 날 왕은 다 큰 딸이 세상을 떠난 엄마와 모든 면에서 닮았다는 것을 문득 깨달았고, 뜻밖에 딸에게 격렬한 사랑을 느끼며 신하들에게 "내 딸을 아내로 맞아야겠다. 죽은 아내를 쏙 빼닮았어. 세상어디에도 내 딸만큼 자기 엄마를 닮은 여자는 없지 않느냐?"라고 말했습니다. 신하들은 왕의 말을 듣고 경악하며 "하나님께서 아버지가 딸을 아내로 맞지 못하도록 하셨습니다. 그런 죄를 저지르시면 좋지 않은 일이 생길 수 있습니다. 나라가 망할 수도 있습니다.'라고 말했습니다. 아버지의 결심을 들은 딸은 신하들보다 더 기가 막혔습니다. 하지만 딸은 아버지의 생각을 바꿀 수 있다는 희망을 버리지 않았습니다. 딸은 아버지에게 가서 "저에게 태양과 같은 금빛 옷과 달과 같은 은빛 옷, 그리고 별처럼 빛나는 옷을 세벌을 해주셔야지 소원대로 아버지와 결혼할 수 있어요. 그리고 수천 마리 짐승의 털가죽을 붙여 만든 외투도 필요해요. 나라 안의 모든 짐승의 피부에서 한 조각씩 잘라 만든 외투여야 해요. 반드시 그래야 해요.'라고 말했습니다. 공주는 '아버지는 내가 요구한 옷들을 절대 만들어주지 못할 거야. 그럼 할 수 없이 아버지는 자신의 나쁜 뜻을 꺾게 될 거야.'라고 생각했습니다. 그러나 왕은 자신의 의지를 꺾지 않았고, 그 나라에서 솜씨 면에서 둘째가라면 서러운 처녀들을 불러들여 태양과 같은 금빛 옷과 달과 같은 은빛 옷, 그리고 별처럼 빛나는 옷을 짜도록 명령했습니다. 그리고 사냥꾼들은 나라 안의 짐승들을 남김없이 잡아다가 피부를 한 조각씩 떼어냈습니다. 그리하여 수천 개의 거친 모피 조각들로 외투 한 벌이 만들어졌습니다. 드디어 모든 준비가 끝나자 왕은 외투를 가져오게 해 딸 앞에 펼쳐 놓으며 "내일은 결혼식을 올리겠다."고 말했습니다.

공주는 아버지의 마음을 돌릴 희망이 더 이상 없음을 알고 도망치기로 결심했습니다. 그날 밤 모두가 잠든 틈을 타 공주는 자리에서 일어나 자신의 소중한 물건 세 가지를 챙겼습니다. 황금반지와 작은 황금물레 그리고 작은 황금실패였습니다. 공주는 해와 달과 별과 같은 옷 세 벌도 호두껍데기에 담고 털가죽이 잔뜩 달린 외투를 입고 숯검정으로 얼굴과 손을 검게 칠했고, 하나님께 모든 것을 맡기고는 길을 떠났습니다. 밤새도록 걸어서 커다란 숲에 도착한 공주는 피곤에 지쳐서 속이 빈 나무 속에 앉아 그대로 잠이 들었습니다.

아침이 밝아 왔는데도 공주는 계속 자고 있었습니다. 해가 중천에 떴지만 공주는 깨어날 줄 몰랐습니다. 그때 숲의 주인인 한 왕이 그곳으로 사냥을 왔습니다. 왕의 사냥개들은 공주가 있는 나무로 달려가서 코를 벌름거리며 냄새를 맡았고 나무 주위를 빙빙 돌면서 짖어댔습니다. 왕은 사냥꾼들에게 "저 빈 나무 안에 어떤 짐승이 숨어 있는지 보고오너라!"라고 말했습니다. 왕의 명령대로 나무를 살펴 본 사냥꾼들은 왕에게 "나무 안에 기괴한 짐승이 누워 있어요. 난생 처음 보는 짐승입니다. 피부는 수천 가지의 모피로 되어 있는데 아직 자고 있습니다."라고 전했습니다. 왕은 "조심해라! 산 채로 잡아와야 하느니라. 마차에 묶어 성으로 데려가자."라고 말했습니다. 왕의 명령대로 사냥꾼들이 갑자기 쳐들어가자 공주는 까무러칠 듯 놀라며 깨어났고, 그들에게 "저는 아버지와 어머니에게 버림받은 불쌍한 아이랍니다. 제발 저를 가엽게 여기시고 함께 데려가주세요."라고 외쳤습니다. 사냥꾼들은 "너 같은 털북숭이는 부엌에서 일하기 안성맞춤이지. 같이 가자. 너는 부엌에서 재 치우는 일을 할 수 있을 게다."라고 대답했습니다. 그렇게 왕의 일행은 공주를 마차에 태워 왕궁으로 돌아갔습니다. 그들은 공주를 볕도 들어오지 않는 계단 밑에 있는 작은 우리로 데려가서는 '털북숭이야, 네가 묵고 잘 방이다.'라고 말했습니다. 그러고 나서 공주를 부엌으로 데려갔습니다. 공주는 땔감과 물을 나르고 불을 지피고 닭털을 뽑고 야채를 다듬고 재를 치우는 등 온갖 더럽고 궂은일들을 다했습니다.

털북숭이 공주는 오랫동안 정말 불쌍하게 살았답니다. 아, 아름다운 공주님, 당신의 운명은 어떻게 될까요? 어느 날 성에서 연회가 베풀어졌을 때 털북숭이는 요리사에게 "잠깐 위로 올라가서 구경해도 될까요? 안에 들어가지 않고 문 밖에 서서 볼게요."라고 물었습니다. 요리사는 "그래 다녀와라. 하지만 30분 안에 무슨 일이 있어도 다시 돌아와 재를 치워야 해."라고 대답했습니다.

털북숭이 공주는 작은 등잔불을 들고 자신의 우리로 가서 모피외투를 벗었고, 얼굴과 손에 숯검정을 깨끗이 씻어내자 빛나는 아름다운 모습이 그대로 다시 드러났습니다. 공주는 호두껍데기를 열고 해처럼 눈부신 옷을 꺼내 입었습니다. 준비를 마친 공주는 무도회장으로 올라갔고, 모든 사람이 그녀에게 길을 내주었습니다. 아무것도 모르는 사람들은 그녀가 어느 나라의 공주라고 생각했습니다. 왕이 공주에게 다가와서 손을 내밀고 공주와 춤을 추었습니다. 왕은 '이토록 아름다운 여자는 평생 처음 보는 걸.'이라고 생각했습니다. 춤이 끝나자 공주는 왕에게 허리 굽혀 인사를 하고는 바람처럼 사라졌습니다. 왕이 주위를 둘러보았을 때는 이미 공주가 사라진 뒤였습니다. 아무도 공주가 어디로 갔는지 몰랐습니다. 성문을 지키던 경비병들을 불러 캐물었지만 공주를 본 경비병은 없었습니다.

그 사이에 공주는 우리로 달려가 빨리 옷을 갈아입고 얼굴과 손을 다시 검게 만든 다음 모피외투를 걸쳤습니다. 이렇게 다시 털북숭이 공주가 되었습니다. 공주는 부엌으로 다시 돌아와 재를 치우는 일을 하려고 했습니다. 그때 요리사는 "그 일은 내일 하도록 하고 우선 폐하께서 드실 수프를 끓여라. 나도 위에 올라가 무도회를 잠시 구경하고 싶구나. 수프에 머리카락 한 올이라도 떨어뜨리는 날에는 앞으로 밥 구경도 하지 못할 줄 알아.'라고 말했습니다. 요리사는 밖으로 나갔고 털북숭이 공주는 왕을 위해 수프를 끓였습니다. 공주는 온갖 솜씨를 발휘해서 빵 수프를 만들었습니다. 수프가 다 끓자 공주는 우리에서 자신의 금반지를 가져와 수프접시에 넣었습니다. 무도회가 끝나자 왕은 수프를 가져오라고 해서 먹기 시작했습니다. 수프는 정말 맛있었습니다. 왕은 이렇게 맛있는 수프를 먹어 본 사람은 없을 거라고 말했습니다. 왕이 수프를 깨끗이 비웠을 때 왕은 접시바닥에서 황금반지를 보았습니다. 왕은 황금

반지가 왜 수프에 들어 있는지 이해할 수가 없었습니다. 왕은 요리사를 자기 앞으로 대령시키라고 명령했습니다. 왕의 명령을 듣고 소스라치게 놀란 요리사는 공주에게 "분명히 네가 수프에 머리카락을 떨어뜨린 거야! 만약 그렇다면 맞을 각오를 하고 있어."라고 말했습니다. 요리사는 왕 앞으로 갔고, 왕은 수프를 누가 만들었냐고 물었습니다. "제가 만들었습니다."라고 요리사가 대답했지만 왕은 믿지 않았고 "거짓말을 하고 있군. 수프 맛이 보통 때와는 전혀 달라. 훨씬 더 맛이 있어."라고 말했습니다. 요리사는 "솔직히 말하자면 제가 끓이지 않았습니다. 털북숭이가 수프를 끓였습니다."라고 대답했습니다. 그러자 왕은 "가서 털북숭이를 당장 이리로 데려오너라."라고 명령했습니다.

털북숭이가 오자 왕이 "너는 누구냐?"라고 물었습니다. "저는 부모님을 여읜 불쌍한 소녀입니다." 왕은 계속해서 "왜 네가 내 성에 있는 거지?"라고 물었습니다. 털북숭이는 "폐하께서 장화를 저의 머리에 던지는 것을 맞는 것 외에 저는 아무 짝에도 쓸모없습니다."라고 대답했습니다. 왕이 계속해서 "수프 안의 반지는 어디서 났느냐?"라고 묻자, 공주는 "반지에 대해서는 아는 바가 없습니다."라고 대답했습니다. 왕은 어떤 이야기도 들을 수 없었고 어쩔 수없이 털북숭이를 돌려보냈습니다.

얼마 후 다시 무도회가 열렸습니다. 털북숭이는 무도회를 구경하게 해달라고 지난번처럼 요리사에게 부탁했습니다. "좋아, 하지만 30분 안에 반드시 돌아와야 한다. 폐하께서 좋아하시는 빵 수프를 끓여야 하니까 말이야." 요리사의 허락을 받은 공주는 우리로 달려가서 재빨리 몸을 깨끗이 씻고 호두껍데기에서 달 같은 은빛의 옷을 꺼내 입었습니다. 털북숭이는 무도회장으로 올라갔고 정말 공주님 같았습니다. 공주를 다시 만나 기쁜 왕은 공주에게 다가갔고 음악이 연주되자 그녀와 춤을 추기 시작했습니다. 춤이 끝나자 공주는 다시 사라졌습니다. 공주가 어찌나 빨리 없어졌던지 왕은 공주가 어디로 갔는지 알 수 없었습니다. 공주는 우리로 뛰어 들어와 다시 털북숭이 짐승으로 변장하고는 부엌으로 가서 수프를 끓였습니다. 요리사가 위층에서 무도회를 구경하고 있을 때 공주는 황금물레를 가져와 접시 안에 넣고 그 위에 수프를 부었고 왕에게 수프를 대령했습니다. 왕은 수프를 지난번처럼 아주 맛있게 먹었고 바닥에서 황금물레를 발견했습니다. 그러자 요리사를 불렀고 요리사는 이번에도 털북숭이가 수프를 끓였다고 고백했습니다. 털북숭이 공주는 다시 왕 앞으로 불려갔습니다. 그리고 폐하께서 장화를 저의 머리에 던지는 것을 맞는 것 외에 자신은 아무 짝에도 쓸모없는 계집아이이고 황금물레에 대해서는 아무것도 모른다고 대답했습니다.

왕은 세 번째 무도회를 열었고 전과 똑같은 일이 되풀이되었습니다. 요리사는 "털북숭이, 너는 마녀야. 언제나 수프 안에 무언가를 집어넣어서 수프 맛을 좋게 하니까 폐하께서 내가 끓인 수프보다 네 수프를 더 좋아하시는 거야."라고 말했습니다. 공주가 사정을 하자 요리사는 잠시 무도회를 구경해도 좋다고 했습니다. 공주는 별처럼 빛나는 옷을 입고 무도회장으로 들어갔습니다. 왕은 다시 아름다운 공주와 춤을 추면서 이렇게 아름다운 여자가 세상에 또 어디에 있을까? 라고 생각했습니다. 왕은 춤을 추다가 공주 몰래 금반지를 공주의 손가락에 끼웠습니다. 왕은 이번에는 음악을 아주 오랫동안 연주하라고 명령했습니다. 춤이 끝나자 왕은 공주의 손을 꽉 잡았지만 공주는 왕의 손을 뿌리치고 사람들 사이로 사라져버렸습니다. 공주는 될 수 있는 대로 빨리 계단 아래로 내려가서 우리로 달려갔습니다. 무도회장에 30분 넘게 있었기 때문에 아름다운 옷을 벗을 시간이 없었던 공주는 그냥 털외투를 걸쳐 입었습니다. 그런데 너무 서두르는 바람에 온몸에 검정 칠을 하지 못하고 손가락 하나가 하얗게 남았습니다. 털북숭이는 부엌으로 가 왕을 위해 빵 수프를 끓인 후 황금실패를 수프접시에 넣었습니다. 수프그릇에서 황금실패를 발견한 왕은 털북숭이를 불렀습니다. 왕은 자신이 공주와 춤출 때 끼워진 반지를 털북숭이의 하얀 손가락에서 보았습니다. 왕은 공주의 손을 잡고 놓아주지 않았습니다. 공주는 왕의 손을 뿌리치고 달아나려다가 그만 외투가 살짝 벗겨지고 말았습니다. 그 사이로 별처럼 눈부신 옷이 드러났습니다. 왕은 털북숭이의 외투를 잡고 확 벗겨냈습니다. 그러자 공주의 금발머리가 드러났습니다. 공주는 화려한 옷을 입고 서 있었고 더 이상 자신을 숨길 수 없었습니다. 공주는 얼굴에서 숯검정과 재를 닦아냈습니다.

공주의 모습은 이 세상 누구보다도 아름다웠습니다. 왕은 "나의 신부가 되어주시오. 우리 평생 헤어지지 맙시다!"라고 말했습니다. 성대한 결혼식이 베풀어졌고, 두 사람은 죽을 때까지 행복하게 살았답니다.[11]

11) Brüder Grimm, *Ibid.*, pp. 371-376.

동화 힐링 실습

그림 동화 「털북숭이」는 근친상간(近親相姦)의 위험에서 벗어난 공주가 지혜와 재치를 부려 멋진 왕과 결혼하는 재미있는 이야기이다. 동화 제목에서 언급된 '털북숭이'는 온몸에 털이 가득한 사람이나 짐승을 말하는데, 여기서는 아름다운 공주가 자신을 감추고 숨기는 도구로 이용하는 온갖 짐승 털로 만든 외투를 의미한다. 이 동화 줄거리는 두 가지 에피소드가 결합된 인상을 준다. 즉, 동화 전반부에서 왕과 딸의 근친상간의 위험이 곁줄거리로 묘사되고, 후반부에서 본 줄거리인 털북숭이 공주와 멋진 왕과의 사랑이야기가 서술된다. 먼저 동화 서두문에서 왕이 자신의 딸과 결혼할 수밖에 없는 핑계 아닌 핑계가 묘사된다.

> 옛날에 한 왕이 살았는데, 그의 아내는 금발이었고 이 세상 누구보다도 아름다웠습니다. 그런데 어느 날 왕비는 병에 걸렸고, 자신이 얼마 못 살 것 같아 왕을 불러 "제가 죽은 다음 당신이 다시 결혼하게 되면 저처럼 아름다운 여자와 하세요. 그리고 저와 같은 금발머리를 가진 여자와 하셔야 합니다. 그렇게 하겠다고 약속해주세요."라고 말했습니다. 왕의 약속을 받은 왕비는 편안히 숨을 거두었습니다.

세상에서 가장 아름다운 여인인 왕비가 임종자리에서 왕에게 자기처럼 금발의 아름다운 여자와 재혼하라고 하니, 왕으로서는 죽어가는 아내의 편안한 임종을 위해 그러겠노라고 약속한다. 하지만 왕은 왕비의 죽음 후에도 전혀 새장가를 갈 마음이 없었다. 오히려 신하들이 왕의 재혼을 부추겼고, 죽은 왕비의 미모에 버금가는 신부를 찾기 위해 사신들을 사방으로 파견할 정도였다. 그러나 세상 어디에도 죽은 왕비와 같은 미모를 가진 여인은 찾을 수 없었다. 그러는 사이에 공주가 점점 자라나서 제 어미를 꼭 닮은 미모와 금발을 지닌 아름다운 여인이 되었다.

> 어느 날 왕은 다 큰 딸이 세상을 떠난 엄마와 모든 면에서 닮았다는 것을 문득 깨달았고, 뜻밖에 딸에게 격렬한 사랑을 느끼며 신하들에게 "내 딸을 아내로 맞아야겠다. 죽은 아내를 쏙 빼닮았어. 세상어디에도 내 딸만큼 자기 엄마를 닮은 여자는 없지 않느냐?"라고 말했습니다.

죽은 왕비를 꼭 닮은 공주이기에 왕은 딸이지만 '격렬한 사랑'을 느끼며 공주와 재혼할 것을 공표한다. 왕이 딸과 결혼하겠다는데 누가 말릴 수 있겠는가? 신하도 공주도 순종할 수밖에 없다. 왕이 딸과 결혼한다는 사실은 근친상간의 전형적인 모습이다. 오늘날도 이처럼 아버지와 딸이, 어머니와 아들이, 또는 남매간에 근친상간을 이루는 놀라운 사건이 언론에 보도되고 있지 않은가? 물론 15~16세기 오스트리아 합스부르크 왕가(The House of Hapsburg)에서 왕가의 고귀한 혈통을 유지한다는 명분하에 근친상간이 오랜 기간 합법적으로 묵인된 적은 있지만, 유전적 부작용에 의해 임신이 잘 안 된다거나 기형아를 양산하는 등 문제가 많았다는 사실은 익히 알려진 이야기이다. 그러니 「털북숭이」 동화에서 왕이 딸과 결혼하는 일을 누가 막을 수 있으며, 어떻게 고육지책(苦肉之策)을 마련할 수 있겠는가? 동화는 어린이를 위한 이야기이기에 그림형제는 근친상간을 그대로 서술할 수 없었고, 동화 주인공 공주의 재치와 지혜로 그 위기를 교묘하게 빠져나가게 했다.

> 딸은 아버지에게 가서 "저에게 태양과 같은 금빛 옷과 달과 같은 은빛 옷, 그리고 별처럼 빛나는 옷을 세 벌을 해주셔야지 소원대로 아버지와 결혼할 수 있어요. 그리고 수천 마리 짐승의 털가죽을 붙여 만든 외투도 필요해요. 나라 안의 모든 짐승의 피부에서 한 조각씩 잘라 만든 외투여야해요. 반드시 그래야 해요."라고 말했습니다. [……] 공주는 아버지의 마음을 돌릴 희망이 더 이상 없음을 알고 도망치기로 결심했습니다. 그날 밤 모두가 잠든 틈을 타 공주는 자리에서 일어나 자신의 소중한 물건 세 가지를 챙겼습니다. 황금반지와 작은 황금물레 그리고 작은 황금실패였습니다. 공주는 해와 달과 별과 같은 옷 세벌도 호두껍데기에 담고 털가죽이 잔뜩 달린 외투를 입고 숯검정으로 얼굴과 손을 검게 칠했고, 하나님께 모든 것을 맡기고는 길을 떠났습니다.

모두가 잠든 틈을 타 도망치는 야반도주(夜半逃走), 그것이 공주가 근친상간을 막기 위해서 선택한 고육지책이다. 편안히 공주로서 여생을 보낼 수 있었지만, 아버지와 결혼하는 근친상간은 막아야 했기에 자신의 피해를 무릅쓰고서라도 어쩔 수 없이 야반도주를 감행하는 것이다. 동화의 정해진 줄거리를 위해, 곧 동화 후반부에 성취하게 될 멋진 왕과의 결혼을 위해 동화의 가베인 3가지 물건(황금반지, 황금물레, 황금실패)과, 3가지 옷(해와 같은 금빛 옷, 달과 같은 은빛 옷, 별처럼 빛나는 옷) 그리고 털이 잔뜩 달린 외투를 가지고 동화 주인공은 방랑자답게 떠나는 것이다.

어느 날 20대 중반의 여성이 동화치료사를 찾아왔다. 미스코리아에 나갈 정도로 미모가 빼어난 여자였다. 치료사는 눈을 크게 뜨고 어떻게 찾아왔는지 물었더니, 내방자 P는 다소곳한 목소리로 마음에 근심이 가득해서 상담하고자 왔다고 한다. 동화치료사가 어떤 근심이냐고 바로 물어보자, P는 머뭇거리며 말을 잘 안 하려고 했다.

1 동화 제목 연상기법

대화를 유연하게 이끌기 위해 치료사는 동화 제목이 적힌 파일을 모니터에 하나씩 보여주면서 내방자가 가장 좋아하거나 읽고 싶은 동화를 선택하도록 유도했다. 특히 동화 제목을 보고 연상되는 내용이 많거나 자극이 강한 것을 선택하라고 권했다. 한참을 망설이더니 P는 그림 동화 「털북숭이」를 선택했다. 동화치료사는 차분한 목소리와 부드러운 표정으로 「털북숭이」 동화를 가지고 내방자 P의 고민과 근심을 털어놓도록 대화와 소통을 나눌 분위기를 띄웠다.

그림 동화 「털북숭이」의 본 줄거리는 아버지로부터 야반도주한 공주의 모험적인 방랑으로 시작되며, 도망치다 지쳐 피곤한 몸을 나무의 움푹 파인 부분에 앉아 깊은 잠에 빠진다. 그때 왕과 사냥꾼과 사냥개가 그곳으로 와서 털북숭이 공주를 깨운다.

> 밤새도록 걸어서 커다란 숲에 도착한 공주는 피곤에 지쳐서 속이 빈 나무 속에 앉아 그대로 잠이 들었습니다. [……] 해가 중천에 떴지만 공주는 깨어날 줄 몰랐습니다. 그때 숲의 주인인 한 왕이 그곳으로 사냥을 왔습니다. 왕의 사냥개들은 공주가 있는 나무로 달려가서 코를 벌름거리며 냄새를 맡았고 나무주위를 빙빙 돌면서 짖어댔습니다. 왕은 사냥꾼들에게 "저 빈 나무 안에 어떤 짐승이 숨어 있는지 보고오너라!"라고 말했습니다. 왕의 명령대로 나무를 살펴 본 사냥꾼들은 왕에게 "나무 안에 기괴한 짐승이 누워 있어요. 난생 처음 보는 짐승입니다. 피부는 수천 가지의 모피로 되어 있는데 아직 자고 있습니다."라고 전했습니다. 왕은

"조심해라! 산 채로 잡아와야 하느니라. 마차에 묶어 성으로 데려가자."라고 말했습니다. 왕의 명령대로 사냥꾼들이 갑자기 쳐들어가자 공주는 까무러칠 듯 놀라며 깨어났고, 그들에게 "저는 아버지와 어머니에게 버림받은 불쌍한 아이랍니다. 제발 저를 가엽게 여기시고 함께 데려가주세요."라고 외쳤습니다. 사냥꾼들은 "너 같은 털북숭이는 부엌에서 일하기 안성맞춤이지. 같이 가자. 너는 부엌에서 재 치우는 일을 할 수 있을 게다."라고 대답했습니다. 그렇게 왕의 일행은 공주를 마차에 태워 왕궁으로 돌아갔습니다.

그림 동화 「마리아의 아이」에서 하늘나라의 금지된 13번째 방을 훔쳐보았으면서도 보지 않았다고 거짓말을 한 여주인공을 마리아가 지상의 숲으로 내려 보냈고, 나무의 움푹 파인 부분에서 지내고 있던 벙어리소녀를 사냥 나온 왕이 왕궁으로 데려가듯이, 이 동화에서도 털외투를 뒤집어쓰고 나무의 패인 부분에서 잠자고 있던 공주를 역시 사냥 나온 왕이 왕궁으로 데리고 간다.

하지만 「마리아의 아이」 동화에서 벙어리이지만 너무 예쁜 소녀에게 첫눈에 반한 왕이 바로 결혼식을 올리고 아이를 3명 낳는 등의 줄거리로 이야기가 진행되는 반면에, 「털북숭이」 동화에서는 공주의 아름다움이 털외투로 가려졌기 때문에 왕과 바로 결혼할 수 없으며 3번에 걸친 무도회를 통해 왕비가 되는 과정의 줄거리가 진행되는 것이다.

2 동화 주제에 따른 분류법

그림 동화 「털북숭이」의 주제는 지혜와 재치 그리고 사랑이라고 할 수 있다. 아버지와의 결혼을 했다면 근친상간이 주제이겠지만, 다행인지 불행인지 여주인공의 재치와 지혜로 아버지로부터 달아나서 또 다른 왕과 결혼하는 러브스토리를 만들었으니 사랑이 메인(main) 주제라고 하겠다.

3 커뮤니케이션과 다이얼로그 기법

동화 주제가 사랑이라는 말을 들은 내방자 P는 약간 얼굴이 붉어지며 "사랑해서 결혼했지만 ……."라고 작은 목소리로 중얼거렸다. 동화치료사가 무슨 말인지 조금 크게 이야기해 보라고 하자, P는 작심한 듯이 다음과 같이 자신의 처지를 스토리텔링 했다.

사실은 「털북숭이」 동화처럼 미스코리아 출신이었던 엄마는 너무 아름다우셨고, 아빠는 그런 엄마를 너무 사랑하셨죠. 미인박명(美人薄命)이라고 했듯이 아름다운 엄마가 중학생 때 돌아가셨어요. 아빠는 돌아가신 엄마를 잊지 못해 날마다 술로 마음을 달랬고, 저를 끌어안고 흐느껴 울기도 하셨죠. 그때마다 아빠는 "너는 엄마를 꼭 닮았구나!"라고 말씀하시며 더욱 세차게 저를 끌어안았어요. 세월이 약이라고 했지만, 10년이 지난 지금도 아빠는 엄마를 그리워하며, 재혼을 권하는 주변 사람들의 말과 소개한 어떤 여자도 마다하고 "혼자면 어때? 딸을 키우는 재미로 사는데……."라고 말했어요. 제가 대학생 때까지는 저도 몰랐어요. 아빠가 그렇게 엄마가 그리울 때면 제 방으로 와서 저를 끌어안고 우시는 것을요. 그런데 이제 대학을 졸업하고 직장생활을 하고 있는 제게 아빠는 더 이상 어린애같이 저를 끌어안거나 엄마에 대해 그립다고 얘기하지도 않았어요.

하루는 저를 불러놓고 매우 진지하게 "남자친구가 있느냐?"라고 물었어요. 쫓아다니는 남자는 많아도 사귀는 사람은 없다고 대답하자, 아빠는 "하긴, 네가 엄마를 꼭 닮은 딸인데 다른 남자를 좋아하겠니? 아빠 같은 남자는 세상에 없지!"라고 들릴 듯 말 듯 얘기했어요. 그리고는 아빠는 작심한 듯이 "너는 결혼하지 말고 나와 같이 살아야 해!"라고 큰소리로 말했어요. 표정이 진지했고, 목소리도 너무 뚜렷해서 감히 뭐라고 대꾸할 수 없었고, 이날 이후 아빠와의 새로운 의미의 동거가 시작되었어요. 사랑해서 결혼했지만 아빠의 죽은 엄마에 대한 사랑이 딸한테까지 이어지는 게 옳은 건가요? 그럼 나는 어떻게 해야 하나요?

신라시대 성골·진골 이야기도 아니고, 15~16세기 서양 이야기도 아니고, 최근 해외 토픽으로 알려진 다른 나라의 이야기도 아닌데, 21세기에 한국에서 이런 일이 일어나다니 ……. 동화치료사는 내방자 P의 이러한 고백을 듣고 나니 잠시 얼굴이 붉으락푸르락했으나 재빨리 냉정을 찾고는 그림 동화 「털북숭이」의 여주인공의 사랑이야기로 돌아갔다.

아버지로부터 야반도주한 후 숲 속에서 털북숭이로 혼자 살다가 사냥 나온 왕에 의해 왕궁으로 가서 식모살이로 생활하던 여주인공에게 기회가 찾아왔다.

> 어느 날 성에서 연회가 베풀어졌을 때 털북숭이는 요리사에게 "잠깐 위로 올라가서 구경해도 될까요? 안에 들어가지 않고 문 밖에 서서 볼게요."라고 물었습니다. 요리사는 "그래 다녀와라. 하지만 30분 안에 무슨 일이 있어도 다시 돌아와 재를 치워야 해."라고 대답했습니다.
>
> 털북숭이 공주는 작은 등잔불을 들고 자신의 우리로 가서 모피 외투를 벗었고, 얼굴과 손에 숯검정을 깨끗이 씻어내자 빛나는 아름다운 모습이 그대로 다시 드러났습니다. 공주는 호두껍데기를 열고 해처럼 눈부신 옷을 꺼내 입었습니다. 준비를 마친 공주는 무도회장으로 올라갔고, 모든 사람이 그녀에게 길을 내주었습니다. 아무것도 모르는 사람들은 그녀가 어느 나라의 공주라고 생각했습니다.
>
> 왕이 공주에게 다가와서 손을 내밀고 공주와 춤을 추었습니다. 왕은 '이토록 아름다운 여자는 평생 처음 보는 걸.'이라고 생각했습니다. 춤이 끝나자 공주는 왕에게 허리 굽혀 인사를 하고는 바람처럼 사라졌습니다.

「신데렐라」 동화에서 재투성이 신데렐라가 왕이 베푸는 무도회에 비둘기들이 선사한 옷을 입고 참석하여 왕자와 춤을 추고 달아나듯이,

이 동화에서도 털북숭이 공주가 아버지가 선사한 옷을 입고 무도회에 참석하여 왕과 춤을 추고는 바람처럼 사라진다. 동화는 3이란 숫자를 좋아하기 때문에 신데렐라도 털북숭이도 3번 무도회에 참석하여 왕자 또는 왕과 춤을 추면서 그의 마음을 꽉 사로잡고는 연기처럼 사라지는 것이다. 「신데렐라」 동화에서 3일째 되던 날 왕자의 계략에 의해 신데렐라의 왼쪽 황금구두가 계단에 벗겨져 신발증명시험에서 진짜 신부를 가려내는 것과는 대조적으로, 「털북숭이」 동화에서는 털북숭이가 만든 수프에 황금반지, 황금물레, 황금실패를 집어넣어 왕이 먹을 때마다 그 물건을 발견하게 하고는 특히 황금반지를 왕이 춤추던 털북숭이의 오른손가락에 끼워서 나중에 아름다운 신부를 확인하는 것이다.

털북숭이는 부엌으로 가 왕을 위해 빵 수프를 끓인 후 황금실패를 수프접시에 넣었습니다. 수프그릇에서 황금실패를 발견한 왕은 털북숭이를 불렀습니다. 왕은 자신이 공주와 춤출 때 끼워진 반지를 털북숭이의 하얀 손가락에서 보았습니다. 왕은 공주의 손을 잡고 놓아주지 않았습니다. 공주는 왕의 손을 뿌리치고 달아나려다가 그만 외투가 살짝 벗겨지고 말았습니다. 그 사이로 별처럼 눈부신 옷이 드러났습니다. 왕은 털북숭이의 외투를 잡고 홱 벗겨냈습니다. 그러자 공주의 금발머리가 드러났습니다. 공주는 화려한 옷을 입고 서 있었고 더 이상 자신을 숨길 수 없었습니다. 공주는 얼굴에서 숯검정과 재를 닦아냈습니다.

공주의 모습은 이 세상 누구보다도 아름다웠습니다. 왕은 "나의 신부가 되어주시오. 우리 평생 헤어지지 맙시다!"라고 말했습니다. 성대한 결혼식이 베풀어졌고, 두 사람은 죽을 때까지 행복하게 살았답니다.

아버지 왕으로부터 벗어나서 새로운 왕을 만나 왕비가 되기까지 털북숭이 공주는 온갖 지혜와 재치로 위기의 순간을 기회의 순간으로 만들며, 결국 근친상간의 잘못된 사랑을 아름다운 새로운 사랑으로 승화시키는 것이다. 동화 스토리가 끝나자 내방자 P는 한없이 눈물을 흘리면서 털북숭이 공주와 자기가 아이덴티티(identity)되는 것 같다고 고백한다. 따라서 P는 아빠에게 이 동화를 들려주고 제발 죽은 엄마의 환상에서 벗어나 딸이 아니라, 진정한 새엄마를 찾기를 설득하겠다고 말하며, 자신 또한 아버지의 그늘에서 벗어나 새로운 사랑의 파트너를 만나겠다고 다짐하면서 치료사와 헤어졌다.

이 장(章)에서는 '심리이론 적용법'에 대해서는 따로 다루진 않았다. 그만큼 내방자와 치료사 사이의 대화와 소통은 뭐라고 한마디로 정의를 내릴 만한 심리이론을 정립하기에는 심오하고 난해했기 때문이다. 그러나 그림 동화 「털북숭이」에서 언급된 근친상간이 프로이트가 말한 오이디푸스 콤플렉스(Oedipus complex)에 해당한다고 말할 수 있다. 사실 오이디푸스 콤플렉스는 어머니를 손에 넣으려는, 또한 아버지에 대한 강한 반항심을 품고 있는 앰비밸런스(Ambi-balance)적인 심리를 말하지만, 여기서는 죽은 아내를 잊지 못해 딸과 결혼하려는 근친상간의 강박관념으로 해석할 수 있다.

12. 거위치기 소녀

옛날에 늙은 여왕이 살고 있었습니다. 여왕은 오래 전에 남편을 여의었고 예쁜 딸과 살고 있었습니다. 처녀로 성장한 여왕의 딸은 먼 곳에 살고 있는 왕자와 약혼을 했답니다. 결혼식을 올릴 때가 되자 공주는 낯선 왕자의 나라로 떠나야 했습니다. 여왕은 값비싼 금, 은그릇과 금은 장신구 그리고 잔과 보석을 싸주었습니다. 딸을 마음 깊이 사랑했던 여왕은 왕가의 딸이 결혼할 때 지참금으로 가져가야 할 모든 것을 주었습니다. 또 여왕은 공주와 함께 말을 타고 가서 신부를 신랑의 손에 넘겨줄 시녀도 붙여 주었습니다. 공주와 시녀는 말을 받았는데, 특히 팔라다(Falada)라 불리는 공주의 말은 말을 할 줄 알았습니다. 이별의 시간이 되자 공주의 어머니는 자신의 침실로 들어가 작은 칼을 가져와 피가 떨어질 정도로 손가락을 베고 나서 하얀 손수건을 밑에 놓고 피 세 방울을 떨어뜨렸습니다. 그리고 딸에게 손수건을 주며 "사랑하는 딸아, 이것을 잘 간직해라. 여행 중에 너를 도와 줄 거란다."라고 말했습니다.

여왕과 딸은 슬픈 작별인사를 나눴습니다. 공주는 손수건을 앞가슴에 고이 간직한 채 말을 타고 신랑에게 갔습니다. 한 시간쯤 말을 타고 갔을 때 공주는 타는 듯한 갈증을 느껴 시녀에게 "말에서 내려서 네가 가져온 내 잔에 물을 떠오렴. 물이 마시고 싶구나."라고 말했습니다. 그러자 시녀는 "목이 마르시면 직접 말에서 내려 물가로 가서 마시세요. 전 당신의 시녀가 아니랍니다."라고 대답했습니다. 공주는 너무 목이 말랐고, 시녀가 황금 잔을 주지 않았기 때문에 말에서 내려 시냇가에 몸을 엎드리고 물을 마셨습니다. 공주가 "아, 하나님!"이라고 말하자,

세 방울의 피가 "공주님의 어머니가 이 일을 아신다면 가슴이 찢어지실 거예요."라고 대답했습니다. 공주는 얌전하게 아무 말도 하지 않고 다시 말에 올라탔습니다. 공주와 시녀는 그렇게 몇 마일을 말을 타고 더 갔습니다. 태양이 내리쬐는 더운 날이었기에, 공주는 다시 갈증을 느꼈습니다. 공주와 시녀가 시냇가에 이르렀을 때 공주는 시녀에게 다시 한 번 크게 '말에서 내려서 나의 황금 잔에 마실 물을 가져 오너라.'라고 말했습니다. 그러자 시녀는 전보다 더 거만하게 "물을 마시고 싶으면 직접 가시지. 난 당신의 시녀가 아니란 말이에요."라고 말했습니다. 공주는 너무 목이 탔으므로 말에서 내려 흐르는 물 위에 몸을 숙이고 울면서 "오, 하나님!"이라고 말하자, 세 방울의 피가 "공주님의 어머니께서 이 사실을 아신다면 가슴이 찢어지실 거예요."라고 대답했습니다. 공주는 물을 마시려고 시냇물 위에 오른 쪽으로 몸을 기울였을 때 세 방울의 피가 묻은 하얀 손수건이 공주의 가슴에서 떨어져 놀랄 틈도 없이 시냇물에 휩쓸려가고 말았습니다. 공주는 정말 두려웠습니다. 하지만 그것을 본 시녀는 공주를 자신의 손아귀에 넣을 수 있게 되었다는 듯이 기뻐했습니다. 공주에게 세 방울의 핏방울이 없으면 공주는 힘이 없어지고 약해지기 때문이었습니다. 공주가 다시 팔라다에 올라타려고 하자 시녀가 "팔라다는 내 말이야. 넌 내 조랑말이나 타거라."라고 말했습니다. 공주는 시녀의 말에 참을 수밖에 없었습니다. 그리고 시녀는 사나운 말투로 공주에게 왕가의 옷을 벗고 자신의 남루한 옷으로 갈아입으라고 명령했습니다. 결국 공주는 왕자의 궁전에 도착해서 누구에게도 이런 사실을 말하지 않겠다는 약속을 하늘에 두고 하지 않을 수 없는 지경에 이르렀습니다. 왜냐하면, 만일 공주가 그렇게 맹세를 하지 않는다면 당장 그 자리에서 죽일 태세였기 때문이었습니다.

하지만 팔라다는 이 모든 일을 빠짐없이 지켜보고 있었습니다. 이제 시녀가 팔라다에 올라탔고 진짜 신부인 공주는 볼품없는 말을 탔습니다. 공주와 시녀는 가던 길을 계속 갔고 마침내 왕자의 궁정에 도착했습니다. 공주와 시녀가 도착하자 궁전사람들은 크게 기뻐했고 왕자도 그들을 맞이하기 위해 뛰어나왔고 시녀를 말에서 내려 주었습니다. 왕자는 시녀가 자신의 아내라고 생각했고, 시녀를 위층으로 안내했습니다. 하지만 진짜 신부인 공주는 아래에 그대로 서 있어야만 했답니다. 그때 늙은 국왕은 창가에 서서 궁전 뜰에 서있는 공주를 내다보고 있었습니다. 왕은 공주가 얼마나 곱고 부드럽고 아름다운지 보았습니다. 왕은 곧 궁전의 거실로 들어가 가짜 신부인 시녀에게 저 아래 뜰에 서있는 아가씨가 누구인지 물었습니다. "이 곳으로 오던 길에 만나 길동무인데 데려왔어요. 그녀가 빈둥거리지 않게 할 일을 주십시오." 그러나 늙은 왕은 공주에게 시킬 일이 없었으므로 "거위를 치는 어린 사내아이가 있으니 그 아가씨가 거위치기 소년을 도울 수 있을지도 모르지."라고 말했습니다. 소년의 이름은 콘라트(Konrädchen)였고 진짜 신부인 공주는 거위치기 소년을 도와야만 했습니다.

얼마 안 있어 가짜 신부는 젊은 왕자에게 "사랑하는 왕자님, 부탁이 있는데 들어 주시겠어요?"라고 말했고, 왕자는 "물론 기꺼이 들어주겠소."라고 대답했습니다. "그렇다면 도살업자를 불러 제가 타고 온 말의 목을 치도록 해주세요. 그 말이 여기까지 오는 동안 나를 얼마나 화나게 했는지 모릅니다." 사실 가짜 신부는 자신이 공주에게 한 일을 팔라다가 발설할지도 몰라 두려웠던 것입니다. 가짜 신부는 팔라다의 목을 치게 하는 데 성공했습니다.

충직한 팔라다가 죽을 것이라는 말이 진짜 공주의 귀에 들어왔고, 공주는 도살업자에게 몰래 가서 만약에 그가 공주를 도와준다면 돈을 주겠다고 약속했습니다. 그 도시에는 공주가 아침저녁으로 거위를 몰고 드나드는 크고 어두운 성문이 있었습니다. 공주는 팔라다의 머리를 한 번 이상 볼 수 있도록 그 성문 아래에 매달아 달라고 부탁했습니다. 도살업자의 하인은 그렇게 하기로 약속했고, 그는 팔라다의 머리를 자른 후 그 머리를 어두운 성문 아래에 단단히 못질해 놓았습니다.

다음날 아침 일찍 공주는 콘라트와 함께 거위 떼를 몰고 성문을 지나가면서 말했습니다.

"오, 가엾은 팔라다. 너 거기 매달려 있구나."

그러자 머리가 대답했습니다.

"아, 젊은 왕비님. 얼마나 가엾게 살고계신지요!
아, 젊은 왕비님의 어머니께서 이 사실을 아신다면,
가슴이 찢어지실 거예요!"

그러나 공주는 도시 밖으로 계속 걸어갔고, 공주와 콘라트는 거위를 들판으로 몰았습니다. 공주는 초원에 도착하자 초원에 앉아 금발머리를 풀었습니다. 콘라트는 공주의 반짝이는 머릿결을 좋아해서, 공주의 머리카락 몇 가닥을 뽑으려고 했습니다. 그러자 공주는 말했습니다.

"불어라, 바람아. 불어라, 바람아.
콘라트의 모자를 날려 보내렴.
내가 머리를 땋아 틀어 올리고 장식할 때까지
콘라트가 모자를 쫓아다니도록."

그러자 강한 바람이 불어와 콘라트의 모자를 저 멀리 날려 보냈습니다. 콘라트는 모자를 잡으러 이리저리 뛰어다녀야 했습니다. 콘라트가 다시 돌아 왔을 때 공주는 이미 빗질을 끝내고 머리를 다 틀어 올린 후였습니다. 콘라트가 모자를 찾아 이리저리 헤매다 돌아왔을 때 공주가 이미 머리를 땋아 단정하게 묶은 뒤였기 때문에 콘라트는 공주의 머리카락을 한 가락도 얻을 수 없었습니다. 콘라트는 화가 나서 공주와 이야기하지도 않았습니다. 공주와 콘라트는 저녁때까지 거위를 돌본 후 집으로 돌아갔습니다.

다음날 아침 공주와 콘라트가 거위를 몰고 어두운 성문을 지나갔을 때 공주는 말했습니다.

"오, 가엾은 팔라다. 너 거기 매달려있구나."

그러자 팔라다는 대답했습니다.

"아, 젊은 왕비님. 얼마나 가엾게 살고 계신지요!
아, 젊은 왕비님의 어머니께서 이 사실을 아신다면
가슴이 찢어지실 거예요!"

공주는 다시 초원에 앉아 머리를 빗질하기 시작했습니다. 그때 콘라트가 달려와 공주의 머리카락을 잡으려고 하자, 공주는 재빨리 말했습니다.

"불어라, 바람아. 불어라, 바람아.
콘라트의 모자를 날려 보내렴.
내가 머리를 땋아 틀어 올리고 장식할 때까지
콘라트가 모자를 쫓아다니도록."

바람이 불어 콘라트의 모자가 저 멀리 날아갔고, 콘라트는 모자를 쫓아가야만 했습니다. 콘라트가 돌아왔을 때 공주는 이미 머리정돈을 끝냈고, 콘라트는 공주의 머리카락을 한 가닥도 뽑을 수 없었습니다. 공주와 콘라트는 저녁때까지 거위를 돌봤습니다.

콘라트와 공주가 집에 돌아온 저녁 시간에, 콘라트는 늙은 왕에게 가서 "더 이상 그 아가씨와 거위를 돌보고 싶지 않습니다."라고 말했습니다. 그러자 늙은 왕이 "대체 이유가 무엇인가?"라고 물었습니다. "아이고, 그 아가씨는 온종일 저를 화나게 해요." 그러자 늙은 왕은 콘라트에게 자초지종을 설명하라고 명령했습니다. "우리가 거위 떼를 몰고 어두운 성문을 지나는 아침마다 아가씨는 성벽에 걸린 말머리에게 말을 걸어요.

'오, 가엾은 팔라다. 너 거기 매달려 있구나.'

그러면 머리는 대답합니다.

'아, 젊은 왕비님. 얼마나 가엾게 살고 계신지요!
아, 젊은 왕비님의 어머니께서 이 사실을 아신다면
가슴이 찢어지실 거예요!'

그리고 콘라트는 계속 거위를 치는 초원에서 무슨 일이 있었는지와 바람에 날아간 자신의 모자를 얼마나 쫓아 다녀야 했는지 이야기했습니다.

늙은 왕은 콘라트에게 내일 다시 거위를 몰고 나가라고 명령했습니다. 그리고 다음날 아침에 왕은 직접 어두운 성문 뒤에 숨어서 공주와 팔라다의 머리가 나누는 대화를 들었습니다. 왕은 계속 공주의 뒤를 따라 들판으로 나갔고, 초원에 있는 덤불에 몸을 숨겼습니다. 이윽고 왕은 거위치기 소녀와 소년이 초원으로 거위를 몰고 와 잠시 후 거위치기 소녀가 풀밭에 앉아 빛나는 금발머리를 푸는 것을 자신의 눈으로 확인했습니다. 공주는 다시 말했습니다.

"불어라, 바람아. 불어라, 바람아.
콘라트의 모자를 날려 보내렴.
내가 머리를 땋아 틀어 올리고 장식할 때까지
콘라트가 모자를 쫓아다니도록."

그러자 거센 바람이 불어 콘라트의 모자를 휙 날려 버렸고, 콘라트는 모자를 찾아 뛰어가야 했습니다. 그 사이 거위치기 소녀는 조용히 머리를 빗고 땋았습니다. 늙은 왕은 이 모든 것을 보았습니다. 아무도 눈치채지 못하게 다시 돌아온 왕은 그날 저녁 거위치기 소녀가 돌아오자 그녀를 옆으로 불러 왜 그런 일들이 일어나는지 물었습니다. "저는 한마디도 할 수 없답니다. 저는 누구에게도 저의 고통을 이야기해서는 안 돼요. 제 위의 하늘을 두고 맹세했기 때문에 제가 한마디라도 하면 전 죽을 거예요." 왕은 공주에게 끈질기게 캐물으면서 공주를 가만 두지 않았지만, 그래도 공주는 한마디도 하지 않았습니다. 그러자 왕은 "나에게 아무 이야기도 하고 싶지 않다면 저기 쇠 난로 속으로 기어들어가 너의 고통을 이야기해 보거라."라고 말했습니다. 그리고는 왕은 가버렸습니다.

그러자 공주는 쇠 난로 속으로 기어들어가 한탄하며 울기 시작했습니다. 공주는 가슴에 담아두었던 말을 모두 털어 놓았습니다. "온 세상에서 버림받고 저는 이곳에 있습니다. 하지만 저는 공주랍니다. 사악한 시녀가 우격다짐으로 저의 공주 옷을 벗기고 제 신랑도 차지했어요. 그래서 저는 거위치기가 되어 비천한 일을 하고 있습니다. 아, 만약 저의 어머니께서 이 사실을 아신다면 가슴이 찢어지실 거예요." 늙은 왕은 바깥에 있는 연통 끝에 서서 공주의 말에 귀를 기울이고 들었습니다. 잠시 후 왕은 다시 방으로 들어와 공주에게 난로에서 나오라고 명령했습니다.

그리고 공주에게 왕가의 옷을 입도록 했습니다. 공주가 얼마나 아름다운지 기적이 일어난 것 같았습니다. 늙은 왕은 아들을 불러 신부가 바뀌었고 지금 신부는 시녀에 불과하고 진짜 신부는 거위치기 소녀이며 지금 여기서 있노라고 말했습니다. 아름답고 고결한 공주를 본 왕자는 정말 기뻤습니다. 성대한 잔치가 준비되었고 모든 사람들과 좋은 친구들이 빠짐없이 초대되었습니다. 식탁머리에는 신랑이 앉았고 한쪽에는 공주가, 다른 한쪽에는 시녀가 앉아 있었습니다.

그러나 아무것도 모르고 있던 시녀는 눈부시게 아름답게 차려입은 사람이 바로 자신의 공주라는 것을 알아차리지 못했습니다. 그들은 즐거운 분위기 속에서 식사를 했습니다. 그때 늙은 왕은 시녀에게 수수께끼를 냈습니다. 자신의 주인을 이렇게 저렇게 속인 사람을 어떻게 대해야 하는지 시녀에게 모든 이야기를 들려 준 다음 "이런 사람은 어떤 형벌을 받아야 할까?"라고 물었습니다. 그러자 가짜 신부는 "완전히 발가벗긴 후 안쪽에 날카로운 못을 박은 통 속에 집어넣는 것이 최선이죠. 그런 다음 두 마리의 백마를 그 통에 매달아 그 여자가 죽을 때까지 이 골목 저 골목으로 끌고 다녀야죠."라고 말했습니다. 늙은 왕은 "그 여자가 바로 너다. 자신이 받을 형벌을 직접 이야기했으니 그대로 이루어질 것이다."라고 말했습니다.

시녀는 형벌을 받고 젊은 왕은 진짜 신부와 결혼식을 올렸습니다. 그리고 왕자와 공주는 왕국을 평화롭고 행복하게 다스렸답니다.[12)]

12) Brüder Grimm, *Ibid.* pp. 443-453.

동화 힐링 실습

그림 동화 「거위치기 소녀」는 정략결혼(政略結婚)에 따른 진짜 신부와 가짜 신부의 문제를 조력자 왕의 지혜로운 판단으로 해결하는 아름다운 사랑이야기이다. 실제로 이 동화의 여주인공인 거위치기 소녀의 동상이 독일 괴팅엔(Göttingen)의 구 시청 앞 광장에 분수상(噴水像)으로 서있다. 이 거위치기 소녀상에는 하나의 전통이 있는데, 괴팅엔 대학에서 박사학위를 받은 사람들은 이 소녀상한테 와서 소녀에게 입을 맞추고 꽃다발을 걸어주는 것이 오래된 풍습이라는 것이다. 필자가 공부한 독일 빌레펠트(Bielefeld) 대학에서도 박사학위를 받으면 대학건물 안의 통로를 박사모자(Doktorhut)를 쓰고 마차를 타고 행진하는 풍습이 있듯이, 독일 대부분 지역에서는 동화를 소재로 한 재미있는 전통이 대학마다 남아 있는 것이다.

그림 동화 「거위치기 소녀」의 서두문에서 공주와 왕자의 정략결혼에 대해 소개된다. 즉, 공주와 왕자는 한 번도 보거나 만나지도 못한 채 부모의 약속에 따라 혼인을 해야 한다.

> 옛날에 늙은 여왕이 살고 있었습니다. 여왕은 오래 전에 남편을 여의었고 예쁜 딸과 살고 있었습니다. 처녀로 성장한 여왕의 딸은 먼 곳에 살고 있는 왕자와 약혼을 했답니다. 결혼식을 올릴 때가 되자 공주는 낯선 왕자의 나라로 떠나야 했습니다.

대부분의 동화에서는 왕이 아내를 여의고 공주를 돌보는 일로 서두문이 시작되는 반면에, 이 동화에서는 남편을 여읜 여왕이 등장하여 공주의 정략결혼을 준비하는 점이 이채롭다. 공주가 낯선 왕자와 약혼했다는 의미는 양가(兩家)가 만나 약혼식을 거행했다는 의미가 아니라, 양가 혼주(婚主)가 두 나라의 이익과 발전을 위해 공주와 왕자를 결혼시키자고 구두로 약속을 했다는 것을 의미한다. 어쨌든 낯선 왕자의 나라로 향하는 주인공의 편력이 여왕의 정치적 이해관계에 따라 진행되었다는 것을 알 수 있다.

1 동화 제목 연상기법

어느 날 20대 후반의 남성이 동화치료사를 찾아왔다. 무슨 일로 왔냐고 물으니 내방자는 결혼문제로 찾아왔다고 한다. 표정이 어두워서 결혼문제야 당사자 문제가 대부분인데 좀 이상하다고 느꼈으나 내색하지 않고 따듯하게 자리를 권하고는 커피 한 잔을 따라주었다.

일단 동화치료사를 찾아왔으니 동화를 선택해야 하므로 내방자 H에게 동화 제목을 보여주면서 본인이 지금 답답해하는 마음과 연관된 동화를 골라보라고 청했다. H는 이것저것을 한참 고르다가 결심한 듯이 그림 동화「거위치기 소녀」를 선택했다. 그 이유를 물으니, 이 동화의 시작에서 정략결혼에 의해 공주가 멀리 떨어진 왕자를 찾아가는데, 그 처지와 입장이 자기와 비슷하다고 느껴서 선택했다고 한다. 조금 더 자세히 설명해줄 것을 부탁하니, H는 사실 미국에 있는 아버지 친구 분의 딸과 어렸을 때 부모끼리 약혼했다고 한다. H의 아버지는 국내에서 사업을 하고 있고, 친구 분은 미국에서 사업을 하고 있어 사업 파트너로서 더 공고한 입지를 점하기 위해 서로 사돈을 맺기로 했다는 것이다. 동화치료사는 가벼운 마음으로 내방자에게 "그럼 잘

된 것 아니냐? 결혼해서 미국 가서 살면 더 좋을 것 같은데 …….”라고 말하니, H는 자신이 외아들이고 미국교포인 신부와 결혼하더라도 그냥 한국에서 살고 싶다는 것이다.

2 동화 주제에 따른 분류법

그림 동화 「거위치기 소녀」의 주제는 정략결혼, 진짜와 가짜, 사랑, 지혜 등이다. 공주를 정략결혼 시키기 위해 먼 곳으로 떠나보내야 하는 여왕은 금은보석의 지참금과 시녀 그리고 팔라다라는 말과 피 세 방울이 묻은 손수건을 붙여 보낸다. 일반적으로 결혼을 위해 신랑이 신부를 데리러 오는 게 관례인데, 이 경우는 정략결혼이라 계약에 의해 그렇게 공주가 왕자의 나라로 가는 거라고 할 수 있다. 여왕이 공주에게 준 지참금과 시녀와 말과 손수건은 전형적인 동화의 가베로서 등장인물들을 연결시켜주는 매개체 역할을 하며, 특히 공주가 필요한 순간에 유용하게 사용되거나 도와주는 역할을 한다. 하지만 공주를 무사히 왕자의 나라로 데려가는 데 앞장서야 할 시녀가 가짜 주인공이자 가해자이자 적수의 역할로서 진짜 주인공을 가해하는 일이 발생한다.

> 한 시간쯤 말을 타고 갔을 때 공주는 타는 듯한 갈증을 느껴 시녀에게 “말에서 내려서 네가 가져온 내 잔에 물을 떠오렴. 물이 마시고 싶구나.”라고 말했습니다. 그러자 시녀는 “목이 마르시면 직접 말에서 내려 물가로 가서 마시세요. 전 당신의 시녀가 아니랍니다.”라고 대답했습니다. 공주는 너무 목이 말랐고, 시녀가 황금 잔을 주지 않았기 때문에 말에서 내려 시냇가에 몸을 엎드리고 물을 마셨습니다. 공주가 “아, 하나님!”이라고 말하자, 세 방울의 피가 “공주님의 어머니가 이 일을 아신다면 가슴이 찢어지실 거예요.”라고 대답했습니다. 공주는 얌전하게 아무 말도 하지 않고 다시 말에 올라탔습니다.

시녀의 역할은 공주를 도와 무사히 왕자의 나라에 도착하고, 결혼식을 준비하며, 결혼 후에도 공주 곁에서 지속적으로 도와주는 조력자 역할을 하는 게 일반적이다. '열 길 물 속은 알아도 한 길 사람 속은 모른다.'는 속담처럼, 여왕은 야심 있는 사악한 시녀를 잘못 선택하여 공주에게 붙여 줬으니, 착한 진짜 주인공은 정해진 줄거리의 성취를 위해 가짜 주인공에게 2번에 걸쳐 가해를 당하는 것이다. 그래서 위의 인용문처럼 첫 번째 가해에서는 공주가 스스로 몸을 엎드려 시냇물을 마시고 다시 말을 타고 갈 수 있었지만, 이어지는 두 번째 가해에서는 더 상승되어 물도 떠다주지 않을 뿐만 아니라, 말과 옷까지 빼앗고 시녀가 공주행세를, 공주가 시녀행세를 하도록 위협한다. 즉 진짜 신부와 가짜 신부가 바뀌는 결핍상황이 발생하는 것이다.

> 공주가 다시 팔라다에 올라타려고 하자 시녀가 "팔라다는 내 말이야. 넌 내 조랑말이나 타거라."라고 말했습니다. 공주는 시녀의 말에 참을 수밖에 없었습니다. 그리고 시녀는 사나운 말투로 공주에게 왕가의 옷을 벗고 자신의 남루한 옷으로 갈아입으라고 명령했습니다. 결국 공주는 왕자의 궁전에 도착해서 누구에게도 이런 사실을 말하지 않겠다는 약속을 하늘에 두고 하지 않을 수 없는 지경에 이르렀습니다. 왜냐하면, 만일 공주가 그렇게 맹세를 하지 않는다면 당장 그 자리에서 죽일 태세였기 때문이었습니다.
>
> 하지만 팔라다는 이 모든 일을 빠짐없이 지켜보고 있었습니다. 이제 시녀가 팔라다에 올라탔고 진짜 신부인 공주는 볼품없는 말을 탔습니다. 공주와 시녀는 가던 길을 계속 갔고 마침내 왕자의 궁정에 도착했습니다.

시냇물에 몸을 구부려 마시느라고 엄마가 준 세 방울의 피가 묻은 하얀 손수건도 흐르는 물속에 빠뜨린 공주는 시녀를 대항할 힘이 없다.

어찌 보면 가진 자와 못 가진 자의 한판 대결이고, "가짜가 한 번쯤은 진짜처럼 행세하는 게 뭐 어떠냐?"라고 반문할지 모른다. 그러나 동화는 권선징악의 윤리적 이야기이기 때문에, 착한 공주가 못된 시녀에게 당하는 것을 수수방관할 수는 없다. 제아무리 진짜 같은 가짜가 판치는 세상인 것처럼 보여도 궁극적으로는 진짜가 가짜를 이기기 사필귀정(事必歸正)의 세상이기 때문에 아직 인류에게 희망이 있는 게 아니겠는가?

3 심리이론 적용법

콤플렉스는 무의식과 결합된 일련의 '관념연상'에서 생기기 때문에, 「거위치기 소녀」 동화에서 공주를 정략결혼에 의해 왕자의 나라로 데려가야 하는 시녀는 '시녀 콤플렉스'에 시달려왔기에 무의식 속에 자리 잡은 왕자와의 결혼에 대한 관념연상을 의식으로 끌어올리는 시도를 한다. 그래서 시녀는 자기 자신이 시녀가 아니라 공주인 양 신분을 위장해서 왕자와 결혼할 수 있다고 자기최면을 거는 것이다. 아무튼 시녀가 공주로 신분을 위장하여 왕자의 눈을 속이고 가짜가 진짜 흉내를 내는 데 성공하는 듯했지만, 마음이 불안한 시녀는 오는 도중에 자신이 저지른 행위가 들통날까봐 말을 할 줄 아는 팔라다의 목을 베도록 부탁한다.

> 얼마 안 있어 가짜 신부는 젊은 왕자에게 "사랑하는 왕자님, 부탁이 있는데 들어 주시겠어요?"라고 말했고, 왕자는 "물론 기꺼이 들어주겠소."라고 대답했습니다. "그렇다면 도살업자를 불러 제가 타고 온 말의 목을 치도록 해주세요. 그 말이 여기까지 오는 동안 나를 얼마나 화나게 했는지 모릅니다." 사실 가짜 신부는 자신이 공주에게 한 일을 팔라다가 발설할지도 몰라 두려워던 것입니다. 가짜 신부는 팔라다의 목을 치게

하는 데 성공했습니다.

정략결혼의 문제점이 신랑과 신부가 맞선도 보지 않고 결혼식 당일에 서로 얼굴을 처음 보게 되는 것인데, 이 동화에서도 왕자는 진짜 신부가 바뀐지도 모르고 가짜를 진짜로 알고 융숭히 대접하는 것이다. 시녀라는 열등감이 콤플렉스로 작용하여 마음속에서 자아분열을 일으켜서 가짜 신부인 시녀가 진짜 신부인 공주인 양 태연히 행동하는 것이다. 현실에서도 이렇게 자신의 본분과 처지를 망각하고 부러움의 대상이 되었던 존재로 위장하여 사는 진짜 같은 가짜가 얼마나 많은가? 그러나 무늬만 진짜면 뭐하겠는가? 시간이 지나면 저절로 들통 날 텐데 ……. 만약에 가짜로서 진짜처럼 살고 있다면, 하루속히 자신의 죄를 고해성사(告解聖事)하고 본연의 모습으로 돌아가야 한다. 적어도 인간의 마음속에는 양심이 자리 잡고 있기 때문에 세월이 지나 진짜 행세가 길어질수록 그 괴로움은 배가 되는 것이다. 그럼에도 불구하고 동화 속의 가짜 신부는 양심이 없다. 끝까지 자아분열 속에 빠져서 시녀는 처절한 형벌을 받아 죽을 때까지도 양심고백을 못하고 생을 마감하는 것이다.

식탁머리에는 신랑이 앉았고 한쪽에는 공주가, 다른 한쪽에는 시녀가 앉아 있었습니다. 그러나 아무 것도 모르고 있던 시녀는 눈부시게 아름답게 차려입은 사람이 바로 자신의 공주라는 것을 알아차리지 못했습니다. 그들은 즐거운 분위기 속에서 식사를 했습니다. 그때 늙은 왕은 시녀에게 수수께끼를 냈습니다. 자신의 주인을 이렇게 저렇게 속인 사람을 어떻게 대해야 하는지 시녀에게 모든 이야기를 들려 준 다음 "이런 사람은 어떤 형벌을 받아야 할까?"라고 물었습니다. 그러자 가짜 신부는 "완전히 발가벗긴 후 안쪽에 날카로운 못을 박은 통속에 집어넣는 것이 최선이죠. 그런 다음 두 마리의 백마를 그 통에 매달아 그 여자가 죽을 때까지

이 골목 저 골목으로 끌고 다녀야죠."라고 말했습니다. 늙은 왕은 "그 여자가 바로 너다. 자신이 받을 형벌을 직접 이야기했으니 그대로 이루어질 것이다."라고 말했습니다.

시녀는 형벌을 받고 젊은 왕은 진짜 신부와 결혼식을 올렸습니다. 그리고 왕자와 공주는 왕국을 평화롭고 행복하게 다스렸답니다.

정략결혼의 신랑 측 아버지의 지혜와 재치로 가짜 신부는 끔찍한 형벌을 받아 비참한 죽음을 맛보고 진짜 신부는 왕자와 결혼하여 행복한 삶을 영위한다. 한국 전래동화 『진짜 어머니를 찾은 원님의 지혜』에서 진짜 엄마를 가려낸 원님처럼, 「거위치기 소녀」 동화에서 늙은 왕은 명판관으로서 진짜 신부를 가려내고 가짜 신부에게 자신이 선택한 처형으로 벌을 내리는 것이다. 물론 이 동화에서 반복적으로 묘사되는 거위치기 소녀의 주문과 성벽에 매달린 팔라다와 공주의 대화 그리고 진짜 신부의 쇠 난로 안에서의 진실고백을 여기서 자세히 다루진 않았지만, 매우 중요한 동화 줄거리의 선취효과이자 결정적인 정보제공이기에 짧게 언급하는 것이다. 이러한 반복적 주문과 대화와 진실고백이 명판관 늙은 왕이 정략결혼에서 일어난 가짜와 진짜의 뒤바뀜을 가려내는 결정적인 단초가 되었음은 두말할 나위 없다.

4 커뮤니케이션과 다이얼로그 기법

내방자 H는 「거위치기 소녀」 동화가 끝날 때쯤 표정이 밝아졌다. 지금은 동화 이야기처럼 정략결혼을 하더라도 신랑과 신부가 결혼식 때까지 얼굴을 못 보는 게 아니라, 인터넷으로 사진이나 동영상을 통해 얼굴을 볼 수 있기 때문이란다. 적어도 동화에서처럼 신부가 뒤바뀌는 일은 현실에서 일어나지 않을 테니 정략결혼이지만 마음의 문을 열게 되었다는 것이다. 더욱이 동화의 명판관 늙은 왕처럼 내방자 아버지도 자신의 의견을 들어주실 것을 기대하니 어서 빨리 달려가서 부모님과 결혼문제를 상의하고 싶다는 것이다.

그렇게 동화를 통한 내방자의 심리치료는 커다란 효과를 보게 되었고, 동화치료사는 나름 의미 있는 상담을 한 것 같아 뿌듯함을 느꼈다.

13. 영리한 농부의 딸

옛날에 한 가난한 농부가 있었는데, 그는 어떤 경작할 땅도 없이 작은 집에서 오직 딸 한 명과 함께 살고 있었습니다. 어느 날 딸이 "우리, 임금님께 농사지을 땅을 조금이라도 부탁해 봐요."라고 말했습니다. 그들의 가난한 살림살이에 대한 얘기 들은 왕이 농부와 딸에게 땅을 조금 주었습니다. 농부와 딸은 땅을 갈아 옥수수와 밀, 과일나무를 조금씩 심었습니다. 밭을 거의 경작했을 때 그들은 밭에서 순금으로 된 절구통을 하나 발견했습니다. 아버지는 딸에게 "얘야, 임금님이 우리에게 은총을 베풀어 밭을 하사하셨으니 그 밭에서 나온 이 황금 절구통을 임금님께 진상해야겠다."라고 말했습니다. 그러나 딸은 아버지의 말에 반대하며 "아버지, 우리가 절구공도 없는 이 절구통을 임금님께 바치면 우리는 절구공마저 찾아내야 할 거예요. 그러니 그냥 조용히 하고 있는 게 나아요."라고 말했습니다.

그러나 아버지는 딸의 말을 귀담아듣지 않고 황금 절구통을 가지고 왕에게 찾아갔습니다. 그리고 밭을 갈다 발견한 것이니 임금님께서 존경의 표시로 받아주시기를 바란다고 말했습니다. 왕은 절구통을 받고 다른 것은 발견하지 못했느냐고 농부에게 물었습니다. 농부는 "없습니다."라고 대답했습니다. 그러자 왕은 농부가 절구공도 찾았을 것이라고 말했습니다. 농부는 절구공은 발견하지 못했다고 말했지만 농부의 말은 아무 소용없었습니다. 소귀에 경 읽기였고, 농부는 감옥에 갇혔으며, 절구공을 내놓을 때까지 감옥에 있어야 했습니다. 왕의 신하들은 농부에게 매일 빵과 물을 가져다주었습니다. 신하들은 농부가 계속 탄식하는 소리를 들었습니다. “아, 내 딸의 말을 들었어야 했어. 아이고, 아이고, 내 딸의 말을 들었어야 했어.” 신하들은 왕에게 가서 죄수가 음식은 입에도 안 대고 “아이고, 내 딸의 말을 들었어야 했어.”라고 계속 소리만 지르고 있다고 고했습니다. 왕은 신하들에게 죄수를 그의 앞으로 불러오라고 명령했습니다. 그리고 왕은 농부에게 왜 그가 “아이고, 내 딸의 말을 들었어야 했어.”라고 탄식만 하고 있는지 물었으며, “그대의 딸이 무슨 말을 하더냐?”라고 물었습니다. 농부는 “제 딸이 그랬지요. 아버지가 절구통을 가져가시면 절구공도 찾아내야 할 거예요.'라고 말했다고 대답했습니다. “그대는 영리한 딸을 가졌구나. 그대의 딸을 한번 보자.”

농부의 딸은 왕 앞으로 불려왔고, 왕은 그녀가 정말 그렇게 영리한지 알아보기 위해 수수께끼를 하나 내겠노라고 말했습니다. 만약에 농부의 딸이 수수께끼를 풀면 아내로 맞이하겠다고 말했습니다. 농부의 딸은 수수께끼를 풀어보겠다고 대답했습니다. “옷을 입지도 벗지도 말고, 말도 타지 말고 걷지도 말며, 길 안에 있어도 안 되고 길 밖에 있어도 안 된다. 그렇게 나에게 다시 오너라. 그대가 이 일을 해낸다면 나는 그대와 결혼하겠노라.” 농부의 딸은 집으로 돌아가서 입고 있던 옷을 남김없이 벗고 벌거벗은 상태가 되었습니다. 그리고 농부의 딸은 큰 어망 속으로 들어가 어망을 몸 주위에 칭칭 감쌌습니다. 이제 그녀는 옷을 벗지 않은 상태였고, 돈을 주고 당나귀 한 마리를 빌린 다음 그 꼬리에 어망을 묶었습니다. 당나귀가 어망 속에 든 농부의 딸을 끌고 갔으므로 말을 탄 것도 아니고 걸어가는 것도 아니었습니다. 그리고 당나귀는 농부의 딸을 마차의 바퀴자국을 따라 끌고 갔고 그녀의 엄지발가락만 땅에 닿았기 때문에 그녀는 길에 있었던 것도 아니고 길을 벗어난 것도 아니었습니다. 농부의 딸이 이런 모습으로 왕 앞에 나타나자 왕은 그녀가 수수께끼를 맞혔고 모든 조건을 충족시켰다고 말했습니다. 왕은 농부를 감옥에서 풀어주고 농부의 딸을 그의 아내로 맞아 왕실의 모든 재산을 그녀에게 맡기도록 했습니다.

그렇게 몇 년이 흘렀고, 어느 날 왕이 군대를 사열하고 있을 때 나무를 파는 농부들이 마차를 타고 성 앞에 멈춰 있었습니다. 몇몇 마차에는 소가 매어져 있었고 또 몇몇 마차에는 말이 매어져 있었습니다. 거기에는 세 마리 말을 가지고 있는 한 농부가 있었습니다. 세 마리 말 중 한 마리가 새끼를 낳았고, 망아지는 어미 말곁을 떠나 마차 앞에 있던 두 마리 소 사이에 누웠습니다. 그러자 두 농부는 만나서 싸우기 시작했습니다. 그들은 닥치는 대로 물건을 집어던지며 큰 소란을 피웠습니다. 소 주인은 망아지를 가지고 싶어 암소들이 망아지를 낳았다고 말했습니다. 그러자 다른 농부가 말도 안 된다고 하면서 자신의 말이 낳은 새끼이니 자신의 것이라고 했습니다. 그들의 싸움은 왕에게까지 전해졌습니다. 왕은 망아지가 발견된 곳에서 망아지를 키워야 한다는 판결을 내렸습니다. 그래서 소 주인인 농부가 자신의 소유도 아닌 망아지를 공짜로 가지게 되었습니다. 말 주인은 울면서 망아지를 잃은 것을 한탄하며 집으로 돌아갔습니다. 그는 왕비가 가난한 농가 출신이기 때문에 자애롭다는 말을 들었습니다. 말 주인은 왕비에게 망아지를 다시 찾을 수 있도록 도와달라고 부탁했습니다. "내가 당신을 도와준 사실을 아무에게도 말하지 않겠다고 약속한다면 당신에게 방법을 일러드리지요. 내일 아침 일찍 폐하께서 경비병들을 사열하실 때 폐하께서 지나가시는 길 한복판에서 있으세요. 커다란 어망을 들고 가 마치 고기를 낚는 것처럼 하세요. 그리고 계속 고기를 낚으면서 어망이 가득 차서 고기를 비우는 것처럼 행동하세요." 왕비는 임금님이 말 주인에게 이유를 물을 때 어떻게 대답해야 할지도 말해 주었습니다. 다음날 농부는 왕비가 시키는 대로 아침 일찍 일어나 마른 땅에서 고기를 낚고 있었습니다. 그의 곁을 지나가던 왕은 그 광경을 보고 어리석은 사내가 무슨 일을 하고 있는지 물어보라고 그쪽으로 사람을 보냈습니다. 말 주인은 "고기를 낚고 있습니다."라고 대답했습니다. 전령은 말 주인에게 물도 없는 곳에서 어떻게 고기를 낚을 수 있느냐고 묻자 농부는 "암소 두 마리가 망아지를 낳는 마당에 저라고 마른 땅에서 물고기를 잡지 말라는 법 있습니까?"라고 대답했습니다. 전령이 농부의 대답을 왕에게 전하자 왕은 농부를 불러 그가 혼자서 그런 대답을 생각해 내지 못했을 것이니 누가 도와주었는지 말하라고 했습니다. 그러나 농부는 그것에 대해 말하지 않고 하나님이 도와 혼자 그런 생각을 했노라는 말만 되풀이했습니다. 그래서 병사들은 그를 짚단 위에 놓고 때리면서 왕비가 그에게 방법을 가르쳐 주었다는 자백을 할 때까지 그를 괴롭혔습니다.

궁전으로 돌아온 왕은 왕비에게 "왜 당신은 나를 우습게 만드는 거요? 나는 당신을 더 이상 나의 아내로 인정하고 싶지 않소. 당신과 나는 끝이오. 당신이 자란 곳, 농가로 돌아가시오."라고 말했습니다. 그러나 왕은 왕비에게 그녀가 가장 사랑하고 소중히 생각하는 한 가지를 가져가도 좋다고 허락했습니다. 이별의 선물이었지요. 왕비는 "좋습니다. 사랑하는 당신이 하라는 대로 하겠습니다."라고 말했습니다. 왕비는 왕을 포옹하고 키스를 하고 그와 이별의 시간을 가지고 싶다고 말했습니다. 그러고 나서 왕비는 잠들게 하는 독한 술을 가져오도록 했고 왕과 이별주를 나누었습니다. 왕은 많이 마셨지만 왕비는 아주 조금 마셨습니다. 왕은 금방 잠에 곯아 떨어졌고, 왕비는 하인을 불러 하얀 아름다운 아마포 천을 가져오도록 해서 그 천으로 왕을 쌌습니다. 그리고 하인은 왕을 문 앞에 있는 마차에 태웠고 왕비는 왕을 자신의 집으로 데려갔습니다. 왕은 하루 낮밤을 꼬박 자고 깨어나 주위를 둘러보며 "오 세상에, 도대체 여기가 어디야?"라고 말했습니다. 그는 신하들을 불렀으나 아무도 없었습니다. 그때 왕비가 침대 앞으로 가 "전하, 당신은 나에게 성에서 가장 소중하고 훌륭한 것을 가져가라고 하셨지요. 그래서 당신을 데려온 것입니다."라고 말했습니다. 왕은 눈물을 흘리며 "사랑하는 부인, 당신은 나의 것이고 나는 당신의 것이오."라고 말했습니다.

왕과 왕비는 함께 다시 궁전으로 돌아와 다시 결혼식을 올렸습니다. 왕과 왕비는 아마 지금도 잘살고 있을 겁니다.[13)]

---

13) Brüder Grimm, *Ibid.*, 1978, pp. 475-479.

동화 힐링 실습

그림 동화 「영리한 농부의 딸」은 가난한 여인이 지혜와 재치로 왕비가 되는 해학적인 사랑이야기이다. 흔히 지혜는 수직적이고 지식은 수평적이라고 한다. 다시 말해 지혜는 선천적인 것이고 지식은 후천적인 것이란 말이다. 따라서 '영리한 농부의 딸'이라는 동화 제목에 알맞게 주인공은 가난한 농부의 딸로 태어나 제대로 배우지도 못했지만 타고난 지혜와 재치로 나라의 왕비가 되는 것이다. 농부의 딸로 태어나 가난하게 살다가 왕과 결혼하여 왕비가 되었으니, 신데렐라 유형의 동화에 해당된다. 극단적인 대조를 좋아하는 동화 특성에 맞게 천한 농부의 딸이 고귀한 왕을 만나 신분상승을 했으니, 「신데렐라」 동화 못지않게 착하고 지혜로운 보통 여성들에게 꿈과 희망을 주는 동화라고 할 수 있다.

1 동화 제목 연상기법

어느 날 20대 초반의 여대생이 동화치료사를 찾아왔다. 얌전한 모습이지만 유독 눈매가 날카로워 보이는 덩치가 약간 있는 건강한 여성이었다. 동화치료사가 무슨 일로 왔냐고 물으니, Y(내방자 이니셜)는 집안이 너무 어려워 휴학이나 자퇴를 하고 취직이나 아르바이트를 해서 돈을 벌어야 하는데, 공부도 너무 하고 싶고 동기생과 선후배들과도 계속 생활하고 싶어 고민 끝에 스트레스가 되어 찾아왔다고 한다. Y는 이미 중학교 1학년 때부터 방학 때면 일을 하여 자신의 용돈을 벌었고,

부모에게는 단 한 푼도 받지 않았다고 한다. 용돈을 받을 형편도 안 되었고, 본인도 으레 용돈만큼은 자기가 벌어야 되는 것으로 알고 살아왔다는 것이다. 그렇게 중고교를 마친 Y는 대학도 스스로 돈을 벌어서 등록금을 내고 생활비로도 쓰며 다녔다고 한다. 그러니 중고교 때보다 갑절 이상 돈이 필요한 시기에 혼자서 부모 도움 없이 대학생활을 했으니, 그 고충이 얼마나 컸겠는가? 더욱이 1학년과 2학년은 이를 악물고 학기 중에는 주말에 아르바이트를 하고, 방학 중에는 요식업체 등에서 일해서 근근이 버텼는데, 공부할 양이 많아지는 3학년 때부터는 일하면서 공부하기가 너무너무 힘들어 돌아버릴 지경까지 되었다는 것이다. 그 스트레스가 누적되니 주위 사람들에게 신경질도 많이 내게 되고, 부모님은 쳐다보기도 싫고, 원래 활발한 성격인데 내성적으로 말도 없어지고, 공부도 잘 안 되고 …… 이래저래 앞일이 막막하여 더 이상 혼자서 해결할 수는 없을 것 같아 찾아왔다는 것이다.

동화치료사는 부드러운 시선과 따뜻한 마음으로 내방자 Y를 대했고, 동화 제목 50개를 하나씩 모니터로 보여주면서 Y가 읽고 싶거나 마음에서 뭔가 연상되는 느낌이 있는 동화를 선택해보라고 했다. Y는 이리저리 생각하더니 그림 동화 「영리한 농부의 딸」을 선택했다. 그 이유를 물어보니, Y는 동화 주인공 농부의 딸이 자기처럼 어려운 가정형편에서 열심히 일도 하지만 무엇보다도 지혜와 재치로 왕의 수수께끼를 풀어 왕비가 된다는 스토리가 매우 인상적이었기 때문이라고 한다. Y는 이 순간 밝게 웃으면서 "어디 나에게 수수께끼 낼 백마 탄 왕자가 없을까요?"라고 말하며, 계속해서 "지지리 복도 없지요. 지금까지 남자친구 한번 사귀어보지 못했으니까요."라고 말하면서 밝은 웃음이 갑자기 쓴웃음으로 바뀌었다.

2 동화 주제에 따른 분류법

그림 동화 「영리한 농부의 딸」의 주제는 지혜와 재치 그리고 사랑이다. 이 동화의 서두문에서 동화 주인공 농부의 딸이 매우 어려운 가정형편에서도 지혜를 내어 입에 풀칠이라도 하려면 농사지을 땅이 필요했기에 임금님께 상소하라고 아버지께 부탁한다.

옛날에 한 가난한 농부가 있었는데, 그는 어떤 경작할 땅도 없이 작은 집에서 오직 딸 한 명과 함께 살고 있었습니다. 어느 날 딸이 "우리, 임금님께 농사지을 땅을 조금이라도 부탁해 봐요."라고 말했습니다. 그들의 가난한 살림살이에 대해 얘기 들은 왕이 농부와 딸에게 땅을 조금 주었습니다. 농부와 딸은 땅을 갈아 옥수수와 밀, 과일나무를 조금씩 심었습니다.

동화의 출발 상황에서 어머니의 부재와 가난한 집안형편이 알려지고, 동화 주인공인 딸과 그녀의 아버지인 농부가 소개된다. 영리한 딸과는 다르게 아버지 농부는 우직한 성격이지만 융통성이나 가장으로서 생활능력이 부족한 인물이다. 그래서 지혜로운 주인공이 돋보이며 마을 촌장도 아니요, 내무장관도 아니요, 가장 높은 계급인 왕에게 경작할 땅을 요구하는 것이다. 요즘 우리 사회를 보면 이렇게 왕에게 직접 자신의 처지를 한탄하고 도움을 받으려는 현상이 두드러진다. 물론 옛날 조선시대에 신문고(申聞鼓)제도가 그 한 예(例)가 되겠지만, 오늘날에는 지나칠 정도로 문제만 생기면 최고 권력자에게 몰려가는 일이 빈번하다. 체계적인 시스템이 문제가 된 것과, 믿을 놈이 왕밖에 없다는 것이 그 원인이라고 할 수 있다. 어쨌든 농지를 선사받아 옥수수와 밀과 과일나무를 조금씩 경작하니 그런대로 먹고사는 문제가 해결된

듯한데, 문제는 왕이 수여한 땅에서 황금 절구통이 나오면서부터이다.

> 밭을 거의 경작했을 때 그들은 밭에서 순금으로 된 절구통을 하나 발견했습니다. 아버지는 딸에게 "얘야, 임금님이 우리에게 은총을 베풀어 밭을 하사하셨으니 그 밭에서 나온 이 황금 절구통을 임금님께 진상해야 겠다."라고 말했습니다. 그러나 딸은 아버지의 말에 반대하며 "아버지, 우리가 절구공도 없는 이 절구통을 임금님께 바치면 우리는 절구공마저 찾아내야 할 거예요. 그러니 그냥 조용히 하고 있는 게 나아요."라고 말했습니다. 그러나 아버지는 딸의 말을 귀담아듣지 않고 황금 절구통을 가지고 왕에게 찾아갔습니다.

왕이 선사한 농지에서 황금 절구통이 나왔으니, 아버지가 그 절구통을 왕에게 진상하겠다는 것은 양심 있는 올바른 처사처럼 보인다. 그러나 고지식한 아버지의 이런 판단은 하나만 알고 둘은 모르는 어리석은 처신이다. 영리한 딸이 그것을 바로 지적한다. 즉, 절구통은 절구공과 한 세트이니, 왕이 절구통을 받으면 절구공을 내놓으라고 할 것은 불 보듯 뻔한 일이기 때문이다. 그럼, 어떻게 할까? 그냥 모르는 채 꿀꺽 삼켜버릴까? 아니면 어딘가 절구공이 있을 테니 땅을 다 파헤쳐볼까? 아마 후자는 이미 한 상태이고 전자는 우직하지만 착한 농부가 할 짓은 아닐 거다. 여기서 중요한 점은 동화의 가베(주어진 물건, 하사품, 선물)로서 황금 절구통에 의해 주인공과 왕이 연결되는 매개체 역할을 해야 하기 때문에, 농부는 절구통을 왕에게 가져갔고, 왕에게 영리한 딸을 소개하는 절차가 이루어진다는 것이다.

> 농부의 딸은 왕 앞으로 불려왔고, 왕은 그녀가 정말 그렇게 영리한지 알아보기 위해 수수께끼를 하나 내겠노라고 말했습니다. 만약에 농부의

딸이 수수께끼를 풀면 아내로 맞이하겠다고 말했습니다. 농부의 딸은 수수께끼를 풀어보겠다고 대답했습니다. "옷을 입지도 벗지도 말고, 말도 타지 말고 걷지도 말며, 길 안에 있어도 안 되고 길 밖에 있어도 안 된다. 그렇게 나에게 다시 오너라. 그대가 이 일을 해낸다면 나는 그대와 결혼하겠노라."

수수께끼의 사전적 의미가 '어떤 사물을 빗대어 말하여 그 뜻이나 이름을 알아맞히는 놀이'라면 간단한 단어를 물어보는 수수께끼가 일반적인데, 왕의 수수께끼는 말이 아니라 세 가지 행동을 유발하는 매우 어려운 과제이다. 그 첫째가 '옷을 입지도 벗지도 말라'이고, 둘째가 '말도 타지 말고 걷지도 말라'이며, 셋째가 '길 안에 있어도 안 되고 길 밖에 있어도 안 된다.'이다. 정말 어려운 수수께끼인데, 동화 주인공 농부의 딸은 너무나 쉽게 그 과제해결을 위한 해답을 발견한다. 즉, 첫 번째 해답은 벌거벗은 상태에서 어망 속에 들어가 몸을 칭칭 감쌌으니, 옷을 입지도 벗지도 않은 모습이고, 두 번째 해답은 당나귀 꼬리에 어망을 묶어 끌고 가게 함으로써 말을 탄 것도 아니고 직접 걷는 것도 아닌 모습이며, 세 번째 해답은 당나귀가 농부의 딸을 마차의 바퀴자국을 따라 끌고 가서 그녀의 엄지발가락만 땅에 닿았기 때문에 길에 있었던 것도 아니고 길을 벗어난 것도 아닌 모습으로 왕에게 나아가는 것이다.

농부의 딸은 집으로 돌아가서 입고 있던 옷을 남김없이 벗고 벌거벗은 상태가 되었습니다. 그리고 농부의 딸은 큰 어망 속으로 들어가 어망을 몸 주위에 칭칭 감쌌습니다. 이제 그녀는 옷을 벗지 않은 상태였고, 돈을 주고 당나귀 한 마리를 빌린 다음 그 꼬리에 어망을 묶었습니다. 당나귀가 어망 속에 든 농부의 딸을 끌고 갔으므로 말을 탄 것도 아니고 걸어가는 것도 아니었습니다. 그리고 당나귀는 농부의 딸을 마차의 바퀴 자국을 따라 끌고 갔고 그녀의 엄지발가락만 땅에 닿았기 때문에 그녀는 길에 있었던 것도 아니고 길을 벗어난 것도 아니었습니다. 농부의 딸이 이런 모습으로 왕 앞에 나타나자 왕은 그녀가 수수께끼를 맞혔고 모든 조건을 충족시켰다고 말했습니다. 왕은 농부를 감옥에서 풀어주고 농부의 딸을 그의 아내로 맞아 왕실의 모든 재산을 그녀에게 맡기도록 했습니다.

영리한 농부의 딸이 왕의 수수께끼 과제 부여를 지혜와 재치로 해결함으로써 단숨에 왕비가 되는 신분상승이 이루어진다. 왕의 전적인 신뢰가 영리한 여주인공을 사랑하게 된 것이며, 왕비로 맞이할 뿐만 아니라 왕실의 전 재산까지 맡기는 초특급 대우를 하는 것이다.

3 심리이론 적용법

왜 왕은 영리한 농부의 딸을 단숨에 왕비로 인정하고 전 재산을 관리하게 했을까? 그것은 융이 말한 아니마와 아니무스의 결합이기 때문이다. 아니마는 남성의 마음이고, 아니무스는 여성의 마음을 의미한다. 다시 말해 남자에게는 여성적 무의식적 인격체인 아니마가 존재하고, 여자에게는 남성적 무의식적 인격체인 아니무스가 존재하기 때문에 왕은 지혜와 재치로 자신의 수수께끼를 완벽하게 해결한 농부의 딸을 아내로 맞이하는 경이로운 결정을 한 것이다. 더욱이 소 주인인 농부가 자신의 소유도 아닌 망아지를 공짜로 가지게 된 억울한 사건이 일어나고, 말 주인의 처지를 올바르게 처리하지 못한 왕의 판결에 왕비의 지혜로운 도움으로 왕이 판결한 사건을 다시 번복하게 하는 일이 벌어진다. 말의 새끼인 망아지가 소 아래 있다고 소가 낳은 거라는 어리석은 소 주인의 말을 들어준 왕의 어리석음이 드러난 이 사건에서 영리한 왕비가 바로잡지 않았다면, 왕은 백성 앞에서 더 궁지에 몰리는 상황인데도 자신의 판결을 고지식하게 주장하고 바로잡아준 왕비를 오히려 궁 밖으로 내치려고 한다. 그러면서도 왕은 왕비에게 이별의 선물로 가장 소중한 한 가지를 가져가도 좋다는 어명을 내린다.

> 왕은 왕비에게 그녀가 가장 사랑하고 소중히 생각하는 한 가지를 가져가도 좋다고 허락했습니다. 이별의 선물이었지요. 왕비는 "좋습니다. 사랑하는 당신이 하라는 대로 하겠습니다."라고 말했습니다. 왕비는 왕을 포옹하고 키스를 하고 그와 이별의 시간을 가지고 싶다고 말했습니다. 그러고 나서 왕비는 잠들게 하는 독한 술을 가져오도록 했고 왕과 이별주를 나누었습니다. 왕은 많이 마셨지만 왕비는 아주 조금 마셨습니다. 왕은 금방 잠에 곯아 떨어졌고, 왕비는 하인을 불러 하얀 아름다운 아마포 천을 가져오도록 해서 그 천으로 왕을 쌌습니다. 그리고 하인은 왕을 문 앞에 있는 마차에 태웠고 왕비는 왕을 자신의 집으로 데려갔습니다.

왕비에게 사랑하는 남편이 허락한 가장 소중한 한 가지가 무엇이겠는가? 돈일까? 금은보화일까? 땅문서일까? 아이를 낳지 않았으니 아이는 아닐 테고 …… 영리한 왕비는 바로 남편을 보쌈해서 자기 집으로 데려가는 것이다. 정말 지혜롭고 재치 있는 여인이 아닌가? 보쌈당한 왕은 당연히 왕비의 가장 사랑하고 소중한 한 가지가 자기였다는 것을 알고 나니 한없는 눈물을 흘리면서 "당신은 나의 것이고 나는 당신의 것이오."라는 대극합일의 기쁨을 표출한다.

> 왕은 하루 낮밤을 꼬박 자고 깨어나 주위를 둘러보며 "오 세상에, 도대체 여기가 어디야?"라고 말했습니다. 그는 신하들을 불렀으나 아무도 없었습니다. 그때 왕비가 침대 앞으로 가 "전하, 당신은 나에게 성에서

가장 소중하고 훌륭한 것을 가져가라고 하셨지요. 그래서 당신을 데려온 것입니다."라고 말했습니다. 왕은 눈물을 흘리며 "사랑하는 부인, 당신은 나의 것이고 나는 당신의 것이오."라고 말했습니다. 왕과 왕비는 함께 다시 궁전으로 돌아와 다시 결혼식을 올렸습니다. 왕과 왕비는 아마 지금도 잘 살고 있을 겁니다.

아니마와 아니무스의 일치와 조화가 왕과 왕비의 깨달음에 의한 또 한 번의 결혼식으로 성취되며 영원한 사랑으로 승화되어 행복한 미래에 대한 희망과 비전을 독자에게 보여주는 것이다. 그렇게 영리한 농부의 딸은 가난한 환경과 열악한 조건에서도 명철한 지혜와 재치로 왕비로의 신분상승은 물론이거니와 왕의 전 재산을 관리하는 실질적인 왕국의 대모 역할을 하는 것이다.

4 커뮤니케이션과 다이얼로그 기법

열악한 환경으로 앞길이 막막하여 동화치료사를 찾아온 내방자 Y는 이 동화를 다 읽고 나서는 얼굴표정이 밝아졌으며, 다음과 같은 스토리텔링을 남겼다.

어려서부터 부모의 도움 없이 지금까지 혼자 힘으로 살아온 나에게 「영리한 농부의 딸」 동화는 희망의 메시지가 되었어요. 가난한 집안형편에서도 지혜와 재치로 왕비로 신분상승한 농부의 딸이 내 모습이 될 거 같은 희망이 생겼으니 말이에요. 힘든 나날이지만 그러한 소망을 갖고 더 열심히 생활할래요. 부모님께도 긍정적인 모습을 보여드릴 거고, 친구들과도 화기애애하게 지낼 거예요. 그리고 궁극적으로는 백마 탄 왕자를 만날 수 있도록 노력할 거예요. 호호…….

처음 찾아왔을 때와는 전혀 다른 모습으로 문을 나서는 Y의 뒷모습을 바라보면서 동화치료사는 동화 주인공처럼 될 거라는 희망을 갖고 지금의 위기를 지혜롭게 극복하는 Y가 되기를 마음속으로 기원했다.

14. 신데렐라

옛날에 부유한 남자가 살고 있었는데, 그의 아내가 병이 들었습니다. 아내는 죽음이 다가오는 것을 느꼈고, 그러자 그녀는 유일한 딸을 자신의 침대로 불러서는 "사랑하는 얘야, 정직하고 착하게 살아라. 그러면 사랑의 하나님이 항상 네 곁에서 도와줄 거고, 나는 하늘로부터 너를 내려다보며 네 주위에 있을 거야."라고 말했습니다. 그 후 아내는 두 눈을 감고 죽었습니다. 소녀는 매일 어머니의 무덤으로 가서 울었으며 정직하고 착하게 살았습니다. 겨울이 왔을 때, 눈이 하얀 천을 무덤 위로 덮였고, 태양이 봄에 다시 그것을 끌어내렸을 때, 부유한 남자는 새 아내를 얻었습니다.

계모는 두 명의 딸을 집으로 데려왔고, 그 딸들은 얼굴은 예쁘고 하얗지만, 마음은 더럽고 시커멓습니다. 그리하여 불쌍한 의붓아이에 대한 불행한 시간이 시작되었습니다. 못된 딸들은 "그 멍청한 여자아이가 방안에서 우리 곁에 앉아 있어야 하니? 빵을 먹으려는 자는, 일하여 벌어야만 해. 부엌데기로 나가라!"라고 말했습니다. 그들은 소녀의 아름다운 옷을 벗기고 무릎까지 오는 회색의 낡은 윗도리를 입혔으며 나막신을 신으라고 주었습니다. "어디 한번 당당한 공주를 보아라. 얼마나 그녀가 차려입었는지!"라고 의붓자매들은 외치고 놀려댔으며 소녀를 부엌으로 데리고 갔습니다. 그래서 소녀는 아침부터 저녁까지 힘든 일을 해야만 했고, 아침 일찍 일어나, 물을 긷고, 불을 지피고, 요리를 하고, 빨래를 해야만 했습니다. 더욱이 못된 자매들은 생각해낼 수 있는 모든 괴롭힘을 소녀에게 가했고, 그녀를 조롱했으며, 완두와 불 콩들을 재 속에 뿌려놓고는, 소녀가 앉아서 그것들을 다시 가려내도록 했습니다. 저녁에, 일에 지쳐 피곤해졌을 때도 소녀는 침대로 가지 못하고, 오히려 아궁이 옆의 잿더미에 누워야만 했습니다. 소녀는 그 때문에 항상 재투성이로 더럽게 보였기 때문에, 그들은 소녀를 신데렐라라고 불렀습니다.

한번은 아버지가 시장에 가는 일이 생기자 두 명의 의붓딸들에게, 무엇을 사다줄지를 물었습니다. 큰딸이 "아름다운 옷들이요."라고 말했고, 작은딸은 "진주와 보석이요."라고 말했습니다. 아버지가 "그러나 너, 신데렐라야, 너는 무엇을 갖고 싶니?"라고 말하자 신데렐라는 "아버지, 당신이 집으로 돌아올 때 당신의 모자를 건드리는 첫 번째 나뭇가지를 나를 위해 꺾어다 주세요!"라고 말했습니다. 아버지는 이제 두 명의 의붓딸들을 위해 아름다운 옷들과, 진주와 보석들을 구입했고, 돌아오는 길에, 푸른 숲을 말을 타고 지나갔을 때, 하나의 개암나무가지가 그를 건드렸고 모자를 떨어뜨렸습니다. 그러자 아버지는 그 가지를 꺾어가지고 왔습니다. 아버지는 집에 도착하자, 의붓딸들에게 원했던 선물들을 주었고, 신데렐라에게는 개암나무의 가지를 주었습니다. 신데렐라는 아버지에게 감사인사를 했고, 어머니 무덤으로 가서 그 가지를 무덤 위에 심었으며, 너무 심하게 울어서 눈물이 그 위로 떨어졌고 가지를 적셨습니다. 그러나 나뭇가지는 자라났고 한 그루의 아름다운 나무가 되었습니다. 신데렐라는 매일 세 번씩 나무 아래로 갔고, 울면서 기도했습니다. 그리고 언제나 한 마리 하얀 새가 나무 위로 왔고, 신데렐라가 소원을 말하면, 새는 원하는 것을 아래로 던져주었습니다.

어느 날 왕이 축제를 베풀었는데, 그 축제는 3일 동안 지속되었으며, 왕자가 신부를 선택하기 위해 나라에 있는 모든 아름다운 처녀들이 성으로 초대되었습니다. 두 명의 의붓자매들은 축제에 참석해야 한다는 소식을 들었을 때, 기뻐하며 신데렐라를 불러 "우리의 머리를 빗기고, 구두를 손질하고, 허리끈을 조여라. 우리는 결혼식을 위해 왕의 성으로 갈 거야'라고 말했습니다. 신데렐라는 순종했지만 그녀도 기꺼이 춤추러 함께 가고 싶었기 때문에, 울면서 계모에게 허락해 줄 것을 부탁했습니다. 그러자 계모는 "얘, 신데렐라야, 너는 재와 먼지로 가득 덮였는데, 결혼식에 가려고 하니? 옷도 구두도 없는데 춤을 추겠다고?"라고 말했습니다. 그러나 신데렐라가 부탁을 계속하자 계모는 마침내 "지금 내가 한 대접의 붉은 콩들을 재 속에 뿌리겠다. 네가 그 붉은 콩들을 두 시간 안에 다시 골라낸다면, 함께 갈 수 있단다.'라고 말했습니다. 그러자 신데렐라는 부엌 뒷문을 통해 정원으로 가서 외쳤습니다. '너희 온순한 비둘기들아, 너희 멧비둘기들아, 하늘 아래 모든 새들아, 와서 내가 고르는 것을 도와다오.

좋은 콩은 대접 속으로,
나쁜 콩은 모이주머니 속으로"

그러자 부엌 창문으로 두 마리의 하얀 비둘기들이 들어왔고, 그 후 멧비둘기들이, 마침내 휙 소리를 내면서 하늘아래 모든 새들이 떼를 지어 들어와서 재 주위에 앉았습니다. 그리고 비둘기들이 머리를 끄덕이면서 콕콕 쪼기 시작하자, 그 밖의 새들도 콕콕 쪼기 시작했고 모든 좋은 콩들을 대접 안으로 주워 담았습니다. 채 한 시간이 지나지 않아, 새들은 이미 끝내고는 모두 다시 밖으로 날아갔습니다. 그러자 소녀는 대접을 계모에게 가져갔고, 기뻐하면서 그녀가 이제 결혼식에 함께 갈 수 있을 거라고 생각했습니다. 그러나 계모는 "안 된다. 신데렐라야, 너는 옷이 없고 춤을 출 수도 없잖아. 너는 단지 웃음거리가 될 뿐이란다."라고 말했습니다. 신데렐라가 울먹이자, 계모는 "네가 두 대접의 가득 찬 붉은 콩들을 한 시간 안에 재 속에서 골라낼 수 있다면, 함께 갈 수 있단다.'라고 말했고, "물론 그 일을 절대로 할 수 없을 거야.'라고 생각했습니다. 계모가 두 대접의 붉은 콩들을 재 속으로 뿌렸을 때, 신데렐라는 부엌 뒷문을 통해 정원으로 가서 외쳤습니다. "너희 온순한 비둘기들아, 너희 멧비둘기들아, 하늘 아래 모든 새들아, 와서 내가 고르는 것을 도와다오.

좋은 콩은 대접 속으로,
나쁜 콩은 모이주머니 속으로"

그러자 부엌창문으로 두 마리의 하얀 비둘기들이 들어왔고, 그 후 멧비둘기들이, 마침내 휙 소리를 내면서 하늘 아래 모든 새들이 떼를 지어 들어왔고 재 주위에 앉았습니다. 그리고 비둘기들이 머리를 끄덕이면서 콕콕 쪼기 시작하자, 그 밖의 새들도 콕콕 쪼기 시작했고 모든 좋은 콩들을 대접 안으로 주워 모았습니다. 30분이 지나기 전에, 새들은 이미 끝냈고 모두 다시 밖으로 날아갔습니다. 그러자 소녀는 대접을 계모에게 가져갔고, 기뻐하면서 이제 결혼식에 함께 갈 수 있을 거라고 생각했습니다. 그러나 계모는 "그 모든 일이 네게 아무 소용없단다. 너는 함께 가지 못한다. 왜냐하면 너는 옷도 없고 춤을 출 수도 없기 때문이란다. 우리는 너를 부끄러워해야만 할 거야.'라고 말했습니다. 그 후 계모는 신데렐라에게 등을 돌렸고 서둘러 두 명의 교만한 딸들과 함께 떠났습니다.

이제 아무도 더 이상 집에 있지 않았을 때, 신데렐라는 개암나무 아래 어머니 무덤으로 가서 외쳤습니다.

"나무야, 몸을 흔들고 떨어라.
금과 은을 내 위로 던져다오."

그러자 새가 신데렐라에게 금과 은으로 된 옷과, 비단과 은으로 수를 놓은 구두를 아래로 던져주었습니다. 신데렐라는 급히 서둘러 옷을 입었고, 결혼식에 갔습니다. 그러나 의붓자매들과 계모는 신데렐라를 알아보지 못했고, 그녀가 어느 낯선 나라의 공주일 거라고 생각했습니다. 그렇게 황금 옷을 입은 신데렐라는 아름다워 보였습니다. 계모와 의붓자매들은 신데렐라일 거라고는 전혀 생각하지 못했고, 그 아이는 집에 더러운 곳에 앉아서 콩들을 재로부터 골라내고 있을 거라고 생각했습니다. 왕자가 신데렐라를 마중했고, 그녀의 손을 잡고 춤을 췄습니다. 왕자는 신데렐라 외엔 누구하고도 춤추려 하지 않았고, 그녀의 손을 놔주지 않았습니다. 그리고 한 다른 남자가 와서 신데렐라에게 춤을 청하면, 왕자는 "그녀는 나의 파트너요!"라고 말했습니다.

신데렐라는 날이 저물 때까지 춤췄고, 이제 집으로 가려고 했습니다. 왕자는 "내가 함께 가서 당신을 바래다주겠소."라고 말했습니다. 왜냐하면 왕자는 그 아름다운 소녀가 뉘 집안에 속했는지 알려고 했기 때문입니다. 그러나 신데렐라는 왕자로부터 재빠르게 달아났고, 비둘기 집으로 뛰어올라갔습니다. 이제 왕자는 아버지가 올 때까지 기다렸고, 그에게 그 낯선 소녀가 비둘기 집으로 뛰어올라갔다고 말했습니다. 아버지는 '그 소녀가 신데렐라가 아닐까?'라고 생각했습니다. 그리고 그들은 비둘기 집을 두 동강이 낼 수 있도록 도끼와 괭이를 가져다줘야만 했습니다. 그러나 그 안에는 아무도 없었습니다. 그리고 그들이 집에 왔을 때, 신데렐라는 더러운 옷을 입고 재 안에 누워 있었고, 흐린 석유램프가 굴뚝 안에서 불타고 있었습니다. 왜냐하면 신데렐라는 재빠르게 비둘기 집으로부터 뒤로 뛰어내렸고, 개암나무 쪽으로 달려갔기 때문입니다. 거기서 신데렐라는 아름다운 옷을 벗어 무덤 위에 놓았으며, 새가 그 옷을 다시 회수했고, 그러고 나서 그녀는 회색 윗도리를 입고 부엌 재

속에 앉아 있었기 때문입니다.

다음 날, 축제가 새로이 시작되었고 부모와 의붓자매들이 다시 떠났을 때, 신데렐라는 개암나무로 가서 말했습니다.

"나무야, 몸을 흔들고 떨어라.
금과 은을 내 위로 던져다오."

그러자 새는 전날보다 훨씬 더 화려한 옷을 아래로 던져주었습니다. 그리고 신데렐라가 이 옷을 입고 결혼식에 나타났을 때, 모든 남자들은 그녀의 아름다움에 놀랐습니다. 그러나 왕자는 신데렐라가 올 때까지 기다렸고, 곧 그녀의 손을 잡고 그녀와만 춤췄습니다. 다른 남자가 와서 신데렐라에게 춤을 청하면, 왕자는 "그녀는 나의 파트너요!"라고 말했습니다. 이제 저녁이 되자 신데렐라는 떠나려 했고, 왕자는 그녀를 따라가서 신데렐라가 어느 집으로 가는지 보려고 했습니다. 그러나 신데렐라는 도망쳤고, 집 뒤에 정원으로 뛰어갔습니다. 그 안에 가장 훌륭한 배가 달린 아름다운 커다란 나무가 서있었습니다. 신데렐라는 다람쥐처럼 날쌔게 가지들 사이로 기어올랐고, 왕자는 그녀가 어디로 갔는지 알지 못했습니다. 그러나 왕자는 아버지가 올 때까지 기다렸고, 그에게 "그 낯선 소녀가 재빠르게 달아났고, 배나무 위로 뛰어올랐다고 생각된다."고 말했습니다. 아버지는 '그 소녀가 신데렐라가 아닐까?'라고 생각했고, 도끼를 가져와 나무를 베라고 했습니다. 그러나 그 위에는 아무도 없었고 그들이 부엌에 왔을 때, 신데렐라는 거기 재 속에 이전처럼 누워 있었습니다. 왜냐하면 신데렐라는 나무의 다른 쪽으로 뛰어내렸고, 개암나무 위의 새에게 아름다운 옷을 다시 주었으며 회색 윗도리를 입었기 때문입니다.

셋째 날, 부모와 의부자매들이 떠났을 때, 신데렐라는 다시 어머니

무덤으로 갔고 나무에게 말했습니다.

"나무야, 몸을 흔들고 떨어라.
금과 은을 내 위로 던져다오."

이제 새는 신데렐라에게 옷을 던져 주었는데, 아직 아무도 가져보지 못한 화려하고 아름다운 옷이었고, 구두는 온통 금이었습니다. 신데렐라가 옷을 입고 결혼식에 나타났을 때, 그들 모두는 놀래서 무엇을 말해야 하는지 알지 못했습니다. 왕자는 신데렐라와만 춤을 췄고, 다른 남자가 그녀에게 춤을 청하면, 왕자는 "그녀는 나의 파트너요!"라고 말했습니다.

이제 저녁이 되었을 때, 신데렐라는 떠나려 했고, 왕자는 바래다주려고 했습니다. 그러나 신데렐라가 너무 빨리 달아났기 때문에, 왕자는 따라갈 수 없었습니다. 왕자는 한 가지 술책을 써서 전체 계단을 끈끈한 역청을 바르게 했습니다. 그러자 신데렐라가 아래로 뛰어갔을 때, 소녀의 왼쪽 구두가 걸려 붙어 있었습니다. 왕자는 그 구두를 주워들었으며, 구두는 작고 앙증맞고 온통 금이었습니다. 다음날 아침, 왕자는 구두를 갖고 아버지에게 가서 그에게 "이 황금구두에 발이 꼭 맞는 여자 이외에 어떤 누구도 내 아내가 될 수 없소."라고 말했습니다. 그러자 두 명의 의붓자매는 기뻐했습니다. 왜냐하면 그들은 아름다운 발을 가졌기 때문입니다. 큰딸이 구두를 들고 침실로 갔고 구두를 신어보려고 했고 엄마가 곁에 서있었습니다. 그러나 큰딸은 엄지발가락을 집어넣을 수 없었고, 구두가 그녀에게 너무 작았습니다. 그러자 엄마는 칼을 건네주면서 "발가락을 잘라버려라! 네가 왕비가 되면, 더 이상 걸어 다닐 필요가 없단다."라고 말했습니다. 큰딸은 발가락을 잘라내었고, 발을 억지로 구두 안으로 집어넣었으며, 아픔을 꾹 참고 왕자에게로 나갔습니다. 그러자 왕자는 그녀를 신부로서 말 위에 태웠고 함께 떠났습니다. 그러나 그들은 무덤 곁을 지나가야만 했고, 거기 두 마리 비둘기들이 개암나무 위에 앉아서 소리쳤습니다.

"뒤를 돌아보아요, 뒤를 돌아보아요.
피가 구두 안에 있네요.
구두가 너무 작네요.
진짜 신부는 아직 집에 있네요."

그러자 왕자는 그녀의 발을 쳐다보았고 피가 솟아 나오는 것을 보았습니다. 왕자는 말을 되돌렸고, 가짜 신부를 다시 집으로 데려가서는 그녀가 진짜가 아니라고 말했고, 다른 자매가 구두를 신어봐야 한다고 말했습니다. 그래서 구두를 받아든 작은딸은 침실로 갔고, 발가락들은 다행히 구두 안으로 들어갔으나 발꿈치가 너무 컸습니다. 그러자 엄마가 칼을 건네주며 '발꿈치의 한 조각을 떼어버려라! 네가 여왕이 된다면, 더 이상 걸어 다닐 필요 없단다.'라고 말했습니다. 작은딸은 발꿈치의 한 조각을 베어버렸고, 억지로 발을 구두 안으로 넣었으며, 아픔을 꾹 참고 왕자에게 나갔습니다. 그러자 왕자는 그녀를 신부로서 말 위에 태웠고 함께 떠났습니다. 그들이 개암나무 곁을 지나갔을 때, 두 마리 비둘기들이 그 위에 앉아서 소리쳤습니다.

"뒤를 돌아보아요, 뒤를 돌아보아요.
피가 구두 안에 있네요.
구두가 너무 작네요.
진짜 신부는 아직 집에 있네요."

왕자는 그녀의 발을 내려다보았고, 피가 구두로부터 솟아 나와 하얀 양말을 온통 붉게 물들이는 것을 보았습니다. 그래서 왕자는 말을 돌렸고, 가짜 신부를 다시 집으로 데리고 갔습니다. "이 여자 또한 진짜가 아니오. 당신에게 다른 딸은 없소?"라고 왕자는 말했습니다. 아버지는 "없소, 단지 내 죽은 아내의 작고 우둔한 신데렐라가 저기 있소. 그 아이가 신부가 된다는 것은 불가능하오."라고 말했습니다. 그러나 왕자가 그녀를 데려와야 한다고 말하자 엄마는 "아, 안돼요! 그 아이는 너무나 더러워요. 보여드릴 수 없어요."라고 대답했습니다. 그러나 왕자는 그녀를 꼭 보려고 했고, 신데렐라는 불려와야만 했습니다. 그래서 신데렐라는 우선 손과 얼굴을 깨끗이 씻은 후 거기로 나왔으며, 그녀에게 황금구두를 건네는 왕자에게 인사했습니다. 그러고 나서 신데렐라는 등받이 없는 의자에 앉았고, 발을 무거운 나막신으로부터 꺼내어 구두 안으로 집어넣었습니다. 구두가 꼭 들어맞았고 신데렐라가 일어섰을 때, 왕자는 그녀의 얼굴을 보았고, 그와 함께 춤췄던 아름다운 소녀를 알아보았습니다. 그리고 "이 여자가 진짜 신부요!"라고 외쳤습니다. 계모와 의붓자매들은 깜짝 놀랐고, 화가 나서 창백해졌습니다. 그러나 왕자는 신데렐라를 말 위에 태웠고, 그녀와 함께 떠났습니다. 그들이 개암나무 곁을 지나갔을 때, 두 마리 비둘기들이 소리쳤습니다.

"뒤를 돌아보아요, 뒤를 돌아보아요.
피가 구두 안에 없네요.
구두가 딱 맞네요.
진짜 신부를 그는 집으로 데리고 가네요."

두 마리 비둘기들이 소리치고 나서, 아래로 날아왔고, 신데렐라의 양쪽 어깨에 앉았습니다. 한 마리는 오른쪽에, 다른 한 마리는 왼쪽에, 그렇게 앉아 있었습니다.

왕자와의 결혼식이 거행되었을 때, 가짜 자매들이 왔고, 환심을 사려고 했으며, 신데렐라의 행운을 함께 나누려고 했습니다. 이제 신랑과 신부가 교회로 입장했을 때, 언니는 오른쪽에, 동생은 왼쪽에 서있었습니다. 그때 비둘기들이 두 자매의 한쪽 눈을 각각 쪼아냈습니다. 그 다음에, 신랑과 신부가 퇴장할 때, 언니는 왼쪽에 그리고 동생은 오른쪽에 서있었습니다. 그러자 비둘기들이 두 자매의 반대쪽 눈을 쪼아냈습니다. 그래서 그들은 악의와 거짓 때문에 일생 동안 실명의 벌을 받았답니다.[14)]

14) Brüder Grimm, *Ibid.*, pp. 154-164.

동화 힐링 실습

그림 동화 「신데렐라」는 말이 필요 없는 210편의 그림 동화들 중에서 가장 유명한 동화이다. 부잣집 딸이면서도 친엄마가 돌아가시자 계모와 의붓자매 두 명에게 온갖 박해와 시달림을 받는 시련 끝에 왕자비가 되는 경이로운 사랑이야기이다. 사실 '신데렐라'라는 말은 '재투성이 식모'라는 뜻이다. 부엌에서 식모로서 모든 허드렛일을 하고 재 속에서 볶은 콩들을 가려내며 그 재 위에서 잠을 자니 어찌 재투성이 식모라고 부르지 않을 수 있는가? 즉 신데렐라는 '바보', '거지', '못난이'처럼 놀리기 위해 부르는 별명(別名)이다.

어느 날 고 2 여학생이 동화치료사를 찾아왔다. 대학입시를 위해 준비해야 하는 스트레스가 너무 많이 쌓여서 어찌할 바를 몰라 상담하러왔다고 한다. 조금 더 구체적으로 말해보라고 하니, 내방자 J는 약간 망설이다가 용기를 내어 고 2 여학생들의 분위기를 전했다. 즉 대학입시를 위해 공부에 매진하는 것도 중요하지만, 많은 여학생들이 고 3 전 겨울방학에 유명성형외과로 가서 성형하는 게 유행이라는 것이다. 특히 수시면접을 대비해서 얼굴에 칼을 대는 게 만연(蔓延)되어 있다는 것이다.

1 동화 제목 연상기법

내방자 J의 이야기에 순간 당황했지만 차분한 목소리로 동화 제목을 보여주면서 한 작품을 선택하라고 하니, 별로 망설이지 않고 그림 동화 「신데렐라」를 선택했다. 그 이유를 물으니, J는 다짜고짜로 "신데렐라처럼 예뻐야 여자는 출세할 수 있는 것 아닌가요?"라고 태연히 대답했다. 약간 어안이 벙벙했지만 동화치료사는 다시 한 번 내방자 J의 얼굴을 살펴보았다. 굳이 성형을 할 필요가 없는 계란형 동양 미인이었다. 요즘 10대 소녀들에게는 종종 아몬드형의 서양 미인도 있지만 J는 전형적인 계란형 미인이라 정말 손댈 때가 없는 것 같았다.

그림 동화 「신데렐라」의 진짜 주인공은 얼굴이 예쁠 뿐만 아니라 마음씨가 착하고 부지런한 소녀이다. 가짜 주인공 의붓자매도 얼굴은 예쁘지만 마음이 더럽고 시커멓다. 다시 말해 「신데렐라」 동화에서 이야기하고 싶은 아름다움의 전형(典型)은 겉모습이 아니라 속모습이며, 외적 아름다움이 아니라 내적 아름다움이 중요하다는 것을 강조하는 것이다. 물론 세 번에 걸친 왕이 베푼 무도회에 엄마 무덤 위의 나무에서 던져준 옷과 구두에 의해 세상에서 가장 아름다운 모습으로 등장하는 신데렐라에게 왕자가 필이 꽂혀 오직 그녀와만 춤을 추고 그녀를 왕자비로 선택하기 때문에, 속모습보다는 겉모습이 중요한 게 사실 아니냐고 반문할지 모른다. 더욱이 옷이 날개라고 얼굴뿐만 아니라 세상에서 가장 아름다운 옷을 입었기 때문에 신데렐라가 공주처럼 보였고 모든 처녀들 중에 가장 돋보이는 거라고 주장할 수도 있다.

이러한 단순한 논리에 의해 세상은 신데렐라 열풍에 휩싸이고 모든 여성은 똑같은 신데렐라 인형처럼 같은 모양의 옷과 얼굴로 개성 없는 인생을 살아가야 하겠는가? 대리만족으로 대부분의 어린 소녀들이 바비(Barbie) 인형 한 개쯤은 사가지고 있는 것은 아닌지 생각해야 한다. 사람들은 유행을 좋아한다. 누구나 그때그때 유행하는 의상이나 액세서리, 헤어스타일이나 메이크업, 심지어 명품이나 성형수술 등 모든 종류의 유행스타일을 따라한다. 성형수술도 바비 인형도 모든 종류의 유행도 상술에 의한 노름이라면 지나친 표현일까? 나만의 개성이 필요한 시기이다. 가장 아름다워지고 싶다면 남을 의식하지 말고 나만의 아름다움을 찾아야 한다. 누구나가 아닌 나만의 개성이 최고의 미가 되는 것이다.

2 동화 주제에 따른 분류법

그림 동화 「신데렐라」의 주제는 아름다움, 진짜와 가짜, 권선징악, 사랑이라고 할 수 있다.

동화치료사는 내방자 J에게 "신데렐라는 어려서 부모님을 잃고요~ 계모와 언니들에게 구박을 받았더래요~ 샤바샤바 아이 샤바 얼마나 울었을까~ 샤바샤바 아이 샤바 천구백팔십 년대~"라는 노래를 들은 적 있냐고 하니, 금방 따라 불렀다. 이렇게 누구나 한번쯤은 따라 불렀던 신데렐라송이 유행할 정도로 유명한 「신데렐라」 동화는 노래가사에서도 드러나듯이 계모와 의붓언니들의 구박과 서러움을 이겨낸 여주인공의 착한 마음씨의 내적 아름다움이 주제로 강조되는 것이다. 물론 위의 동요는 작사·작곡자 미상으로 입에서 입으로 전해졌지만, 1980년대 사건이 그 배경이 되고 있음을 알 수 있다. 어쨌든 「신데렐라」 동화는 보이는 겉모습보다 보이지 않는 속모습이 더욱 아름답다는 점을 주제로 하여 외모지상주의(外貌至上主義)에 빠진 여성들에게 경종을 울리는 것이다.

세 번에 걸친 신발증명 시험에서 왕자는 진짜와 가짜를 구별하지 못한다. 신데렐라가 벗어놓고 간 왼쪽 황금구두에 맞는 처녀가 진짜 신부인데, 엄지발가락을 자르고 신은 첫째 의붓언니도, 발뒤꿈치를 잘라내고 신은 둘째 의붓언니도 왕자는 진짜 신부인 양 말에 태워 성으로 데려가니 말이다. 그러나 그때마다 비둘기 한 쌍이 노래를 불러 가짜 신부를 가려내는 데 도와준다. 마침내 황금구두에 발이 꼭 맞은 진짜 신부를 왕자가 말에 태우고 돌아갈 때 비둘기들은 노래를 부르면서 신데렐라의 양쪽 어깨로 내려앉아 성으로 함께 간다.

> 두 마리 비둘기들이 소리쳤습니다.
> "뒤를 돌아보아요, 뒤를 돌아보아요.
> 피가 구두 안에 없네요.
> 구두가 딱 맞네요.
> 진짜 신부를 그는 집으로 데리고 가네요."
> 두 마리 비둘기들이 소리치고 나서, 아래로 날아왔고, 신데렐라의 양쪽 어깨에 앉았습니다. 한 마리는 오른쪽에, 다른 한 마리는 왼쪽에, 그렇게 앉아 있었습니다.

두 마리 하얀 비둘기는 죽은 어머니 사신으로서 어머니 무덤 위에 심은 개암나무에서 머물면서 신데렐라가 요구한 3번의 옷과 구두를 선사했고, 3번의 시구로 진짜 신부와 가짜 신부를 가려냈으며, 이제 신데렐라와 함께 왕자의 성으로 가는 것이다. 무엇보다도 비둘기 한 쌍은 신데렐라의 결혼식에 참석하여 의붓동생의 환심과 행운을 나누어 가지려는 가짜 신부들에게 실명의 형벌을 내림으로써 권선징악의 어머니 사신 역할을 마무리한다. 뿐만 아니라 방안에 들어가 황금구두를 신는 의붓자매들과는 달리, 왕자가 보는 자리에서 황금구두를 신는 더러운 옷을 입은 신데렐라를 왕자는 3일 동안 춤을 추던 그 공주와 동일시하며 "이 여자가 진짜 신부요!"라고 사랑고백을 하는 것이다. 그렇게 외적 아름다움뿐만 아니라, 내면의 아름다움을 보여준 진짜 주인공과, 외적 아름다움만 강조한 채 내면의 아름다움은 전혀 없는 가짜 주인공의 대비를 통해 진정한 아름다움이 무엇인지를 독자에게 가르쳐주는 교훈적 동화라고 할 수 있다.

3 심리이론 적용법

최근 뉴스를 통해 전해졌듯이 우리나라가 '인구 대비 성형 건수 세계 1위'라고 한다. 대한민국은 성형공화국이라는 말이 전혀 어색하지 않으며, 그만큼 많은 사람들이 외모지상주의에 사로잡혀 부모로부터 물려받은 자연미(自然美)를 스스로 부정하는 자가 많다는 뜻이다. 고쳐야 한다. 반드시 제대로 돌려놓아야 한다. 아름다움의 극치가 내면미(內面美)에 있음을 깨닫게 해야 한다. 사회 전체에 만연된 외모지상주의가 대학입시와 취업전선에까지 적용되고 있으니, 이 어찌 건강한 사회라고 할 수 있겠는가? 바뀌어야 한다. 인류사회의 근원 이야기인 동화를 통해 뿌리부터 만연된 외모콤플렉스를 진정한 참된 미에 대한 깨달음으로 고쳐야 한다. 안데르센 동화 「미운 오리 새끼」에서 뿌리가 백조인데도 오리우리에서 태어나서 오리보다도 못생긴 줄 알고 살다가 자신의 정체성을 발견하는 미운 오리 새끼처럼 자연미인으로 돌아가야 한다. 모태미인의 자부심을 가져야 한다. 그래야 외모에 대한 강박관념에서 벗어날 수 있다.

4 커뮤니케이션과 다이얼로그 기법

내방자 J는 그림 동화 「신데렐라」를 읽고 동화치료사와 대화와 소통을 한 후 표정이 매우 밝아졌다. 이제 1년 밖에 안 남은 대학입시를 위해 성형에 대한 생각을 떨쳐버리고 공부에만 매진할 수 있을 것 같다고 말했다. J는 진정한 아름다움이 내면에 있다는 걸 깨달았고, 부모님이 물려준 그대로의 모습으로 남은 인생도 자부심 갖고 살겠노라고 다짐했다. 동화치료사도 J에게 항상 동화 속의 주인공이라는 생각과

모태미인이라는 자부심으로 대학입시뿐만 아니라 취업과 결혼 등 앞으로 전개될 모든 삶에서 당당히 살아갈 것을 권면했다. 세상 모든 사람들이 타고난 저마다의 아름다움을 간직한 채 당당히 주인공으로서 각기 맡은 역할에 최선을 다한다면 외모지상주의와 외모콤플렉스는 더 이상 발붙일 곳이 없을 것이라 확신한다. 짚신도 짝이 있듯이, 나의 아니마와 너의 아니무스는 외적 아름다움이 아니라, 내적 아름다움을 그리워하며 언젠가 만날 날을 손꼽아 기다리고 있을 것이다. '마음이 고와야 여자지, 얼굴만 예쁘다고 여자냐?'라는 유행가 가사처럼 내면의 아름다움이 최고미(最高美)임을 「신데렐라」 동화를 통해 깨닫는 계기가 되기를 기대한다.

15. 가시장미 공주

옛날에 한 왕과 왕비가 있었는데, 그들은 매일 "아, 우리가 한 아이를 갖는다면, 얼마나 좋을까!"라고 말했지만 여전히 어떤 아이도 얻지 못했습니다. 한번은 왕비가 목욕탕에 앉아 있었을 때, 개구리 한 마리가 물에서 땅으로 기어 나와 왕비에게 '당신의 소원이 이루어질 거예요. 1년이 지나기 전에, 당신은 한 명의 딸을 낳게 될 거예요'라고 말하는 일이 일어났습니다. 개구리가 말했던 예언이 이루어졌고, 왕비는 계집아이를 낳았으며, 그 아이가 너무 예뻤기 때문에, 왕은 기뻐서 가만히 있을 수 없었고 커다란 축제를 베풀었습니다. 왕은 친척들, 친구들 그리고 아는 사람들뿐만 아니라, 또한 요정들도 초대하였는데, 그들이 공주를 좋아하고 호의를 베풀게 하기 위해서입니다. 왕국에는 열세 명의 요정들이 있었습니다. 하지만 왕은 단지 요정들을 위한 열두 개의 황금접시들을 가지고 있었기 때문에, 그들 중에 한 요정은 집에 있어야만 했습니다. 축하파티는 화려하게 거행되었고, 파티가 끝났을 때, 요정들은 공주에게 그들의 경이로운 선물들을 주었습니다. 한 요정은 용기를, 다른 요정은 아름다움을, 세 번째 요정은 부(富)를, 그리고 그렇게 세상에서 원할 수 있는 모든 것을 주었습니다. 열한 번째 요정이 축복의 주문을 막 끝마쳤을 때, 갑자기 열세 번째 요정이 들어왔습니다. 그녀는 초대받지 못한 것에 대해 복수하려고 했으며, 아무에게도 인사하거나 단지 쳐다보지도 않고, 큰소리로 "공주는 열다섯 살 때 물렛가락에 찔려 죽고야 말 것이다.'라고 외쳤습니다. 그리고 어떤 말도 더 하지 않고, 몸을 돌려서 홀을 떠났습니다. 모든 사람들이 놀랬고, 그때 소원이 아직 남아 있었던 열두 번째 요정이 들어왔습니다. 그녀는 나쁜 주문을 취소할 수는 없었고 단지 경감할 수 있었기 때문에, "그러나 죽음이 아니라, 공주는 백 년 동안의 깊은 잠에 빠져들 것이다."라고 말했습니다.

사랑하는 공주를 불행에서 기꺼이 지키려는 왕은, 전체 왕국에서 모든 물렛가락들을 다 태워버리라는 명령을 내렸습니다. 하지만 공주에게는 요정들의 축복들이 전부 성취되었습니다. 왜냐하면 공주가 너무 예쁘고, 정숙하고, 친절하며 총명해서 공주를 본 사람은 누구나 공주를 좋아해야만 했기 때문입니다. 공주가 바로 열다섯 살이 되던 날에, 왕과 왕비는 집에 없었고, 공주는 오직 혼자서 성에 머물러 있는 일이 일어났습니다. 그러자 공주는 곳곳을 돌아다녔고, 그녀의 관심에 따라, 거실과 침실들을 들여다보았으며, 마침내 오래된 탑에 도착했습니다.

공주는 좁은 나선형 층계를 올라갔고, 한 작은 문에 도달했습니다. 자물쇠에 하나의 녹슨 열쇠가 꽂혀 있었고, 공주가 돌리자 문이 열렸으며, 거기 작은 방안에 한 늙은 노파가 물렛가락을 가지고 앉아 있었고, 민첩하게 아마를 짜고 있었습니다. "안녕하세요, 할머니, 지금 뭐 하는 거예요?" 라고 공주가 말했습니다. '나는 짜고 있단다.'라고 노파는 말했고 고개를 끄덕였습니다. "그렇게 재미있게 이리저리 왔다 갔다 하는 그 물건은 무엇인가요?"라고 공주는 말했고, 그 물렛가락을 잡았으며 또한 짜려고 했습니다.

그러나 공주가 물렛가락에 손을 대자마자, 주문이 실현되었고, 공주는 물렛가락에 손가락이 찔렸습니다. 공주가 찔림을 느꼈던 그 순간에, 거기 놓여 있던 침대 위로 쓰러졌고, 깊은 잠에 빠졌습니다. 그리고 이러한 잠은 성 전체로 퍼졌고, 방금 성에 도착하여 홀 안으로 들어왔던, 왕과 왕비가 잠들기 시작했으며, 그들과 함께 모든 신하들이 잠들기 시작했습니다. 그때 또한 말들은 마구간에서, 개들은 안마당에서, 비둘기들은 지붕 위에서, 파리들은 벽에서 잠들었고, 뿐만 아니라 아궁이에서 타고 있던 불마저 멈추고 잠들었으며, 구운 고기가 구워지는 것이 멈췄고, 주방의 보이가 어떤 일을 실수했기 때문에, 그의 머리를 잡아끌려고 했던 요리사는 보이를 놓아주며 잠들었습니다. 그리고 바람이 잠들었고, 성 앞의 나무들 위에 어떤 나뭇잎도 더 이상 움직이지 않았습니다.

그러나 성을 둘러싸고 가시덤불이 자라기 시작했고, 해마다 높아졌으며 마침내 성 전체를 에워쌌고 그 위로 자라나서, 성에 대해 더 이상 아무것도 볼 수 없었고, 지붕 위에 깃발조차도 볼 수 없었습니다.

하지만 공주가 그렇게 불렸기 때문에, 아름다운 잠자는 가시장미 공주에 대한 전설이 그 나라에 퍼졌고, 때때로 왕자들이 와서 가시울타리를 뚫고 성안으로 들어가려고 했습니다. 그러나 그것은 그들에게 불가능했습니다. 왜냐하면 가시들이 마치 손을 가진 양, 꽉 함께 묶여 있었기 때문에, 젊은이들은 거기에 걸렸고, 다시 벗어날 수 없었으며 비참하게 죽었습니다.

길고 긴 수년이 지난 후 다시 한 번 어떤 왕자가 그 나라에 왔고, 늙은 남자가 가시울타리에 대해, 하나의 성이 그 속에 숨겨져 있는데, 성안에 가시장미 공주라고 불리는 경이롭게 아름다운 공주가 이미 백 년 동안 잠자고 있으며, 그녀와 함께 왕과 왕비 그리고 모든 신하가 잠자고 있다고 이야기하는 것을 들었습니다. 왕자는 또한 그의 할아버지에게서, 이미 많은 왕자들이 왔었고 가시울타리를 통해 들어갈 것을 시도했으나, 그들 모두 가시울타리에 걸려서 비참하게 죽었다는 사실을 알았습니다. 그러자 젊은이는 "나는 두렵지 않아요. 나는 들어가서 아름다운 가시장미 공주를 볼 거예요!"라고 말했습니다. 착한 노인은 그에게 하지 말라고 충고했으나 왕자는 말을 듣지 않았습니다.

이제 바로 백 년이 흘러갔고, 가시장미 공주가 다시 깨어나야만 하는 그 날이 왔습니다. 왕자가 가시울타리에 가까이 왔을 때, 거기엔 오직 커다랗고 아름다운 꽃들만이 있었습니다. 꽃들은 저절로 분리되었고, 왕자를 상처 하나 입히지 않고 통과시켰으며, 그의 뒤에서 꽃들은 다시 하나의 울타리로서 결합되었습니다. 성의 안마당에서 왕자는 말들과 얼룩점이 있는 사냥개들이 누워서 잠자고 있는 것을 보았고, 지붕 위에 비둘기들이 앉아서 머리를 날개 아래로 파묻고 있는 것을 보았습니다.

왕자가 집 안으로 들어왔을 때, 파리들이 벽에서 잠자고 있었고, 부엌에 있는 요리사는 마치 그가 젊은이를 움켜잡으려는 듯이 손을 뻗고 있었으며, 하녀는 털이 뽑아져야만 하는 검은 닭 앞에 앉아 있었습니다. 왕자는 계속 걸어갔고, 홀 안에서 모든 신하들이 누워서 잠자고 있는 것을 보았으며, 위에 왕좌 곁에 왕과 왕비가 누워 있는 것을 보았습니다.

왕자는 계속 걸어갔고, 모든 것이 너무 조용했기 때문에, 왕자는 자기의 숨소리를 들을 수 있었으며, 마침내 왕자는 탑에 도착했고, 가시장미 공주가 잠들어 있는, 작은 방으로 들어가는 문을 열었습니다. 거기에 공주가 누워 있었고 너무 아름다웠기 때문에, 왕자는 눈을 다른 데로 돌릴 수 없었으며, 몸을 구부려 공주에게 키스했습니다. 왕자의 키스가 공주에게 닿았을 때, 가시장미 공주는 눈을 뜨고 깨어났으며, 왕자를 아주 다정하게 바라보았습니다.

왕자와 공주는 함께 아래로 내려왔고, 왕은 깨어났으며 왕비와 모든 신하들도 커다란 눈으로 서로를 바라보았습니다. 그리고 안마당에 있던 말들은 일어서서 몸을 흔들었으며, 사냥개들은 뛰어오르며 꼬리를 흔들었고, 지붕 위에 있던 비둘기들은 머리를 날개 아래에서 끄집어내며 주위를 둘러보고 들판으로 날아갔습니다. 벽에 붙어 있던 파리들은 계속 기어갔고, 부엌에 있던 불은 일어나 가물가물 타올랐으며 음식을 요리했습니다. 구운 고기는 다시 구워지기 시작했고, 요리사는 젊은이의 따귀를 때렸으며, 그는 소리 질렀고, 하녀는 닭의 털을 다 뽑았습니다.

그러고 나서 가시장미 공주와 왕자의 결혼식이 화려하게 거행되었고, 공주와 왕자는 그들의 마지막까지 행복하게 잘살았답니다.[13)]

15) Brüder Grimm, *Ibid.*, pp. 281-284.

동화 힐링 실습

그림 동화 「가시장미 공주」는 100년이란 시간을 초월해서 이루어지는 청춘남녀의 사랑이야기이다. 실제로 100년 동안 잠이 들었다가 깨어난다면 어떤 현상이 벌어질까? 1세기가 지난 거니 상상할 수 없는 많은 일들이 그동안 일어났을 것이다. 예를 들면 1900년에 태어나서 100년 동안 잠이 들었다면 1910년의 한일합방도, 1914~1918년 동안 일어난 제1차 세계대전도, 1929년의 세계 대공황도, 1939~1945년 동안 일어난 제2차 세계대전도, 1950~1953년 동안 일어난 한국전쟁도, 1969년의 아폴로 11호 달착륙도, 1970년의 와우아파트 붕괴도, 1988년의 서울올림픽도, 1990년의 독일 통일도, 1994년의 성수대교 붕괴도, 1995년의 삼풍백화점 붕괴도 모르는 채 깨어나지 않겠는가?

지금 생각해보면 행운이라는 생각도 들지만 100년이란 기간이 정말 긴 시간이라는 것을 알 수 있다. 그러나 「가시장미 공주」 동화에서는 공주가 잠들었던 100년 동안에 세계적으로 큰 사건이 일어나는 것은 아니며, 단지 여러 명의 왕자가 공주를 깨우기 위해 성으로 들어왔다가 가시장미에 찔려 비참한 죽음을 맛볼 뿐이다.

한번은 20대 후반의 남성이 동화치료사를 찾아왔다. 어떻게 왔냐고 물으니, 내방자 K는 결혼문제로 머리가 빠개질 듯이 아파서 상담을 받으러 왔다고 한다. 그동안 K는 정신과 의사하고도 상담을 해봤지만 뾰족한 묘안이 없어 방황 끝에 지인의 소개로 동화치료사를 찾아왔다는 것이다.

1 동화 제목 연상기법

동화치료사는 내방자 K에게 50편의 동화 제목을 PPT로 보여주면서 자신이 읽고 싶거나 무언가 연상이 되는 동화를 선택하라고 권했다. K는 이것저것 망설임 끝에 그림 동화 「가시장미 공주」를 선택했다. 그 이유를 물으니 어렸을 때 이 동화를 「잠자는 숲 속의 공주」라는 제목으로 많이 읽었고, 아직도 그 내용이 가장 많이 생각이 나서 선택했다고 한다. 그러면서 왠지 100년이란 시간을 초월한 왕자와 공주의 사랑이 특히 인상적이었다는 것이다.

2 동화 주제에 따른 분류법

그림 동화 「가시장미 공주」의 주제는 사랑이다. 사랑에는 국경이 없다는 말처럼 시간과 공간을 초월한 사랑이 「가시장미 공주」 동화의 주제란 말이다. 특히 동화의 마지막 부분에서 100년 동안 잠을 자고 있는 공주를 깨우러 온 젊은 왕자의 용기와 도전이 절대미를 간직한 최고미인과 결혼하는 해피엔딩을 맛보는 것이다.

> 이제 바로 백 년이 흘러갔고, 가시장미 공주가 다시 깨어나야만 하는 그 날이 왔습니다. 왕자가 가시울타리에 가까이 왔을 때, 거기엔 오직 커다랗고 아름다운 꽃들만이 있었습니다. 꽃들은 저절로 분리되었고, 왕자를 상처 하나 입히지 않고 통과시켰으며, 그의 뒤에서 꽃들은 다시 하나의 울타리로서 결합되었습니다.

이 동화에서 사랑 못지않게 강조되는 내용이 타이밍(timing)이다. 공주가 어렵게 태어나자 왕은 커다란 잔치를 베풀어 공주의 탄생을 축하한다. 거기에 누구보다도 요정이 초대되는데 12벌의 황금식기밖에 없어서 12명의 요정은 초대받지만 1명은 초대받지 못한다. 그 초대받지 못한 13번째 요정이 동화의 가해자로서 공주에게 15살 때 물렛가락에 찔려 죽을 거라고 저주하게 되며, 그때 소원이 남아 있던 12번째 요정이 죽음이 아니라, 백 년 동안의 깊은 잠으로 주문을 경감시킨다. 이 장면에서도 13번째 요정과 12번째 요정의 등장이 절묘한 타이밍에 맞춰 진행된다. 만약에 초대받은 12명의 요정 모두 축하의 소원을 다 말한 후 13번째 요정이 등장하여 죽음의 저주를 말했다면 얼마나 황당했겠는가? 더욱이 100년이란 시간이 지나지 전에 찾아온 왕자들은 모두 끔찍한 죽음을 맞이했지만, 유독 100년이란 시간이 지난 후에 찾아온 이 왕자만이 가시울타리를 통과할 수 있는 특권을 얻는 것이다. 실로 절묘한 타이밍이 아닌가? 물론 동화에서는 시간경과의 무의미함이 특징이기 때문에 100년이란 시간을 지나치게 강조할 필요는 없지만 그렇다고 그냥 넘길 수도 없는 문제이기 때문에 타이밍 문제를 거론하는 것이다. 특히 21세기를 살아가는 어린이나 청소년들이 100년이란 시간을 시간경과의 무의미로 그냥 무마해버리면 "헐!"하면서 멘붕(멘탈붕괴)에 빠질 수도 있기 때문이다. 무엇보다도 아름다운 장미로 변해 왕자를 통과시키고는 다시 가시울타리로 변하는 장면에 주목해야 한다. 왜냐하면 왕자가 공주의 파트너로서 막 100년이 지난 공주가 깨어날 그날의 타이밍에 맞춰 성으로 왔지만, 이후에도 다른 왕자가 들어오지 말란 법이 없지 않기 때문이다. 그래서 가시울타리는 마치 살아있는 생명체처럼 뒷문을 잠그고 다른 이의 접근을 막는 것이다. 성으로 들어온 왕자는 높은 성탑에 잠자고 있는 공주를 발견할 때까지 마당과 지붕, 부엌과 홀을 지나 탑으로 걸어가면서 잠들어 있는 성안에 사는 사람들과 동물 심지어 무생물까지도 보게 된다.

성의 안마당에서 왕자는 말들과 얼룩점이 있는 사냥개들이 누워서 잠자고 있는 것을 보았고, 지붕 위에 비둘기들이 앉아서 머리를 날개 아래로 파묻고 있는 것을 보았습니다. 왕자가 집 안으로 들어왔을 때, 파리들이 벽에서 잠자고 있었고, 부엌에 있는 요리사는 마치 그가 젊은이를 움켜잡으려는 듯이 손을 뻗고 있었으며, 하녀는 털이 뽑아져야만 하는 검은 닭 앞에 앉아 있었습니다. 왕자는 계속 걸어갔고, 홀 안에서 모든 신하들이 누워서 잠자고 있는 것을 보았으며, 위에 왕좌 곁에 왕과 왕비가 누워 있는 것을 보았습니다.

15살 생일날에 가시장미 공주가 탑으로 올라가 거기서 물레질을 하고 있던 노파를 만나 물렛가락에 찔려 잠이 들 때의 장면과 꼭 마찬가지로 이미 잠들어 있는 성안의 모습들이 반복되어 서술된다. 그렇게 말, 사냥개, 비둘기, 파리, 요리사, 젊은이, 하녀, 신하들, 왕과 왕비 등이 잠든 순서대로 묘사되고 있다는 말이다. 이런 장면이 한 번 더 반복되어 공주가 왕자의 키스에 의해 잠에서 깨어날 때 동시에 같이 깨어난 성안의 모습들이 나타난다. 특히 모두가 잠든 고요한 공간에서 자기 숨소리를 듣는 왕자의 모습은 누구나 한번쯤은 경험해본 자기 숨소리를 자기가 들어본 경험을 그림 형제가 묘사한 것이라고 할 수 있다. 요정들이 축복해준 대로 모든 세상의 소원이 실현된 공주의 모습은 절대미이자 최고미를 소유한 여인의 모습이다. 그래서 왕자는 눈을 다른 데로 돌릴 수가 없다. 이 장면도 선남선녀들이 첫눈에 반할 때 눈을 다른 데로 돌리지 못하고 뚫어지게 응시하는 모습을 그대로 재현한 것이라 할 수 있다.

왕자는 계속 걸어갔고, 모든 것이 너무 조용했기 때문에, 왕자는 자기의 숨소리를 들을 수 있었으며, 마침내 왕자는 탑에 도착했고, 가시장미

> 공주가 잠들어 있는, 작은 방으로 들어가는 문을 열었습니다. 거기에 공주가 누워 있었고 너무 아름다웠기 때문에, 왕자는 눈을 다른 데로 돌릴 수 없었으며, 몸을 구부려 공주에게 키스했습니다. 왕자의 키스가 공주에게 닿았을 때, 가시장미 공주는 눈을 뜨고 깨어났으며, 왕자를 아주 다정하게 바라보았습니다. 왕자와 공주는 함께 아래로 내려왔고, 왕은 깨어났으며 왕비와 모든 신하들도 커다란 눈으로 서로를 바라보았습니다. 그리고 안마당에 있던 말들은 일어서서 몸을 흔들었으며, 사냥개들은 뛰어오르며 꼬리를 흔들었고, 지붕 위에 있던 비둘기들은 머리를 날개 아래에서 끄집어내며 주위를 둘러보고 들판으로 날아갔습니다. 벽에 붙어 있던 파리들은 계속 기어갔고, 부엌에 있던 불은 일어나 가물가물 타올랐으며 음식을 요리했습니다. 구운 고기는 다시 구워지기 시작했고, 요리사는 젊은이의 따귀를 때렸으며, 그는 소리 질렀고, 하녀는 닭의 털을 다 뽑았습니다. 그리고 나서 가시장미 공주와 왕자의 결혼식이 화려하게 거행되었고, 공주와 왕자는 그들의 마지막까지 행복하게 잘살았답니다.

왕자의 키스에 의해 100년 만에 눈을 뜬 공주도 다정하게 왕자를 쳐다봄으로써 사랑은 남녀의 상호작용에 의한 하나의 결과물이란 것을 암시한다. 둘의 사랑을 확인할 만한 시간의 경과는 서술되지 않은 채 공주와 왕자의 결혼식이 성대히 거행되지만, 이미 그 두 사람은 달콤한 입맞춤에 의해 그리고 다정한 눈길을 주고받음에 의해 서로가 천생연분의 배필이었음을 확인하고 결혼하는 것이라고 할 수 있다.

3 심리이론 적용법

100년이란 시간 동안 잠을 잔 공주는 많은 꿈을 꿨을 것이다. 특히 100년이 지나 공주가 깨어날 그 당일에 꾼 꿈은 특별했으리라 생각된다.

꿈은 무의식을 의식에서 경험할 수 있는 유일한 통로이다. 그래서 꿈 많은 15살의 사춘기에 물렛가락에 찔려 100년 동안 잠을 잤으니 춘몽(春夢)을 많이 꿨으리라 생각되며, 실제로는 115살이 된 공주이지만 여전히 15살의 소녀다운 꿈을 꾸고 있으리라 사료(思料)된다. 더욱이 첫눈에 반해 바로 결혼식을 올리는 장면을 혹자는 '동화라 그렇지 뭐, 현실에서야 그럴 수 있나?'라고 반문할지도 모른다. 그러나 가시장미 공주와 왕자의 결혼은 바로 융이 말한 아니마와 아니무스의 조화와 일치를 상징하는 것이다. 그래서 공주는 꿈속에서 그리던 아니무스를 왕자를 통해 만나게 되고, 왕자 또한 자신의 아니마를 공주를 본 첫 순간에 확인하는 것이다. 아니무스와 아니마의 일치가 바로 대극합일이며 최고사랑의 결정체인 결혼을 통해 성취되는 것이다.

4 커뮤니케이션과 다이얼로그 기법

동화치료사는 내방자 K에게 동화치료 방법의 핵심이 되는 커뮤니케이션과 다이얼로그 기법을 위한 요소로 스토리텔링과 페인팅을 소개했다. 다시 말해 동화를 읽고 치료사와 대화와 소통을 하고 나서 느낀 마음을 말해보거나 그림으로 그려보라고 권했다. K는 그림 그리기에는 재주가 없다며 다음과 같이 스토리텔링 했고, 그것을 치료사가 글로 정리했다.

K는 국내 중견기업의 외아들이다. 그는 대학시절 만난 3살 연상의 여자와 결혼을 전재로 사귀고 있는데, 집에서는 반대하며 기업가의 딸과 결혼할 것을 강요하고 있다. 20대 중반까지는 집에서 별 간섭을 안했는데 이제 29살이 되니 집에서 기업가의 딸과 결혼을 요구하고, 또한 32살의 애인도 나이가 있으니 자기 집에서 결혼을 종용한다고 하니 이렇게 해야 하나 저렇게 해야 하나 고민

끝에 머리가 빠개질 정도로 아프다는 것이다. 사랑이 먼저냐 집안이 먼저냐는 식의 선택을 강요당하는 것 같아 어디 쥐구멍이라도 있다면 도망치고 싶다는 것이다. 정신과 의사와 치료를 위한 상담을 해봤지만 뾰족한 수가 없었고, 그저 판에 박힌 얘기를 들었을 뿐이란다. 즉, 애인과 헤어져서 부모 말대로 다른 여자와 결혼하거나, 반대로 부모 곁을 떠나 애인과 도망치라는 말뿐이란다. 물론 이 처방이 틀린 말은 아니지만, 도 아니면 모 식의 선택이기 때문에 골치가 아프다는 것이다. 그래서 그림 동화 「가시장미 공주」를 읽고 동화치료사와 대화와 소통을 하니 해결의 희망을 봤다는 것이다. 다시 말해 K는 동화 속의 왕자가 첫눈에 잠자는 공주에게 반한 것처럼 자신도 연상녀(年上女)에게 반했다는 것을 상기시켰고, 그녀 역시 동화 주인공 공주가 왕자의 키스에 눈을 뜬 것처럼 자기의 달콤한 첫 키스에 무너졌다는 것이다. 공주와 왕자처럼 K의 커플도 아니마와 아니무스의 일치를 통한 대극합일의 조화를 맛보며 결혼을 전제로 교제를 하고 있다는 것이다. 따라서 K는 애인과 헤어질 수 없으며, 왕자가 공주를 깨울 때 왕과 왕비를 비롯한 모든 존재들이 잠에서 깨어난 것처럼 연상녀를 통해 자기 집안이 더욱 부흥 발전할 거라고 부모를 설득하겠다는 것이다.

동화치료사는 내방자 K가 나름 동화를 통한 힐링이 된 것 같아 마음이 흐뭇했고, 앞으로 진행되는 일에 간섭이 아닌 조력자로서 도와주겠노라는 말을 전하며 굳은 악수를 하고는 K를 배웅했다.

16. 백설 공주

옛날 한겨울에 눈송이들이 깃털처럼 하늘로부터 떨어졌을 때, 왕비는 테두리가 검은 흑단재로 만들어진 창가에 앉아서 바느질을 하고 있었습니다. 그렇게 왕비가 바느질하면서 눈을 바라보았을 때, 바늘에 손가락이 찔렸고, 세 방울의 피가 눈 위에 떨어졌습니다. 그 붉은 색이 하얀 눈 속에서 너무 아름답게 보였기 때문에, 왕비는 스스로 아이를 갖는다면, 피부는 눈처럼 하얗고 입술은 피처럼 붉으며 머릿결은 창 테두리의 나무처럼 검을 것이라고 생각했습니다. 그 후 곧 왕비는 딸을 낳았는데, 그 아이는 눈처럼 하얀 피부에 피처럼 붉은 입술과 숯덩이처럼 검은머리였기 때문에 백설 공주라고 불렸습니다. 그런데 아이가 태어나자 얼마 안 지나서 왕비는 죽었습니다.

1년이 지나자 왕은 다른 부인과 결혼했습니다. 계모는 아름다운 여인이었으나, 거만하고 오만했으며, 특히 누군가에게 미(美)에 대해 추월당할 경우 참을 수가 없었습니다. 새 왕비는 마법의 거울을 가지고 있었는데, 그녀가 거울 앞에 다가가 안을 들여다보면서 말했습니다.

"거울아, 벽에 걸린 거울아,
누가 이 나라에서 가장 아름다운 여인이지?"

그러자 거울이 대답했습니다.

"왕비님, 당신이 이 나라에서 가장 아름다운 여인입니다."

그러면 그녀는 만족했지요. 왜냐하면 왕비는 거울이 진실을 말한다는 것을 알고 있기 때문입니다.

그러나 백설 공주는 성장했고 점점 더 아름다워졌습니다. 공주가 일곱 살이 되었을 때, 맑은 날처럼 아름다웠고 왕비보다도 더 아름다웠습니다. 어느 날 왕비가 거울에게 물어보았습니다.

"거울아, 벽에 걸린 거울아,
누가 이 나라에서 가장 아름다운 여인이지?"

그러자 거울은 대답했습니다.

"왕비님, 당신이 여기에서 가장 아름다운 여인입니다.
그러나 백설 공주가 당신보다 천 배나 더 아름답습니다."

그러자 왕비는 깜짝 놀랐고 질투심에 얼굴이 붉으락푸르락해졌습니다. 그 순간부터 왕비가 백설 공주를 볼 때면, 마음이 괴로웠고, 공주를 미워하게 되었습니다. 더욱이 질투와 교만이 잡초처럼 마음속에서 점점 자라나서 왕비는 밤낮으로 더 이상 편안히 있을 수가 없었습니다. 그래서 왕비는 사냥꾼을 불러서 "공주를 숲으로 데리고 나가라, 더 이상 그 아이를 내 눈앞에서 보고 싶지 않구나. 공주를 죽이고 내게 허파와 간을 증거로 가져오너라."라고 말했습니다. 사냥꾼은 순종했고 공주를 밖으로 데리고 나갔습니다. 사냥꾼이 사냥용 칼을 꺼내서 백설 공주의 죄 없는 심장을 도려내려 했을 때, 공주는 울기 시작했고, "아, 사랑하는 사냥꾼님, 나를 살려주세요! 내가 거친 숲으로 달려가서 결코 다시 돌아오지 않을 게요"라고 말했습니다. 그러자 사냥꾼은 공주가 너무 아름다웠기 때문에 동정했고 "도망치거라, 가엾은 아이야!"라고 말했습니다. 야생동물들이 공주를 곧 잡아먹을 거라고 생각한 사냥꾼은 공주를 죽일 필요가 없었기 때문에, 돌덩어리가 마음에서 굴러 떨어진 것같이 한시름 놓았습니다. 그리고 마침 어린 멧돼지 새끼가 거기로 뛰어왔기에 사냥꾼은 멧돼지를 잡았고 허파와 간을 끄집어내어 증거로서 왕비에게 가져다주었습니다. 요리사는 허파와 간을 소금으로 요리했고, 사악한 왕비는 그것들을 다 먹어치웠으며, 백설 공주의 허파와 간을 먹었다고 생각했습니다.

이제 가련한 백설 공주는 커다란 숲에 외톨이가 되었습니다. 나무에 매달린 나뭇잎들을 바라보는 것조차 너무 무서웠기 때문에, 공주는 어찌 할 바를 알지 못해서 달리기 시작했는데 뾰족한 돌을 뛰어넘고 가시덤불을 통과해 달렸습니다. 야생동물들이 공주 곁을 뛰어지나갔으나, 그녀에게 아무 짓도 하지 않았습니다. 공주는 단지 두 다리가 계속 이끄는 대로, 어두워질 때까지 달렸습니다. 그때 공주는 작은 집 한 채를 발견했고, 쉬기 위해 안으로 들어갔습니다. 그 집안은 모든 것이 작았지만, 말할 수 없을 정도로 귀엽고 깨끗했습니다. 거기에는 일곱 개의 작은 접시가 놓인 하얀 식탁보가 덮인 식탁이 있었고, 모든 접시에는 숟가락들이, 또한 일곱 개의 칼과 포크들, 그리고 일곱 개의 작은 잔들이 있었습니다. 벽에는 일곱 개의 작은 침대들이 나란히 놓여있었고, 눈처럼 하얀 침대보가 그 위에 덮여있었습니다. 백설 공주는 너무 배고프고 목말랐기 때문에, 모든 접시들에서 약간의 야채와 빵을 먹었고 모든 잔에서 한 방울씩의 포도주를 마셨습니다. 왜냐하면 공주는 한 사람의 식사에서 모든 음식을 다 먹어치우려고 하지 않았기 때문입니다. 그 후 너무나도 피곤했던 백설 공주는 작은 침대에 누웠으나 어떤 것도 맞지 않았습니다. 하나는 너무 길고, 다른 하나는 너무 짧고, 마침내 일곱 번째가 맞았을 때, 그 안으로 공주는 누웠고, 하나님께 자신을 맡겼으며 잠들었습니다.

날이 완전히 어두워졌을 때, 그 집의 주인들이 왔는데 그들은 일곱 명의 난쟁이들이었으며, 산에서 구리를 캐는 광부였습니다. 난쟁이들은 일곱 개의 등불을 켰고, 집안이 밝아졌을 때, 누군가 집안에 있었다는 것을 알아챘습니다. 왜냐하면 난쟁이들이 집을 떠났을 때처럼, 모든 것이 그렇게 정돈되어 있지 않았기 때문입니다. 첫 번째 난쟁이가 "누가 내 작은 의자에 앉았지?"라고 말했고, 두 번째 난쟁이는 "누가 내 작은 접시에서 먹었지?", 세 번째 난쟁이는 "누가 내 작은 빵을 먹었지?", 네 번째는 "누가 내 야채를 먹었지?", 다섯 번째는 "누가 내 포크를 사용했지?", 여섯 번째는 "누가 내 칼로 잘랐지?", 일곱 번째는 "누가 내 작은 잔에서 마셨지?"라고 말했습니다. 그러고 나서 첫 번째 난쟁이가 주위를 둘러봤고, 그의 침대 위에 한 작은 발자국을 보았습니다. 그러자 그는 "누가 내 작은 침대에 들어갔었지?"라고 말했습니다. 다른 난쟁이들이 달려왔고, "내 침대에도 누군가 누워 있었어!"라고 외쳤습니다. 그러나 일곱 번째가 그의 침대 안을 보았을 때, 거기에 누워 잠자고 있는 백설 공주를 보았습니다. 이제 그는 다른 난쟁이들을 불렀고, 그들은 거기로 달려왔으며, 놀라서 소리 질렀고 일곱 개의 등불을 가져와서 백설 공주를 비췄습니다. "아이고 맙소사! 아이고 맙소사! 얼마나 아름다운 아이인가!"라고 난쟁이들은 외쳤습니다. 그리고 너무 기뻤기 때문에, 난쟁이들은 그 아이를 깨우지 않았고, 침대에서 계속 잠자게 했습니다. 일곱 번째 난쟁이는 그의 동료 곁에서 잤고, 각자에게는 그 밤이 지나가는 게 한 시간 같았습니다.

아침이 되었을 때, 백설 공주는 깨어났고, 일곱 명의 난쟁이들을 보았을 때, 깜짝 놀랐습니다. 그러나 난쟁이들은 친절했고, "이름이 뭐냐?"고 물었습니다. "내 이름은 백설 공주예요."라고 공주는 대답했습니다. "어떻게 우리 집으로 왔니?"라고 난쟁이들이 계속 물어보자 공주는 그들에게 계모가 그녀를 죽이려고 했으나, 사냥꾼이 공주를 살려줬으며, 하루 종일 달려서 마침내 난쟁이들의 집을 발견했다고 이야기했습니다. 난쟁이들은 “네가 우리의 살림을 정리하고 요리하고 잠자리를 펴고 빨래를 하고 바느질하고 뜨개질하려고 한다면, 그리고 네가 모든 것을 정돈하고 깨끗하게 유지하려고 한다면, 우리 곁에 머물 수 있고, 아무것도 부족하지 않을 거야.”라고 말했습니다. 백설 공주는 “좋아요, 기꺼이 하겠어요.”라고 말했고, 난쟁이 집에 머물러서 살림살이를 했습니다. 아침에 난쟁이들은 산으로 가서 구리와 금을 캤고, 저녁에 다시 왔으며, 그때는 이미 그들의 식사가 준비되어 있었습니다. 하루 종일 공주는 혼자였습니다. 그러자 착한 난쟁이들은 그녀에게 경고하며 “계모를 조심해라, 그녀가 곧 네가 여기에 있는 것을 알게 될 거야. 아무도 들여보내지 마라!”고 말했습니다.

그러나 왕비는 백설 공주의 허파와 간을 먹었다고 생각한 후에, 다시 첫 번째로 아름답고 가장 아름다운 여인이라는 것 이외에는 아무것도 생각하지 않았으며, 거울에게 다가가서 말했습니다.

“거울아, 벽에 걸린 거울아,
누가 이 나라에서 가장 아름다운 여인이지?”

그러자 거울은 대답했습니다.

“왕비님, 당신이 여기에서는 가장 아름다운 여인입니다.
그러나 산 위의 일곱 난쟁이 집에 있는
백설 공주가 여전히
당신보다 천 배나 더 아름답습니다.”

왕비는 깜짝 놀랐습니다. 왜냐하면 왕비는 거울이 거짓을 말하지 않는다는 것을 알았고 사냥꾼이 그녀를 속였으며 백설 공주가 아직 살아 있다는 것을 알아챘기 때문입니다. 그래서 왕비는 어떻게 하면 공주를 죽일 수 있을까 하는 새로운 생각을 짜내고 또 짜냈습니다. 왜냐하면 왕비가 전체 나라에서 가장 아름다운 여인이 아닌 한, 질투가 그녀를 괴롭혔기 때문입니다. 그리고 왕비가 마침내 어떤 것을 생각해냈을 때, 얼굴을 변장했고 한 늙은 상인처럼 옷을 입었으며 완전히 알아볼 수 없었습니다. 이러한 모습으로 왕비는 일곱 개의 산을 넘어 일곱 명의 난쟁이에게로 갔고, 문을 두드리며 "아름다운 물건 팔아요!"라고 외쳤습니다. 백설 공주는 창문으로 내다봤고, "안녕하세요, 아줌마! 당신은 무엇을 팔고 계시나요?"라고 외쳤습니다. "좋은 물건들을, 온갖 색깔의 코르셋 끈을 판단다."라고 왕비는 대답했고, 다채로운 비단으로 엮은 끈 하나를 꺼내 들었습니다. 그 성실해 보이는 아줌마를 내가 들어오게 해야지 라고 백설 공주는 생각했고, 문을 열어주었으며 예쁜 코르셋 끈을 샀습니다. 노파로 변장한 왕비는 "얘야, 참 예쁘구나! 이리 오렴, 내가 한번 제대로 너를 묶어줄 테니"라고 말했습니다. 백설 공주는 악의를 느끼지 않았고, 그녀 앞에 섰으며 새로운 코르셋 끈으로 묶게 했습니다. 그러나 왕비는 재빠르게 묶었고, 너무 꽉 묶었기 때문에 백설 공주의 호흡이 사라졌고 죽은 듯이 쓰러졌습니다. 왕비는 "지금까지 너는 가장 아름다운 여인이었지."라고 말하고는 서둘러 도망쳤습니다.

그 후 오래지 않아 저녁시간이 되었고, 일곱 명의 난쟁이들이 집으로 돌아왔습니다. 그러나 난쟁이들이 사랑스런 백설 공주가 땅바닥에 누워서, 죽은 듯이 꼼짝 않고 움직이지 않는 것을 보았을 때 얼마나 놀랐던가! 난쟁이들은 공주를 들어 올렸고, 공주가 너무 꽉 묶여있다는 것을 알았기 때문에, 코르셋 끈을 두 동강내었습니다. 그러자 공주는 약간 숨을 쉬기 시작했고, 차츰 다시 생기가 돌았습니다. 난쟁이들이 일어났던 일에 대해 들었을 때 "그 늙은 여자 상인이 사악한 왕비임에 틀림없어. 조심해라 그리고 우리가 곁에 없을 때는 아무도 들여보내지마!"라고 말했습니다.

악한 왕비는 성으로 돌아와서 거울 앞으로 가 물었습니다.

"거울아, 벽에 걸린 거울아,
누가 이 나라에서 가장 아름다운 여인이지?"

그러자 거울은 이전처럼 대답했습니다.

"왕비님, 당신이 여기에서는 가장 아름다운 여인입니다.
그러나 산 위의 일곱 난쟁이 집에 있는
백설 공주가 여전히
당신보다 천 배나 더 아름답습니다."

왕비가 그것을 들었을 때, 모든 피가 거꾸로 솟았고, 너무 놀랐습니다. 왜냐하면 왕비는 백설 공주가 다시 살아났다는 것을 잘 알았기 때문입니다. 왕비는 "그러나 이제, 너를 파멸시킬 어떤 것을 생각해 내련다."라고 말했고, 그녀가 이해하고 있는 마녀의 기술로, 하나의 독이 든 빗을 만들었습니다. 그러고 나서 왕비는 변장을 했고, 다른 늙은 여자의 모습으로 꾸몄습니다. 왕비는 일곱 산을 넘어 일곱 난쟁이들에게 갔고, 문을 두드리면서 "좋은 물건 팔아요!"라고 외쳤습니다. 백설 공주는 밖을 내다보았고, "그냥 가세요, 나는 아무도 들어오게 할 수 없어요!"라고 말했습니다. "구경하는 것은 허락할 수 있잖니"라고 노파로 변장한 왕비는 말했고, 독이 든 빗을 끄집어내어 높이 들어 올렸습니다. 그러자 그 빗이 너무 마음에 들었던 공주는 왕비의 꾐에 그만 문을 열어주었습니다. 왕비와 백설 공주가 매매에 합의하자 왕비는 "자 내가 한번 제대로 빗질해 줄게."라고 말했습니다. 불쌍한 백설 공주는 다른 아무것도 생각하지 않았고, 왕비에게 허락했습니다. 그러나 왕비가 빗을 머리에 꽂자마자,

안에 있는 독이 퍼졌고 공주는 정신을 잃고 쓰러졌습니다. 나쁜 왕비는 "너 미의 전형이여, 지금 너는 끝장이다."라고 말하며 도망쳤습니다. 그러나 다행히 곧 저녁이 되었고, 일곱 난쟁이들이 집으로 왔습니다. 난쟁이들이 백설 공주가 죽은 듯이 땅바닥에 누워 있는 것을 보았을 때, 그들은 곧 계모를 의심했고, 독이 든 빗을 발견했습니다. 그리고 난쟁이들이 그 빗을 끄집어내자마자, 백설 공주는 다시 정신을 차렸고, 일어났던 일에 대해 이야기했습니다. 그러자 난쟁이들은 공주에게 재차 조심할 것과 아무에게도 문을 열어주지 말 것을 경고했습니다.

왕비는 집안에서 거울 앞에 서서 말했습니다.

"거울아, 벽에 걸린 거울아,
누가 이 나라에서 가장 아름다운 여인이지?"

그러자 거울은 이전처럼 대답했습니다.

"왕비님, 당신이 여기에서는 가장 아름다운 여인입니다.
그러나 산 위의 일곱 난쟁이 집에 있는
백설 공주가 여전히
당신보다 천 배나 더 아름답습니다."

왕비는 거울이 그렇게 말하는 것을 들었을 때, 몸을 흔들었고 노여움으로 치를 떨었습니다. "백설 공주는 죽어야만 해, 비록 내 자신의 목숨을 바칠지라도!"라고 왕비는 소리쳤습니다. 그 후 왕비는 아무도 들어간 적이 없는 숨겨진 외딴 방으로 갔고, 거기서 한 개의 독이 든 사과를 만들었습니다. 그 사과는 겉으로는 아름다워 보였지만, 붉은 뺨을 가진 하얀 색으로, 사과를 본 사람은 누구나 갖고 싶은 욕망을 갖게 된답니다. 그러나 사과로부터 한 조각을 먹는 사람은 죽어야만 합니다. 사과가 완성되었을 때, 왕비는 얼굴을 분장했고 농부 아내로 변장했습니다. 그래서 왕비는 일곱 산을 넘어 일곱 난쟁이들 집으로 갔습니다. 왕비는 노크를 했고, 백설 공주는 창문으로 머리를 내밀면서 "나는 아무도 들여보낼 수 없어요. 일곱 난쟁이가 내게 금지시켰어요!"라고 말했습니다. "나도 알아, 나는 사과를 막 땄단다. 그래서 하나를 네게 선사하려고 해"라고 여자농부로 변장한 왕비가 대답했습니다. 백설 공주는 "안돼요, 나는 아무것도 받을 수 없어요!"라고 말했습니다. "너는 독을 두려워하니? 봐봐, 지금 내가 사과를 두 부분으로 자를게. 붉은 부분을 네가 먹고, 하얀 부분을 내가 먹으마."라고 왕비는 말했습니다. 그러나 사과는 너무 정교하게 만들어졌기 때문에, 단지 붉은 부분만 독이 들어 있었습니다. 백설 공주는 아름다운 사과를 자세히 보았고, 여자 농부가 그것을 먹는 것을 보았을 때, 더 이상 저항할 수 없었으며, 손을 내밀어 독이 든 반쪽을 받았습니다. 하지만 공주가 한 입을 베어 물자마자 죽어서 땅바닥 위로 쓰러졌습니다. 그러자 공주를 왕비는 소름이 끼치는 눈초리로 바라보았고, 큰소리로 웃으면서 "눈처럼 하얗고 피처럼 붉으며 숯덩이처럼 검은 것! 이번에는 난쟁이들이 너를 다시 깨울 수 없을 거야."라고 말했습니다. 그리고 왕비가 성으로 돌아와서 거울에게 물어보았습니다.

"거울아, 벽에 걸린 거울아,
누가 이 나라에서 가장 아름다운 여인이지?"

마침내 거울은 대답했습니다.

"왕비님, 당신이 나라에서 가장 아름다운 여인입니다."

그러자 왕비의 질투심 많은 마음은 매우 평온하게 편안해질 수 있었습니다.

난쟁이들이 저녁에 집에 왔을 때, 백설 공주가 땅바닥에 누워 있는 것을 발견했는데, 공주는 더 이상 숨을 쉬지 않은 채 죽어 있었습니다. 난쟁이들은 공주를 들어 올렸고, 마치 어떤 독을 발견할 수 있는 양 찾았습니다. 공주의 코르셋 끈을 풀어주었고, 공주의 머리를 빗어줬으며, 공주를 물과 포도주로 씻겼습니다. 그러나 모든 일이 아무 소용없었습니다. 사랑스런 공주는 죽었고, 죽어서 누워 있는 것입니다. 난쟁이들은 공주를 관 위에 놓았고, 일곱 명 모두 그 주위에 앉아 공주를 애도하며 3일 동안을 울었습니다. 그때 난쟁이들은 공주를 매장하려고 했으나, 공주가 아직 살아 있는 사람처럼 그렇게 생기 있어 보였고, 여전히 공주의 아름다운 붉은 뺨을 가지고 있어서 "그녀를 우리는 검은 땅 속에 묻을 수 없어."라고 말했습니다. 난쟁이들은 사람들이 공주를 사방에서 볼 수 있도록, 유리로 된 투명한 관을 만들었으며, 공주를 그 안에 놓았고 금색 글씨로 그 위에 공주의 이름과 그녀가 공주였다고 썼습니다. 그러고 나서 난쟁이들은 관을 산 위로 날랐고, 그들 중에 한 명이 항상 그 곁에 머무르며 유리관을 지켰습니다. 동물들도 와서 백설 공주를 애도했는데 처음에는 올빼미가, 그러고 나서 까마귀가, 마지막에는 비둘기가 왔습니다.

백설 공주는 오랜 시간 동안 관 속에 누워 있었고 썩지 않았으며, 마치 잠자고 있는 것처럼 보였습니다. 왜냐하면 공주는 여전히 눈처럼 하얀 피부에 피처럼 붉은 입술, 숯덩이처럼 검은 머리였기 때문입니다. 어느 날 한 왕자가 숲으로 들어와, 난쟁이 집으로 와서, 밤을 보내는 일이 일어났습니다. 왕자는 산 위에서 유리관과 그 안에 있는 아름다운 백설 공주를 보았고, 금색 글씨로 써진 것을 읽었습니다. 그러자 왕자는 난쟁이들에게 "내게 관을 준다면, 나는 당신들에게 그 대신에 갖고 싶은 것을 주겠소."라고 말했습니다. 그러나 난쟁이들은 "우리는 그 관을 세상의 모든 금과도 바꿀 수 없소."라고 대답했습니다. 그러자 왕자는 "그러면 내게 그 관을 선사하시오, 왜냐하면 나는 백설 공주를 보지 않고는 살 수 없기 때문이오. 나는 그녀를 나의 연인처럼 존경하고 존중하겠소."라고 말했습니다. 왕자가 그렇게 말했을 때, 착한 난쟁이들은 동정했고, 왕자에게 관을 주었습니다. 왕자는 유리관을 이제 부하들에게 어깨로 짊어지고 나르게 했습니다. 그때 부하들이 덤불에 걸려 비틀거리는 일이 일어났고, 그 흔들림에 의해 백설 공주가 한 입 베어 물었던, 독이 든 사과조각이 목으로부터 나왔습니다. 그리고 오래지 않아 공주가 두 눈을 떴고, 관의 뚜껑을 위로 들어 올리며 일어섰고, 다시 살아나서는 "맙소사, 내가 어디 있는 거죠?"라고 소리쳤습니다. 왕자는 너무 기뻐서 "당신은 내 곁에 있는 거요."라고 말했고, 무슨 일이 있었는지 이야기해 주었으며 "나는 세상에 모든 것보다 더 당신을 사랑하오. 나와 함께 내 아버지의 성으로 갑시다. 당신은 내 부인이 되어야 하오."라고 말했습니다. 그러자 백설 공주는 왕자가 마음에 들었고 함께 갔습니다. 그들의 결혼식이 매우 화려하고 찬란하게 거행되었습니다.

결혼식 축제에 또한 백설 공주의 사악한 계모도 초대되었습니다. 왕비가 이제 아름다운 옷을 입고 거울 앞에 다가가 말했습니다.

"거울아, 벽에 걸린 거울아,
누가 이 나라에서 가장 아름다운 여인이지?"

거울은 대답했습니다.

"왕비님, 당신이 여기서는 가장 아름다운 여인입니다.
그러나 젊은 왕비가 여전히 당신보다 천 배나 더 아름답습니다."

그러자 악한 왕비는 저주의 말을 내뱉고는 너무 두렵고 무서워서 어찌할 바를 몰랐습니다. 왕비는 처음엔 전혀 결혼식에 가려고 하지 않았습니다. 하지만 왕비는 가만히 있을 수 없어서 떠나야만 했으며, 그 젊은 왕비를 봐야만 했습니다. 그리고 왕비가 안으로 들어갔을 때, 그녀는 백설 공주를 알아보았고, 두렵고 놀라와 거기에 서서 꼼짝할 수 없었습니다. 이미 쇠로 만든 구두가 숯불 위에 올려져 있었고, 집게로 집어 안으로 운반되었으며 왕비 앞에 놓였습니다. 그러자 왕비는 붉게 달구어진 구두를 신어야만 했고, 죽어서 땅에 쓰러질 때까지 그렇게 오랫동안 춤추어야만 했습니다.[16)]

16) Brüder Grimm, *Ibid.*, pp. 297-308.

동화 힐링 실습

그림 동화 「백설 공주」는 「신데렐라」 동화와 쌍벽을 이룰 정도로 매우 유명한 사랑이야기이자 권선징악의 도덕적 이야기이다. 더욱이 제목에서 언급된 동화 주인공의 이름은 여성의 아름다움을 세 가지 색깔로 표현한 순수한 색깔의 절대미를 상징한다. 즉 눈처럼 하얀 피부, 피처럼 빨간 입술, 숯처럼 검은 머리가 그것이다. 그래서 세상 여인들은 얼굴을 하얗게 분칠하고, 입술을 쥐잡아먹은 것처럼 빨갛게 칠하며, 새까만 머리에 열광하는 것이다. 이러한 여성의 아름다운 모습을 연출하기 위해 화장품 회사들은 앞 다투어 '어떻게 하면 더 하얀 피부로 만들 수 있는 파운데이션(foundation)을 개발할까?' '어떻게 새빨간 립스틱을 만들 수 있을까?' '어떻게 새까만 머리카락을 위해 염색약을 개발할까?'라며 세계적 화장품 회사로 발돋움하려고 노력하는 것이다. 최고의 아름다움을 소망하지 않는 여자가 있을까 할 정도로 전 세계 여성들은 미에 관한한 투자를 아끼지 않는다. 이러한 심리를 이용하여 상술에 이용하는 화장품업체도 많은 것은 문제지만, 「백설 공주」 동화를 통해 미의 기준을 정해졌다는 것은 큰 의미가 있다고 하겠다. 특히 동양 사람들은 머리가 검은 편이라 굳이 검게 염색할 필요가 없고, 서양 사람들은 피부가 하얀 편이니 하얗게 화장할 필요가 없지만, 입술만큼은 공히 빨갛게 칠하길 원하니 립스틱회사가 화장품 회사의 근원이 된 것도 사실이다. 그러나 오늘날 글로벌(global)시대에 맞춰 동양인은 서양인처럼, 서양인은 동양인처럼 화장하는 게 유행인 것 같다. 그렇게 노랗게 머리를 물들인 동양인이 있는 반면에, 검게 머리를 염색한 서양인이 있으니 말이다. 21세기는 개성시대이다. 누구나 하는 화장법을 기피하고 나만의 화장을 하는 시대이기 때문에 백설 공주가 보여준 최고미의 세 가지 기준이 더 이상 큰 의미가 없을지라도 그것이 미의 뿌리이기 때문에 동화를 통해 반드시 알 필요는 있다고 생각한다.

어느 날 20대 후반의 여성이 동화치료사를 찾아왔다. 어떻게 찾아왔냐고 물으니, 내방자 B는 자매처럼 친한 후배와 한 남자를 놓고 갈등과 질투가 생겨 고민 끝에 상담하러 왔다고 한다.

1 동화 제목 연상기법

동화치료사는 내방자 B에게 50편의 동화 제목을 보여주면서 대화와 소통을 할 만한 동화를 선택하라고 말했다. B는 50편의 동화 제목을 다 보지도 않은 채 그림 동화「백설 공주」의 제목이 나오자 바로 이 동화를 선택했다. 그 이유가 무엇이냐고 물었을 때, B는 가장 재미있게 읽었던 동화이고 최근 그 동화를 소재로 한 2편의 할리우드(Hollywood) 영화를 재미있게 보아서「백설 공주」동화를 선택했다고 한다. 아마도 2012년에 개봉된 릴리 콜린스(Lily Collins)와 줄리아 로버츠(Julia Roberts)가 주연한 미국 영화「백설 공주(Mirror Mirror)」와, 같은 해에 개봉된 샤를리즈 테론(Charlize Theron)과 크리스틴 스튜어트(Kristen Stewart)가 주연한 미국 영화「스노우 화이트 앤 더 헌츠맨(Snow White and the Huntsman)」을 말하는 것 같다. 어쨌든 두 영화 모두「백설 공주」동화를 소재로 해서 각색한 영화이니 B에게 많은 감동을 선사한 것 같다.

2 동화 주제에 따른 분류법

그림 동화 「백설 공주」의 주제는 권선징악과 사랑이다. 또한 질투도 많은 비중을 차지하는 개념이지만 권선징악과 사랑이라는 주제 안에서 다루어지기 때문에 따로 주제로 구분하지는 않았다. 동화의 앞부분에서 주인공 백설 공주의 탄생과 어머니의 죽음 그리고 계모의 등장이 소개되는데, 대부분의 동화 주인공의 아버지가 그렇듯이 여기서도 왕비가 죽자 1년 뒤에 새장가를 가는 왕이 서술되며, 그는 이후 동화 줄거리 선상(線上)에서 더 이상 등장하지 않는다. 즉 새 왕비를 동화 줄거리 선상으로 끌어들이고는 무대에서 퇴장하는 것이다.

백설 공주의 적수이자 가해자 역할을 하는 계모는 신데렐라의 의붓자매들처럼 얼굴은 아름다웠지만 거만하고 오만한 사악한 존재이다. 특히 미에 대해서만큼은 자신이 가장 아름답지 못하면 미쳐서 발광하는 독특한 캐릭터이다.

1년이 지나자 왕은 다른 부인과 결혼했습니다. 계모는 아름다운 여인이었으나, 거만하고 오만했으며, 특히 누군가에게 미(美)에 대해 추월당할 경우 참을 수가 없었습니다. 새 왕비는 마법의 거울을 가지고 있었는데, 그녀가 거울 앞에 다가가 안을 들여다보면서 말했습니다.

"거울아, 벽에 걸린 거울아,

누가 이 나라에서 가장 아름다운 여인이지?"

그러자 거울이 대답했습니다.

"왕비님, 당신이 이 나라에서 가장 아름다운 여인입니다."

그러면 그녀는 만족했지요. 왜냐하면 왕비는 거울이 진실을 말한다는 것을 알고 있기 때문입니다.

새 왕비는 진실을 말하는 마법의 거울을 가지고 있었고, 이 거울은 동화의 가베로서 주인공이 아닌 적수이자 가해자를 도와주는 역할을 한다. 「백설 공주」 동화에서는 새 왕비와 거울이 주고받는 대화가 모두 일곱 번의 시구로 반복된다. 위의 인용문이 그 첫 번째 대화이며 가장 아름다운 여인을 확인하는 질문이 계속해서 일곱 번 반복되는 것이다. 새 왕비는 거울이 그녀를 가장 아름다운 여인이라고 말하면 매우 만족하면서 살지만, 일곱 살이 된 백설 공주가 가장 아름다운 여인이라고 말하면 그녀는 미친 듯이 날뛰며 참을 수가 없어서 공주를 어떻게 해서든지 죽이려고 획책하는 것이다.

이렇듯이 이 동화에서는 특별히 '7'이라는 숫자가 강조되고 있다. 숫자 '7'은 '발전과 움직임'의 상징이고 '러키세븐(lucky seven)'의 행운의 숫자이기도 하다. 그래서 백설 공주는 일곱 살이 되자 가장 아름다운 여인으로 발전하고, 사냥꾼의 살해 위협에서 벗어난 행운아로서 숲으로 도망치는 움직임을 갖게 되는 것이다. 또한 7명의 난쟁이가 백설 공주의 조력자로서 커다란 역할을 하며, 7개의 산을 넘어야 왕비의 성과 난쟁이 집을 오갈 수 있는 것이다.

결국 사악한 왕비는 백설 공주에 대한 질투 때문에 3번에 걸쳐 늙은 상인과 늙은 여자 그리고 늙은 농부로 변장하여 주인공을 가해한다. 첫 번째는 코르셋 끈으로 허리를 졸라서 숨을 멎게 하고, 두 번째는 독이 든 빗을 머리에 꽂아 졸도시키며, 세 번째는 마침내 독이 든 사과를 먹여 죽이는 데 성공한다. 마치 악이 선을 이기는 것처럼 보이지만 동화는 권선징악의 교훈적 이야기이기 때문에, 동화 말미에서 악을 행한 계모를 비참한 형벌에 처한다.

악한 왕비는 저주의 말을 내뱉고는, 너무 두렵고 무서워서 어찌할

> 바를 몰랐습니다. 왕비는 처음엔 전혀 결혼식에 가려고 하지 않았습니다. 하지만 왕비는 가만히 있을 수 없어서 떠나야만 했으며, 그 젊은 왕비를 봐야만 했습니다. 그리고 왕비가 안으로 들어갔을 때, 그녀는 백설 공주를 알아보았고, 두렵고 놀라와 거기에 서서 꼼짝할 수 없었습니다. 이미 쇠로 만든 구두가 숯불 위에 올려져 있었고, 집게로 집어 안으로 운반되었으며 왕비 앞에 놓였습니다. 그러자 왕비는 붉게 달구어진 구두를 신어야만 했고, 죽어서 땅에 쓰러질 때까지 그렇게 오랫동안 춤추어야만 했습니다.

백설 공주를 독살하고 최고의 미인이 되어 편안히 살던 왕비가 마법의 거울이 일곱 번째로 던져준 '젊은 왕비가 당신보다 천배나 더 아름답다'는 진실고백에 두렵고 무서워서 어찌할 바를 모르는 공황상태(恐惶狀態)에 빠진다. 갈까 말까 망설이던 왕비는 최고미인을 확인하지 않고는 못 살 것 같아 젊은 왕비의 결혼식에 참석한다. 거기서 젊은 왕비가 백설 공주임을 알아보고는 멘붕 상태에 빠져서 꼼짝달싹 못하게 된다. 그때 숯불에 달궈진 쇠구두가 집게로 운반되어 자동적으로 왕비에게 배달된다. 결혼식 피로연에서 신랑신부가 춤을 추는 풍습대로 신부의 계모는 좋아서가 아니라 뜨거워서 고고와 디스코를 추면서 처참한 죽음을 맞이하는 것이다.

3 심리이론 적용법

왕비의 백설 공주에 대한 질투와 미움은 프로이트가 말한 리비도(성충동)와 데스트루도(파멸충동)와 일치한다. 왕비는 자신이 최고미인이 되지 않는 한 그녀의 무의식층에 자리 잡고 있는 질투와 미움의 본능적 에너지가 끊임없이 그녀를 괴롭히는 것이다. 다시 말해 남을 괴롭히기 위한 질투심과 미움이 결국 왕비 자신을 파괴시키는 원인이 되는 것이다. 그러니 권선징악의 진부한 이야기가 결코 단순한 이야기가 아님을 느끼지 않는가! 남을 미워하거나 남을 질투하는 마음이 궁극적으로는 나 자신을 갉아먹거나 파멸시키는 원동력이 된다니 말이다.

물론 해피바이러스(happy virus)도 있다. 그것은 사랑이다. 왕자가 죽은 백설 공주의 시체를 보고 사랑에 빠지는 해피바이러스를 말한다. 혹자는 왕자가 공주의 시체를 사랑한다니 "시간(屍姦)을 의미하는 것 아니냐?"라고 반문할 수도 있다. 그러나 왕자의 공주에 대한 사랑은 죽은 자에 대한 사랑이 아니라 산 자에 대한 사랑이다. 왜냐하면 백설 공주는 그렇게 죽었지만 산 것처럼 보였고, 왕자의 아니마의 전형이었기 때문이다. 사실 죽으면 아무런 의미가 없다는 생각을 많이 한다. 특히 생전에 사랑하던 사이도 죽고 나면 얼마 못 가서 그 사랑을 잊어버리니 말이다. 그러나 왕자의 해피바이러스는 다르다. 이미 죽은 자를 사랑하는 마음이기 때문에 그 사랑의 정도가 뭇 사람과는 다르다는 말이다.

> 왕자는 "그러면 내게 그 관을 선사하시오. 왜냐하면 나는 백설 공주를 보지 않고는 살 수 없기 때문이오. 나는 그녀를 나의 연인처럼 존경하고 존중하겠소."라고 말했습니다. 왕자가 그렇게 말했을 때, 착한 난쟁이들은 동정했고, 왕자에게 관을 주었습니다. 왕자는 유리관을 이제 부하들에게 어깨로 짊어지고 나르게 했습니다. 그때 부하들이 덤불에 걸려 비틀거리는 일이 일어났고, 그 흔들림에 의해 백설 공주가 한 입 베어 물었던, 독이 든 사과조각이 목으로부터 나왔습니다. 그리고 오래지 않아 공주가 두 눈을 떴고, 관의 뚜껑을 위로 들어 올리며 일어섰고, 다시 살아나서는 "맙소사, 내가 어디 있는 거죠?"라고 소리쳤습니다. 왕자는 너무 기뻐서 "당신은 내 곁에 있는 거요."라고 말했고, 무슨 일이 있었는지 이야기해 주었으며 "나는 세상에 모든 것보다 더 당신을 사랑하오. 나와 함께 내 아버지의 성으로 갑시다. 당신은 내 부인이 되어야 하오."라고 말했습

니다. 그러자 백설 공주는 왕자가 마음에 들었고 함께 갔습니다. 그들의 결혼식이 매우 화려하고 찬란하게 거행되었습니다.

죽은 백설 공주에 대한 왕자의 사랑은 보상받기에 충분하기 때문에, 왕자의 부하들이 유리관을 운반하다가 넘어져서 관을 내동댕이친 게 아니라, 단지 비틀거려서 그 흔들림에 의해 공주가 한 입 베어 문 사과조각이 목으로부터 입 밖으로 나온 것이다. 죽음의 원인인 사과조각을 제거함으로써 공주는 다시 사망에서 부활한 것이다. 마치 깊은 잠에서 깨어난 듯이 눈을 뜬 공주는 처음 본 왕자가 마음에 들었다. 왕자의 사랑고백과 늠름한 모습이 공주의 아니무스였기에 두 사람은 망설이지 않고 결혼식을 통해 대극합일과 전일(全一)의 기쁨을 맛보는 것이다.

4 커뮤니케이션과 다이얼로그 기법

내방자 B는 동화 줄거리를 다 읽고 난 후 매우 진지해졌다. B가 한 남자를 놓고 벌이는 후배와의 삼각관계에서 질투와 미움이 극에 달해 스트레스와 고민이 되어 찾아왔는데,「백설 공주」동화를 통해 진정한 최고미(最高美)와 사랑의 의미를 깨달았다는 것이다.

동화 힐링을 위한 커뮤니케이션과 다이얼로그 기법의 보조기능인 스토리텔링을 위해서는 기본적으로 육하원칙(5W1H)이 적용된다. 즉 누가(who), 언제(when), 어디서(where), 무엇을(what), 어떻게(how), 왜(why)이다. 이 육하원칙을 적용하여 내방자 B에게 스토리텔링 할 것을 주문하니, "ⓐ 누가: B가 후배와 한 남자를 놓고 ⓑ 언제: 약 1년 전부터 ⓒ 어디서: 세 사람이 다니는 직장에서 ⓓ 무엇을: 삼각관계를 ⓔ 어떻게: 사랑과 질투와 미움으로 ⓕ 왜: 서로 차지하려고 싸웠다"고

하였다. 다시 정리하면, B가 후배와 한 남자를 놓고 약 1년 전부터 세 사람이 다니는 직장에서 삼각관계를 사랑과 질투와 미움으로 서로 차지하려고 싸웠다는 것이다.

이제 B는 동화치료사와 「백설 공주」 동화를 가지고 대화와 소통을 통해 깨달은 바를 다음과 같이 스토리텔링 했다.

내가 어리석었어요. 정말 아끼는 후배인데, 한 남자를 놓고 미워하고 질투했으니 말이죠. 그렇다고 내가 질투의 화신인 백설 공주의 계모도 아닌데 말예요. 호호호……. 아니마와 아니무스에 의해 왕자가 죽은 백설 공주를 사랑했듯이, 나와 사랑하는 그 남자도 아니무스와 아니마가 일치한다면 우리의 사랑은 저절로 이루어지겠죠. 이제 더 이상 후배를 미워하거나 질투하지 않을 거예요. 왜냐하면 결국 그 질투심과 미움이 나에게 되돌아온다는 걸 깨달았기 때문입니다.

처음 동화치료사를 찾아 왔을 때 우울해보였고 어두워보였던 내방자 B의 모습이 확 바뀌었고 목소리도 많이 맑아지고 미소를 띨 정도로 좋아졌다. 마지막으로 동화치료사는 B에게 "이미 백설 공주 못지않게 아름다워 보이니, 후배에게도 그 남자에게도 더 좋은 마음으로 더 많은 사랑으로 대하십시오. 그러면 삼각관계는 머지않아 해결되고 백설 공주의 결말처럼 권선징악과 대극합일의 행복한 결말을 맛보게 될 겁니다."라고 권면했다.

17. 마리아의 아이

커다란 숲 앞에 한 나무꾼이 아내와 함께 살고 있었습니다. 나무꾼에게는 단 한 명의 아이가 있었는데, 세 살짜리 계집애였습니다. 나무꾼 가족은 너무 가난했기 때문에, 더 이상 일용할 양식이 없었고, 딸아이에게 먹일 양식조차 바닥나고 말았습니다.

어느 날 아침에 나무꾼은 근심에 가득차서 숲 속으로 일을 하러 갔고, 거기서 나무를 베고 있을 때, 갑자기 아름답고 키가 큰 여인이 그의 앞에 서 있었습니다. 그녀는 머리 위에 빛나는 별로 장식된 왕관을 쓰고 있었는데 나무꾼에게 "나는 성모마리아이고, 아기 예수의 어머니입니다. 당신은 가난하고 옹색하니, 내게 당신의 아이를 데려 오세요. 내가 그 애를 데려가서, 엄마가 되어, 애를 돌봐 줄게요"라고 말했습니다. 나무꾼은 순종했고, 딸애를 데리고 와서 성모마리아에게 맡겼습니다. 마리아는 그 애를 데리고 하늘로 올라갔습니다. 거기서 아이는 잘 지냈고 사탕과자를 먹었으며 달콤한 우유를 마셨습니다. 또한 아이는 금으로 된 옷을 입었고, 아기천사들과 함께 놀았습니다.

아이가 이제 열네 살이 되었을 때, 성모마리아는 그 애를 가까이 불러서는 "얘야, 나는 커다란 여행을 계획하고 있단다. 지금 하늘나라의 열세 개의 문을 열 수 있는 열쇠를 맡으렴. 그 중에 열두 개의 문을 너는 열 수 있고 그 안의 화려함을 관찰할 수 있단다. 그러나 이 작은 열쇠로 열 수 있는, 열세 번째 문은 네게 금지되어 있단다. 그 문을 열지 않도록 주의하렴. 그렇지 않으면 너는 불행해질 거야."라고 말했습니다.

소녀는 약속했고, 순종했습니다. 그리고 성모마리아가 길을 떠났을 때, 소녀는 하늘나라의 집들을 조사하기 시작했습니다. 소녀는 열두 개의 집들을 다 관찰할 때까지, 날마다 하나의 집을 방문했습니다. 각기 집마다 한 명의 사도가 앉아 있었고, 커다란 광채에 둘러싸여 있었습니다. 소녀는 모든 호화찬란함에 기뻐했고 아기천사가 항상 그녀와 동행했으며 함께 즐거워했습니다. 이제 금지된 문만이 남아 있었습니다. 소녀는 그 안에 숨겨진 것을 알고 싶은 커다란 궁금증에 사로잡혔고 아기천사들에게 “나는 그 문을 완전히 열지는 않을 거야. 또한 안으로 들어가지도 않을 거야. 하지만 나는 틈새기를 통해 볼 수 있도록 그 문을 조금만 열 거야.”라고 말했습니다. “아, 안 돼요.”라고 아기천사가 말했습니다. “그것은 죄예요. 성모마리아가 그것을 금지했고, 그것이 분명히 당신의 불행이 될 거예요.” 그러자 소녀는 잠시 멈칫거렸으나 욕망이 그녀의 마음에서 끓어올랐고, 본격적으로 심장을 갉고 쪼아서 그녀를 끊임없이 괴롭혔습니다.

어느 날 아기천사들 모두가 밖으로 나갔을 때, 소녀는 ‘이제 완전히 나는 혼자이니, 안을 들여다 볼 수 있어. 내가 행하는 일을 아무도 모를 거야.’라고 생각했습니다. 소녀는 열쇠를 찾아냈고, 그것을 손에 잡았고 열쇠를 자물쇠에 꽂았습니다. 소녀가 열쇠를 돌리자 문이 열렸으며, 거기에 화염과 광채 속에서 삼위일체가 앉아 있는 것을 보았습니다. 소녀는 잠시 동안 서있었고 놀라면서도 모든 것을 관찰했습니다. 그러고 나서 소녀는 조심스럽게 손가락을 광채에 접촉했습니다. 그러자 손가락이 완전히 금이 되었습니다. 그 순간 소녀는 강력한 두려움을 느꼈고, 문을 격렬하게 탁 닫고는 도망쳤습니다. 두려움이 사라지지 않아서 소녀는 어떤 일도 할 수 없었고, 심장이 끊임없이 쿵쾅거렸으며 편안해지지 않았습니다. 또한 소녀는 금이 손가락에 묻어서 떨어지지 않자 지워질 때까지 씻고 또 문질렀습니다.

오래지 않아 성모마리아가 여행에서 돌아왔습니다. 마리아는 소녀를 가까이 불렀고, 그녀에게 하늘의 열쇠를 돌려달라고 요구했습니다. 소녀가 열쇠다발을 내밀었을 때, 성모마리아는 소녀의 눈을 바라보며 "너는 열세 번째 문을 열지 않았지?"라고 물었습니다. "그럼요."라고 소녀는 대답했습니다. 그러자 마리아는 손을 소녀의 가슴 위에 놓았고, 심장이 두근두근 거리는 것을 느꼈으며, 소녀가 마리아의 명령을 위반하고 그 문을 열었다는 것을 알아챘습니다. 그러자 마리아는 한 번 더 "너 확실히 그 짓을 하지 않았지?"라고 물었습니다. 소녀는 "네."라고 두 번째로 대답했습니다. 그때 마리아는 하늘화염의 접촉에 의해 금으로 변한 손가락을 보았고, 소녀가 죄를 범했다는 것을 알았으며, 세 번째로 "너는 그 짓을 하지 않았지?"라고 물었습니다. 소녀는 "네."라고 세 번째로 대답했습니다. 그러자 성모마리아는 '너는 내게 순종하지 않았고, 게다가 거짓말까지 했어, 너는 더 이상 하늘나라에 있을 필요가 없어.'라고 말했습니다.

그래서 소녀는 깊은 잠에 빠졌고, 깨어났을 때, 아래 땅위에, 황야 한가운데 누워 있었습니다. 소녀는 소리치려고 했으나 어떤 소리도 낼 수 없었습니다. 소녀는 벌떡 일어났고 도망치려고 했습니다. 그러나 소녀가 향한 곳에는 항상 빽빽한 가시덤불이 있었고, 그 덤불에 의해 제지당했으며, 가시울타리를 돌파할 수 없었습니다. 소녀가 감금되어 있던 황야에 한 그루의 속이 움푹 들어간 고목이 있었고, 거기가 그녀의 집이었습니다. 거기로 소녀는 기어들어갔고, 밤이 되면 그 안에서 잠을 잤고, 바람이 불고 비가 오면 소녀는 그 안에서 보호를 받았습니다.

하지만 그것은 비참한 삶이었습니다. 소녀가 하늘에서 너무나 행복하게 지냈고, 천사들이 그녀와 함께 놀았다는 것을 생각했을 때, 소녀는 몹시 울었습니다. 뿌리와 딸기들이 소녀의 유일한 양식이었고, 그 양식을 소녀는 매일 찾았고, 그럭저럭 살 수 있었습니다. 가을에 소녀는 떨어진 열매와 잎들을 주워 모았고, 그것들을 움푹 파인 곳으로 날랐습니다. 그 열매가 겨울에는 소녀의 양식이었습니다. 그리고 눈이 오고 얼음이 얼면 소녀는 불쌍한 짐승새끼처럼 나뭇잎 안으로 기어들어가서, 얼어 죽지는 않았습니다. 오래지 않아 소녀의 옷들이 헤졌고 한 조각씩 차례차례 육체로부터 떨어져나갔습니다. 그러고 나서 태양이 다시 따듯하게 비치자 소녀는 밖으로 나갔고 나무 앞에 앉았으며, 소녀의 긴 머리카락이 외투처럼 소녀를 사방에서 뒤덮었습니다. 그렇게 소녀는 해마다 거기에 앉아 있었고 세상의 비참과 불행을 몸소 체험했습니다.

어느 날 나무들이 다시 신선한 초록으로 빛났을 때, 그 나라의 왕이 숲에서 사냥을 했고 한 마리 노루를 추격했습니다. 노루가 숲의 광장을 에워싸고 있는 덤불 안으로 도망쳤기 때문에, 왕은 말에서 내렸고, 그 덤불을 헤집고 들어가려 했으며, 그의 칼로 길을 뚫었습니다. 왕이 마침내 통과하여 들어가자 나무 아래에 경이롭게 아름다운 소녀가 앉아 있는 것을 보았습니다. 소녀는 거기에 앉아 있었고 소녀의 황금머리카락에 의해 발가락까지 뒤덮였습니다. 왕은 말없이 서있었고, 놀라움에 가득차서 소녀를 관찰했습니다. 그러고 나서 왕은 소녀에게 말을 걸고는 "당신은 누구요? 왜 당신은 여기 황야에 앉아 있는 거요?"라고 물었습니다. 그러나 대답이 없었습니다. 왜냐하면 소녀는 입을 열 수 없기 때문입니다. 왕이 계속해서 "당신 나와 함께 내 성으로 가겠소?"라고 말하자 소녀는 단지 머리를 조금 끄덕였습니다. 왕은 소녀를 그의 팔로 잡고 말 위에 태웠으며 소녀와 함께 성으로 갔습니다. 왕이 왕국에 도착했을 때, 소녀에게 아름다운 옷을 입혔고 모든 것을 넘치게 주었습니다. 비록 소녀가 말을 할 수 없었을지라도, 소녀는 너무나 아름답고 사랑스러웠기 때문에, 왕은 진심으로 소녀를 사랑했고, 오래 걸리지 않아 소녀와 결혼했습니다.

거의 일 년이 지났을 때, 왕비는 한 명의 아들을 낳았습니다. 밤에 왕비가 홀로 침대에 누워 있었을 때, 성모마리아가 나타났고 "네가 진실을 말하고, 금지된 문을 열어보았다고 고백한다면, 나는 너의 입을 열어주고, 말할 수 있게 하겠어. 그러나 네가 죄 속에서 고집을 부리고 집요하게 부인한다면, 나는 너의 새로 태어난 아이를 데려 갈 거야"라고 말했습니다. 왕비는 혀가 풀려 대답할 수 있었으나 "아뇨, 나는 금지된 문을 열지 않았어요."라고 완고하게 말했습니다. 그러자 성모마리아는 새로 태어난 아이를 왕비의 팔로부터 취해서, 함께 사라졌습니다. 다음날 아침에 아이가 보이지 않자, 사람들 가운데 왕비가 식인녀이고 자신의 아이를 잡아먹었다는 소문이 퍼졌습니다. 왕비는 모든 소문을 들었지만 그것에 대해 아무 것도 말할 수 없었습니다. 그러나 왕은 그 소문을 믿지 않았습니다. 왜냐하면 왕은 왕비를 너무 사랑하고 있었기 때문입니다.

일 년 후 왕비는 다시 한 명의 아들을 낳았습니다. 밤에 또다시 성모마리아가 왕비에게 나타났고 "나는 네가 금지된 문을 열어보았다고 고백한다면, 네게 아이를 돌려주고 너의 혀도 풀어주마. 그러나 네가 죄 속에서 고집을 부리고 부인한다면, 나는 또한 이번에 새로 태어난 아이도 함께 데려갈 거야."라고 말했습니다. 그러자 왕비는 다시금 "아뇨, 나는 금지된 문을 열지 않았어요."라고 말했습니다. 그래서 성모마리아는 왕비의 팔에서 아이를 빼앗고 하늘나라로 함께 올라갔습니다. 아침에 아이가 또다시 사라졌을 때, 사람들은 완전히 큰소리로 왕비가 아이를 꿀꺽 삼켰다고 말했습니다. 왕의 신하들이 왕비를 처형시킬 것을 요구했으나, 왕은 왕비를 너무 사랑했기 때문에 그 소문을 믿으려 하지 않았고, 신하들에게 처형이나 사형에 대해 더 이상 말하지 말라고 명령했습니다.

다음 해에 왕비는 한 명의 아름다운 딸을 낳았습니다. 그날 밤에 왕비에게 세 번째로 성모마리아가 나타났고 "나를 따라 오너라."라고 말했습니다. 마리아는 왕비의 손을 잡고 하늘나라로 데려갔으며, 거기서 왕비에게 두 명의 아이들을 보여줬습니다. 아이들은 웃으면서 왕비를 보았고 지구모양의 장난감을 가지고 놀았습니다. 왕비가 그것에 대해 기뻐했을 때, 성모마리아는 "네 마음이 아직도 풀리지 않니? 네가 금지된 문을 열어보았다고 고백한다면, 나는 네게 두 명의 아들들을 돌려줄 거야."라고 말했습니다. 그러나 왕비는 세 번째로 "아뇨, 나는 금지된 문을 열지 않았어요."라고 대답했습니다. 그러자 왕비를 성모마리아는 다시 땅으로 내려 보냈고, 또한 왕비의 세 번째 아이를 데려갔습니다.

다음날 아침에 그 일이 소문났을 때, 모든 사람들은 큰소리로 "왕비는 사람을 잡아먹는 여자이니, 형벌에 처해져야만 해요."라고 외쳤습니다. 왕은 신하들을 더 이상 제지할 수 없었고, 왕비에 대한 재판을 열었습니다. 왕비가 대답할 수 없었고 변호할 수 없었기 때문에, 왕비에게 장작더미 위에서 화형당하는 형벌이 결정되었습니다. 나무가 쌓아졌고, 왕비가 기둥에 묶였으며, 불이 그 주위로 불타기 시작했을 때, 교만의 단단한 마음이 얼음처럼 녹았고, 참회에 의해 움직였습니다. 그래서 왕비는 '내가 아직 죽기 전에, 그 문을 열었다는 것을 고백할 수 있다면'이라고 생각했습니다. 그때 왕비에게 큰소리로 외치라는 목소리가 들려왔습니다. "그래요, 성모마리아님, 내가 그 짓을 했어요!" 그러자 즉시 하늘이 비를 뿌리기 시작했고 화염을 껐습니다. 왕비 위로 하나의 빛이 갑자기 나타났고, 성모마리아가 아래로 내려왔습니다. 두 명의 아들들이 그녀 양옆에 있었고 새로 태어난 딸은 팔 안에 있었습니다. 마리아는 다정하게 왕비에게 "자신의 죄를 참회하고 고백하는 사람에게, 그 죄는 용서받은 거란다."라고 말했습니다. 그리고 왕비에게 세 명의 아이들을 건네주었고, 혀를 풀어주었으며, 왕비의 전 생애 동안 행복하게 살도록 해주었습니다.[17)]

---

17) Brüder Grimm, *Ibid.*, pp. 46-50.

동화치료 실습

그림 동화 「마리아의 아이」는 죄를 짓고, 그 죄를 고백하는 사람은 용서를 받을 수 있다는 기독교 신앙을 바탕으로 한 아름다운 사랑이야기이다. 죄를 짓지 않는 사람은 아마 없을 것이다. 하지만 죄를 지은 사람이 죄에 눌려서 괴로워하며 불행하게 살면 더 큰 죄를 짓게 된다. 따라서 죄를 짓지 않고 살 수 없는 존재가 인간이라면, 죄를 지을 때마다 그 죄를 고백하면서 편하고 행복하게 살아야 한다. 이렇게 단순한 진리를 믿지 못하는 사람은 마리아의 아이처럼 죽을 때가 되어서야 죄를 참회하게 된다. 물론 죄를 고백하지 못하고 저세상으로 가는 사람들도 많다. 심지어는 죄가 뭔지도 모르고 죄의 구렁텅이 속에서 헐떡거리며 살다가 안개처럼 사라지는 존재도 있다.

최근 프란치스코(Francisco) 교황이 한국을 4박 5일 동안 방문해서 '내 탓이오(mea culpa)'를 외치며 평화와 화합과 소통과 희망의 메시지를 통해 많은 감동과 도전을 주었다. 특히 '교회가 하느님의 사랑 안에서 더욱 경건하고 낮은 자세로 가난한 사람들과 외롭고 병든 자들을 섬길 수 있도록 기도하자'라는 그의 메시지는 오늘날 세속화된 교회에 경종을 울리는 고언(告言)이다.

어느 날 20대 초반의 여성이 3살쯤 되어 보이는 아이를 데리고 동화치료사를 찾아왔다. 따듯하게 맞이하면서 어떻게 왔냐고 물어보니, 내방자 C는 말을 머뭇거리다가 어렵게 입을 떼며 자기가 미혼모이고 3살 된 여자애의 엄마인데, 3년 동안 너무 힘들게 살아서 이제는 더 이상 아이를 키울 수 없을 것 같아 상담하러 왔다는 것이다.

1 동화 제목 연상기법

동화치료사는 내방자 C에게 알맞은 동화를 생각하다가 그림 동화 「마리아의 아이」를 추천했다. 동화치료사는 항상 내방자가 원하는 동화 제목을 선택해서 치료를 위한 상담을 했지만 이 경우는 예외이므로 그렇게 치료사가 선택하여 내방자에게 소개한 것이다. C는 모르는 동화라는 듯이 의아한 표정을 지었다. 그래서 동화치료사는 아이에게는 그림동화책을 읽어보라고 그림이 많고 글이 적게 들어간 몇 권을 주었고, 미혼모에게는 「마리아의 아이」 동화를 작은 소리로 낭독하면서 읽어보라고 권했다.

> 커다란 숲 앞에 한 나무꾼이 아내와 함께 살고 있었습니다. 나무꾼에게는 단 한 명의 아이가 있었는데, 세 살짜리 계집애였습니다. 나무꾼 가족은 너무 가난했기 때문에, 더 이상 일용할 양식이 없었고, 딸아이에게 먹일 양식조차 바닥나고 말았습니다.
>
> 어느 날 아침에 나무꾼은 근심에 가득차서 숲 속으로 일을 하러 갔고, 거기서 나무를 베고 있을 때, 갑자기 아름답고 키가 큰 여인이 그의 앞에 서 있었습니다. 그녀는 머리 위에 빛나는 별로 장식된 왕관을 쓰고 있었는데 나무꾼에게 "나는 성모마리아이고, 아기 예수의 어머니입니다. 당신은 가난하고 옹색하니, 내게 당신의 아이를 데려 오세요. 내가 그 애를 데려가서, 엄마가 되어, 애를 돌봐 줄게요."라고 말했습니다. 나무꾼은 순종했고, 딸애를 데리고 와서 성모마리아에게 맡겼습니다. 마리아는 그 애를 데리고 하늘로 올라갔습니다. 거기서 아이는 잘 지냈고 사탕과자를 먹었으며 달콤한 우유를 마셨습니다. 또한 아이는 금으로 된 옷을 입었고, 아기천사들과 함께 놀았습니다.

내방자 C는 동화의 서두문에서부터 바로 자기 처지와 비슷한 내용이 나온다며 반기는 표정을 지었다. 물론 동화 속의 3살짜리 딸은 온전한 나무꾼 부부의 아이지만, 자기 딸은 미혼모의 딸이라는 점이 다르다고 말했다. 나무꾼의 가난한 형편은 C의 형편과 크게 다르지 않다고 했지만, 그래도 자기는 직장이 있어 자식과 함께 먹고사는 것은 큰 문제가 아니라고 했다. 그러나 주위의 시선과 간섭이 너무 힘들어서 이대로는 살 수 없다고 했다. 정말 동화 속의 성모마리아 같은 분이 있다면, 자기 아이를 맡기고 싶다는 것이다. 동화치료사는 내방자 C에게 조심스럽게 종교가 있냐고 물었다. C는 잠시 머뭇거리다가 어렸을 적에 교회를 다닌 경험이 있다고 했다. 그래서 C가 성모마리아를 금방 알아보고 그런 분이 있다면 당장 아이를 맡길 수 있다고 말했다는 것을 알 수 있었다.

2 동화 주제에 따른 분류법

그림 동화「마리아의 아이」의 주제는 사랑과 구원이다. 성모마리아의 소녀에 대한 사랑, 소녀에 대한 왕의 사랑, 죄를 지은 소녀가 죄를 고백함으로써 구원받는 내용이 주제가 된다.

3 심리이론 적용법

3살 때 성모마리아의 양녀로 하늘나라로 올라가서 14살이 될 때까지 부족함 없이 행복하게 살았던 여주인공은 성모마리아가 여행가면서 맡긴 13개의 열쇠꾸러미를 받는다. 지상(地上)에서는 먹을 게 없어 난리인데, 천국(天國)에서는 호의호식(好衣好食) 하면서 지내니, 하늘나라에 소망을 두고 살아가는 사람들에게 희망을 주는 장면이라고 아니 할 수 없다. 어쨌든 주인공은 11년 동안 천국에서 살면서 성모마리아와는 말할 것도 없고 아기천사들과도 친하게 놀 정도로 익숙해졌다. 그래서 성모마리아는 양딸에게 12명의 사도들이 살고 있는 집을 열 수 있는 열쇠와, 삼위일체 하나님이 계신 1개의 방을 열 수 있는 열쇠도 준다. 왜 성모마리아는 양딸에게 허락된 12개의 방을 열 수 있는 열쇠만 주지, 금지된 13번째 방의 열쇠까지 주었을까? 에덴동산에 살던 아담과 이브에게 모든 것은 먹을 수 있으나 선악과만은 먹지 말라고 했듯이, 여기서도 주인공에게 12개 방은 허락, 1개 방은 금지의 과제가 부여되는 것이다. 하지만 최초의 인간 쌍이 에덴동산에서 금지된 선악과를 따먹고 죄를 지었듯이, 소녀도 금지된 12번째 방을 열어보아서 죄를 짓게 된다. 즉 주인공은 하늘나라에서 호의호식하면서 죄지을 일이 없었는데, 양모(養母)의 명령을 어겨서 죄를 짓게 되는 것이다.

이제 금지된 문만이 남아 있었습니다. 소녀는 그 안에 숨겨진 것을 알고 싶은 커다란 궁금증에 사로잡혔고 아기천사들에게 "나는 그 문을 완전히 열지는 않을 거야. 또한 안으로 들어가지도 않을 거야. 하지만 나는 틈새기를 통해 볼 수 있도록 그 문을 조금만 열거야."라고 말했습니다. "아, 안 돼요."라고 아기천사가 말했습니다. "그것은 죄예요. 성모마리아가 그것을 금지했고, 그것이 분명히 당신의 불행이 될 거예요." 그러자 소녀는 잠시 멈칫거렸으나 욕망이 그녀의 마음에서 끓어올랐고, 본격적으로 심장을 갉고 쪼아서 그녀를 끊임없이 괴롭혔습니다.

어느 날 아기천사들 모두가 밖으로 나갔을 때, 소녀는 '이제 완전히 나는 혼자이니, 안을 들여다 볼 수 있어. 내가 행하는 일을 아무도 모를 거야.'라고 생각했습니다. 소녀는 열쇠를 찾아냈고, 그것을 손에 잡았고 열쇠를 자물쇠에 꽂았습니다. 소녀가 열쇠를 돌리자 문이 열렸으며, 거기에 화염과 광채 속에서 삼위일체가 앉아 있는 것을 보았습니다. 소녀는 잠시 동안 서있었고 놀라면서도 모든 것을 관찰했습니다. 그러고 나서 소녀는 조심스럽게 손가락을 광채에 접촉했습니다. 그러자 손가락이 완전히 금이 되었습니다. 그 순간 소녀는 강력한 두려움을 느꼈고, 문을 격렬하게 탁 닫고는 도망쳤습니다. 두려움이 사라지지 않아서 소녀는 어떤 일도 할 수 없었고, 심장이 끊임없이 쿵쾅거렸으며 편안해지지 않았습니다. 또한 소녀는 금이 손가락에 묻어서 떨어지지 않자 지워질 때까지 씻고 또 문질렀습니다.

금지된 문을 열면 죄가 된다는 아기천사의 만류에도 불구하고, 소녀는 욕망에 불타올랐고, 혼자 있게 되자 삼위일체가 앉아 있는 방문을 연다. 인간의 본능적 에너지인 욕망이 소녀에게 죄를 잉태하게 하며, 하지 말라면 더 하고 싶은 인간의 본능적 욕망을 표출하는 것이다. 이승의 존재인 소녀가 하늘나라에 가서 저승의 존재들과 살고 있으니, 천사들과는 달리 죄를 지을 수밖에 없었으리라. 특히 인간은 혼자 있을 때 행동을 조심하고 욕망을 절제해야 하지만, 호기심 많고 궁금한 것이 많을 나이인 14살의 소녀에게는 도덕적 에너지로 자신을 제어할 수 없으며, 결국 하지 말라는 일을 하게 되는 것이다. 금지된 문을 열고 삼위일체를 보았으니, 얼마나 영광된 자리였겠는가? 그러나 아직 어린 소녀는 호기심에 사로잡혀 손가락으로 삼위일체의 광채에 접촉한다. 동화 속의 이야기이지만 삼위일체 하나님을 직접 만진 유일한 인간일 수도 있을 텐데 ……. 그래서 그런지 소녀의 손가락에는 금이 묻어서 지워지지 않았다. 그것이 씻을 수 없는 죄의 증표(證票)로 죄인에게 남은 것이다.

이제 여행에서 돌아온 성모마리아는 소녀에게 금지된 문을 열어보았는지를 3번 반복해서 물어본다. 그때마다 이미 죄책감에 사로잡힌 사춘기 소녀는 반항과 거짓에 사로잡혀 극단적인 부정으로 일관한다.

거짓말을 할 때마다 소녀의 심장이 두근두근 뛰고 얼굴이 빨개지고 누가 봐도 금지된 문을 열어본 게 확실하다는 표시가 손가락에 증표로 남아 있음에도 불구하고 끝까지 본능적 자기방어에 사로잡혀 죄의식에서 벗어나지 못한다. 그렇게 소녀는 금지된 문을 열어본 죄를 짓고, 그 죄를 감추기 위해 거짓을 반복하는, 곧 죄가 죄를 낳는다는 진리를 몸소 보여준다. 이런 모습이 인간이다. 아담과 이브가 금지된 열매를 따먹고 에덴동산에서 추방되듯이, 소녀는 죄와 거짓으로 인해 하늘나라에서 지상으로 추방되는 것이다.

> 성모마리아는 "너는 내게 순종하지 않았고, 게다가 거짓말까지 했어, 너는 더 이상 하늘나라에 있을 필요가 없어."라고 말했습니다.
>
> 그래서 소녀는 깊은 잠에 빠졌고, 깨어났을 때, 아래 땅위에, 황야 한가운데 누워 있었습니다. 소녀는 소리치려고 했으나 어떤 소리도 낼 수 없었습니다.

벙어리가 되어 황야로 추방된 소녀는 비참한 삶을 살아간다. 하늘나라에서 온갖 맛있는 음식을 먹었던 소녀가 짐승처럼 뿌리와 딸기와 열매로 근근이 살아가니 그 삶이 얼마나 비참했겠는가? 하지만 동화 주인공을 그대로 방치할 수 없기에 정해진 줄거리에 따라서 그 나라 왕이 사냥을 나왔다가 소녀를 만나는 일이 발생한다.

> 왕은 소녀에게 말을 걸고는 "당신은 누구요? 왜 당신은 여기 황야에 앉아 있는 거요?"라고 물었습니다. 그러나 대답이 없었습니다. 왜냐하면 소녀는 입을 열 수 없기 때문입니다. 왕이 계속해서 "당신 나와 함께 내 성으로 가겠소?"라고 말하자 소녀는 단지 머리를 조금 끄덕였습니다. 왕은 소녀를 그의 팔로 잡고 말 위에 태웠으며 소녀와 함께 성으로

갔습니다. 왕이 왕국에 도착했을 때, 소녀에게 아름다운 옷을 입혔고 모든 것을 넘치게 주었습니다. 비록 소녀가 말을 할 수 없었을지라도, 소녀는 너무나 아름답고 사랑스러웠기 때문에, 왕은 진심으로 소녀를 사랑했고, 오래 걸리지 않아 소녀와 결혼했습니다.

그림 동화 「오빠와 누이」에서도 노루로 변한 오빠와 숲 속에서 살고 있던 여주인공을 사냥 나온 왕이 성으로 데려가 결혼했듯이, 이 동화에서도 사냥 나온 왕이 숲 속에서 살고 있던 벙어리 소녀를 성으로 데려가 결혼하는 것이다. 대부분의 선남선녀가 등장하는 동화에서는 결혼으로 동화를 마무리 짓지만 「마리아의 아이」 동화에서는 아직 해결해야 할 내용이 남아 있으므로 이대로 동화 스토리를 끝낼 수 없다. 다시 말해 죄와 거짓으로 인해 지상으로 추방된 소녀가 왕비가 되었으니, 전화위복(轉禍爲福)이 되었다고 안심하기에는 아직 이르다는 말이다. 어쨌든 왕의 사랑으로 벙어리 왕비가 된 주인공은 3번에 걸쳐 아들 2명과 딸 1명을 낳는다. 아이를 낳을 때마다 성모마리아가 찾아왔고 천국에서 저지른 죄에 대해 다시금 확인한다. 3번에 걸쳐 성모마리아가 왕비에게 "금지된 문을 열어보았다고 고백한다면, 네게 아이를 돌려주고 너의 혀도 풀어주마."라고 말할 때마다, 여전히 본능적 자기방어에 사로잡혀 "아뇨, 나는 금지된 문을 열지 않았어요."라고 더욱 강팍해진 거짓말을 내뱉는다. 1명도 아니고 3명의 아이가 낳자마자 사라지니, 왕비가 식인귀이라는 소문이 나라에 퍼졌고, 왕도 어쩔 수 없이 벙어리 왕비를 화형식에 처한다.

나무가 쌓아졌고, 왕비가 기둥에 묶였으며, 불이 그 주위로 불타기 시작했을 때, 교만의 단단한 마음이 얼음처럼 녹았고, 참회에 의해 움직였습니다. 그래서 왕비는 '내가 아직 죽기 전에, 그 문을 열었다는 것을 고백할 수 있다면'이라고 생각했습니다. 그때 왕비에게 큰소리로 외치라는 목소리가 들려왔습니다. "그래요, 성모마리아님, 내가 그 짓을 했어요!" 그러자 즉시 하늘이 비를 뿌리기 시작했고 화염을 껐습니다.

왕비 위로 하나의 빛이 갑자기 나타났고, 성모마리아가 아래로 내려왔습니다. 두 명의 아들들이 그녀 양옆에 있었고 새로 태어난 딸은 팔 안에 있었습니다. 마리아는 다정하게 왕비에게 "자신의 죄를 참회하고 고백하는 사람에게, 그 죄는 용서받는 거란다."라고 말했습니다. 그리고 왕비에게 3명의 아이들을 건네주었고, 혀를 풀어주었으며, 왕비의 전 생애 동안 행복하게 살도록 해줬습니다.

죽음의 순간에 죄를 고백하는 왕비의 모습이 바로 우리들의 모습이다. 아니 죽음의 순간에서도 죄를 참회하지 않는 존재도 있을 테니, 모두가 그렇다고는 할 수는 없지만 보통사람들이라면 그렇다는 말이다. 정말 단순한 행복의 조건이 아닌가? 죄를 안 짓고 살 수 없는 존재인 인간이 죄를 지을 때마다 참회를 한다면, 그 죄가 용서되어 마음 편히 행복하게 살 수 있다니 말이다.

물론 참회(懺悔)의 뜻이 '자기의 잘못이나 죄를 깊이 깨닫고 반성하며, 뉘우치고 용서를 구한다.'라는 의미이기에 그저 입술로만 고백하는 게 아니라, 마음 깊은 곳에서 우러나오는 깨달음에 의한 고백이어야 한다. '모든 게 내 탓이오'라는 말도 입에서만 습관적으로 맴도는 말이 아니라 마음 깊은 곳에서 울어 나오는 진심의 내 잘못이 되어야 의미가 있는 것이다. 인간은 완전할 수 없지만, 완전함이 무엇인지 알고 있기 때문에, 그 완전함에 도전할 가치가 있는 것이다. 그것이 융이 말하는 '자기실현'하고도 깊은 연관이 있는 것이다.

4 커뮤니케이션과 다이얼로그 기법

내방자 C는 「마리아의 아이」 동화를 다 읽고 동화치료사와 대화와 소통을 한 후, 다음과 같은 마음의 고백을 글로 남겼다.

정말 감동적인 동화였어요. 이렇게 단순하게 자기 죄를 고백하면 용서를 받고 행복해질 수 있는데, 왜 나는 3년 동안 아이를 붙잡고 끙끙거리며 불행한 삶을 살았는지 모르겠어요. 이제 성모마리아가 내 앞에 나타나서 아이를 맡기라고 해도 안 드릴 거예요. 최선을 다해 좋은 엄마로서 딸에게 동화 주인공 같은 어리석은 소녀로 키우지 않도록 노력할 거예요. 미혼모로서 예상되는 많은 어려움이 있지만, 딸애보다 소중한 것은 없을 테니, 죽이 되든 밥이 되든 내가 키우겠어요. 그리고 다시 신앙생활을 하겠어요. 올바른 믿음과 신앙의 힘으로 어려움을 극복할 희망이 생겼기 때문이에요.

21세기 복지문화시대에 걸맞게 가난한 사람들과 외롭고 병든 자들을 도와줘야 한다. 복지예산을 투명하게 쓰고, 어려운 이웃을 돌보는 선한 사마리아인이 되어야 한다.

말로만 '내 탓이오'를 외칠 게 아니라 작은 일이라도 몸소 실천하는 그런 사람들로 가득할 때 세상은 저절로 아름다운 천국이 되기 때문이다. 곧 천국은 이미 우리 마음속에 자리 잡고 있기 때문이다.

18. 늑대와 일곱 마리 새끼 양

옛날에 한 마리 어미 양이 있었는데, 그 양은 일곱 마리 새끼 양들을 키우고 있었습니다. 어미 양은 바로 엄마가 아이들을 사랑하는 것처럼, 새끼 양들을 사랑했습니다.

어느 날 양은 숲으로 가서 먹이를 가져오려고 했습니다. 어미 양은 모든 일곱 마리 새끼 양을 불러놓고 "얘들아, 나는 숲으로 갈 거야, 늑대를 경계하렴. 그 놈이 들어오면, 너희들을 모조리 잡아먹을 거야. 그 악당은 종종 속인단다. 그러나 그의 거친 목소리와 검은 발에서 너희들은 그를 곧 알아볼 거야."라고 말했습니다. 새끼 양들은 "엄마, 우리는 벌써 경계하고 있어요. 걱정하지 말고 다녀오세요."라고 말했습니다. 그러자 어미는 음매 하고 울었고 기분 좋게 떠났습니다.

오래 걸리지 않아, 누군가 문을 두드렸고, "얘들아, 문 열어라, 너희 엄마가 왔단다. 그리고 너희 각자에게 먹을 것을 가져왔단다."라고 외쳤습니다. 그러나 새끼 양들은 거친 목소리를 들었고, 그것이 늑대라는 것을 알았으며 "우리는 열지 않을 거예요, 당신은 우리 엄마가 아니에요, 엄마는 맑고 사랑스런 목소리를 가졌어요. 그러나 당신의 목소리는 거칠어요. 당신은 늑대에요."라고 소리쳤습니다. 그러자 늑대는 소매상인에게 갔고 커다란 조각의 백묵을 구입했습니다. 백묵을 늑대가 먹었고, 그것으로써 목소리가 맑아졌습니다. 그러고 나서 늑대는 돌아왔고, 문을 두드렸으며, "얘들아, 문을 열어라. 너희 엄마가 왔고 각자에게 먹을 것을 가져왔단다."라고 외쳤습니다. 그러나 늑대는 검은 발을 창문 위에 놓았고, 그것을 새끼 양들은 보았고 "우리는 열지 않아요, 우리 엄마는 당신처럼 검은 발을 가지고 있지 않아요. 당신은 늑대예요.'"라고 소리쳤습니다. 그러자 늑대는 빵 제조업자에게 달려갔고, "나는 발이 돌부리에 채었단다. 내 발 위에 반죽을 발라라.'"라고 말했습니다. 빵 제조업자가 발에 발랐을 때, 늑대는 방앗간 주인에게 갔고, '내 발 위에 하얀 밀가루를 뿌려라.'라고 말했습니다. 방앗간 주인은 늑대가 누군가를 속이려 한다고 생각했고 거절했으나, 늑대는 "네가 뿌리지 않는다면, 너를 잡아먹어버리겠다."고 말했습니다. 그러자 방앗간 주인은 두려웠고 늑대의 발을 하얗게 했습니다. 그래요, 사람들이란 그런 겁니다.

이제 악당은 세 번째로 현관문으로 갔고 두드리면서 "얘들아, 내게 열어주렴, 너희들의 사랑하는 엄마가 돌아왔단다. 너희들 각자에게 먹을 것을 숲에서 가져왔단다.'라고 말했습니다. 새끼 양들은 '당신이 사랑하는 엄마라는 것을 우리가 알도록, 우선 발을 보여주세요.'라고 소리쳤습니다. 그러자 늑대는 발을 창문 안으로 놓았습니다. 새끼 양들이 발이 하얗다는 것을 보았을 때, 늑대가 말한 모든 것이 사실이었다고 믿고, 문을 열었습니다. 그러나 들어온 사람은, 늑대였습니다. 새끼 양들은 놀래서 숨으려고 했습니다. 첫째 양은 책상 밑으로 뛰어갔고, 둘째는 침대로, 셋째는 난로로, 넷째는 부엌으로, 다섯째는 장롱으로, 여섯째는 세숫대야 밑으로, 일곱째는 벽시계 상자 안으로 뛰어들었습니다. 그러나 늑대는 그들 모두를 발견했고 성큼 먹어 치웠습니다. 한 마리씩 차례차례로 늑대는 아가리 속으로 꿀꺽 삼켰습니다. 단지 시계상자 안의 막내를 늑대는 발견하지 못했습니다. 늑대가 식욕을 채우고 나서 급히 도망쳤고, 밖에 푸른 초원 위에 한 그루 나무 아래 누웠고, 잠자기 시작했습니다.

그 후 오래지 않아 어미 양이 숲에서 다시 돌아왔습니다. 아, 어미 양은 그때 무엇을 보아야만 했던가! 현관이 활짝 열려 있었고, 책상, 의자와 걸상들이 내동댕이쳐져 있었고, 세숫대야가 조각나 있었으며,

이불과 베개가 침대에서 끌어내려져 있었습니다. 어미는 아이들을 찾았으나, 어디에서도 새끼들을 발견할 수 없었습니다. 어미 양은 차례차례로 새끼들의 이름을 불렀으나 아무도 대답하지 못했습니다. 마침내 어미 양이 막내 곁에 왔을 때, 한 맑은 목소리가 "엄마, 나는 시계상자 안에 숨어 있어요."라고 소리쳤습니다. 어미는 그 애를 끄집어냈고, 막내는 어미 양에게 늑대가 왔었고 다른 모두를 잡아먹었다고 이야기했습니다. 지금 여러분들은 얼마나 어미 양이 불쌍한 아이들 때문에 울었는지를 생각할 수 있겠죠.

마침내 어미 양은 비탄에 잠겨 밖으로 나갔고, 막내 새끼 양도 함께 뛰어갔습니다. 어미 양이 초원 위로 왔을 때, 거기에 늑대가 나무 곁에 누워 있었고, 가지들이 떨릴 정도로 코를 골고 자고 있었습니다. 어미는 늑대를 사방에서 관찰했고, 가득 찬 뱃속에서 어떤 것이 움직이고 허우적거리는 것을 보았습니다. 어미 양은 '맙소사, 늑대가 저녁식사로 꿀꺽 삼켰던, 내 불쌍한 아이들이 아직 살아 있나요?'라고 생각했습니다, 그러자 새끼 양은 집으로 달려가 가위와 바늘과 실을 가져와야만 했습니다. 그러고 나서 어미 양은 그 괴물의 배를 절개했습니다. 막 어미 양이 절개하자마자, 이미 한 마리 새끼 양이 머리를 내밀었고, 계속 절개했을 때, 차례대로 모든 여섯 마리가 밖으로 뛰어나왔습니다. 아직 모두 살아 있었고, 한 마리도 상처를 입지 않았습니다. 왜냐하면 그 괴물이 새끼 양들을 너무 배고픈 나머지 통째로 꿀꺽 삼켰기 때문입니다. 그거 기쁜 일이죠! 그러자 새끼 양들은 사랑하는 엄마를 껴안았고, 결혼식을 치르는 재단사처럼 기뻐서 깡충깡충 뛰었습니다. 그러나 어미는 "지금 가서 큰 돌멩이를 찾으렴. 그것으로써 늑대 녀석이 아직 잠자고 있는 동안에, 우리는 그 사악한 동물의 배를 채우자꾸나."라고 말했습니다. 그래서 일곱 마리 새끼 양들은 서둘러서 돌들을 끌어왔고, 그것들을 새끼 양들이 갖다 넣을 수 있을 만큼 그렇게 많이, 늑대의 뱃속에 집어넣었습니다. 그러고 나서 어미 양이 그 배를 신속하게 다시 꿰매어 붙였고, 늑대는 아무것도 알아채지 못했으며, 한 번도 움직이지 않았습니다.

늑대가 마침내 잠에서 깨어났을 때, 늑대는 떠나려고 했습니다. 돌들이 늑대의 뱃속에서 커다란 갈증을 자극했기 때문에, 늑대는 한 샘으로 갔고 마시려고 했습니다. 늑대가 걷기 시작했고, 이리저리 움직였을 때, 돌들이 그의 뱃속에서 충돌했고 덜컹덜컹 소리 냈습니다. 그러자 늑대가 외쳤습니다.

"무엇이 내 뱃속에서 덜컹덜컹 소리 내고
쿵, 꽝 소리 내는가?
내 생각에는 그것은 여섯 마리 새끼 양들일 텐데,
그게 소리 나는 큰 돌멩이들인가."

늑대가 샘에 와서 물 위로 구부리고 물을 마시려고 했을 때, 무거운 돌들이 늑대를 안으로 끌어당겼고, 늑대는 비참하게 물에 빠져 죽어야만 했습니다. 일곱 마리 새끼 양들이 그것을 보았을 때 뛰어나왔고, 큰 소리로 "늑대가 죽었다! 늑대가 죽었어!"라고 소리쳤습니다. 그리고 새끼 양들은 엄마와 함께 기뻐서 샘을 맴돌면서 춤을 췄습니다.[18)]

18) Brüder Grimm, *Ibid.*, pp. 63-65.

동화 힐링 실습

그림 동화 「늑대와 일곱 마리 새끼 양」은 동물을 의인화하여 강한 자와 약한 자의 약육강식(弱肉强食)의 법칙을 패러디한 재미있는 이야기이다. 다시 말해 강한 존재인 늑대가 약한 존재인 양을 잡아먹는 게 통상적인 모습이지만, 이 동화에서는 약한 존재가 강한 존재를 이길 수도 있다는 점을 풍자적으로 강조한 것이다. 흔히 늑대는 권력자, 사장, 갑을관계에서 갑, 우두머리 등을 상징하고, 반대로 양은 백성, 종업원, 갑을관계에서 을, 부하 등을 상징한다. 그런데 늑대는 항상 악하고 나쁜 존재이고, 반면에 양은 늘 착하고 선한 존재이다. 그러니 대부분의 권력자, 사장, 갑, 우두머리 등은 늑대처럼 강하고 나쁜 존재이고, 반대로 다수의 백성, 종업원, 을, 부하 등은 양처럼 약하고 좋은 존재여야 한다. 물론 이런 이원론적 양면성이 절대적인 것은 아니다. 인간사회에는 양 같은 늑대도 있고, 늑대 같은 양도 있기 때문이다. 그러나 「늑대와 일곱 마리 새끼 양」 동화에서 주장하고 싶은 내용은 악하고 강한 늑대 같은 존재와 선하고 약한 양 같은 존재를 대비시켜서 권선징악(勸善懲惡)과 강육약식(强肉弱食)의 교훈을 보여주는 것이다.

한번은 30대 초반의 외국인이 동화치료사를 찾아왔다. 자기 이름을 '후인쿵탄'(이니셜 H)이라고 소개한 베트남계 남자는 이미 5년 전에 한국에 근로자로 취업하여 들어왔기 때문에, 한국말을 잘한다고 했다. 동화치료사는 다행이라고 생각했고, 한국말로 내방자 H와 대화와 소통을 할 수 있었다. 글로벌(global)시대이니 동화치료사도 외국어 구사

능력을 키울 필요가 있다고 생각했다. 아무튼 찾아온 이유를 물으니, H가 일하는 직장환경이 너무 나빠서 아픈 사람이 많고, 정부기관에서도 환경개선을 요구했지만, 사장은 알았다고 말만 하고는 별로 투자를 안 하며, 때로는 임금이 몇 달씩 밀려서 생활하는 데 어려움이 있다는 것이다. H는 이제 1년 후면, 본국으로 돌아가야 하기 때문에 밀린 월급을 못 받을까봐 걱정이고 건강이 예전보다 좋지 않아 걱정이라고 한다. 그런 문제라면 외국인근로자관리센터에 신고해야 하는 것 아니냐?라고 반문하니, 그곳에도 이미 신청했고 정신치료를 위해 동화치료사를 찾아왔다고 한다.

1 동화 제목 연상기법

동화치료사는 내방자 H에게 "혹시 그림 동화에 대해 읽어본 적이 있느냐?"라고 물었다. H는 베트남에서도 그림 동화는 어렸을 때 누구나 다 읽는다고 하면서 특히 그림 동화 「늑대와 일곱 마리 새끼 양」을 재미있게 읽었고 지금도 기억난다고 했다. 그래서 동화치료사는 이 동화를 선택하여 H에게 동화 힐링을 하기로 했고, 그 당시에는 베트남어로 읽었을 테니, 한국어로 된 동화를 같이 읽으면서 이야기를 나누자고 했다. 우선 「늑대와 일곱 마리 새끼 양」 동화 제목에서 연상되는 내용이 있으면 말해보라고 하니, H는 즉시 '늑대는 나쁜 놈, 양은 좋은 놈'이라고 대답했다. 약간은 놀랬지만 정확히 내용을 연상하고 있기에 칭찬하고는 천천히 함께 낭독하면서 「늑대와 일곱 마리 새끼 양」 동화를 읽었다.

2 동화 주제에 따른 분류법

그림 동화 「늑대와 일곱 마리 새끼 양」의 주제는 권선징악이다.

베트남도 한자문화권이기 때문에 어려운 한국말은 이해를 돕고자 한문으로 써주며 상담을 했다. 마치 집근처에서 호시탐탐 양을 잡아먹을 계획을 한 것처럼 늑대는 어미 양이 7마리의 새끼 양을 집에 남겨놓고 길을 떠나자마자 나타난다.

> 어미는 음매 하고 울었고 기분 좋게 떠났습니다. 오래 걸리지 않아, 누군가 문을 두드렸고, "얘들아, 문 열어라, 너희 엄마가 왔단다. 그리고 너희 각자에게 먹을 것을 가져왔단다."라고 외쳤습니다. 그러나 새끼 양들은 거친 목소리를 들었고, 그것이 늑대라는 것을 알았으며 "우리는 열지 않을 거예요, 당신은 우리 엄마가 아니에요, 엄마는 맑고 사랑스런 목소리를 가졌어요. 그러나 당신의 목소리는 거칠어요. 당신은 늑대에요."라고 소리쳤습니다.

늑대가 어미 양을 흉내 내어 먹을 것을 가져왔으니 문을 열라고 하더라도 근본적으로 늑대와 양의 목소리는 다르기 때문에, 새끼 양은 문을 열지 않을 뿐만 아니라, 맑은 목소리와 거친 목소리의 차이를 일러준다. 여기서 어리석은 늑대와 영리한 양의 모습이 패러디된 것을 알 수 있다. 즉 어른인 늑대가 어린 양들을 경시(輕視)하여 한번에 어미 양 흉내를 내면 곧바로 문이 열릴 줄 알았으리라 착각한 것이다. 게다가 3이란 숫자를 좋아하는 동화 특성상 앞으로도 2번 더 늑대는 새끼 양의 집을 방문하게 된다는 것이 암시되는 것이다. 다시 말해 첫 번째 늑대의 시도는 거친 목소리 때문에 실패하고, 백묵을 사먹어 목소리를 어미 양처럼 맑게 하고 온 두 번째 늑대의 시도는 검은 발 때문에 실패하며, 빵 제조업자와 방앗간 주인을 위협해서 하얀 밀가루를 뿌린 덕에 하얀 발로 변신한 세 번째 늑대의 시도는 성공하는 것이다. 가위바위보 놀이를 할 때도, 고무줄 놀이를 할 때도, 베트남에서도 우리나라처럼 삼세 번 한다고 해서 아시아적 풍습은 상당히 유사하다는 것을 느꼈고, 기회가 된다면 놀이문화 풍습에 대한 양국의 비교연구도 해보고 싶다는 생각을 했다. 어쨌든 집안으로 들어온 굶주린 늑대는 닥치는 대로 새끼 양을 잡아먹는다.

> 첫째 양은 책상 밑으로 뛰어갔고, 둘째는 침대로, 셋째는 난로로, 넷째는 부엌으로, 다섯째는 장롱으로, 여섯째는 세숫대야 밑으로, 일곱째는 벽시계 상자 안으로 뛰어들었습니다. 그러나 늑대는 그들 모두를 발견했고 성큼 먹어 치웠습니다. 한 마리씩 차례차례로 늑대는 아가리 속으로 꿀꺽 삼켰습니다. 단지 시계상자 안의 막내를 늑대는 발견하지 못했습니다. 늑대가 식욕을 채우고 나서 급히 도망쳤고, 밖에 푸른 초원 위에 한 그루 나무 아래 누웠고, 잠자기 시작했습니다.

며칠을 굶은 듯 늑대는 씹을 겨를도 없이 새끼 양 여섯 마리를 '아가리 속으로 꿀꺽' 삼켜버린다. 꿀꺽 삼켰다는 표현에서 앞으로 전개될 동화 줄거리가 선취되며, 새끼 양이 모두 일곱 마리였지만, 늑대는 여섯 마리를 허겁지겁 먹다보니 배가 찼고, 막내 양 하고는 더 이상 숨바꼭질을 하고 싶지 않아 밖으로 나가 나무그늘에 누워 잠을 청한다. 역시 어리석은 늑대의 모습이 암시되며, '새끼 양을 잡아먹은 후 바로 자기 집으로 도망쳤다면 살아남을 수 있었을 텐데 ……'라는 생각이 든다. 그러나 동화의 주제가 권선징악이기 때문에 악한 늑대는 벌을 받아야 한다. 그래서 정해진 줄거리의 성취를 위해 적수이자 가해자인 늑대는 주인공인 양에 의해 배가 절개되고, 새끼 양들이 튀어나오며, 그 뱃속은 돌멩이들로 가득 채워진다. 마침내 잠에서 깨어난 늑대는 목이 말라 샘으로 갔고, 물을 마시려다가 물에 빠지는 벌을 받게 되는 것이다.

늑대가 샘에 와서 물 위로 구부리고 물을 마시려고 했을 때, 무거운 돌들이 늑대를 안으로 끌어당겼고, 늑대는 비참하게 물에 빠져 죽어야만 했습니다. 일곱 마리 새끼 양들이 그것을 보았을 때 뛰어나왔고, 큰 소리로 "늑대가 죽었다! 늑대가 죽었어!"라고 소리쳤습니다. 그리고 새끼 양들은 엄마와 함께 기뻐서 샘을 맴돌면서 춤을 췄습니다.

동화 종결문에서 악한 늑대의 죽음과 선한 양의 춤이 극단적인 대조로 묘사된다. 어찌 보면 '늑대의 배를 절개하고 새끼 양들만 구해서 집으로 돌아가는 어미 양과, 배가 터진 늑대는 계속 자다가 피를 많이 흘려 죽는 스토리로 동화를 진행시켰다면, 훨씬 선과 악의 구분이 분명했을 텐데 …….'라는 아쉬움이 남는다. 하지만 동화의 결말은 해피엔딩에 있고 나쁜 짓을 한 자를 처벌하지 않고는 끝낼 수 없기에, 벌 받아 죽는 늑대와 기뻐하는 양의 이원적인 묘사로 동화를 끝내는 것이다. 권선징악, 곧 선이 악을 이긴 것이요, 약자가 강자에게 승리한 것이다.

3 심리이론 적용법

늑대가 리비도와 데스트루도의 본능적 에너지를 상징한다면, 양은 자의적 행동의 실행이라는 이성적 에너지를 상징한다. 그림 형제는 동시대 불합리한 사회구조와 정치권력에 맞서 실명을 거론하거나 특정 인물을 주인공을 하지 않고 늑대와 양을 등장시켜 동물이야기로 패러디 한 것이다.

늑대는 방앗간 주인에게 갔고, "내 발 위에 하얀 밀가루를 뿌려라."라고 말했습니다. 방앗간 주인은 늑대가 누군가를 속이려 한다고 생각했고 거절했으나, 늑대는 "네가 뿌리지 않는다면, 너를 잡아먹어버리겠다."고 말했습니다. 그러자 방앗간 주인은 두려웠고 늑대의 발을 하얗게 했습니다. 그래요, 사람들이란 그런 겁니다.

양 같은 이성적인 백성들은 권력욕에 사로잡힌 늑대 같은 지도자가 '누군가를 속이려 한다'는 것을 알면서도 저항하거나 항변하지 못한다. 왜냐하면 권력자가 저항하는 자들에게 '잡아먹어버리겠다'고 엄포하면 방앗간주인처럼 두려워하며 그가 원하는 대로 따라가기 때문이다. 그래서 그림 형제는 "그래요, 사람들이란 그런 겁니다."라고 서술함으로써 이성적이지만 무기력한 다수의 백성들의 우유부단함을 패러디하는 것이다. 그만큼 이드에 사로잡힌 위정자라면 에고와 슈퍼에고의 통제를 받는 마인드 컨트롤(mind control)이 필요하며, 에고에 종속된 백성들도 때로는 이드와 슈퍼에고의 마인드 컨트롤을 통해 의식적으로 자기 자신의 정신 상태를 가다듬고 관리해야 하는 것이다. 그림 형제가 살았던 19세기만의 이야기가 아니다. 오늘날에도 절대 권력에 사로잡힌 늑대 같은 존재와 순진하지만 허약한 양 같은 존재가 공존하니 말이다. 오랜 세월 민중 속에서 전해 내려온 동화를 통해 진정한 힐링을 해야 하며, 모두가 행복한 복지문화국가를 건설해야 한다. 그 일을 위해 작은 힘이나마 동화치료사의 역할이 있는 것이다.

4 커뮤니케이션과 다이얼로그 기법

내방자 H는 외국인이지만 동화치료사와의 대화와 소통을 통해 많은 위로를 받았고, 마음의 평화를 되찾았다고 한다. 다음은 H가 스토리텔링을 한 내용이다.

한국에 온 지 5년째이고, 이제 내년이면 베트남으로 돌아갑니다. 근로계약 조건이 3년씩 두 번 가능하기 때문에 6년이 되면 돌아가야 합니다. 사실 내년에 돌아가면 사랑하는 여인과 결혼하려고 합니다. 남은 1년 동안 제발 일한 만큼 벌어서 금의환향(錦衣還鄕)하고 싶습니다. 한국에서 배운 기술로 베트남에 가서 일하고 싶어요. 한국에 대한 좋은 감정을 갖고 돌아갈 수 있도록 우리 사장님이 이제라도 우리를 도와줬으면 좋겠습니다. 동화치료사님과의 대화와 소통이 너무나 즐겁고 마음의 치유가 됐습니다. 특히 늑대와 양의 동화를 다시 읽고 그것을 통해 희망을 발견한 점을 잊지 못할 것 같아요. 감사합니다.

동화치료사는 처음 외국인에 대한 동화 힐링을 시도함으로써 동화치료의 지평을 한 단계 넓혔다고 자평한다. 비록 한국말로 소통을 했지만, 앞으로는 영어나 다른 외국어로도 동화 힐링을 할 수 있는 준비가 필요하다고 생각한다. 동화는 전 세계 인류와 소통할 수 있는 귀한 문화적 자산이기 때문이다.

19. 일곱 마리 까마귀

한 남자가 일곱 명의 아들들을 가지고 있었고, 너무나 원했던 딸은 여전히 갖지 못했습니다. 마침내 남편에게 아내가 아이에 대한 기쁜 희망을 주었고, 세상에 태어나게 되었는데 계집애였습니다. 기쁨이 컸지만, 아이는 허약하고 작았습니다. 그래서 아이의 허약함 때문에 긴급세례를 받아야만 했습니다. 아버지는 아들들 중에 한 명을 급히 세례수를 가져오기 위해 샘으로 보냈고 다른 여섯 명도 함께 달려갔습니다. 각자가 물을 뜨는데 첫 번째 사람이길 원했기 때문에, 물 항아리가 샘물 안으로 떨어졌습니다. 거기에서 아들들은 꼼짝없이 서있었고, 무엇을 해야 하는지 알지 못했으며 아무도 감히 집으로 돌아가지 못했습니다. 아들들이 돌아오지 않자 아버지는 초조해졌고 "확실히 그 방자한 녀석들이, 노는 데 정신이 팔려서 그것을 잊어버린 거야."라고 말했습니다. 아버지는 두려웠고, '딸애가 세례를 받지 못한 채 죽어야만 하는가?'라고 생각하고는 화가 나서 "나는 그 녀석들 모두 까마귀가 되기를 바란다."라고 외쳤습니다. 막 그 단어가 진술되자마자, 아버지는 윙윙거리는 소리를 머리 위 공중에서 듣고 위를 쳐다보았으며, 일곱 마리 새까만 까마귀들이 날아올라가는 것을 보았습니다.

부모님은 그 저주를 이미 취소할 수 없었고 일곱 아들들을 잃어버린 것에 대해 너무 슬퍼했습니다. 하지만 부모님은 얼마만큼 사랑하는 딸에 의해 위로를 받았습니다. 왜냐하면 딸은 곧 원기를 회복했고, 날마다 점점 예뻐졌기 때문입니다. 딸은 어느 날 우연히 사람들이, 그 여자애가 무척 예쁘다고, 하지만 근본적으로 그 애가 일곱 오빠들의 불행에 대해 책임이 있다고 자신에 대해 말하는 것을 들었을 때까지, 오랫동안 그녀에게 남매들이 있었다는 것을 알지 못했습니다. 왜냐하면 부모님이 남매들에 대해 말하는 것을 조심했기 때문입니다.

그러자 딸은 매우 슬퍼서 부모님께 갔고, 도대체 그녀에게 오빠들이 있는지, 그리고 어디로 오빠들이 갔는지 물어보았습니다. 이제 부모님은 비밀을 더 이상 길게 지킬 수 없었지만 그것은 하늘의 뜻이지, 딸애의 탄생이 그 책임의 원인은 아니라고 말했습니다. 단지 소녀는 날마다 그것에 대한 양심의 가책을 느꼈고, 오빠들을 다시 구원해야만 한다고 생각했습니다. 소녀는, 어떠한 희생을 치르더라도, 오빠들을 어딘가에서 찾아내어 자유롭게 풀어주기 위해, 은밀히 일어나서 넓은 세계로 길을 떠날 때까지, 평화와 휴식을 갖지 못했습니다. 소녀는 기념으로 부모님의 작은 반지, 배고픔을 위해 한 덩어리의 빵, 갈증을 위해 한 단지의 물 그리고 피로를 위해 작은 의자 이외에 아무것도 갖지 않았습니다.

이제 소녀는 앞으로 계속해서 세상의 끝까지 갔습니다. 거기서 소녀는 태양에게 갔으나 태양은 너무 뜨겁고 무서웠으며 어린아이들을 잡아먹었습니다. 급히 소녀는 도망쳤고 달에게 갔으나 달은 너무나 차가웠고 또한 소름이 끼쳤으며 악했습니다. 달이 소녀를 발견하자 "나는 사람의 살을 냄새 맡는다, 냄새 맡는다."라고 말했습니다. 그러자 소녀는 재빨리 도망쳤고 별들에게 갔습니다. 별들은 소녀에게 친절했고 선량했으며 각자 특별한 작은 의자 위에 앉아 있었습니다. 샛별이 일어나서 소녀에게 한 개의 병아리다리를 주면서 "네가 그 다리를 가지고 있지 못하면, 너는 유리산을 열 수 없단다, 유리산 속에 너의 오빠들이 있단다."라고 말했습니다.

소녀는 그 다리를 잡고, 그것을 주머니 속에 잘 말아 넣었습니다. 소녀는 유리산에 도착할 때까지, 그렇게 오랫동안 다시 계속 걸어갔습니다. 문이 잠겨 있었고 소녀는 다리를 끄집어내려고 했으나 주머니를 열었을 때, 그 주머니는 비어 있었으며, 착한 별들의 선물을 잃어버렸던 것입니다. 소녀가 이제는 무엇을 시작해야 하나요? 소녀의 오빠들을 구해내려고 하는데, 유리산으로 들어가는 열쇠를 가지고 있지 않다니. 착한 누이동생은 칼을 잡고, 새끼손가락을 잘랐습니다. 그것을 문에 꽂았고, 다행히도 열렸습니다. 소녀가 안으로 들어갔을 때, 난쟁이가 마중했고, "얘야, 무엇을 찾니?"라고 말했습니다. 소녀는 "나는 오빠들, 일곱 마리 까마귀들을 찾아요."라고 대답했습니다. 난쟁이는 "까마귀님들은 집에 없단다. 그러나 네가 여기서, 그들이 돌아올 때까지, 오랫동안 기다리려고 한다면, 들어오너라."라고 말했습니다.

그 후 난쟁이는 까마귀들의 음식을 일곱 개의 접시와 일곱 개의 술잔에 담아 가져왔고, 각기 접시로부터 누이동생은 빵을 한 조각씩 떼어먹었고, 각기 술잔으로부터 한 모금씩 마셨습니다. 마지막 술잔 속으로 소녀는 가져왔던 반지를 떨어뜨렸습니다.

갑자기 소녀는 공중에서 윙윙거리는 소리를 들었습니다. 그때 난쟁이가 "지금 까마귀님들이 돌아오는구나."라고 말했습니다. 그러자 까마귀들이 와서 먹고 마시려고 했으며, 그들의 접시와 술잔들을 찾았습니다. 그때 한 마리가 다른 까마귀들에게 "누가 내 접시에 있는 것을 먹었지? 누가 내 잔에 있는 것을 마신 거야? 그것은 한 인간의 입인데."라고 말했습니다. 그리고 일곱 번째 까마귀가 술잔의 밑바닥에 왔을 때, 반지가 그에게 굴러 나왔습니다.

그러자 막내 까마귀는 그것을 자세히 들여다보았고, 아빠와 엄마의 반지라는 것을 알았으며, "오 제발, 우리의 여동생이 여기 있다면, 우리가 구원될 텐데."라고 말했습니다.

문 뒤에 서서 엿보고 있던 소녀가 그 소원을 듣고 나타나자 모든 까마귀들은 인간의 모습을 다시 얻었습니다. 그들은 서로 껴안고 입을 맞췄으며, 기쁘게 집으로 돌아갔습니다.[19]

19) Brüder Grimm, *Ibid.*, pp. 172-174.

동화 힐링 실습

그림 동화「일곱 마리 까마귀」는 동기간의 사랑을 노래한 아름다운 이야기이다. 무엇보다도 아버지의 저주에 의해 7명의 아들이 모두 까마귀로 변했다는 점에서 아무리 화가 나고 야단칠 일이 있어도 부모는 자식에게 그러한 극단적인 저주의 말을 해서는 안 된다는 교훈이 담긴 이야기이기도 하다. 부모 세대라면 아이를 키우면서 얼마나 많은 저주의 말을 내뱉었는지 생각해봐라. '나가 죽어!', '바보 같은 놈!', '이 개새끼가!' 등등 이루 말로 표현할 수 없는 저주의 말을 자식에게 했는지 기억하는가? 지나고 나면 아무것도 아닌데 그 당시에는 왜 그다지도 욕을 입에 달고 자식을 키웠는지 쓴웃음이 나는가? 바로 이 동화에서도 부모의 저주로 인해 까마귀로 변한 오빠들을 부모가 구원하는 게 아니라, 욕을 먹게 된 동기유발을 가져온 막내 여동생이 그들을 구원하는 것으로 스토리가 진행된다.

어느 날 40대 초반의 부부가 동화치료사를 찾아왔다. 슬하에 5남매를 두고 있는데 연년생으로 딸이 4명에 막내가 아들이라고 한다. 큰 딸은 19살이고 고3에 재학 중이고, 둘째 딸은 18살이고 고 2이며, 셋째 딸은 17살이고 고 1에 재학 중이고, 넷째 딸은 16살이고 중 3이며, 막내아들은 15살이고 중 2에 재학 중이라고 한다. 요즘 세대답지 않게 자식을 많이 나은 이유와 연년생으로 자식을 낳은 이유를 물어보니, 내방자 부부는 첫애가 딸이라 이듬해 애를 나면 아들일 가능성이 많다고 점쟁이가 말해서 그 말을 믿고 아들이 생길 때까지 계속 낳았다는 것이다. 그럴 수도 있다고 생각하지만, 우리 할아버지 세대에서 칠 공주, 팔 공주 등 아들 선호사상에 의해 그랬던 것 같은데, 40대 초반의 젊다면 젊은 부부가 아들을 선호해서 다둥이를 낳았다는 게 좀 의아했다.

1 동화 제목 연상기법

동화치료사는 내방자 부부에게 그렇게 다복하신데 무슨 일로 찾아오셨냐고 하니 근심어린 표정으로 사실은 막내아들 때문에 골치가 아파서 상담 받으러 왔다고 한다. 그래서 치료사는 내방자 부부에게 동화 제목을 보여주면서 읽고 싶거나 기억나는 동화를 선택하라고 권했다. 그들은 그림 동화「일곱 마리 까마귀」를 선택했고, 동화 속의 부모가 자신들 같아 이 동화를 선택했다고 한다. 특히 귀한 딸을 낳고 기뻐했는데, 몸이 허약하여 세례수를 길어 와야 하는데 7명의 아들들이 물통을 빠뜨리고 집으로 돌아오지 않자 허공을 향해 저주의 말을 내뱉는 아버지의 모습이 유독 자신들의 모습인 것 같아 마음이 아팠다는 것이다.

> 한 남자가 일곱 명의 아들들을 가지고 있었고, 너무나 원했던 딸은 여전히 갖지 못했습니다. 마침내 남편에게 아내가 아이에 대한 기쁜 희망을 주었고, 세상에 태어나게 되었는데 계집애였습니다. 기쁨이 컸지만, 아이는 허약하고 작았습니다. 그래서 아이의 허약함 때문에 긴급세례를 받아야만 했습니다. 아버지는 아들들 중에 한 명을 급히 세례수를 가져오기 위해 샘으로 보냈고 다른 여섯 명도 함께 달려갔습니다. 각자가 물을 뜨는데 첫 번째 사람이길 원했기 때문에, 물 항아리가 샘물 안으로 떨어졌습니다. 거기에서 아들들은 꼼짝없이 서있었고, 무엇을 해야 하는지 알지 못했으며 아무도 감히 집으로 돌아가지 못했습니다.
>
> 아들들이 돌아오지 않자 아버지는 초조해졌고 "확실히 그 방자한 녀석들이, 노는 데 정신이 팔려서 그것을 잊어버린 거야."라고 말했습니

> 다. 아버지는 두려웠고, 딸애가 세례를 받지 못한 채 죽어야만 하는가? 라고 생각하고는 화가 나서 "나는 그 녀석들 모두 까마귀가 되기를 바란다."라고 외쳤습니다. 막 그 단어가 진술되자마자, 아버지는 윙윙거리는 소리를 머리 위 공중에서 듣고 위를 쳐다보았으며, 일곱 마리 새까만 까마귀들이 날아올라가는 것을 보았습니다.

아들 일곱을 먼저 낳고 기다리던 딸을 나중에 얻은 동화 내용과는 반대로 내방자 부부는 딸 넷을 먼저 낳고 학수고대하던 아들을 나중에 얻었다. 점쟁이의 말을 듣고 연년생으로 자식을 낳았다고 하니, 동화 속의 허약한 막내를 위한 긴급세례가 이해되진 않겠지만, 내방자 부부는 자신의 막내도 태어날 때 2.1kg밖에 안 돼서 걱정이 많이 되었고, 점쟁이에게 의뢰해서 무당굿을 했다고 한다. 문제는 그때 일어났다고 한다. 즉 무당굿을 했는데도 막내아들은 몸이 약했고, 딸 4명은 건강한 편이어서 연년생이다 보니 서로 자기가 동생을 돌보겠다고 경쟁했다는 것이다.

그러다가 겨울 어느 날 하루는 막내를 방안에서 목욕시키려고 통을 준비하고 뜨거운 물을 주전자에 담아서 방으로 가져오라고 큰 애한테 시켰는데 4명 모두 쪼르르 부엌으로 갔다가 서로 주전자를 자기가 들겠다고 실랑이하며 방으로 들어왔다가 그만 엎질러서 막내 몸에 화상을 입혔다고 한다. 놀란 내방자 아내는 급히 간장으로 응급조치를 한 뒤 병원으로 애를 들쳐 업고 달려갔다고 한다. 다행히 큰 부상은 아니었지만 흉터가 아직도 남아 있었고, 그것을 볼 때마다 가슴이 쓰렸다고 한다. 아무튼 그날 이후 4명의 딸들은 막내에게 빚을 지었고 내방자 부부도 딸들보다는 오직 아들에게 온갖 정성을 다 쏟았다는 것이다.

비록 동화 속의 아버지처럼 딸들이 까마귀가 되기를 바란다는 저주를 내린 것은 아니지만, 틈만 나면 딸들에게 욕지거리를 했고, '나가 죽어', '바보 같은 년', '버러지보다 못한 년' 등등 지금 생각하면 너무 심한 욕지거리를 해댔다는 것이다. 그러니 아들 편애 현상은 나날이 심해졌고, 딸들은 삐딱해졌으며, 공부도 등한시 하고 학교에서 문제를 일으켜 불려 다니는 등 지금까지도 머리가 아플 정도로 속을 썩이고 있다는 것이다.

2 동화 주제에 따른 분류법

그림 동화 「일곱 마리 까마귀」의 주제는 동기간의 사랑이다. 저주와 구원도 주제로 다뤄질 수 있지만 막내 여동생이 까마귀로 변한 오빠들을 구해내는 헌신적인 사랑으로 저주와 구원도 해결되기 때문에 사랑을 메인 주제로 정한 것이다.

긴급세례를 못 받았지만 건강하고 아름다운 소녀로 자라난 여주인공은 오빠들이 있었다는 사실을 동네사람들이 수군거리는 이야기를 듣고 알게 된다. 동기간의 사랑이란 어느 정도 함께 살면서 정(情)도 붙고 해서 생기는 개념이다. 그런데도 막내 여동생은 자기가 태어나자마자 까마귀로 변한 오빠들을 그리워하고, 그렇게 된 게 자기 책임이라고 느끼며, 까마귀 오빠들을 구원하기 위해 부모 곁을 떠나 세상 끝까지 편력하는 것이다.

> 소녀는 날마다 그것에 대한 양심의 가책을 느꼈고, 오빠들을 다시 구원해야만 한다고 생각했습니다. 소녀는, 어떠한 희생을 치르더라도, 오빠들을 어딘가에서 찾아내어 자유롭게 풀어주기 위해, 은밀히 일어나서 넓은 세계로 길을 떠날 때까지, 평화와 휴식을 갖지 못했습니다.

> 소녀는 기념으로 부모님의 작은 반지, 배고픔을 위해 한 덩어리의 빵, 갈증을 위해 한 단지의 물 그리고 피로를 위해 작은 의자 이외에 아무것도 갖지 않았습니다. 이제 소녀는 앞으로 계속해서 세상의 끝까지 갔습니다.

소녀가 한 번도 본적이 없는 오빠들이 아버지의 저주가 아니라 자기 때문에 까마귀로 변했다는 양심의 가책이 바로 도덕적 에너지의 표출을 의미한다. 더욱이 자신을 희생해서라도 오빠들을 구원하겠다는 결심과 행동은 초자아에 사로잡힌 영웅적인 모습이다.

여주인공이 모험적인 여행을 위해 가져가는 부모님의 반지, 빵 한 덩어리, 물, 의자는 동화의 가베로서 특히 막냇동생과 오빠들을 연결시켜주는 매개체의 역할을 한다. 무엇보다도 부모님의 반지가 막냇동생이 왔음을 까마귀 오빠가 인지하는 결정적인 도구로 사용되는 것이다. 그래서 동화 주인공은 주어진 과제를 해결하기 위해 방랑자로서 세상의 끝까지 편력하는 것이다.

3 심리이론 적용법

어린 소녀가 자기를 희생하면서 까마귀 오빠들을 구하러 온갖 위험을 무릅쓰고 유리산까지 도달할 수 있었다는 것은 융이 말하는 자기실현의 단계에 도달했음을 의미한다. 인간은 누구나 자기실현을 할 수 있는 가능성을 태어날 때부터 가지고 있기 때문에, 자아의 좁은 울타리를 넘어 무의식적인 것을 깨달음으로써 본연의 자기를 실현하는 일이 꼭 나이를 많이 먹어야 가능한 것은 아니다. 즉 젊은이든 늙은이든 나이가 문제가 아니라 자기 스스로 무의식의 핵심이자 가장 깊은 심층에 자리 잡고 있는 자기를 인식하여 의식화시키는 깨달음이 중요하다는 것이다. 그래서 동화 주인공은 어린 나이이지만 어떠한 대가를 치르더라도 까마귀 오빠들을 구원하려는 것이다.

> 샛별이 일어나서 소녀에게 한 개의 병아리다리를 주면서 "네가 그 다리를 가지고 있지 못하면, 너는 유리산을 열 수 없단다, 유리산 속에 너의 오빠들이 있단다."라고 말했습니다. 소녀는 그 다리를 잡고, 그것을 주머니 속에 잘 말아 넣었습니다. 소녀는 유리산에 도착할 때까지, 그렇게 오랫동안 다시 계속 걸어갔습니다. 문이 잠겨 있었고 소녀는 다리를 끄집어내려고 했으나 주머니를 열었을 때, 그 주머니는 비어 있었으며, 착한 별들의 선물을 잃어버렸던 것입니다. 소녀가 이제는 무엇을 시작해야 하나요? 소녀의 오빠들을 구해내려고 하는데, 유리산으로 들어가는 열쇠를 가지고 있지 않다니. 착한 누이동생은 칼을 잡고, 새끼손가락을 잘랐습니다. 그것을 문에 꽂았고, 다행히도 열렸습니다.

조력자 샛별의 공간중개와 마법도구 수여에 의해 소녀는 유리산에 도착했고 병아리다리 열쇠를 가지고 문을 열려고 했지만 그 열쇠를 찾을 수가 없다. 조력자가 준 가베를 잃어버린 것이다. 산을 넘고 물을 건너 들판을 지나 세상 끝까지 심지어 태양과 달과 별들이 사는 우주로까지 모험적인 여행을 해서 까마귀 오빠의 안식처인 유리산까지 왔는데, 그 문 앞에서 열쇠를 잃어버렸으니 어떻게 해야 하는 걸까? 이미 자기실현의 단계에 와있는 주인공에게는 그러한 결핍상황이 문제가 되지 않는다. 그래서 칼을 잡고 자기 새끼손가락을 잘라 열쇠로 사용하는 것이다. 소녀는 신체의 일부를 훼손하는 자기희생을 통해 동기간의 사랑을 실천하는 것이다.

유리산으로 들어간 소녀는 즉시 까마귀 오빠들을 만나지 못하고, 오빠들을 케어(care)하는 난쟁이를 만난다. 마치 백설 공주가 난쟁이 집에 들어가 식사하는 장면처럼, 소녀는 난쟁이가 차려 놓은 일곱 까마귀를 위한 음식을 조금씩 돌아가며 먹는다. 한 사람 분을 다 먹어치우지 않으려는 배려하는 마음에서 나온 행동이다. 그리고는 일곱 번째 잔 속에 부모님의 반지를 의도적으로 빠뜨리고는 숨어서 까마귀 오빠들을 기다린다.

> 일곱 번째 까마귀가 술잔의 밑바닥에 왔을 때, 반지가 그에게 굴러 나왔습니다. 그러자 막내 까마귀는 그것을 자세히 들여다보았고, 아빠와 엄마의 반지라는 것을 알았으며, "오 제발, 우리의 여동생이 여기 있다면, 우리가 구원될 텐데."라고 말했습니다. 문 뒤에 서서 엿보고 있던 소녀가 그 소원을 듣고 나타나자 모든 까마귀들은 인간의 모습을 다시 얻었습니다. 그들은 서로 껴안고 입을 맞췄으며, 기쁘게 집으로 돌아갔습니다.

동화의 마지막 장면에서 8남매의 동기간의 사랑은 정점에 이른다. 막내오빠의 "오 제발, 우리의 여동생이 여기 있다면, 우리가 구원될 텐데."라는 고백이 일곱 까마귀 오빠들도 여동생에 대한 그리움과 사랑을 지속적으로 간직하고 있었다는 것을 의미한다. 그래서 일곱 오빠들은 그동안 떨어져 있던 시간이 무색하게 바로 막내 여동생을 보자마자 인간의 모습을 다시 되찾으며 깊은 포옹과 입맞춤으로 동기간의 사랑을 확인하는 것이다. 결국 자기실현을 성취한 여동생의 희생적 사랑에 의해 7명의 오빠들은 구원되어 기쁘게 부모님이 기다리실 집으로 귀환하는 것이다.

4 커뮤니케이션과 다이얼로그 기법

동화가 끝났을 때 내방자 부부는 눈물을 흘렸다. 그리고는 감동에 겨워 다음과 같은 스토리텔링을 남겼다.

우리 집 5남매도 이랬으면 좋겠어요. 아마 막내아들에 의해 모든 걱정과 근심이 해결될 거라는 믿음과 희망이 생겼어요. 우리 부부도 이번에 동화 힐링을 통해 깨닫게 된 부분을 바탕으로 5남매를 편애하지 않고 기를 거예요. 아직 늦지 않았죠? 아들을 너무 바랐던 마음에 딸들에게 소홀히 한 점 반성합니다. 이제라도 차근차근 하나하나 고쳐나갈게요. 우선 딸들에게 부모로서 용서를 빌고, 진솔한 대화와 소통으로 앞길에 도움을 줄 수 있는 엄마 아빠가 되겠노라고 말할 거예요. 아들에게도 「일곱 마리 까마귀」 동화를 몇 번이고 읽어주고 누나들에게 잘하는 막내가 되도록 할 겁니다. 아들이 소중한 만큼 딸들도 소중하다는 것을 새삼 깨달았어요.

동화치료사는 내방자 부부의 두 손을 꼭 잡으면서 부모님이 깨달으셨다니 시간문제지 곧 좋은 일들만이 자식들에게 일어날 거라고 위로했다. 정말 작은 동화 한 편이 이렇게 큰 힘이 된다는 것을 다시금 인식하며 동화치료사로서의 보람을 느꼈다.

20. 개구리 왕자

옛날에, 소원이 아직 도움이 되었던 시대에, 한 왕이 살고 있었습니다. 왕의 딸들은 모두 아름다웠는데, 특히 막내공주가 너무 아름다웠기 때문에, 많은 것을 보아왔던 태양조차도 그녀의 얼굴을 비칠 때마다 경탄했습니다. 왕의 성 근처에 크고 울창한 숲이 있었고, 숲 속 오래된 보리수나무 아래 샘물이 있었습니다. 이제 날씨가 매우 덥게 되자, 막내공주는 숲으로 갔고, 차가운 샘물가에 앉았습니다. 공주가 지루하게 되면, 황금 공을 잡고 그것을 높이 던졌다가 다시 받았는데, 그것이 공주의 가장 좋아하는 장난감이었습니다.

이제 한번은 공주의 황금 공이, 높이 쳐든 그녀의 손에 떨어지지 않고, 땅바닥에 떨어져 바로 물속으로 굴러 들어가는 일이 일어났습니다. 공주는 눈으로 그 공을 따라갔지만, 공은 사라졌습니다. 샘물은 깊었고, 너무 깊어서 그 깊이를 알 수 없었습니다. 그러자 공주는 울기 시작했고, 점점 더 크게 울었으나, 아무런 위로가 되지 못했습니다. 공주가 그렇게 울고 있었을 때, 누군가 그녀에게 "공주님, 무슨 일이죠, 당신은 돌이 가엾게 여길 정도로 우는군요."라고 외쳤습니다. 공주는 그 소리가 어디서 들려오는지, 주위를 둘러보았고, 그때 납작하고 못생긴 얼굴을 물 밖으로 내밀고 있는, 한 마리 개구리를 발견했습니다. 공주는 "아, 당신이군요. 개구리님, 나는 샘물 속에 빠진 내 황금 공 때문에 운답니다."라고 말했습니다. 개구리는 "진정하고 울지 마시오, 내가 아마 방법을 찾을 수 있을 거요, 그러나 내가 당신의 장난감을 다시 꺼내오면, 무엇을 내게 줄 건가요?"라고 대답했습니다. 공주는 "사랑하는 개구리님, 당신이 원하는 것을, 내 옷들, 내 진주와 보석들, 또한 내가 쓰고 있는 황금 왕관을 줄게요.'라고 말했습니다. 개구리는 "당신의 옷들, 진주와 보석들과 황금 왕관을 나는 원하지 않소. 그러나 당신이 나를 사랑하고, 내가 당신의 반려자이자 놀이친구가 되어, 당신의 식탁에서 곁에 앉아, 당신의 황금 접시에서 먹고, 잔으로 마시고, 당신의 침대에서 잔다면, 내게 그것을 약속한다면, 아래로 내려가 당신에게 황금 공을 다시 가져다주겠소.'라고 대답했습니다. 공주는 "아 그래요, 내게 그 공만 다시 가져온다면, 나는 당신이 원하는 모든 것을 약속할게요."라고 말했습니다. 그러나 공주는 '단순한 개구리가 지껄이는 건데 뭐, 그 개구리는 물속에 그의 동료들과 앉아서 개굴개굴거리고, 인간의 반려자가 될 수 없잖아.'라고 생각했습니다.

개구리는 약속을 받았을 때, 머리를 밑으로 가라앉혔고, 아래로 내려갔습니다. 그리고 얼마 후 개구리는 다시 헤엄쳐 나왔고 입에 공을 물고 있었으며 그 공을 풀밭으로 던졌습니다. 공주는 그녀의 예쁜 장난감을 다시 발견했을 때, 매우 기뻐했고, 그것을 집어 들고는 집으로 뛰어갔습니다. 개구리는 "기다려요, 기다려, 나를 데려가시오, 나는 당신처럼 뛸 수 없소."라고 소리쳤습니다. 그러나 개구리가 할 수 있을 만큼 그렇게 큰소리로 개굴개굴 공주에게 외쳐본들 무슨 소용이 있겠는가! 공주는 듣지 않았고, 서둘러 집으로 갔으며, 다시 샘물 속으로 들어가야만 했던 불쌍한 개구리를 곧 잊어버렸습니다.

다음 날, 공주가 왕과 모든 신하들과 함께 식탁에 앉아서 황금 접시로부터 먹고 있었을 때, 철벅 철벅, 철벅 철벅하는 어떤 것이 대리석 계단을 기어 올라오는 소리가 들렸고, 그것이 위에 도착했을 때, 문을 두드렸으며, "공주님, 막내공주님, 내게 문을 열어주시오."라고 외쳤습니다. 공주는 달려가서 밖에 누가 있는지 보려고 했습니다. 공주가 문을 열었을 때, 그 앞에는 개구리가 앉아 있었습니다. 그러자 공주는 문을 격렬하게 닫았고, 다시 식탁에 앉았으며, 매우 두려워했습니다. 왕은 공주의 심장이 격렬하게 뛰는 것을 보고 "얘야, 너는 무엇을 두려워하니, 어떤 거인이 문 앞에 서서 너를 데려가려 하니?"라고 말했습니다. 공주는 "아 아니에요, 거인이 아니라, 추한 개구리예요."라고 대답했습니다. "개구리가 네게 무엇을 원하니?" "아 사랑하는 아버지, 내가 어제 숲 속 샘물 곁에 앉아서 놀고 있었을 때, 내 황금 공이 물속에 빠졌어요. 그리고 내가 너무 울었기 때문에, 그 공을 개구리가 다시 꺼내왔어요. 그리고 개구리가 철저하게 요구했기 때문에, 나는 개구리가 내 반려자가 되어야 한다고 약속했어요. 하지만 나는, 개구리가 물 밖으로 나올 수 있다고는 결코 생각하지 못했어요. 지금 개구리가 밖에 있고, 내게 들어오려고 해요." 그 사이에 개구리는 두 번째로 문을 두드렸고, 소리쳤습니다.

"공주님, 막내공주님,
내게 문을 열어주시오.
당신은 어제 차가운 샘물가에서
내게 말했던 것을 모르진 않겠죠?
공주님, 막내공주님,
내게 문을 열어주시오."

그러자 왕은 "네가 약속한 것을 너는 또한 지켜야만 한다. 가서 개구리에게 문을 열어줘라."라고 말했습니다. 공주는 가서 문을 열어주었고, 그때 개구리가 안으로 들어왔으며, 그녀의 의자로 올 때까지, 항상 공주의 발을 따라 갔습니다. 거기에 개구리는 앉아서 "나를 당신에게로 들어 올려주시오"라고 외쳤습니다. 공주는, 아버지가 그것을 명령할 때까지 망설였습니다. 개구리가 비로소 의자 위에 앉았을 때, 개구리는 식탁 위로 올라가려고 했습니다. 그리고 개구리가 거기에 앉았을 때, "이제 우리가 함께 먹을 수 있도록 내게 당신의 황금 접시를 가까이 미시오.'라고 말했습니다. 그것을 공주가 하기는 했지만, 억지로 했다는 것을 사람들은 잘 압니다. 개구리는 맛있게 먹었으나 공주는 거의 모든 음식이 목에 걸렸습니다. 드디어 개구리는 "내가 배부르게 먹었고 피곤하니, 나를 당신의 침실로 데리고 가시오. 당신의 비단 침대를 정돈하고 거기서 우리 함께 누워 잡시다.'라고 말했습니다. 공주는 울기 시작했고, 만지고 싶지도 않은 개구리가 이제 공주의 아름답고 깨끗한 침대에서 같이 자자고 하니 그 차가운 개구리 녀석이 두려웠습니다. 그러나 왕이 화를 냈고, "네가 위험에 처했을 때, 도와준 사람을 너는 그 후에 업신여겨서는 안 된다.'라고 말했습니다. 그러자 공주는 개구리를 두 손가락으로 잡고 날랐으며, 개구리를 구석에 놓았습니다. 하지만 공주가 침대에 누웠을 때, 개구리는 기어왔고, "나는 피곤하오, 나도 당신처럼 잘 자고 싶소. 나를 위로 올려주시오, 아니면 당신의 아버지에게 말하겠소.'라고 말했습니다. 그러자 공주는 비로소 무진장 화가 났고, 개구리를 집어 올려 온힘을 다해 벽을 향해 던졌습니다. "이제 조용해지겠지, 더러운 개구리 녀석아."

그러나 개구리가 떨어졌을 때, 그는 개구리가 아니었고, 아름답고 다정한 두 눈을 가진 왕자였습니다. 왕자는 이제 왕의 의지에 따라 공주의 사랑하는 반려자와 남편이 되었습니다. 그러자 왕자는 공주에게 그가 사악한 마녀에 의해 마법에 걸리게 되었다는 것과, 공주 이외에 아무도 그를 샘물로부터 구해낼 수 없었다는 것을 이야기했습니다. 그리고 다음 날 그들은 함께 왕자의 나라로 가자고 했습니다. 그러고 나서 그들은 잠들었습니다. 다음 날 아침 해가 그들을 깨웠을 때, 여덟 마리의 백마들이 끄는 마차가 도착했습니다. 그 말들은 하얀 깃털을 머리에 꽂고, 황금 사슬로 이어져 있었습니다. 그리고 뒤에 젊은 왕의 하인이 서있었는데,

그가 충실한 하인리히였습니다. 충실한 하인리히는 그의 주인이 한 마리 개구리로 변했을 때 너무 슬펐기 때문에, 심장이 그의 고통과 슬픔 때문에 빠개지지 않도록, 세 개의 쇠로 만든 끈을 심장에 동여맸습니다. 그러나 마차로 젊은 왕을 그의 나라로 데리고 가야 합니다. 충실한 하인리히는 두 사람을 안으로 태웠고, 다시 뒤로 가서 섰으며, 구원된 것에 대해 매우 기뻐했습니다. 그리고 그들이 얼마만큼 길을 갔을 때, 왕자는 뒤에서 마치 어떤 것이 부서지는 듯한, 뚝 부러지는 소리를 들었습니다. 그러자 왕자는 돌아다보았고, 소리쳤습니다.

"하인리히, 마차가 부서진다."
"아닙니다, 주인님, 마차가 아니라,
그것은 당신이 샘물에 앉아 있을 때,
당신이 한 마리 개구리였을 때,
커다란 슬픔으로 내 심장을 동여맨
끈이 끊어지는 소립니다."

재차 그리고 또 한 번 그 끈이 도중에 끊어졌고 왕자는 그때마다 마차가 부러졌다고 생각했습니다. 하지만 그것은 그의 주인이 구원되고 행복해졌기 때문에, 충실한 하인리히의 심장으로부터 끊어지는 끈이었던 것입니다.[20)]

20) Brüder Grimm, *Ibid.*, pp. 39-43.

동화 힐링 실습

그림 동화 「개구리 왕자」는 그림 형제가 210편의 동화 모음집에서 첫 번째로 수록할 정도로 매우 재미있고 감동적인 사랑이야기이다. 인간이 개구리로 변신했다는 사실이 이미 동화의 추상적 문체의 절정을 이루는 특징이다. 즉 개구리로 변신된 왕자가 공주를 만나 다시 왕자로 변신하여 공주와 결혼을 하는 마법적 사랑이야기라는 말이다.

특히 동화 줄거리의 뒷부분에서 이 동화의 원래 제목인 「개구리 왕자 또는 가련한 하인리히」에 알맞게 왕자의 충복(忠僕)인 하인리히가 등장하는 점이 이채롭다. 하지만 누구나 다 아는 「개구리 왕자」 동화는 개구리가 막내공주의 황금 공을 꺼내주어서 그녀의 반려자가 되고, 개구리를 벽에 던지자 왕자로 변신하여 정식으로 공주와 결혼하고는 자기 나라로 돌아가는 줄거리가 메인스토리(main story)이다.

그림 동화 「개구리 왕자」를 소재로 2010년에 개봉된 애니메이션 영화 「공주와 개구리(The Princess and the Frog)」(2009)에서는 놀랍게도 흑인 여성이 주인공으로 나와 충격을 주었다. 역시 미국에서 만든 영화라 가능한 것이지, 동화의 본고장인 유럽에서는 상상도 못할 일이다. 그래서 미국에서는 흑인 대통령도 나왔지 않는가? 그런 미국다움이 여전히 세계에서 가장 영향력 있는 나라이고 앞으로도 가장 강력한 리더(leader)국(國)으로 미국을 꼽을 수밖에 없다고 생각한다.

한번은 20대 중반의 여성이 동화치료사를 찾아왔다. 남자 문제로 걱정과 근심 때문에 제대로 잠도 못 자고 너무 힘들어 찾아왔다고 한다.

1 동화 제목 연상기법

동화치료사는 내방자 B에게 50편의 동화 제목을 한 편씩 도화지에 인쇄한 것을 보여주며, B가 읽고 싶거나 제목을 보고 가장 많이 관념연상이 되는 동화를 선택하라고 했다. 내방자 B는 약간 망설이더니 그림 동화 「개구리 왕자」를 선택했다. 동화치료사는 B에게 어떻게 이 동화를 선택했냐고 물으니, 어렸을 때 재미있게 읽었던 동화이고 개구리가 왕자로 변하는 장면이 너무 인상적이었다는 것이다. 그래서 그 동화를 가지고 동화 힐링을 위한 대화와 소통을 하기로 했다.

2 동화 주제에 따른 분류법

그림 동화 「개구리 왕자」의 주제는 사랑이다. 선남선녀가 나오는 대부분의 동화에서처럼 남녀 주인공의 단순한 사랑이 아니라, 개구리와 공주의 특별한 사랑이다. 두 사람의 첫 만남은 황금 공에 의해 실현된다.

> 한번은 공주의 황금 공이, 높이 쳐든 그녀의 손에 떨어지지 않고, 땅바닥에 떨어져 바로 물속으로 굴러 들어가는 일이 일어났습니다. 공주는 눈으로 그 공을 따라갔지만, 공은 사라졌습니다. [……] 그러자 공주는 울기 시작했고, 점점 더 크게 울었으나, 아무런 위로가 되지 못했습니다. 공주가 그렇게 울고 있었을 때, 누군가 그녀에게 "공주님, 무슨 일이죠, 당신은 돌이 가엾게 여길 정도로 우는군요."라고 외쳤습니다. 공주는 그 소리가 어디서 들려오는지, 주위를 둘러보았고, 그때 납작하고 못생긴 얼굴을 물 밖으로 내밀고 있는, 한 마리 개구리를 발견했습니다.

공주가 갖고 놀던 황금 공은 동화의 가베(주어진 물건, 하사품, 선물)로서 공주와 개구리를 연결시켜주는 매개체 역할을 한다. 공주가 황금 공을 하늘 높이 던졌다가 다시 손으로 받는 놀이는 백성들도 고무공을 하늘 높이 던졌다가 다시 손으로 받는 놀이와 일치한다. 즉, 고무공이 신분의 차이에 따라 황금 공으로 바뀌었을 뿐이지, 공놀이 자체는 신분의 차이가 없는 남녀노소 누구나 즐기는 놀이라고 할 수 있다. 다시 말해 그림 형제는 19세기 열악한 놀이 환경에서도 독자들에게 장난감 놀이의 단면을 소개한 것이라고 할 수 있다. 어쨌든 공주는 갖고 놀던 황금 공을 샘물에 빠뜨리고 '돌이 가엾게 여길 정도로' 슬피 울자 그곳에 살던 못생긴 개구리가 고개를 물 밖으로 내밀며 공주와 대화를 나눈다. 개구리가 인간의 말로 공주와 소통하는 의인화가 나타나며, 동화에서는 인간과 동식물, 동식물과 동식물, 인간과 사물, 사물과 사물 사이에 자연스럽게 주고받는 소통의 특징이라고 할 수 있다.

> 공주는 "아, 당신이군요. 개구리님, 나는 샘물 속에 빠진 내 황금 공 때문에 운답니다."라고 말했습니다. 개구리는 "진정하고 울지 마시오. 내가 아마 방법을 찾을 수 있을 거요. 그러나 내가 당신의 장난감을 다시 꺼내오면, 무엇을 내게 줄 건가요?"라고 대답했습니다. 공주는 "사랑하는 개구리님, 당신이 원하는 것을, 내 옷들, 내 진주와 보석들, 또한 내가 쓰고 있는 황금 왕관을 줄게요."라고 말했습니다. 개구리는 "당신의 옷들, 진주와 보석들과 황금 왕관을 나는 원하지 않소. 그러나 당신이 나를 사랑하고, 내가 당신의 반려자이자 놀이친구가 되어, 당신의 식탁에서 곁에 앉아, 당신의 황금 접시에서 먹고, 잔으로 마시고, 당신의 침대에서 잔다면, 내게 그것을 약속한다면, 아래로 내려가 당신에게 황금 공을 다시 가져다주겠소."라고 대답했습니다. 공주는 "아 그래요, 내게 그 공만 다시 가져온다면, 나는 당신이 원하는 모든 것을 약속할게요."라고 말했습니다.
>
> 그러나 공주는 '단순한 개구리가 지껄이는 건데 뭐, 그 개구리는 물속

에 그의 동료들과 앉아서 개굴개굴거리고, 인간의 반려자가 될 수 없잖아' 라고 생각했습니다.

공주와 개구리의 대화에서 사랑의 마음이 읽혀지는데, 공주보다는 개구리의 절박함이 표출된다. 즉, 공주는 잃어버린 황금 공을 찾아주면 보답으로써 자기가 지금 지니고 있는 '옷들, 진주와 보석들, 황금 왕관' 등의 물질을 주려고 하고, 반면에 개구리는 '반려자이자 놀이친구'의 마음을 보상으로 요구한다. 다시 말해 공주와 개구리의 첫 만남에서 공주보다는 개구리가 적극적으로 공주의 사랑을 구애하는 것이다. 심지어 공주는 개구리의 요구를 들어주는 척해서 지금의 난관을 벗어나려는 꼼수를 부린다. 공주는 '개구리가 인간의 반려자가 될 수 없다'는 지극히 상식선에서 순간의 위기를 모면하고자 한다. 그러나 황금 공을 가져오면 모든 것을 들어주겠다는 약속은 반드시 지켜져야 한다. 사람과 동물 사이던 사람과 사람 사이던 약속은 앞으로의 일을 상대방과 미리 정하여 어기지 않을 것을 다짐한 매우 중요한 개념이다. 약속을 밥 먹듯이 어기는 존재는 신망(信望)을 얻을 수 없으며 대인관계에서 매장될 뿐이다. 그래서 개구리는 공주의 약속을 믿고 물속으로 잠수하여 황금 공을 찾아서 공주에게 넘겨준다. 공주가 부여한 과제를 반려자와 친구가 될 수 있다는 약속을 믿고 보기 좋게 해결하는 것이다.

그러나 공주는 개구리가 꺼내다준 황금 공을 받고는 '기다려요, 기다려, 나를 데려가시오.'라는 개구리의 절박한 소리를 외면한 채 성으로 돌아간다. 그리고는 공주는 개구리를 완전히 잊어버린다. 화장실을 들어갈 때와 나올 때가 다르듯이 공주는 황금 공을 잃어버린 절박한 순간에 도와준 개구리를 금방 잊어버리고 마치 그런 일이 있었냐는 듯 태연히 성으로 돌아가 일상대로 살아가는 것이다. 그렇다고 가만있을 개구리가 아니다. 자신의 생사문제가 달렸기 때문에 개구리는 밤새도록 철벅철벅 걸어와서 공주가 사는 성에 도착하니 말이다. 공주가 아침식사를 하는 방문 앞에 도착한 개구리가 외치는 시구(詩句)가 공주와 개구리 사이에 있었던 일과 약속을 함축적으로 표현한다.

> "공주님, 막내공주님,
> 내게 문을 열어주시오,
> 당신은 어제 차가운 샘물가에서
> 내게 말했던 것을
> 모르진 않겠죠?
> 공주님, 막내공주님,
> 내게 문을 열어주시오."

공주는 개구리의 약속을 상기하지만, 설마 물을 떠나 개구리가 뭍으로 올라오리라고는 생각을 못했다. 망설이는 공주에게 조력자 왕이 간섭하며 개구리를 공주의 반려자로 인정하는 데 중요한 역할을 한다. 아무리 약속에 의해 정해진 사이라고 하더라도 본인이 싫으면 그만이다. 더욱이 공주라는 신분에서는 말이다. 그러나 왕이 간섭하여 공주에게 "네가 위험에 처했을 때, 도와준 사람을 너는 그 후에 업신여겨서는 안 된다."라고 약속을 지킬 것을 종용하니 추한 개구리를 반려자로 맞이할 수밖에 없지 않은가? 그래서 공주는 개구리와 함께 식사한 후 집게손가락으로 개구리를 날라 자기 방으로 데리고 간다. 방 한쪽 구석에 놓았던 개구리가 침대에 누운 공주에게 같이 자자고 이야기하니 얼마나 황당했겠는가? 개구리의 적극적인 구애(求愛)에 공주는 참았던 분노를 표출한다.

공주가 침대에 누웠을 때, 개구리는 기어왔고, "나는 피곤하오, 나도 당신처럼 잘 자고 싶소. 나를 위로 올려주시오, 아니면 당신의 아버지에게 말하겠소."라고 말했습니다. 그러자 공주는 비로소 무진장 화가 났고, 개구리를 집어 올려 온힘을 다해 벽을 향해 던졌습니다. "이제 조용해지겠지, 더러운 개구리 녀석아."

그러나 개구리가 떨어졌을 때, 그는 개구리가 아니었고, 아름답고 다정한 두 눈을 가진 왕자였습니다. 왕자는 이제 왕의 의지에 따라 공주의 사랑하는 반려자와 남편이 되었습니다. 그러자 왕자는 공주에게, 그가 사악한 마녀에 의해 마법에 걸리게 되었다는 것과, 공주 이외에 아무도 그를 샘물로부터 구해낼 수 없었다는 것을 이야기했습니다.

더럽고 못생긴 개구리였을 때는 쳐다보기도 싫어하던 공주가 개구리가 왕자로 변신하자 언제 그랬냐는 듯이 '사랑하는 반려자와 남편'으로 받아들인다. 더욱이 개구리 왕자가 사악한 마녀에 의해 마법에 걸렸고, 공주 이외에는 아무도 구원할 수 없었다고 말하자, 공주는 추한 개구리에 대한 반감이 눈 녹듯이 사라지는 것이다.

다시 말해 외모가 중요한 게 하니라 내면의 진심이 중요한 것이다. 혹자는 공주가 추한 개구리와 하룻밤을 자고나서 생각의 전도(顚倒)가 일어나 개구리가 '아름답고 다정한 두 눈을 가진 왕자'처럼 여겨졌다고 주장할지라도, 여기서는 아무리 못생긴 개구리 같은 외모를 가진 남자라고 하더라도 마음속의 진실한 사랑이 더욱 중요하다는 말이다.

3 심리이론 적용법

왕자는 개구리였을 때부터 지금까지 한결같이 공주를 사랑했다. 왕자의 아니마가 막내공주였기에 그 사랑은 처음부터 변함없이 공주를 향했고, 그 결실을 개구리에서 왕자로 변신하는 그 순간에 성취하는 것이다. 반대로 막내공주는 자신의 아니무스가 누구인지 몰랐고, 더구나 개구리라고는 꿈에도 생각하지 못했으며, 결국 개구리에서 왕자로 돌변한 사건을 통해 무의식에 자리 잡았던 아니무스와 왕자가 일치되는 기쁨을 맛보는 것이다. 아니마와 아니무스의 결합을 통해 개구리 왕자와 공주는 대극합일의 극치를 맛보며 결혼식을 위해 왕국으로 떠나는 것이다. 이때 등장하는 충복 하인리히는 왕자의 그림자를 상징하며, 무의식적인 부분에 있는 왕자의 분신(分身)으로서 동화 말미에 등장하는 것이다.

다시 말해 왕자가 개구리에서 인간으로 변신하여 자아의식이 강하게 조명되어 공주의 반려자가 되고 전일(全一)의 행복감에 도취되면 도취될수록, 오히려 그림자의 어두운 모습인 하인리히가 짙어지게 되어 무의식에서 의식으로 올라오기 마련이다. 즉 개구리가 왕자의 그림자로서 공주를 만나기 전의 어두운 면이었다면, 하인리히는 왕자가 공주의 사랑을 얻고 난 후의 억압된 열등한 인격이라는 말이다.

쉽게 말해, 「슈퍼맨」에서 슈퍼맨이 클라크 기자의 그림자이고, 「조로」에서는 조로가 귀족 돈 디에고의 그림자이며, 「흥부와 놀부」에서는 놀부가 흥부의 그림자였듯이 말이다. 그래서 이 두 가지 왕자의 그림자는 공주의 사랑을 얻음으로써 그리고 마법에서 풀려남으로써 나타났다 사라지는 무의식에 억압되어 있는 동물적인 특성이라고 할 수 있다.

4 커뮤니케이션과 다이얼로그 기법

동화치료사는 내방자 B와 그림 동화 「개구리 왕자」를 가지고 커뮤니케이션과 다이얼로그 기법으로 동화 힐링을 한 결과, 다음과 같은 스토리텔링을 얻을 수 있었다.

내방자 B는 실제로 동화에 나오는 개구리처럼 추하고 못생긴 남자를 홍대 클럽에서 만났는데, 처음에는 화려한 조명 아래서 춤도 잘 추고 말도 잘해서 호감이 갔고 그렇게 개구리처럼 이상하게 생긴 것도 몰랐다고 한다. 주로 매주 금요일마다 클럽에서 만나서 스트레스를 풀고 가볍게 엔조이(enjoy)할 생각으로 만났는데, 사이가 점점 가까워졌고 클럽에서만 만날 게 아니라 주말에 야외공원에서 데이트하기로 약속했고, 그 약속에 따라 밝은 대낮에 만나고는 깜짝 놀랐다고 한다. 그 이유는 개구리가 아니라 두꺼비처럼 못생긴 얼굴에 피부까지 장난이 아니었다는 것이다. 너무 상심하여 첫 야외데이트를 하는 둥 마는 둥 하고는 다시는 안 만나리라고 결심했다고 한다.

그렇게 결심하고 다니던 클럽도 안 나가고 자중하고 있는데, 남자로부터 집요하리만큼 전화를 걸거나 안 받으면 카톡이나 문자로 만나자거나 좋아한다거나 안 만나면 못살 것 같다는 식으로 연락이 왔다고 한다. 저러다 말겠지 하고 몇 개월이 지났는데도 계속 연락을 했고, 그때마다 통화는커녕 답장조차 안 했다는 것이다.

그러던 어느 날 친구생일 파티가 있어 늘 가던 클럽이 아닌 다른 클럽을 가서 오랜만에 몸을 풀고 있는데 어떻게 알았는지 그 남자가 나타났고 정말 열정적인 춤을 추어서 많은 여성들이 박수를 치고 관심을 독차지했다고 한다. 이런 젠장! 그런데 B의 마음속에서는 웬 질투심이 나는지, 생일파티 중이라 좀 많이 마셔서 그런지 그 남자가 달리 보였고, 몸이 확 달아올라 긴 밤을 함께 보냈다는 것이다. 다음날 새벽에 몰래 빠져나와 집으로 도망쳤는데, 앞으로 어찌할 바를 모르겠다고 한다.

동화치료사는 B에게 집요하게 달라붙는 개구리를 공주가 벽에 던지자 '아름답고 다정한 두 눈을 가진 왕자'로 변신했듯이, 마음의 변화가 혹시 있느냐고 물었다. B는 그 남자가 개구리처럼 못생긴 것 빼고는 좋은 회사도 다니고 매너도 좋고 잘 놀고 어쩌고저쩌고 ……. B는 이미 부정에서 긍정으로 넘어간 것을 알 수 있었다.

역시 동화의 영향력이 크다는 것을 느꼈고 동화치료사로서 올바른 판단을 하게끔 잘 유도했다는 자부심이 들었다.

21. 충신 요한네스

옛날에 한 왕이 있었는데, 그는 병이 들어서 '내가 누워 있는 이 침대가 임종의 자리가 될 거야'라고 생각했습니다. 그러자 왕은 "내게 충신 요한네스를 데려오라."고 말했습니다. 충신 요한네스는 왕이 가장 신뢰하는 신하였고, 왕에게 일생 동안 매우 충실했기 때문에, 충신 요한네스라고 불린 것입니다. 요한네스가 곧 침대 앞으로 다가왔을 때, 왕은 그에게 "가장 충성스러운 요한네스여, 나는 마지막이 다가옴을 느끼오. 지금 나는 내 아들 이외에 다른 어떤 근심도 없소. 왕자는 아직 어찌할 바를 모를 정도로 어리오. 만약 당신이 내게 왕자가 알아야만 하는, 모든 일에서 그를 가르치겠노라고, 또한 그의 양아버지가 되겠노라고 약속하지 않는다면, 나는 두 눈을 편안히 감을 수 없소."라고 말했습니다. 그러자 충신 요한네스는 "나는 왕자를 떠나지 않을 것이며, 내 목숨을 내놓을지언정, 왕자에게 충성을 다하겠습니다."라고 대답했습니다. 그러자 늙은 왕은 "그렇다면 나는 기분 좋게 편안히 눈을 감을 수 있소."라고 말했고, 계속해서 "내가 죽은 후 당신은 왕자에게 성 전체를 보여주시오. 모든 방들, 넓은 홀들 그리고 지하실과 그 안에 놓여 있는 모든 보물들을 보여주시오. 그러나 긴 복도 끝에 있는 방을 당신은 왕자에게 보여줘서는 안 되오. 그 안에 황금 머리의 공주의 그림이 숨겨져 있기 때문이오. 왕자가 그 그림을 본다면, 왕자는 공주에 대한 격렬한 사랑을 느끼게 되어 졸도하여 쓰러지게 되고, 공주 때문에 커다란 위험에 빠지게 될 것이오. 그것에 대해 당신은 왕자를 보호해야 하오."라고 말했습니다. 충신 요한네스가 재차 늙은 왕에게 그렇게 하겠노라 맹세를 하자, 왕은 고요히 머리를 베개 위로 떨어뜨리고는 숨을 거두었습니다.

늙은 왕이 매장되었을 때, 충신 요한네스는 젊은 왕에게, 그가 그의 아버지의 임종의 자리에서 약속했던 것에 대해 이야기했고, "그것을 내가 확실히 지킬 것이고, 내가 그에게 했던 것처럼, 당신에게 충성을 다할 것이며, 내 목숨을 바치겠습니다."라고 말했습니다. 상복기간이 지나자 충신 요한네스는 왕에게 "이제 당신은 당신의 상속을 봐야 할 때가 되었습니다. 나는 당신에게 당신의 아버지의 성을 보여드리겠습니다."라고 말했습니다. 그래서 요한네스는 이리저리 도처로 왕을 데리고 다녔고, 왕에게 모든 재산과 화려한 방들을 보여주었으며, 단지 그 위험한 그림이 들어 있는 방만은 열지 않았습니다. 하지만 그림은 문을 열면, 사람들이 바로 볼 수 있게 세워져 있었고, 너무 훌륭하게 그렸기 때문에, 그것이 살아 있다고 생각되어, 이 세상에 더 이상 사랑스럽고 아름다운 것은 존재하지 않는 것처럼 생각되었습니다. 그러나 젊은 왕은 충신 요한네스가 항상 하나의 문을 그냥 지나가는 것을 알아차렸고, "왜 당신은 내게 이 문을 결코 열어주지 않는 거요?"라고 말했습니다. "거기에는 당신이 깜짝 놀랄 만한 어떤 것이 들어 있기 때문입니다."라고 요한네스는 대답했습니다.

그러나 왕은 "나는 성의 모든 곳을 보았으니, 그 안에 무엇이 있는지 또한 알아야겠소."라고 대답했고 가서 힘으로 문을 열려고 했습니다. 그러자 충신 요한네스는 왕을 붙들었고, "나는 당신의 아버지의 임종 시 그 방안에 있는 것을 당신에게 보이지 않겠다고 약속했습니다. 그 안에 있는 것이 당신과 내게 큰 불행을 가져다줄 수 있기 때문입니다."라고 말했습니다. 왕은 "아 아니요, 내가 그 안으로 들어가지 않는다면, 그것이 더 확실한 파멸일 게요. 그것을 내 두 눈으로 볼 때까지, 나는 밤낮으로 편안치 않을 거요. 이제 당신이 문을 열 때까지, 나는 이 자리에서 꼼짝 않겠소."라고 대답했습니다.

그러자 충신 요한네스는 더 이상 소용없다는 것을 알고, 무거운 마음으로 한숨을 크게 쉬면서 커다란 열쇠꾸러미에서 열쇠를 끄집어냈습니다. 요한네스가 문을 열었을 때, 자신이 먼저 안으로 들어갔고, 자기가 그림을 가리면 왕이 그것을 보지 못할 거라고 생각했습니다. 하지만 그게 무슨 소용 있겠습니까? 왕은 발끝을 세우고 요한네스의 어깨 너머로 보았습니다. 왕이 처녀의 그림을 보았을 때, 그림이 너무 화려했고 황금과 보석으로 빛났기 때문에, 그는 졸도하여 바닥에 쓰러졌습니다. 충신 요한네스는 왕을 들어 올렸고, 그의 침대에 누였으며 근심에 가득 차서 '맙소사, 불행이 일어났군. 어떻게 되려나?'라고 생각했습니다.

그러고 나서 요한네스는 왕이 다시 정신을 차릴 때까지 포도주로 원기를 회복케 했습니다. 왕이 회복한 후 말한 첫 번째 단어가 "아, 그 아름다운 그림은 누구요?"였습니다. "그분은 황금 머리의 공주입니다."라고 충신 요한네스는 대답했습니다. 그러자 왕은 계속해서 "공주를 향한 나의 사랑이 너무 크다오. 비록 나무에 매달린, 모든 나뭇잎들이 혀라고 할지라도, 그것을 다 표현할 수 없을 거요. 내가 공주를 얻는 것에 목숨을 걸겠소. 당신은 나의 가장 충성스러운 요한네스요. 당신은 나를 도와줘야만 하오."라고 말했습니다.

충실한 신하는 오랫동안 어떻게 그 일을 시작해야 할지 고민했습니다. 왜냐하면 공주의 면전에 가는 일이 어려운 일이었기 때문입니다. 마침내 요한네스는 하나의 방법을 생각해냈고, 왕에게 "공주 주위에 있는 모든 것, 식탁, 의자, 접시, 잔, 대접과 모든 집기들은 금으로 되어 있습니다. 당신의 보물 중에 5톤의 금이 있습니다. 그 중 1톤을 나라의 금 세공사들에게 가지가지의 그릇과 도구, 여러 가지의 새, 야생동물과 경이로운 동물들 모양으로 가공하도록 하십시오. 그것들이 공주의 마음을 사로잡을 것입니다. 우리는 그것들을 가지고 떠나서 우리의 행운을 시험해 봅시다.'라고 말했습니다. 왕은 모든 금 세공사들을 불러 모았고, 그들은 밤과 낮으로 일을 했으며, 마침내 가장 훌륭한 물건들이 완성되었습니다. 모든 물건이 배 위에 실어졌을 때, 충신 요한네스는 상인복장을 했고, 왕도 완전히 알아보지 못하도록 변장해야만 했습니다. 그러고 나서 그들은 바다 위를 항해했고, 황금 머리의 공주가 살고 있는 도시에 도착할 때까지 오랫동안 항해했습니다.

충신 요한네스는 왕에게 배에 남아서 그를 기다리라고 하면서 "아마도 내가 공주를 데려올 수 있을 겁니다. 모든 것을 정돈하시고, 황금 그릇들을 세워놓으며 배 전체를 장식하는 일에 신경 쓰시기 바랍니다.'라고 말했습니다. 그 후 요한네스는 보자기에 여러 가지의 황금 물건들을 쌌고, 땅에 내려 바로 왕의 성으로 갔습니다. 요한네스가 성의 뜰로 갔을 때, 거기 샘물가에 한 아름다운 소녀가 서있었습니다. 소녀는 두 개의 금으로 된 양동이를 손에 들고 있었고, 그것으로 물을 긷고 있었습니다. 그리고 소녀가 반짝이는 물을 나르려고 몸을 돌렸을 때, 낯선 남자를 보았고 "누구냐?"고 물었습니다. 그래서 요한네스는 '나는 상인이오.'라고 대답하고 그의 보따리를 풀어서 소녀에게 보여주었습니다. 그러자 소녀는 "어머, 너무나 아름다운 황금 물건이군요!"라고 말했고, 양동이를 내려놓고 하나하나 살펴보았습니다. 그때 소녀는 "이것을 공주님이 봐야만 해요. 공주님은 황금 물건에 매우 커다란 기쁨을 가지고 있답니다. 공주님이 당신의 모든 것을 살 거예요."라고 말했습니다. 소녀는 요한네스의 손을 잡고 위쪽으로 데려갔습니다. 왜냐하면 소녀는 시녀였기 때문입니다. 공주가 그 물건들을 보았을 때 매우 만족했고, '매우 아름답게 만들었군요. 모두 다 사겠어요.'라고 말했습니다. 그러나 충신 요한네스는 '나는 단지 부유한 상인의 하인에 불과합니다. 내가 여기에 가져온 것은 주인님이 그의 배에 가지고 있는 물건에 비하면 아무것도 아닙니다. 각기 금으로 만든 가장 예술적이고 가장 비싼 것들이니까요'라고 말했습니다. 공주는 모든 것을 가져오라고 했습니다. 그러나 요한네스는 "그러기 위해서는 많은 날들이 필요하며, 물건들이 너무 크고 그것들을 세워 놓기에는 많은 넓은 방들이 있어야 합니다. 당신의 집은 그것들을 위한 공간으로는 작습니다.'라고 말했습니다. 그러자 호기심과 관심이 점점 더 극에 달했고, 마침내 공주는 '나를 배로 안내하세요. 스스로 가서 당신 주인의 보물들을 보겠어요."라고 말했습니다.

그래서 충신 요한네스는 공주를 배로 데려갔고 매우 기뻤습니다. 왕은 공주를 보았을 때, 그녀의 아름다움이 그림에서 묘사된 것보다 훨씬 더 아름답다는 것을 알았고, 가슴이 터질 것 같다는 것 이외에 다른 아무 생각도 못했습니다. 이제 공주는 배로 올라왔고, 왕은 그녀를 안내했습니다. 하지만 충신 요한네스는 뱃사공 곁에 머물렀고, '하늘의 새처럼 날아가도록 모든 돛을 올려라.'라고 배를 띄우라고 명령했습니다. 왕은 안에서 공주에게 황금 식기를 보여주었고, 각각의 모든 것들, 즉 접시, 잔, 대접, 새, 야생동물과 경이로운 동물을 보여주었습니다. 공주가 모든 것을 구경하는데, 많은 시간이 흘러갔습니다. 공주는 즐거운 나머지 배가 떠나는 것을 알지 못했습니다. 공주는 마지막 물건을 구경한 후, 상인에게 감사의 인사를 하고는 집으로 가려고 했습니다.

그러나 공주가 배의 가장자리로 나왔고, 배가 육지로부터 멀리 바다 한가운데로 나아가고 돛을 가득 펼친 채 급히 달려가는 것을 알았을 때, 깜짝 놀라 "아, 내가 속았군. 내가 납치되어 상인의 손에 붙잡혔어. 차라리 죽어버리겠어!"라고 외쳤습니다. 하지만 왕은 공주를 손으로 붙잡고, '나는 상인이 아니라 왕이오. 당신보다 미천한 출신이 아니란 말이오. 그러나 나는 당신을 계략을 써서 납치했소. 그것은 엄청난 사랑 때문이었소. 처음에 내가 당신의 초상화를 보았을 때, 나는 졸도하여 바닥에 쓰러졌었소.'라고 말했습니다. 공주가 그것을 들었을 때, 위로가 되었고, 공주의 마음이 왕에게 기울어졌으며, 그의 아내가 되겠다고 기꺼이 동의했습니다.

그러나 그들이 깊은 바다 위를 항해하고 있는 동안에, 충신 요한네스는 뱃전에 앉아서 음악을 연주하고 있었고, 하늘에서 날아오는 세 마리 까마귀를 바라보게 되었습니다. 그래서 요한네스는 연주를 중단하고, 까마귀들이 서로 이야기하는 것을 엿들었습니다. 왜냐하면 요한네스는 까마귀들의 말을 이해할 수 있었기 때문입니다. 한 까마귀가 "이봐, 지금 왕은 황금 머리의 공주를 집으로 데려가는 거야."라고 소리쳤습니다. "그래도 왕이 공주를 아직 소유한 건 아냐.'라고 두 번째가 대답했습니다. 세 번째 까마귀는 "웬걸, 왕은 공주를 소유한 거야. 공주는 배에서 왕의 곁에 앉아 있잖아."라고 말했습니다. 그러자 첫 번째가 다시 시작하며, "그게 왕에게 무슨 소용이람? 그들이 육지에 닿으면, 적갈색의 말 한 마리가 왕을 마중하고, 그때 왕은 말로 뛰어오르려 할 거고, 말에 오르면 말이 왕과 함께 도망칠 거고 하늘로 올라가 버려서, 왕은 결코 더 이상 그의 부인을 다시 볼 수 없을 거야.'라고 소리쳤습니다. 두 번째 까마귀가 "어떤 구원책이 없을까?"라고 말했습니다. "오 물론, 어떤 다른 이가 재빨리 올라타고, 말안장에 있는 권총집에 꽂혀 있는 총을 꺼내서, 그것으로 말을 쏴 죽인다면, 젊은 왕은 구원되겠지. 그러나 누가 그것을 알까! 그것을 알고 왕에게 말하는 사람은 발끝에서 무릎까지 돌로 변할 텐데." 그러자 두 번째가 "나는 아직 더 많은 것을 알아. 비록 말이 죽임을 당할지라도, 젊은 왕은 그의 신부를 가지지 못해. 그들이 함께 성으로 들어오면, 그곳에 완성된 결혼식 예복이 접시 위에 놓여 있고, 마치 금과 은으로 엮은 것처럼 보이지. 그러나 사실은 유황과 역청으로 만들어진 것 이외에 아무것도 아니지. 왕이 그 옷을 입으면, 그를 골수와 뼈까지 태워버릴 거야.'라고 말했습니다. 세 번째 까마귀가 "어떤 구원책이 없니?"라고 말했습니다. "오 물론, 누군가 장갑을 끼고 그 옷을 잡고, 불 속으로 던진다면, 그것은 불타버리고, 젊은 왕은 구원되겠지. 그러나 그게 무슨 소용 있을까! 그것을 알고 왕에게 말하는 사람은, 무릎에서 심장까지 몸의 절반이 돌로 변할 텐데."라고 두 번째가 대답했습니다. 그러자 세 번째가 "나는 더 많은 것을 알고 있지. 비록 결혼 예복이 불태워진다고 할지라도, 젊은 왕은 그의 신부를 아직 가질 수 없어. 결혼식 후 춤이 시작되고, 젊은 왕비가 춤추게 되면, 그녀는 갑자기 창백해지고 죽은 것처럼 쓰러지게 되지. 그리고 왕비를 누군가 부축해 일으키고 그녀의 오른쪽 가슴에서 세 방울의 피를 뽑고 그것을 다시 뱉어내지 못하면, 왕비는 죽게 되지. 그러나 그것을 아는 누군가가 그것을 누설하면, 그는 머리꼭대기에서 발끝까지 몸 전체가 돌로 변할 텐데.'라고 말했습니다. 까마귀들이 그것을 서로 말하고 나서, 다시 날아가 버렸습니다. 충신 요한네스는 모든 것을 잘 이해했지만, 그 시간부터 말이 없었고 슬펐습니다. 왜냐하면 요한네스가 그의 주인에게 들은 것을 말하지 않으면 주인이 불행해지고, 요한네스가 그것을 밝히면 그 자신이 목숨을 내놓아야 했기 때문이었습니다. 마침내 요한네스는 스스로에게 "내 주인을 구해야 해. 그 대신에 내가 죽을지라도."라고 말했습니다.

그들이 이제 육지에 닿았을 때, 까마귀가 이전에 말했던 일이 일어났고, 화려한 적갈색의 말이 그쪽으로 뛰어왔습니다. "잘 됐군. 그 말이 나를 성으로 데려다 주겠지.'라고 왕은 말하면서 올라타려고 했습니다. 하지만 충신 요한네스는 왕의 앞으로 갔고, 재빨리 말 위로 올라탔으며, 말안장에 있는 권총집에서 총을 꺼내어 말을 쏴 죽였습니다. 그러자 충신 요한네스를 좋게 여기지 않던, 왕의 다른 신하들이 "왕을 성으로 모셔갈 멋진 동물을 죽이다니, 얼마나 비열한 짓인가!"라고 외쳤습니다. 하지만 왕은 "조용히 하시오, 그를 가게 놔두시오. 그는 나의 가장 충성스러운 요한네스요. 누가 알겠소, 그것이 잘된 일인지!"라고 말했습니다. 이제 그들은 성안으로 갔습니다. 그리고 거기 홀 안에 한 개의 접시가 있었고, 그 안에 완성된 결혼식 예복이 놓여 있었으며, 흡사 금과 은으로 만든 것 이외에 다른 어떤 것으로 보이진 않았습니다. 젊은 왕은 거기로 다가갔고, 그것을 잡으려 했습니다. 그러나 요한네스가 왕을 밀치고 장갑을 낀 손으로 그 옷을 잡아서는 급히 불 속으로 던져서 불태워 버렸습니다. 다른 신하들이 다시 투덜거리기 시작했고, "보시오, 이제 그는 왕의 예복까지 불태워버리는군."이라고 말했습니다. 하지만 젊은 왕은 "누가 알겠소, 그게 잘한 일인지. 그를 가게 놔두시오. 그는 나의 가장 충성스러운 요한네스요!"라고 말했습니다. 이제 결혼식이 거행되었습니다. 춤이 시작되었고, 신부 또한 안으로 들어왔습니다. 그러자 충신 요한네스는 주목했고, 왕비의 얼굴을 바라보았습니다. 갑자기 왕비는 창백해졌고, 죽은 듯이 바닥에 쓰러졌습니다. 그때 요한네스는 급히 거기로 뛰어 들어와 왕비를 들어 올리고는 침실로 운반했습니다. 요한네스는 침대에 왕비를 누였고, 무릎을 꿇고 세 방울의 피를 그녀의 오른쪽 가슴에서 빨아내어 내뱉었습니다. 그 즉시 왕비는 다시 숨을 쉬었고, 살아났습니다. 젊은 왕은 그것을 다 보고 있었고, 왜 충신 요한네스가 그것을 행했는지 알지 못해서 화를 냈고 "그를 감옥에 처넣어라!"라고 소리쳤습니다.

다음 날 아침에 충신 요한네스는 유죄 판결을 받았고, 교수대로 끌려갔습니다. 요한네스가 처형대 위에 섰을 때, 그는 "처형되는 모든 사람은 죽기 전에 한 번 말하는 것이 허락되어 있습니다. 나 또한 그 권리를 가져야만 합니다!"라고 말했습니다. 왕은 "좋소, 당신에게도 허락하겠소."라고 대답했습니다. 그러자 충신 요한네스는 "나는 부당한 판결을 받았습니다. 나는 당신에게 항상 충성을 다했습니다."라고 말하면서, 그가 바다에서 까마귀들의 대화를 들은 것에 대해 이야기했고, 주인을 구하기 위해 그 모든 것을 행해야만 했다고 설명했습니다. 그러자 왕은 "오, 나의 가장 충성스러운 요한네스여, 용서하시오! 용서하시오! 그를 내려 드려라!"라고 소리쳤습니다. 그러나 충신 요한네스는 그가 내뱉은 마지막 말을 마치자, 의식 없이 아래로 쓰러졌고 돌이 되었습니다.

그 일에 대해 왕과 왕비는 매우 슬퍼했습니다. 왕은 "아, 내가 위대한 충성심을 너무 잔인하게 보답했구나!"라고 말했고, 돌로 변한 석상을 들어 올려 그의 침실 안 침대 옆에 세워놓게 하였습니다. 왕은 석상을 볼 때마다 울었고 "아, 나의 가장 충성스러운 요한네스여, 내가 그대를 다시 살릴 수 있다면!"이라고 말했습니다. 세월이 얼마만큼 지나가자, 왕비는 아들 쌍둥이를 낳았습니다. 아이들은 무럭무럭 자랐고 그들의 기쁨이 되었습니다. 한번은 왕비가 교회에 갔을 때, 두 아들은 아버지 곁에 앉아서 놀고 있었고, 아버지는 돌로 변한 석상을 슬픔에 가득 차서 바라보았으며, 한숨을 쉬면서 "아, 나의 가장 충성스러운 요한네스여, 내가 그대를 다시 살릴 수 있다면!"이라고 외쳤습니다. 그러자 그 돌은 말하기 시작했고, "그래요. 당신이 당신의 가장 사랑스러운 것을 바친다면, 나를 다시 살릴 수 있어요"라고 말했습니다. 그래서 왕은 "내가 세상에 가지고 있는 모든 것을 당신을 위해 바치겠소."라고 외쳤습니다. 돌은 계속해서 "당신이 당신 자신의 손으로 두 아들의 머리를 베어 그 피로 나를 문지른다면, 나는 다시 생명을 얻을 거요."라고 말했습니다.

왕은 가장 사랑하는 아이들을 스스로 죽여야 한다는 말을 들었을 때, 깜짝 놀랐지만 충신 요한네스가 그를 위해 죽었던 위대한 충성심을 생각했고, 칼을 뽑아 자신의 손으로 아이들의 머리를 베었습니다. 그리고 왕이 아이들의 피로 돌을 문질렀을 때, 생명이 되돌아왔고, 충신 요한네스는 다시 건장하게 그의 앞에 서 있었습니다. 요한네스는 왕에게 "당신의 신뢰는 보답을 받아야만 합니다."라고 말했고, 아이들의 머리를 잡아 위에 올려놓고 상처에 그들의 피로 문질렀습니다. 그것에 의해 아이들은 순식간에 다시 살아났고 뛰어다니면서 마치 아무 일도 없었다는 듯이 계속 놀았습니다.

이제 왕은 매우 기뻤고, 왕비가 돌아오는 것을 보았을 때, 충신 요한네스와 두 아들들을 커다란 장롱 속에 숨겼습니다. 왕비가 들어왔을 때, 왕은 그녀에게 "당신 교회에서 기도했소?"라고 말했습니다. 왕비는 "물론이죠, 나는 늘 충신 요한네스를 생각했어요. 그가 우리 때문에 너무 불행하게 됐잖아요."라고 대답했습니다. 그때 왕은 "여보, 우리가 그에게 생명을 다시 줄 수 있소. 그러나 우리의 두 아들들을 대가로 치러야 하오. 아이들을 희생시켜야만 한다오."라고 말했습니다. 왕비는 창백해졌고, 깜짝 놀랐습니다. 하지만 왕비는 "우리는 요한네스의 위대한 충성심 때문에 빚을 졌잖아요."라고 말했습니다. 그러자 왕은 왕비가 그와 같은 생각을 했다는 것이 기뻤고, 가서 장롱의 문을 열어 아이들과 충신 요한네스를 꺼냈으며, "아, 고마워라! 요한네스가 구원되었고, 우리의 아들들 또한 다시 얻었소!"라고 말했습니다. 그리고 왕은 왕비에게, 어떻게 모든 일이 일어났었는지를 이야기했습니다. 거기서 그들은 함께 마지막까지 아주 행복하게 살았답니다.[21)]

21) Brüder Grimm, *Ibid.*, pp. 66-73.

동화 힐링 실습

그림 동화 「충신 요한네스」는 동화 제목답게 충성스러운 신하 덕분에 세상에서 가장 아름다운 공주와 결혼하는 왕의 러브스토리이다. 만민이 평등하다는 민주주의사회에서도 계급 또는 직급이 존재한다. 그러니 정말 동화에 등장하는 충신 요한네스 같은 부하 또는 동료와 함께 일을 할 수 있다면 얼마나 좋을까? 세상에 믿을 놈 하나도 없다는 말이 유행할 정도로 신뢰가 무너진 사회에서 그런 충신을 만난다면 얼마나 행복하겠는가 말이다.

어느 날 50대 중반의 남성이 동화치료사를 찾아왔다. 무슨 일로 왔냐고 물어보니, 세상에 믿을 놈 없다면서 조그만 사업을 하는데 믿고 맡길 만한 직원이 없어 20년 가까이 해온 사업을 접어야 할지 고민 끝에 상담을 받으러 왔다고 한다.

1 동화 제목 연상기법

동화치료사는 내방자 K에게 50편의 동화 제목을 보여주면서 본인이 읽고 싶거나 잘 알고 있어서 뭔가 제목만 봐도 관념연상이 되는 동화를 선택하라고 권했다. K는 한참을 망설이더니 그림 동화 「충신 요한네스」를 선택했다. 한국 사람에게는 약간 낯선 동화인데 어떻게 이 동화를 선택했냐고 물으니, K는 어렸을 때는 읽어보지 않은 동화인데, 몇 년 전인가 우연치 않게 이 동화를 읽게 되었고, 충신 요한네스를 통해 인간의 신뢰와 믿음이 얼마나 소중한지를 알게 된 동화라는 것이다.

무엇보다도 늙은 왕이 임종의 자리에서 늙은 신하 요한네스에게 자신의 아들을 부탁하고 눈을 감는 장면이 인상적이었다고 한다.

> 옛날에 한 왕이 있었는데, 그는 병이 들어서 '내가 누워 있는 이 침대가 임종의 자리가 될 거야'라고 생각했습니다. 그러자 왕은 "내게 충신 요한네스를 데려오라."고 말했습니다. 충신 요한네스는 왕이 가장 신뢰하는 신하였고, 왕에게 일생 동안 매우 충실했기 때문에, 충신 요한네스라고 불린 것입니다. 요한네스가 곧 침대 앞으로 다가왔을 때, 왕은 그에게 "가장 충성스러운 요한네스여, 나는 마지막이 다가옴을 느끼오. 지금 나는 내 아들 이외에 다른 어떤 근심도 없소. 왕자는 아직 어찌할 바를 모를 정도로 어리오. 만약 당신이 내게 왕자가 알아야만 하는, 모든 일에서 그를 가르치겠노라고, 또한 그의 양아버지가 되겠노라고 약속하지 않는다면, 나는 두 눈을 편안히 감을 수 없소."라고 말했습니다. 그러자 충신 요한네스는 "나는 왕자를 떠나지 않을 것이며, 내 목숨을 내놓을지언정, 왕자에게 충성을 다하겠습니다."라고 대답했습니다. 그러자 늙은 왕은 "그렇다면 나는 기분 좋게 편안히 눈을 감을 수 있소."라고 말했고,[……]

내방자 K는 동화의 서두문을 읽고는 이렇게 대(代)를 이어서 충성하는 사람이 있을 수 있을까? 정말 부러운 일이라고 칭찬을 아끼지 않았다. 오죽 신뢰하면 왕이 죽어가면서도 동기간이나 친척도 아닌 신하에게 왕자의 '양아버지'가 되어 달라고 부탁하겠는가? 남아일언중천금(男兒一言重千金)이란 말대로 충신 요한네스는 늙은 왕에게 '왕자를 떠나지 않을 것'과, '목숨을 내놓을지언정, 왕자에게 충성을 다하겠다.'고 맹세하고는 그 약속을 끝까지 지키는 것이다. 과거 역사 속에서도 이런 아름다운 주종관계의 인물들이 있었다. 가까이는 '이성계와 정도전',

멀리는 '빌헬름 1세와 비스마르크'가 그런 관계였다고 할 수 있다. 하지만 역사에는 아이러니(irony)가 있지만 동화에는 아이러니가 없다. 그만큼 동화인물이 역사인물보다 더 신뢰할 수 있다는 뜻이다.

2 동화 주제에 따른 분류법

그림 동화「충신 요한네스」의 주제는 충성과 사랑이다. 충신 요한네스의 선왕과 젊은 왕에 대한 대를 이은 충성과, 젊은 왕과 황금 머리의 공주와의 아름다운 사랑이 주제라는 말이다. 충신 요한네스는 선왕의 유언대로 젊은 왕을 지극정성으로 보필한다.

> 늙은 왕이 매장되었을 때, 충신 요한네스는 젊은 왕에게, 그가 그의 아버지의 임종의 자리에서 약속했던 것에 대해 이야기했고, "그것을 내가 확실히 지킬 것이고, 내가 그에게 했던 것처럼, 당신에게 충성을 다할 것이며, 내 목숨을 바치겠습니다."라고 말했습니다.

목숨을 바쳐서 충성맹세를 하는 요한네스의 모습은 세상에서 찾기 힘든 충성의 본(本)이 되는 인물이다. 물론 말로는 얼마든지 왕 앞에서 죽음을 각오한 충성맹세를 할 수 있다. 하지만 그 맹세를 죽음으로 지키는 사례는 극히 드물다. 사실 '군신유의(君臣有義)'는 오륜〔五倫: 부자유친(父子有親), 군신유의(君臣有義), 장유유서(長幼有序), 부부유별(夫婦有別), 붕우유신(朋友有信)〕 중의 하나로서 왕과 신하 사이의 도리는 신의(信義)에 있다는 뜻이다. 이런 동양사상이 그대로 서양동화로 전이(轉移)가 되어 그림 동화에서 다루어지니 융이 말하는 집단적 무의식의 원형의 하나인 '의리(義理)'에는 동서양이 따로 없다는 것이 증명된다. 다시 말해 동서양의 문화적 차이가 없는 것은 아니지만, 인간의 정신(마음, 심리)은 근본적으로 차이가 없다는 것을 알 수 있다. 그러므로 오늘날 글로벌(global)시대에는 더욱 인류정신문화의 유산인 동화가 올바른 삶의 척도가 되며, 인간이 할 도리의 지표가 되는 것이다.

아무튼 충신 요한네스는 젊은 왕이 그림을 보고 반한 황금 머리의 공주와의 결혼을 성사시키기 위해 자신에게 "공주를 얻는 것에 목숨을 걸겠소. 당신은 나의 가장 충성스러운 요한네스요. 당신은 나를 도와줘야만 하오."라고 명령한 대로 신의를 지켜 그 결혼을 성사시킨다.

그러나 왕과 공주의 결혼을 성사시키기 위해서는 까마귀가 예언한 세 가지 어려운 과제를 해결해야 하고, 몸이 돌로 변하는 죽음을 각오해야 한다.

> 충신 요한네스는 유죄 판결을 받았고, 교수대로 끌려갔습니다. 요한네스가 처형대 위에 섰을 때, 그는 "처형되는 모든 사람은 죽기 전에 한 번 말하는 것이 허락되어 있습니다. 나 또한 그 권리를 가져야만 합니다!"라고 말했습니다. 왕은 "좋소, 당신에게도 허락하겠소."라고 대답했습니다. 그러자 충신 요한네스는 "나는 부당한 판결을 받았습니다. 나는 당신에게 항상 충성을 다했습니다."라고 말하면서, 그가 바다에서 까마귀들의 대화를 들은 것에 대해 이야기했고, 주인을 구하기 위해 그 모든 것을 행해야만 했다고 설명했습니다. 그러자 왕은 "오, 나의 가장 충성스러운 요한네스여, 용서하시오! 용서하시오! 그를 내려 드려라!"라고 소리쳤습니다. 그러나 충신 요한네스는 그가 내뱉은 마지막 말을 마치자, 의식 없이 아래로 쓰러졌고 돌이 되었습니다.

죽을 때까지 충성을 다한 신하의 고백에 왕이 용서를 구하는 모습이 군신유의의 또 다른 모습이다. 즉 왕과 신하 사이의 도리인 신의에는 상호적 관계가 성립된다는 것이다. 즉, 신하는 왕에게, 왕도 신하에게 서로 믿음과 의리를 보여주고 지켜야 진정한 군신유의를 성취할 수 있다는 말이다. 그래서 충신 요한네스의 헌신적 도움에 의해 사랑을 성취한 왕과 왕비는 돌로 변한 충신의 석상을 부부의 침대 옆에 세워놓고 날마다 그의 죽음을 애도한다. 심지어 세월이 흘러 쌍둥이 왕자를 낳고 어린이로 자라날 때까지도 지속적으로 왕은 석상 옆에서, 왕비는 교회에 가서 충신 요한네스를 위해 기도한다.

> 한번은 왕비가 교회에 갔을 때, 두 아들은 아버지 곁에 앉아서 놀고 있었고, 아버지는 돌로 변한 석상을 슬픔에 가득 차서 바라보았으며, 한숨을 쉬면서 "아, 나의 가장 충성스러운 요한네스여, 내가 그대를 다시 살릴 수 있다면!"이라고 외쳤습니다. 그러자 그 돌은 말하기 시작했고, "그래요. 당신이 당신의 가장 사랑스러운 것을 바친다면, 나를 다시 살릴 수 있어요."라고 말했습니다. 그래서 왕은 "내가 세상에 가지고 있는 모든 것을 당신을 위해 바치겠소."라고 외쳤습니다. 돌은 계속해서 "당신이 당신 자신의 손으로 두 아들의 머리를 베어 그 피로 나를 문지른다면, 나는 다시 생명을 얻을 거요."라고 말했습니다.
>
> 왕은 가장 사랑하는 아이들을 스스로 죽여야 한다는 말을 들었을 때, 깜짝 놀랐지만 충신 요한네스가 그를 위해 죽었던 위대한 충성심을 생각했고, 칼을 뽑아 자신의 손으로 아이들의 머리를 베었습니다. 그리고 왕이 아이들의 피로 돌을 문질렀을 때, 생명이 되돌아왔고, 충신 요한네스는 다시 건장하게 그의 앞에 서 있었습니다. 요한네스는 왕에게 "당신의 신뢰는 보답을 받아야만 합니다."라고 말했고, 아이들의 머리를 잡아 위에 올려놓고 상처에 그들의 피로 문질렀습니다. 그것에 의해 아이들은 순식간에 다시 살아났고 뛰어다니면서 마치 아무 일도 없었다는 듯이 계속 놀았습니다.

어느 날 충신 요한네스가 죽어서 변한 석상이 왕에게 “가장 사랑스러운 것을 바친다면, 나를 다시 살릴 수 있어요.”라고 말하니, 왕은 깜짝 놀랐지만 지체 없이 칼로 쌍둥이 왕자의 목을 베어 그 피로 석상을 문질러 요한네스를 살려낸다. 왕과 왕비의 사랑의 결정체인 쌍둥이를 제물로 바쳐서라도 충신을 살려내겠다는 왕의 행동은 신하 못지않은 거룩한 신의의 실천이요, 보상받아야 할 진정한 신뢰이다. 그래서 돌에서 다시 인간으로 돌아온 충신 요한네스는 왕에게 “당신의 신뢰는 보답을 받아야만 합니다.”라고 말하면서 쌍둥이 왕자의 머리를 다시 몸에 붙여 살리는 기적 같은 힐링을 행한다. 이 충신 요한네스야말로 동화치료사의 롤모델(role model)이 아닌가 생각된다. 동화 인물은 종이로 만든 페이퍼캐릭터(paper character)이기 때문에 왕이 쌍둥이의 목을 베는 장면이나 요한네스가 쌍둥이의 목을 머리에 붙이는 장면이 전혀 어색하거나 끔찍하지 않다. 따라서 쌍둥이 왕자는 ‘순식간에 다시 살아났고 뛰어다니면서 마치 아무 일도 없었다는 듯이’ 하던 놀이를 계속하는 것이다.

3 심리이론 적용법

왕과 신하의 도리인 군신유의는 프로이트가 말하는 세상의 ‘가치관과 규범’인 슈퍼에고의 도덕적 에너지를 의미한다. 아무리 세상이 변했고 이기주의와 물질주의에 의해 사회가 병들어간다고 할지라도 세상에는 변하지 않는 가치관과 인간이기에 지켜야 하는 규범이 존재한다. 왕과 신하뿐만 아니라, 부부(夫婦)간에도 부자(父子) 또는 모녀(母女)지간에도 인간정신(마음, 심리) 안에 있는 도덕률이 척도가 되어 올바른 삶을 영위(營爲)할 때 그 사회는 건강한 사회, 행복한 사회, 아름다운 사회, 살아갈 의미가 있는 사회로 꽃피울 것이다. 그림 동화 「충신 요한네스」의 마지막 장면에서도 삼강〔三綱: 군위신강(君爲臣綱), 부위자강(父爲子綱), 부위부강(夫爲婦綱)〕 중 하나인 부위부강(夫爲婦綱)과 부부일심동체(夫婦一心同體)의 도덕률에 따라 행복한 결말을 맛보는 것이다.

> 왕비가 들어왔을 때, 왕은 그녀에게 "당신 교회에서 기도했소?"라고 말했습니다. 왕비는 "물론이죠, 나는 늘 충신 요한네스를 생각했어요. 그가 우리 때문에 너무 불행하게 됐잖아요."라고 대답했습니다. 그때 왕은 "여보, 우리가 그에게 생명을 다시 줄 수 있소. 그러나 우리의 두 아들들을 대가로 치러야 하오. 아이들을 희생시켜야만 한다오."라고 말했습니다. 왕비는 창백해졌고, 깜짝 놀랐습니다. 하지만 왕비는 "우리는 요한네스의 위대한 충성심 때문에 빚을 졌잖아요."라고 말했습니다. 그러자 왕은 왕비가 그와 같은 생각을 했다는 것이 기뻤고, 가서 장롱의 문을 열어 아이들과 충신 요한네스를 꺼냈으며, "아, 고마워라! 요한네스가 구원되었고, 우리의 아들들 또한 다시 얻었소!"라고 말했습니다. 그리고 왕은 왕비에게, 어떻게 모든 일이 일어났었는지를 이야기했습니다. 거기서 그들은 함께 마지막까지 아주 행복하게 살았답니다.

충신 요한네스를 향한 왕과 왕비의 생각이 같고 행동이 같은 부창부수(夫唱婦隨)의 사랑과 화합이 모든 구성원을 행복하게 만드는 원천이 되는 것이다. 왕비가 교회에서 충신 요한네스를 위해 기도하고 왔다는 표현은 그림 형제가 동시대 사회 분위기에 알맞게 동화 내용에 신앙(信仰)을 첨부·수정한 것이다. 기도하는 백설 공주와 신데렐라처럼 왕비의 기도에 대한 응답으로 요한네스가 '구원'되며, 지극히 행복한 평화와 안식을 누리는 것이다.

4 커뮤니케이션과 다이얼로그 기법

내방자 K는 「충신 요한네스」 동화를 가지고 커뮤니케이션과 다이얼로그 기법으로 동화치료사에게 동화 힐링을 받은 후에 다음과 같은 스토리텔링을 남겼다.

군신 간의 도리뿐만 아니라 부모 자식과 부부 사이의 도리도 매우 중요하군요. 내가 사업을 한다고 해서 임금처럼 사장으로서 군림하려고 했는지 자신을 돌아보게 되는 귀한 시간을 가졌습니다. 아마도 믿을 사람 없다고 부하직원들을 탓했던 건 아닌지 돌아보게 되는군요. 그러고 보니 가족하고도 불협화음이 많은 게 다 내게 문제가 있었던 것 같습니다. 오늘 많은 깨달음을 얻었습니다. 동화 속의 충신 요한네스와 왕처럼 서로 신의를 지키고 행동으로 옮기는 솔선수범(率先垂範)하는 자세로 직원들을 대하겠습니다. 거기에 해답이 있었는데, 남의 탓만 했군요.

동화치료사는 내방자 K의 진솔한 고백을 듣고 동화의 위력이 크다는 것을 다시금 상기(想起)하게 되었다. 올 때의 모습과는 대조적으로 가벼운 마음으로 자리에서 일어나 악수를 청하는 K의 모습에서 동화치료사는 가벼운 전율과 커다란 보람을 느꼈다.

22. 어부와 그의 아내

옛날에 어부와 그의 아내가 있었는데, 그들은 함께 바닷가 가까이에 있는 작은 오막살이에서 살았습니다. 어부는 매일매일 바닷가에 나가서 낚시를 했습니다.

어느 날 어부가 낚싯대를 가지고 바닷가에 앉아 있었는데 맑은 물속을 들여다보면서 그렇게 오랜 시간 앉아 있었습니다. 그때 낚싯대가 깊이 바닥 아래에 닿았고, 어부가 낚싯대를 들어 올렸을 때, 한 마리 커다란 넙치를 잡아 올렸습니다. 그러자 넙치는 "어부님 들어보세요, 나는 당신에게 살려주기를 청합니다. 나는 넙치가 아니라, 마법에 걸린 왕자랍니다. 당신이 나를 죽인들 무슨 소용이 있겠습니까? 나는 꽤 맛이 없을 겁니다. 나를 다시 물속에 놓아 헤엄치게 해주세요."라고 말했습니다. 어부는 "그래, 너는 그렇게 많이 말할 필요가 없단다. 말할 수 있는 넙치를 나는 기꺼이 헤엄치게 놓아줄 수 있단다."라고 말하며, 넙치를 다시 맑은 물속으로 놔주었습니다. 그래서 넙치는 바닥으로 내려갔고 자기 뒤에 하나의 긴 선 같은 핏자국을 남겼습니다.

그러자 어부는 일어나서 아내가 있는 작은 오두막으로 갔습니다. "여보, 오늘 아무것도 잡지 못했나요?"라고 아내가 말했습니다. 남편은 "그렇소. 사실 나는 한 마리 넙치를 잡았었소. 그 넙치가 자기는 마법에 걸린 왕자라고 말하더군. 그래서 다시 놔주었소."라고 말했습니다. 아내는"당신은 아무것도 원하지 않았나요?"라고 말했습니다. 어부는 "그렇소. 내가 무엇인가를 원했어야만 한 거요?"라고 말했습니다. 아내는 "맙소사, 항상 악취가 풍기고 욕지기가 날 것 같은 오두막에서 사는 게 끔찍해요.

당신은 우리에게 필요한 작은 집이라도 하나 원할 수 있었을 텐데요. 다시 한 번 가서 넙치를 부르세요. 우리가 작은 집 한 채를 갖고 싶다고 넙치에게 말해요. 넙치가 확실히 그것을 들어줄 거예요.'라고 말했습니다. 어부가 "아이고, 왜 내가 지금 재차 가야만 하오?"라고 말하자, 아내는 "뭐라고요, 당신은 넙치를 잡았다가 다시 놔준 거잖아요. 넙치는 확실히 보답할 거예요. 빨리 가세요!"라고 말했습니다. 어부는 정말 원하지 않았으나, 아내에게 저항할 수 없어서 바닷가로 나갔습니다.

어부가 거기로 왔을 때, 바다는 완전히 파랗고 노랬으며 더 이상 맑지 않았습니다. 그래서 어부는 다가서서 말했습니다.

"난쟁이야, 난쟁이야, 팀페테야,
넙치야, 바다 속에 넙치야,
내 아내 일제빌이, 내가 원하는 것처럼
그렇게 원하지 않는구나."

그러자 넙치는 헤엄쳐 왔고 "자, 도대체 무엇을 그녀가 원하나요?"라고 말했습니다. 어부는 "글쎄, 내가 너를 잡았었잖아. 이제 내 아내는 내가 무엇을 원해야만 했었다는 거야. 아내는 더 이상 오두막에서 살려고 하지 않아. 그녀는 간절히 하나의 집을 원한단다.'라고 말했습니다. 넙치는 "가기나 하세요. 그녀는 이미 그것을 가졌어요."라고 말했습니다.

그래서 어부는 돌아갔고, 그의 아내는 더 이상 작은 오두막에 앉아 있지 않았습니다. 왜냐하면 오두막이 있었던 자리에는 한 채의 집이 있었기 때문이었고, 아내가 문 앞의 벤치에 앉아 있었기 때문이었습니다. 그러자 아내는 그의 손을 잡았고 "들어와서 보세요, 이제 훨씬 더 좋아졌죠.'라고 말하며 함께 들어갔습니다. 그 집안에는 작은 안마당이 있었고, 작고 깨끗한 방과 각각의 침대가 있는 침실이 있었으며, 부엌과 식당이 있었습니다. 모든 것이 가장 좋은 도구들로 설비되어 있었고, 거기에 필요한 주석그릇과 놋쇠그릇이 가장 아름답게 진열되어 있었습니다. 그 집 뒤에는 또한 닭과 오리가 있는 작은 뜰이 있었고, 채소와 과일이 있는 작은 정원이 있었습니다. 아내가 "보세요, 멋지지 않나요?"라고 말하자 남편은 "그렇군, 그렇게 머물러야겠지. 이제 우리는 꽤 만족하면서 살 수 있겠군."이라고 말했습니다. 아내는 "그것은 생각해 볼 일이죠."라고 말했습니다. 그러고 나서 그들은 뭔가를 먹었고 잠을 자러 갔습니다.

그렇게 8일 내지 14일 동안을 잘 지냈습니다. 그러자 아내는 "여보, 들어봐요. 집이 너무나 좁고, 뜰과 정원은 너무 작아요. 넙치가 우리에게 보다 커다란 집을 선사할 수 있을 거예요. 나는 커다란 돌로 지은 성에서 살기를 원해요. 넙치에게 가세요. 그가 우리에게 성을 선사해 줄 거예요."라고 말했습니다. 남편은 "아이 여보, 이 집이 충분히 넉넉한데, 왜 우리가 성에서 살아야 한단 말이오?"라고 말했습니다. 아내가 "뭐라고요, 당신은 어서 가기나 하세요. 넙치가 그것을 들어줄 거예요."라고 말하자 남편은 "안 되오, 부인! 넙치는 우리에게 집을 줬소. 나는 다시는 가고 싶지 않소. 넙치를 화나게 하고 싶지 않소."라고 말했습니다. 아내는 "어서 가세요, 넙치가 알아서 잘 해줄 거고 또한 기꺼이 해줄 거예요. 당신은 단지 가기만 하면 돼요."라고 말했습니다. 남편의 마음은 너무나 무거웠고, 가려고 하지 않았으며, 자기 자신에게 "그것은 옳은 일이 아냐."라고 말했습니다. 그러나 어부는 갔습니다.

어부가 바다에 도착했을 때, 물은 온통 보라색이었고 검푸른 색이었으며, 회색이었고 탁했습니다. 그리고 더 이상 그렇게 파랗고 노랗지 못했으나, 아직은 고요했습니다. 그러자 어부는 다가서서 말했습니다.

"난쟁이야, 난쟁이야, 팀페테야,

넙치야, 바다 속에 넙치야,
내 아내 일제빌이, 내가 원하는 것처럼
그렇게 원하지 않는구나."

넙치가 "자, 도대체 무엇을 그녀가 원하나요?"라고 말하자 어부는 "글쎄, 그녀가 커다란 돌로 지은 성에서 살고 싶다는구나."라고 반쯤 슬픔에 잠겨서 말했습니다. 그러자 넙치는 "가보세요, 그녀가 문 앞에 서있을 거예요."라고 말했습니다.

어부는 돌아갔고, 그 전 집으로 갈 거라고 생각했습니다. 그러나 어부가 그곳으로 왔을 때, 거기에는 커다란 돌로 지은 궁전이 서있었고, 그의 아내가 위쪽 계단 위에 서서 안으로 들어가려고 했습니다. 그때 아내는 남편을 손으로 잡고 "자, 들어가죠."라고 말했습니다. 그래서 어부는 아내와 함께 안으로 들어갔습니다. 성안에는 대리석 바닥으로 된 커다란 현관이 있었고, 거기에 많은 하인들이 있었으며, 그들이 커다란 문을 열어주었습니다. 그리고 벽들은 모두 번쩍번쩍하는 아름다운 양탄자들로 장식되어 있었고, 방안에는 오직 황금의 의자들과 탁자들이 놓여 있었으며, 크리스털제의 샹들리에가 천장에 매달려 있었습니다. 모든 방들과 침실들은 융단으로 장식되어 있었습니다. 식탁 위에는 음식과 최고급의 포도주가 놓여 있었고, 상다리가 부러질 정도였습니다. 집 뒤에는 마구간과 외양간, 그리고 마차가 있는 커다란 뜰이 있었고, 모든 것이 최상의 것들이었습니다. 또한 거기에는 가장 아름다운 꽃들과 좋은 과일나무가 있는 크고 훌륭한 공원이 있었고, 거의 반마일의 길이로 놓여 있었으며, 사슴과 노루가 그 안에서 놀고 있었고 사람들이 원하는 모든 것이 들어 있었습니다. 아내가 "자, 아름답지 않나요?"라고 말하자 어부는 "아, 그렇군. 그렇게 머물러야겠지. 이제 우리는 아름다운 성에 살면서 만족할 수 있겠지.'라고 말했습니다. 아내는 "그렇게 생각할 수도 있죠. 그것은 자면서 생각해 보죠."라고 말하며 남편과 함께 침대로 갔습니다.

다음날 아침에 아내가 먼저 깨어났습니다. 이미 날이 밝았고, 침대에서 자기 앞에 놓인 훌륭한 세상을 보았습니다. 남편이 기지개를 펴자, 아내는 그의 옆구리를 팔꿈치로 찌르면서 '여보, 일어나서 창문 밖을 내다보세요. 보세요, 우리가 이 나라의 왕이 될 수는 없나요? 넙치에게 가세요. 우리는 왕이 되길 원해요.'라고 말했습니다. 남편은 "아, 부인, 왜 우리가 왕이 되길 원하오?"라고 말했습니다. 아내는 "그래요, 당신은 왕이 되기 싫군요. 나는 왕이 되고 싶어요. 넙치에게 가세요. 나는 왕이 되길 원해요"라고 말했습니다. 남편이 "아이고, 부인, 어째서 당신은 왕이 되고 싶다는 거요? 나는 그것을 넙치에게 말할 수 없소"라고 말하자 아내는 "왜 안 된다는 거예요. 당장 가세요. 나는 왕이 되어야만 해요.'라고 말했습니다. 그래서 어부는 떠났고, 아내가 왕이 되고 싶다는 것에 매우 우울해졌습니다. 그것은 옳지 않다고 어부는 생각했습니다. 어부는 가고 싶지 않았지만 갔습니다.

어부가 바다에 도착했을 때, 바다는 완전히 검은 회색이었고, 물은 아래에서 위로 물결쳤으며 심한 썩은 악취가 풍겼습니다. 그러자 어부는 다가서서 말했습니다.

"난쟁이야, 난쟁이야, 팀페테야,
넙치야, 바다 속에 넙치야,
내 아내 일제빌이, 내가 원하는 것처럼
그렇게 원하지 않는구나."

넙치는 "자, 도대체 무엇을 그녀가 원하나요?"라고 말했습니다. 어부는 "글쎄, 그녀가 왕이 되고 싶다는구나."라고 말했습니다. 넙치는 "가보세요. 그녀는 이미 왕이 되어 있을 거예요."라고 말했습니다.

어부가 돌아가서 궁전에 도착했을 때, 성은 훨씬 더 커졌고 커다란 탑이 있었으며 화려한 장신구가 달려 있었습니다. 그리고 보초가 문 앞에 서있었고 거기 많은 군인들이 있었으며 팀파니와 트럼펫을 불고 있었습니다. 어부가 성안으로 들어왔을 때, 모든 것이 순수한 대리석과 황금으로 이루어졌고 우단으로 만든 천장과 황금 나뭇잎 장식으로 치장되어 있었습니다. 그때 홀의 문들이 열렸는데 거기에는 모든 신하들이 있었고, 그의 아내는 황금과 다이아몬드로 만든 높은 옥좌에 앉아 있었으며, 커다란 왕관을 쓰고 있었고 손에는 순금과 보석으로 만든 왕홀(王笏)을 들고 있었습니다. 그리고 그녀의 양옆으로 여섯 명의 하녀들이 순서대로 서있었는데 항상 키순서대로 정렬해 있었습니다. 그러자 어부는 다가가서 "아, 부인, 당신은 이제 왕인가요?"라고 말했습니다. 아내는 "그래요, 이제 나는 왕이에요."라고 말했습니다. 거기에 어부는 서서 아내를 자세히 들여다보았습니다. 그리고 어부가 아내를 얼마동안 그렇게 자세히 들여다보았을 때, "아, 부인, 당신이 이제 왕이라는 것이 너무나 좋군! 이제 더 이상 아무것도 원하지 않겠지."라고 말했습니다. 아내는 "그럼요, 여보."라고 말하고는 매우 불안해했습니다. "내게 이미 충분한 시간이 되었고 지루해졌으며 더 이상 참을 수가 없어요. 넙치에게 가세요. 내가 왕이니 이제 또한 황제가 되어야만 해요." 남편이 "아이고, 부인, 왜 당신은 황제가 되려고 하오?"라고 말하자 아내는 "여보, 넙치에게 가세요. 나는 황제가 되길 원해요!"라고 말했습니다. 남편은 "아, 부인, 황제를 넙치는 만들 수 없소. 나는 넙치에게 그것을 말할 수 없소. 황제는 나라에 단 한 명뿐이오. 황제를 넙치는 만들 수 없소."라고 말했습니다. 아내는 "뭐라고요, 나는 왕이에요. 그리고 당신은 내 남편이에요. 곧 가도록 하세요. 바로 출발하세요! 넙치가 왕을 만들 수 있다면, 또한 황제를 만들 수 있어요. 나는 황제가 되길 원하고 또 원해요! 어서 가세요!"라고 말했습니다. 그러자 어부는 가야만 했습니다. 그러나 어부가 출발했을 때, 매우 걱정이 되었습니다. 어부가 그렇게 걸어갔을 때, 스스로 '그것은 잘못된 일이야, 잘못되었어. 황제라니 너무 뻔뻔스럽잖아. 넙치는 결국 싫어할 거야.'라고 생각했습니다.

그 사이에 어부는 바다에 도착했습니다. 지금 바다는 완전히 시커멓고 탁했으며 아래에서 위로 물결치기 시작했고 거품을 일으켰습니다. 그리고 회오리바람이 바다 위로 몰아쳤고, 바다는 그렇게 맴돌고 있었으며, 공포가 어부를 사로잡았습니다. 거기에 어부는 서서 말했습니다.

"난쟁이야, 난쟁이야, 팀페테야,
넙치야, 바다 속에 넙치야,
내 아내 일제빌이, 내가 원하는 것처럼
그렇게 원하지 않는구나."

넙치는 "자, 도대체 무엇을 그녀가 원하나요?"라고 말했습니다. 어부가 "아, 넙치야, 내 아내는 황제가 되려고 한단다."라고 말하자 넙치는 "가보세요. 그녀는 이미 황제일 거예요."라고 말했습니다.

그러자 어부는 돌아갔고 그곳에 도착했을 때, 성 전체는 윤이 나는 대리석으로 되어 있었고, 설화석고와 황금 장신구로 치장되어 있었습니다. 문 앞에서 군인들이 행군하고 있었고, 그들은 트럼펫을 불고 팀파니와 북을 두드리고 있었습니다. 그러나 성안에는 남작과 백작 그리고 공작이 모여 있었고, 마치 하인처럼 행동하고 있었습니다. 그들은 어부에게 순금으로 만든 문을 열어주었습니다. 어부가 안으로 들어갔을 때, 거기에 그의 아내가 옥좌 위에 앉아 있었는데, 그 옥좌는 한 덩어리의 황금으로 되어 있었고 2마일의 높이였습니다. 그리고 아내는 큰 황금 관을 쓰고 있었는데, 그 관은 3엘레의 높이였고 금강석과 홍옥이 박혀 있었습니다. 아내는 한 손에 왕홀을 들고 있었고 다른 손에는 권력의 상징인 십자가를 단 지구본을 잡고 있었습니다. 그리고 아내의 옆 양쪽으로 친위병들이 두 줄로 서있었고 항상 키순서대로 정렬하고 있었습니다. 키가 2마일이나 되는 가장 큰 거인으로부터 새끼손가락만한 크기의 가장 작은 난쟁이에 이르기까지 순서대로 서있었습니다. 아내의 앞에는 많은 영주들과 공작들이 서있었고 이제 어부는 그들 사이로 들어갔고 "여보, 당신 이제 황제가 됐소?"라고 말했습니다. 아내는 "그래요, 나는 황제예요."라고 말했습니다. 그래서 어부는 다가가 서서 아내를 자세히 눈여겨보았습니다. 어부가 아내를 그렇게 얼마동안 주시했을 때, "아, 부인, 당신이 황제라니 얼마나 좋은 일이오."라고 말했습니다. 아내는 "여보, 왜 당신은 거기 서있어요? 나는 이제 황제가 되었으니 또한 교황이 되고 싶어요. 넙치에게 가세요."라고 말했습니다. 어부가 "아이고, 부인, 도대체 당신은 그 이상 무얼 더 원하시오? 당신은 교황이 될 수 없소. 교황은 전 기독교계에서 단 한 명만 존재하오. 그것을 넙치는 만들 수 없소!"라고 말하자 아내는 "여보, 나는 교황이 되고 싶어요. 어서 가세요. 나는 오늘 교황이 되어야만 해요."라고 말했습니다. 어부는 "안 되오, 부인! 그것을 나는 넙치에게 말하지 않겠소. 그것은 옳은 일이 아니오. 그것은 지나친 요구요. 넙치는 당신을 교황으로 만들 수 없소."라고 말했습니다. 아내는 "여보, 멍청한 말 그만해요. 넙치가 황제를 만들 수 있다면, 또한 교황도 만들 수 있어요. 즉시 떠나세요. 나는 황제고, 당신은 나의 남편이에요. 어서 가지 못해요?"라고 말했습니다.

그러자 어부는 너무 걱정이 되었지만 그곳으로 갔습니다. 그러나 어부는 동시에 너무나 쇠약해졌고 몸을 떨고 또 떨었으며 그의 무릎과 장딴지가 흔들렸습니다. 거기에 바람이 그 땅위로 몰아쳤고, 구름들이 날아갔으며,

밤처럼 그렇게 어두워졌습니다. 나뭇잎들이 나무에서 떨어져 날렸고, 바닷물이 높이 솟구쳤으며, 마치 들끓어서 해변을 삼키려는 듯이 그렇게 물결쳤습니다. 그리고 멀리서 어부는 조난신호탄을 쏘면서 큰 파도와 싸우며 춤추고 있는 배들을 보았습니다. 하지만 하늘 한가운데는 아직 약간 푸르렀고 그 주변은 사나운 폭풍우처럼 너무나 붉게 물들었습니다. 그러자 어부는 매우 낙심하여 걸어갔고 두려운 마음으로 거기에 서서 말했습니다.

"난쟁이야, 난쟁이야, 팀페테야,
넙치야, 바다 속에 넙치야,
내 아내 일제빌이, 내가 원하는 것처럼
그렇게 원하지 않는구나."

넙치는 "자, 도대체 무엇을 그녀가 원하나요?"라고 말했습니다. 어부는 "글쎄, 그녀가 교황이 되고 싶다는구나"라고 말했고, 넙치는 "가보세요, 그녀는 교황이 이미 되었어요."라고 말했습니다.

그래서 어부는 돌아갔고 그가 도착했을 때, 거기에는 오직 궁전들로 에워싸인 커다란 교회가 있었습니다. 그러자 어부는 백성들을 뚫고 들어갔습니다. 그 안에는 수천 개의 촛불들로 빛나고 있었고, 그의 아내는 완전히 금으로 된 옷을 입었으며 훨씬 더 높은 옥좌 위에 앉아 있었고 세 개의 커다란 황금 관을 쓰고 있었습니다. 그리고 아내를 둘러싸고 매우 많은 사제들이 서있었고, 그녀의 양쪽 측면으로 촛불들이 두 줄로 진열되어 있었는데, 가장 커다란 촛불은 아주 커다란 탑처럼 두껍고 컸으며 가장 작은 것은 아주 작은 부엌 촛불처럼 작은 촛불로 진열되어 있었습니다. 모든 황제들과 왕들이 아내 앞에서 무릎을 꿇고 앉아서 그녀의 신발에 입을 맞췄습니다. '여보'라고 남편은 말했고 그녀를 똑바로 응시했습니다. "당신 이제 교황이 된 거요?" "그래요, 나는 교황이에요.'라고 아내는 말했습니다. 거기서 어부는 다가갔고 아내를 똑바로 응시했으며 그는 마치 밝은 태양을 보는 것 같았습니다. 어부가 아내를 그렇게 얼마동안 바라보았을 때, "아, 부인, 당신이 교황이라는 사실이 너무나 좋소!"라고 말했습니다.

그러나 아내는 나무처럼 매우 빳빳하게 앉아 있었고 전혀 움직일 수 없었습니다. 그때 어부는 '여보, 당신이 교황이 되었으니, 이제 만족하겠지. 왜냐하면 당신은 이제 더 이상 될 게 아무것도 없기 때문이오.'라고 말했습니다. 아내는 "그렇게 나도 생각하려고 해요."라고 말했습니다. 그리고 그들은 잠자러 갔습니다. 하지만 아내는 만족하지 못했고, 열망이 그녀를 잠 못 이루게 했으며, 아내는 항상 아직 무엇이 될 수 있을까를 생각했습니다.

남편은 꽤 깊이 잠들었습니다. 그는 낮에 많이 돌아다녔기 때문이었죠. 그러나 아내는 전혀 잠잘 수 없었고 밤새도록 뒤척였으며 항상 그녀가 아직 무엇이 될 수 있을까에 대해 생각하고 있었습니다. 하지만 아무것도 더 이상 생각해 낼 수 없었습니다. 그러는 사이에 태양이 떠올랐습니다. 아내가 아침노을을 보았을 때 침대에서 똑바로 앉았고 거기서 밖을 내다보았습니다. 그리고 아내가 창을 통해 태양이 그렇게 떠오르는 것을 보았을 때, '아, 내가 태양과 달을 뜨게 할 수는 없을까?'라고 생각했습니다. "여보,"라고 아내는 말했고 남편의 갈빗대를 팔꿈치로 눌렀습니다. "일어나요, 넙치에게 가세요. 나는 하나님처럼 되고 싶어요." 남편은 아직 깊이 잠에 취해있었으나 그는 너무 깜짝 놀라서 침대에서 떨어졌습니다. 어부는 잘못 들었다고 생각했고, 두 눈을 비비면서 "아이고 부인, 무엇을 말한 거요?"라고 말했습니다. 아내는 "여보, 내가 해와 달을 뜨게 할 수 없다면, 나는 참을 수 없어요. 그리고 내가 해와 달을 스스로 떠오르게 할 수 없다는 것에 대해 더 이상 편안한 시간을 가질 수 없어요.'라고 말했습니다. 동시에 아내는 어부를 매우 무서운 눈으로 바라보았고, 그를 몸서리치게 했습니다. '빨리 가세요. 나는 하나님처럼 되고 싶어요." "아이고 부인," 하고 남편은 말하며 그녀 앞에 무릎을 꿇었습니다. "그것을 넙치는 할 수 없소. 황제와 교황을 그는 만들 수 있어도 제발 부탁이니, 정신 차리고 교황으로 머무시오." 그러자 아내는 악이 바쳤고, 머리카락들이 그녀 머리 주위로 거칠게 나부꼈으며 "나는 그것을 참을 수 없어요! 나는 더 이상 길게 버틸 수 없어요! 어서 가주세요!"라고 소리 질렀습니다. 그러자 어부는 바지를 입고 거기서 미친 듯이 달려 나왔습니다.

밖에는 폭풍우가 불었고 윙윙거려서 어부는 거의 두 발로 서있을 수 없었습니다. 집들과 나무들이 바람에 넘어졌고, 산들이 진동했으며, 바윗덩어리들이 바다 속으로 굴러 떨어졌습니다. 하늘은 완전히 시커멓고, 천둥과 번개가 쳤으며, 바다는 교회 탑과 산처럼 높은 검은 파도를 일으켰고, 집어삼킬 듯이 흰 파도머리로 달려들었습니다. 그러자 어부는 외쳤고, 그 자신의 말조차 들을 수 없었습니다.

"난쟁이야, 난쟁이야, 팀페테야,
넙치야, 바다 속에 넙치야,
내 아내 일제빌이, 내가 원하는 것처럼
그렇게 원하지 않는구나."

넙치는 "자, 도대체 무엇을 그녀가 원하나요?"라고 말했습니다. 어부는 "아, 아내가 하나님처럼 되고 싶어 한단다."라고 말했습니다. "가보세요, 그녀는 이미 다시 어부의 오막살이에 앉아 있을 거예요."

거기에 그들은 오늘날까지도 아직 앉아 있을 겁니다.[22)]

---

22) Brüder Grimm, *Ibid.*, pp. 135-142.

동화 힐링 실습

그림 동화 「어부와 그의 아내」는 인간의 욕망이 적나라하게 드러난 소원성취(所願成就)와 과유불급(過猶不及)의 교훈적이고 마법적인 이야기이다. 왜 인간은 끊임없이 무엇인가를 요구하고 만족하지 못하며 살아가는 걸까? 사람이 태어나서 약 80년을 산다고 할 때, 과연 어느 시점에서 욕심 없이 마음을 비우고 살 수 있는 걸까? 재벌처럼 재산이 많을 때? 아니면 왕과 교황처럼 권력이 최고조에 달할 때? 아니면 물질과 권력에 욕망을 동시에 성취할 때? 모두 아니다.

욕심이 지나치면 화를 부른다는 말처럼 「어부와 그의 아내」 동화는 물질이 많다고 최고의 권력을 소유하더라도 인간의 욕망은 끊임없이 지속된다는 것을 보여준다. 다시 말해, 어부의 아내는 작은 집과 성을 갖고 싶은 물건에 대한 소원성취를 이루지만 만족할 수 없다. 물질의 풍요는 욕심을 더욱 자극하여 왕과 황제와 교황 심지어 하나님이 되고자 하는 지위와 권력에 대한 욕망으로 상승된다.

물론 한국 전래동화 「욕심쟁이 할머니」에서도 어부(漁夫)의 아내가 기와집과 세간을 갖고 싶은 물질적인 욕심을 소원성취하자, 하녀와 하인에 대한 소원성취를 욕망으로 드러낸다. 동서양의 욕심에 대한 스케일(scale)의 차이가 나타나며, '인간의 욕망의 끝이 어딜까?'라는 공동의 의문점이 동화를 통해 묘사된다고 할 수 있다.

한번은 60대 남성이 동화치료사를 찾아왔다. 같은 또래의 친구들은 '정년퇴임을 해서 하루하루를 어떻게 보낼까?' 걱정하고 있는데, 자기는 아직 직장생활을 하고 있어서 다행이지만 언제 잘릴지 몰라 마음이 항상 불안하다는 것이다. 과거에는 커다란 사업을 해서 돈도 마음껏 벌고 써봤다고 한다. 흔한 말로 잘나갈 때 정신 차리고 욕심을 조절할 필요가 있었는데, 지나친 사업 확장에 대한 욕망에 사로잡혀 하루아침에 부도가 나서 알거지가 되었다고 한다.

그 후 살길이 막막했는데, 지인의 도움으로 다시 일자리를 얻었고, 차츰차츰 먹고사는 문제는 어느 정도 해소되었지만, 미래에 대한 불확실성 때문에 마음이 어둡고 언제 어떻게 될지 몰라 늘 불안하다는 것이다.

1 동화 제목 연상기법

동화치료사는 내방자 R에게 50편의 동화 제목을 보여주면서 제목만 봐도 그 줄거리가 생각나거나 관념연상이 되는 동화를 선택하라고 권했다. R은 이리저리 생각하더니 그림 동화 「어부와 그의 아내」를 선택했다. 그 이유를 묻자 R은 어렸을 때 읽어본 동화이고, 최근 손자(孫子)에게 읽어줘서 그 내용이 뚜렷이 기억난다고 한다. 어부의 아내가 인간의 영역을 넘어 신의 영역까지 욕심을 부리는 것에 참 희한한 동화라고 생각했다고 한다.

하지만 R은 어부가 잡은 넙치 같은 존재가 지금 내게도 있다면 얼마나 좋을까 하는 생각에 입맛을 쩝쩝 다셨다.

2 동화 주제에 따른 분류법

그림 동화 「어부와 그의 아내」의 주제는 소원성취와 과유불급이다. 사실 소원이 없는 사람은 없다. '우리의 소원은 통일'이라는 노래가 있듯이 인간이 바라고 원하는 일은 언젠가 성취될 거라는 기대를 가지게 된다. 따라서 소원성취는 인간의 무의식에 자리 잡고 있는 리비도와 같은 본능적 에너지를 의미한다. 그래서 리비도를 지혜롭게 조절해서 사용하면 부부생활에 활력소가 되듯, 소원도 적당하게 성취해야 삶이 윤택해지는 것이다. 이 지혜로운 조절과 적당함이 문제이며, 그 한계를 지킬 줄 아는 자가 참된 즐거움을 누릴 수 있을 텐데, 과연 어떤 사람이 자신을 제어하고 조절하며 적당한 소원성취를 할 수 있느냐가 관건이다.

동화는 경이로운 이야기이고, 인간의 상상력을 즐겁게 펼칠 수 있는 장르이기 때문에, 무엇보다도 소원성취가 적나라하게 드러나는 무의식의 소산물이다. 어떤 동화에서보다도 「어부와 그의 아내」 동화에서 소원성취가 적나라하게 드러난다. 소원은 소원으로 끝나야 하는데 늘 욕심이 결부되는 단점이 있다. 그래서 처음에 소원한 어부 아내의 작은 집에 대한 소원은 읽는 이로 하여금 가벼운 즐거움을 주는 내용이지만, 줄거리가 진행될수록 소원이 욕심과 욕망으로 전이되는데 짜증이 나고 지나치다는 생각을 갖게 한다. 물론 그 발단이 되는 사건은 어부가 넙치라는 마법에 걸린 왕자를 잡고부터 시작된다.

> 어느 날 어부가 낚싯대를 가지고 바닷가에 앉아 있었는데 맑은 물속을 들어다보면서 그렇게 오랜 시간 앉아 있었습니다. 그때 낚싯대가 깊이 바닥 아래에 닿았고, 어부가 낚싯대를 들어 올렸을 때, 한 마리 커다란 넙치를 잡아 올렸습니다. 그러자 넙치는 "어부님 들어보세요, 나는 당신에게 살려주기를 청합니다. 나는 넙치가 아니라, 마법에 걸린 왕자랍니다. 당신이 나를 죽인들 무슨 소용이 있겠습니까? 나는 꽤 맛이 없을 겁니다. 나를 다시 물속에 놓아 헤엄치게 해주세요."라고 말했습니다. 어부는 "그래, 너는 그렇게 많이 말할 필요가 없단다. 말할 수 있는 넙치를 나는 기꺼이 헤엄치게 놓아줄 수 있단다."라고 말하며, 넙치를 다시

맑은 물속으로 놔주었습니다. 그래서 넙치는 바닥으로 내려갔고 자기 뒤에 하나의 긴 선 같은 핏자국을 남겼습니다.

넙치는 광어(廣魚)라고도 하며, 바다 바닥에서 서식하는 둥글넓적한 타원형 물고기를 말한다. 광어회를 먹어본 사람이라면 그 맛이 어떠했는지 알 테니 어부가 잡은 광어를 놔주기란 여간 어려운 일이 아니다. 그러나 마법에 걸린 왕자라고 자신을 소개하며 인간의 말을 하는 물고기이기 때문에 어부인들 살려줄 수밖에 없지 않겠는가?

한국 전래동화에서는 어부가 낚는 물고기가 잉어인 반면에, 그림 동화에서는 넙치이다. 동서양의 동화에 등장하는 대표적 물고기의 명칭이 비교되며, 잉어는 공주로 넙치는 왕자로 각각 남녀로 서술되는 특징이 있다고 하겠다.

아무튼 넙치를 잡았다 놔준 자비심으로 어부는 아내에게 혼쭐이 나고, 반면에 넙치는 살려준 은혜에 보답해야 하는 또 다른 낚시에 걸린 모양새가 된다. 어부 아내의 첫 번째 소원은 작은 집이다. 하긴 판잣집 같은 오막살이에서 평생을 살아온 어부 아내에게 소원이 있다면 개인주택 같은 작은 집이 아니겠는가! 넙치는 어부의 요구를 즉시 들어준다. 넙치는 자신을 마법에 걸린 왕자라고 소개했지만 실제로는 초능력을 행하는 마법사임이 틀림없다. 저승 존재로서 넙치는 이승 존재를 도와주는 전형적인 조력자 역할을 하니 말이다. 어부와 넙치 사이의 소통에는 주문(呪文)이 있어야 하며 시구(詩句)로 표현된다.

"난쟁이야, 난쟁이야, 팀페테야,
넙치야, 바다 속에 넙치야,
내 아내 일제빌이, 내가 원하는 것처럼

그렇게 원하지 않는구나.”

넙치의 이름은 팀페테(Timpete)이고 어부 아내의 이름은 일제빌(Ilsebill)이지만, 어부의 이름은 공개되고 있지 않다. 이러한 어부와 넙치 사이에 주문이 6번 전개되는데, 첫 번째 작은 집, 두 번째 성, 세 번째 왕, 네 번째 황제, 다섯 번째 교황에 대한 소원을 넙치는 들어주지만, 마지막 여섯 번째 하나님이 되겠다는 소원은 들어줄 수가 없다. 아무리 초능력자이자 마법사의 넙치라고 할지라도 신의 영역을 침범하기에는 역부족이기 때문이다.

그래서 동화의 종결문에서 어부가 “아내가 하나님처럼 되고 싶어 한단다.”라고 말하자, 넙치는 “가보세요, 그녀는 이미 다시 어부의 오막살이에 앉아 있을 거예요.”라고 태연하게 대답하는 것이다. 동화 시작에서 언급된 어부와 어부 아내의 오두막살이가 동화 말미에서 환원됨으로써 과유불급의 주제가 실현되는 것이다.

3 심리이론 적용법

‘욕심이 잉태한즉 죄를 낳고 죄가 장성한즉 사망을 낳느니라.’(약 1:15)라는 성경말씀처럼 욕심이 지나치면 죄가 되고 죄를 범하다보면 결국 파멸하게 되는 것이다. 「어부와 그의 아내」 동화에서 ‘어부는 욕심의 당사자가 아니라 전달자이기 때문에 욕심의 당사자인 아내와는 달리 보상을 받아야 하는 게 아니냐?’라고 반문할지 모른다. 그러나 부부관계는 일심동체(一心同體)의 관계이기 때문에, 소원에서 출발한 욕심이 화를 불러일으키고 결국은 죄의식에 사로잡혀 처음의 상태로 돌아갈지라도 안빈낙도(安貧樂道)의 삶을 살 수는 없다. 결국 어부와 어부 아내는 오두막에서 잘잘못을 따지며 허탈하고 공허한 마음에 자멸하게 될 것이다. 아마도 어부는 아내에게 '교황이 되었을 때 욕망을 멈췄다면 얼마나 좋았을꼬.'라고 푸념하면, 아내도 '내 말이.'라고 화답하며 땅을 치고 있을 게 불 보듯 뻔하다.

프로이트의 주장대로 욕심은 '배고픔, 성충동, 성욕, 질투, 미움, 흥분' 등과 같이 세상에서 비롯된 '자극(매력, 유혹, 흥분)'으로서 '본능적인 욕구, 욕망'을 의미하기 때문에, 욕심 없는 인간은 존재하지 않는다고 해도 과언이 아니다. 어차피 인간이 욕심에서 벗어날 수 없다면 이성과 도덕으로 컨트롤 해야 한다. 즉 이드와 에고와 슈퍼에고의 밸런스(balance)를 맞춰서 세상을 살아가야 한다는 말이다.

최근 제주지검장 K가 거리 위에서 음란행위를 한 사건은 많은 국민에게 충격을 주었다. 사회지도층 인사가 미치지 않고서야 그런 행위를 할 수 있겠냐마는 그럴 수도 있는 게 인간이다.

스티븐슨(R. L. Stevenson, 1850~1894)의 『지킬 박사와 하이드 씨(*Strange Case of Dr. Jekyll and Mr. Hyde*)』(1886)에서 평상시에는 정상적인 헨리 지킬(Henry Jekyll) 박사가 인간의 몸에는 선과 악의 두 가지 본능이 있음을 깨닫고 약물을 통해 실험하다가 자신의 내면에 있는 악의 분신인 에드워드 하이드(Edward Hyde)를 만들어 낸다. 하이드로 변한 지킬은 밤에 돌아다니며 온갖 범죄를 저지르고 다닌다. 인간의 내면에 존재하는 선과 악의 공존, 이것이 앰비밸런스(Ambi-balance)이다. 실험의 성공에 고무되어 지킬 박사는 더욱 많은 약물을 만들어 마시고는 자주 하이드로 변신하게 되지만 시간이 지날수록 더욱 더 내면의 하이드를 통제할 수 없게 되고, 마침내는 지킬 박사의 인격과 마음을 잃어버리고 그냥 사악한 하이드가 되어버린다. 즉 인간은 선을 행하기보다는 악을 행하는데 더 커다란 매력을 느끼는 존재란 뜻이다.

이 하이드가 지킬 박사의 그림자이듯이, 낮과 밤에 정반대의 모습으로 살아간 K 지검장도 변태성욕[노출증(露出症)]의 유혹에 빠져 인생을 망친 예라고 할 수 있다. K가 동화를 읽었다면, 아마 사회지도층 인사로 그러한 극단적인 행위는 하지 않았을 거란 아쉬움이 남는다.

4 커뮤니케이션과 다이얼로그 기법

내방자 R은 「어부와 그의 아내」 동화를 읽으면서 동화치료사와 커뮤니케이션과 다이얼로그 기법으로 상담을 하니 마음이 많이 편해졌고 많은 것을 깨달았다고 한다. 다음 글은 R가 스토리텔링 한 내용이다.

R은 대학을 졸업하고 어렵지 않게 좋은 직장에 들어갔고, 중매결혼을 했지만 아들딸 하나씩 낳고 재미나게 살고 있었다고 한다. 직장생활 10년 만에 팀장이 되어 더 좋은 위치에서 더 많은 대접을 받으며 생활했는데, 특히 하청업체에서 리베이트로 대접을 받는 등 그 당시에는 관례였기에 양심의 가책이나 나쁜 짓이라고 생각하지 못했다고 한다. 그러다보니 지방 출장이 잦았고 본사에서 내려간 팀장이기에 서로 잘 모시려고 융숭한 대접을 받았고, 곳곳에 애인이 있을 정도로 삶이 복잡해졌다는 것이다. 아무리 받고 생기는 게 많아도 씀씀이가 헤펐고, 월급을 가지고 사느니 투잡(two job)을 하는 게 어떻겠냐고 지인이 권해서 사업에 뛰어들었다고 한다. 사업이 날로 커지자 직장을 그만두고 투자를 늘리는 등 순조롭게 진행되었고, 사업 확장에 대한 욕망에 사로잡혀 은행융자를 더 많이 받게 되었는데 1997년에 IMF가 터지자 하루아침에 부도가 났고 폭삭 망해 알거지가 되었다는 것이다.

오늘 읽은 동화의 교훈처럼 적당한 선에서 멈춰야 했는데 그러지 못한 게 통탄스럽고, 왜 그때는 그렇게 사업에 대한 욕망과 여자에 대한 욕망으로 가득 찼었는지, 정말 후회된다고 한다. 현재는 중소기업에 다니고 있어 식구와 밥 먹고사는 데는 큰 문제가 없지만 여전히 빚이 남아 있어 계속 직장생활을 해야 하는데 사실 언제 잘릴지 몰라 마음이 늘 불안하다고 한다. 그런데도 여전히 아내 몰래 연애할 여자에 대한 관심이 많고, 실제로 지속적으로 만나고 있다며,

동화치료사를 보면서 히죽 웃는다.

동화치료사는 R에게 아직도 과거의 습관에 젖어서 버릴 것을 버리지 못하고 어떻게 되겠지 하며 살아가서는 안 된다고 따끔하게 권면했다. R이 남들보다는 특히 리비도가 강하기 때문에 나이가 60이 넘었는데도 아내 이외의 여자와 그 짓을 하는 것은 죄임을 명심해야 하며, 자식들을 생각해서라도 몸 안에 있는 슈퍼에고를 끄집어내도록 노력할 것을 충고했다.

마지막으로 동화치료사는 「어부와 그의 아내」 동화가 주는 과유불급의 교훈을 명심하고 마음 밭에 새기며 더 이상 실패하지 않는 삶을 살기를 당부하면서 내방자 R을 배웅했다.

참고문헌

Apel, Friedmar, *Die Zaubergärten der Phantasie. Zur Theorie und Geschichte des Kunstmärchens*, Heidelberg: Carl Winter Universitätsverlag, 1978.

Beit, Hedwig von, *Symbolik des Märchens. Versuch einer Deutung*, 2. Aufl., Bern: Francke Verlag, 1960.

Brüder Grimm, *Kinder- und Hausmärchen*, Wissenschaftliche Buchgesellschaft Darmstadt, 1978.

Dolle, Bernd(Hrsg.), *Es wird einmal...* Soziale Märchen der Zwanziger Jahre, München: Weismann Verlag, 1983.

Fetscher, Iring, *Wer hat Dornröschen wachgeküßt?, das Märchen- Verwirrbuch*, Frankfurt am Main: Fischer Taschenbuch Verl., 1976.

Franz, Marie-Louise von, *Der Schatten und das Böse im Märchen*, München: Kösel-Verlag, 1985.

______________________, *Psychologische Märchen*, München: Kösel-Verlag, 1986.

Freud, Sigmund, *Die Ichspaltung im Abwehrvorgang*, GW XVII, Frankfurt am Main: S. Fischer Verlag, 1938.

Geerken, Hartmut(Hrsg.), *Die goldene Bombe. Expressionistische Märchendichtungen und Grotesken*, Darmstadt: Agora, 1970.

Goethes Werke, Bd. 2, 10. Aufl., München: Verlag C. H. Beck, 1976.

Ders., Bd. 12, 10. Aufl., München: Verlag C. H. Beck, 1982.

Jolles, André, *Einfache Form*, 5. Aufl., Tübingen: Max Niemeyer Verlag, 1974.

Karlinger, Felix, *Grundzüge einer Geschichte des Märchens im deutschen Sprachraum*, Darmstadt: Wissenschaftliche Buchgesellschaft, 1983.

Kast, Verena, *Märchen als Therapie*, München: dtv, 2012.

Knüsel, Käthi, *Reden und Schweigen in Märchen und Sagen*, Diss. Zürich, 1980.

Lee, Song Hoon, *Die Dualismusprobleme bei Hugo von Hofmannsthal*, Diss. Bielefeld, 1992.

Lüthi, Max, *Das europäische Volksmärchen*, 5. Aufl., München: Francke Verlag, 1976.

_______, *Die Gabe im Märchen und in der Sage*, Zürich, 1943.

_______, *Es war einmal*, *Vandenhoeck & Ruprecht in Göttingen*, 3. Aufl., 1968.

_______, *Das Volksmärchen als Dichtung und als Aussage*, in: *Wege der Märchenforschung*, Hrsg. von F. Karlinger, Darmstadt: Wissenschaftliche Buchgesellschaft, 1985.

Novalis, *Schriften* (1. Bd.), Hrsg. von Paul Kluckhohn und Richard Samuel, Stuttgart: W. Kohlhammer Verlag, 1960.

______, *Fragmente*, Hrsg. von Ernst Kamnitzer, Dresden: Wolfgang Jess Verlag, 1929.

______, *Fragmente II*, Hrsg. von Ewald Wasmuth, Heidelberg: Verlag Lambert Schneider, 1957.

Obenauer, Karl Justus, *Das Märchen*, Frankfurt am Main: Vittorio Klostermann, 1959.

Paede, Paul, *Krankheit, Heilung und Entwicklung im Spiegel der Märchen*, Frankfurt am Main: Vittorio Klostermann, 1986.

Poser, Therese, *Das Volksmärchen*, München: R. Oldenbourg Verlag, 1980.

Propp, Vladimir, *Morphologie des Märchens*, Hrsg. von Karl Eimermacher, München: Suhrkamp, 1975.

Schneeberger, Irmgard, *Das Kunstmärchen in der ersten Hälfte des 20. Jahrhunderts*, Diss. München, 1960.

Tismar, Jens, *Kunstmärchen*, Stuttgart: J. B. Metzlersche Verlagsbuchhandlung, 1977.

Tismar, Jens, *Das deutsche Kunstmärchen des zwanzigsten Jahrhunderts*, Stuttgart: J. B. Metzlersche Verlagsbuchhandlung, 1981.

Wellek, Albert, *Die Polarität im Aufbau des Charakters*, 3. Aufl., Bern und München: Francke Verlag, 1966.

Wesselski, Albert, *Versuch einer Theorie des Märchens*, Verlag Dr. H. A. Gerstenberg Hildesheim, 1974.

Wilpert, Gero von, *Sachwörterbuch der Literatur*, 5. Aufl., Stuttgart: Alfred Kröner Verlag, 1969.

Wolfersdorf, Peter, *Märchen und Sage in Forschung*, Schule und Jugendflege, Waisenhaus-Buchdruckerei und Verlag Braunschweig, 1958.

권정생 외 4인, 『똘배가 보고 온 달나라』, 서울: 창작과비평사, 1983.

김열규 옮김, 『어른을 위한 그림형제동화전집』, 경기 고양: 현대지성사, 2010.

마해송, 『사슴과 사냥개』, 서울: 창작과비평사, 1981.

미사오 키류(Misao Kiryu) 저, 이정환 역, 『알고 보면 무시무시한 그림동화』, 서울: 서울문화사, 1999.

손동인, 『한국전래동화연구』, 서울: 정음문화사, 1984.

송영림, 「동화치료의 효용성에 관한 연구」, 건국대학교 대학원 석사학위논문, 2010.

스티븐슨 저, 신충행 역, 『지킬 박사와 하이드 씨』, 서울: 계림, 2005.

신현득 엮음, 『한국 전래동화 2』, 서울: 예림당, 1994.

신흥석 엮음, 『전래 옛날이야기』, 서울: 민중출판사, 2000.

沈宜麟, 朝鮮童話大集, 漢城圖書, 1926.

윤후남 옮김, 『어른을 위한 안데르센동화전집』, 경기 고양: 현대지성사, 2004.

이링 페처(Iring Fetscher) 저, 이진우 역, 『누가 잠자는 숲 속의 공주를 깨웠는가』, 서울: 철학과 현실사, 1991.

이미애, 『TV동화 행복한 세상』, 박인식 기획, 서울: 샘터, 2002.

이부영, 『한국민담의 심층분석』, 서울: 집문당, 2000.

______, 『분석심리학』, 제3판, 서울: 일조각, 2011.

이성훈, 『동화의 이해』, 서울: 건국대학교출판부, 2003.

______, 『그림동화—동창미인 그림형제』, 서울: 건국대학교출판부, 2011.

______, 『동화론』, 서울: 건국대학교출판부, 2014.

______, 『아동교육매체로서 동화』, 서울: 건국대학교출판부, 2014.

______, 『동화치료』, 서울: 건국대학교출판부, 2014.

______, 『동화창작』, 서울: 건국대학교출판부, 2014.

이원수, 『꼬마 옥이』, 서울: 창작과비평사, 1983.

이원수·손동인 엮음, 『한국전래동화집』 1~6, 서울: 창작과비평사, 2002.

이주홍, 『못나도 울엄마』, 서울: 창작과비평사, 1983.

이효성 엮음, 『한국 전래동화 1』, 서울: 예림당, 1994.

www.google.co.kr

www.naver.com

www.daum.net

찾아보기

ㅅ

ㅇ

ㅈ

ㅊ